Dietmar Gieringer, Dieter Schiecke

Microsoft Excel 2010 –
Das Ideenbuch für die perfekte Optik Ihrer Daten

Dietmar Gieringer, Dieter Schiecke

Microsoft Excel 2010 – Das Ideenbuch für die perfekte Optik Ihrer Daten

Dietmar Gieringer, Dieter Schiecke: Microsoft Excel 2010 – Das Ideenbuch für die perfekte Optik Ihrer Daten
Microsoft Press Deutschland, Konrad-Zuse-Str. 1, 85716 Unterschleißheim
Copyright © 2013 Microsoft Press Deutschland

Das in diesem Buch enthaltene Programmmaterial ist mit keiner Verpflichtung oder Garantie irgendeiner Art verbunden. Autor, Übersetzer und der Verlag übernehmen folglich keine Verantwortung und werden keine daraus folgende oder sonstige Haftung übernehmen, die auf irgendeine Art aus der Benutzung dieses Programmmaterials oder Teilen davon entsteht. Die in diesem Buch erwähnten Software- und Hardwarebezeichnungen sind in den meisten Fällen auch eingetragene Marken und unterliegen als solche den gesetzlichen Bestimmungen. Der Verlag richtet sich im Wesentlichen nach den Schreibweisen der Hersteller.

Das Werk einschließlich aller Teile ist urheberrechtlich geschützt. Jede Verwertung außerhalb der engen Grenzen des Urheberrechtsgesetzes ist ohne Zustimmung des Verlags unzulässig und strafbar. Das gilt insbesondere für Vervielfältigungen, Übersetzungen, Mikroverfilmungen und die Einspeicherung und Verarbeitung in elektronischen Systemen.

Die in den Beispielen verwendeten Namen von Firmen, Organisationen, Produkten, Domänen, Personen, Orten, Ereignissen sowie E-Mail-Adressen und Logos sind frei erfunden, soweit nichts anderes angegeben ist. Jede Ähnlichkeit mit tatsächlichen Firmen, Organisationen, Produkten, Domänen, Personen, Orten, Ereignissen, E-Mail-Adressen und Logos ist rein zufällig.

Kommentare und Fragen können Sie gerne an uns richten:

Microsoft Press Deutschland
Konrad-Zuse-Straße 1
85716 Unterschleißheim
E-Mail: mspressde@oreilly.de

15 14 13 12 11 10 9 8 7 6 5 4 3 2 1
15 14 13

ISBN 978-3-86645-829-1   PDF-ISBN 978-3-86645-793-5
EPUB-ISBN 978-3-84830-149-2   MOBI-ISBN 978-3-84831-145-3

© 2013 O'Reilly Verlag GmbH & Co. KG
Balthasarstr. 81, 50670 Köln
Alle Rechte vorbehalten

Fachlektorat und Korrektorat: Frauke Wilkens, München
Layout und Satz: Gerhard Alfes, mediaService, Siegen (www.mediaservice.tv)
Umschlaggestaltung: Caro Butz, Dorfen; Benedikt Fischer, Mainz
Druck: Himmer AG, Augsburg

Inhaltsverzeichnis

Vorwort **11**

Kapitel 1 Informationsdesign auch in Excel: Tabellen einfach besser gestalten **17**

Tabellen sollen zum Betrachten einladen, nicht abschrecken 18
Grundregeln gut formatierter Tabellen 19
    Kampf dem Gitternetz: Rahmenformate sinnvoll verwenden und Tabellen damit eine Struktur geben 20
    Weg vom Rand: Texte und Zahlen einrücken 24
    Leseführung in den Zeilen: Mit abwechselnder Farbgebung die Orientierung erleichtern 25
Mehr Flexibilität: Benutzerdefinierte Zahlenformate einsetzen 28
    Texte übersichtlich gliedern: Aufzählungszeichen wie in Word 29
    Zahlenwerte lesbarer machen mit Zusatztexten 31
    Beispiele für besonders nützliche Zahlenformate 35
Zeitsparend formatieren: Das Potenzial der Zellenformatvorlagen nutzen 41
    Die Funktionsweise der Zellenformatvorlagen 42
    Selbst definierte Zellenformatvorlagen für andere Mappen verfügbar machen 46
Tabellen verständlicher machen: Symbole und Sonderzeichen einsetzen 48
    Beispiele für den Einsatz von Sonderzeichen 49
    Welche Symbole und Sonderzeichen gibt es? 52

Kapitel 2 Damit es attraktiv und informativ losgeht: Deckblätter mit Wow-Effekt **55**

Eine optisch perfekte Gliederung mittels SmartArt-Grafik anlegen 56
    Der Beginn: Die SmartArt-Grafik erstellen 58
    Die SmartArt-Grafik in Formen umwandeln 61
    Die Objekte der Gliederung in Form bringen 61
Aus der Gliederung heraus per Hyperlink ein Arbeitsblatt aufrufen 64
    Einen Hyperlink einfügen 64
Mehr als nur eine Gliederung: Wichtige Kennzahlen gleich auf dem Deckblatt 66
Profitechnik: Kennzahlen auf dem Deckblatt mit automatischem Update 67
    Den Inhalt eines Objekts mit dem einer Tabellenzelle verknüpfen 68
    Ein Objekt mit dem Inhalt von zwei Tabellenzellen verknüpfen 68
    Ein Objekt mit dem Inhalt mehrerer Tabellenzellen verknüpfen und noch Zeilenumbrüche einbauen 70
    Zugriff auf Tabellenzellen anderer Arbeitsblätter 72
Deckblatt und attraktive Managementübersicht kombinieren mit der Kamera 72
    Besonders flexible Verknüpfungen mittels Kamera 73

Inhaltsverzeichnis

Kapitel 3 Statusberichte auf einen Blick: Ampeln, Trendpfeile und Sparklines ... 75

Mit Ampeln eine Statusanzeige zur Budgetauslastung anlegen ... 76
    Die Zuordnung der Ampelsymbole anpassen ... 78
    Die Ampeln in einer separaten Spalte zeigen ... 79
    Eine Alternative zu den Ampelsymbolen anlegen ... 81
In einer Analyse zur Qualitätssicherung alle gravierenden Fehler kennzeichnen ... 82
Entwicklungen und Tendenzen mit Trendsymbolen kenntlich machen ... 84
Eine Übersicht über Wartungsarbeiten mit Harvey Balls aufbauen ... 86
    Die Statusanzeige anpassen ... 87
Entwicklungen mit Minidiagrammen vergleichbar machen: Sparklines ... 88
    Die Liniendiagramme informativer machen ... 89
Mehr als nur Standard: Attraktive Auswertungen mit »richtigen« Ampeln ... 90
    Die Ampelfarben in den Zellen erzeugen ... 92
    Die vorbereiteten Ampelschablonen anordnen ... 94

Kapitel 4 Statusberichte in Bildform: Tachometer und Füllstandanzeigen wie im Cockpit ... 97

Qualitätskontrolle auf einen Blick mithilfe eines Thermometers ... 98
    Mit SVERWEIS die zulässige Fehlerquote ermitteln ... 99
    Komfortable Monatsauswahl mit einem Kombinationsfeld ... 101
    Die durchschnittliche Fehlerquote mit MITTELWERTWENN berechnen ... 102
    Übersichtlichkeit durch Bereiche: Die Diagrammdaten zusammenstellen ... 103
    Qualitätsbereiche im Thermometer mithilfe eines gestapelten Säulendiagramms darstellen ... 103
    Monatsergebnisse abbilden: Mit einem Marker den Qualitätsgrad kennzeichnen ... 110
Mit Excel präsentieren: Diagramme mit Zeichenformen attraktiver machen ... 114
    3D-Wirkung erzeugen: Mit einem weißen Farbverlauf einen Lichtreflex simulieren ... 115
    Für die perfekte Illusion: Wo Licht ist, ist auch Schatten ... 116
    Der richtige Rahmen für ein Diagramm ... 117
Vertrauter Anblick: Erfolgskontrolle mit einem Tachometer ... 119
    Fehleingaben vermeiden: Steuerelemente einbauen und verknüpfen ... 120
    Verblüffende Optik mit grafischen Elementen erreichen ... 123
    Zusätzliche Informationen bereitstellen: Mit Textfeldern Werte aus Zellen präsentieren ... 124
    Eine bewegliche Tachonadel mit einem Kreisdiagramm realisieren ... 125

Kapitel 5 Übersichtliche Projektplanung: Termine und Ressourcen per Gantt-Diagramm aufzeigen ... 129

Die Daten für das Gantt-Diagramm aufbereiten ... 130
    Die Datenbasis aufbereiten ... 131
Eine visuelle Projektübersicht mittels Balkendiagramm aufbauen ... 135
    Das gestapelte Balkendiagramm anlegen ... 136
    Das Balkendiagramm anpassen ... 136
    Profitechnik: Start- und Endpunkt mit einer Zusatztabelle bestimmen ... 138
    Das Diagramm positionieren ... 139
    Der Trick mit der Unsichtbarkeit ... 140

Überflüssige Elemente löschen	141
Farbverlauf für eine bessere Optik	141
Planabweichungen in der Tabelle und im Diagramm kennzeichnen	142
Abweichungen in der Tabelle farbig hervorheben	143
Abweichende Termine für das Gantt-Diagramm ermitteln	144
Abweichende Termine im Gantt-Diagramm sichtbar machen	146
Konzentration auf das Wesentliche: Einen dynamischen Fokus verwenden	148
Mit Steuerelementen die Eingabe vereinfachen	149
Die Werte für den Fokusrahmen ermitteln	152
Das Diagramm für den Fokusrahmen aufbauen	153
Exaktes Positionieren leicht gemacht	154
Die Hilfsflächen verschwinden lassen	156
Den Fokusrahmen hervorheben	156
Die Hilfsdaten ausblenden	157

Kapitel 6   Flexibler als Gantt-Diagramme: Terminplanung mit Feiertagen und Projektabschnitten **159**

Dynamisch und taggenau: Terminplanung übersichtlich darstellen	160
Datumswerte nur innerhalb der Projektdauer anzeigen	161
Praktisch: Zum Datum den Wochentag sehen	163
Endlich: Kalenderwoche fehlerfrei nach DIN ermitteln	164
Einfacher als gedacht: Wochenenden farbig hervorheben	165
Termine bildhaft darstellen: Aus Datumswerten Projektbalken zaubern	167
Die voraussichtliche Dauer einzelner Projektschritte darstellen	168
Genial: Feiertage je nach Bundesland ermitteln und anzeigen	169
So funktioniert die Feiertagstabelle	170
Feiertage nach Bundesland im Projektplan anzeigen	171
Prioritäten setzen: Wichtige Projektschritte in einer anderen Farbe darstellen	176
Eine Auswertung hinzufügen: Abrechenbare Tage ermitteln	179
Mitarbeitereinsatz direkt in die Projektbalken eintragen	179
Manntage für Projektschritte und Projektphasen summieren	179
Konzentration auf das Wesentliche: Unwichtiges vorübergehend ausblenden	180
Die Einzelschritte zu Projektphasen zusammenfassen	180
Schon erledigt: Die bedingte Formatierung auf die Projektphasen erweitern	181
Auf den Kopf gestellt: Gruppierung einmal andersherum	181

Kapitel 7   Komplett dynamisch: Intelligente Diagramme, die nur ausgewählte Daten zeigen **185**

Mit Steuerelementen Standorte und Auswertungszeiträume auswählen	187
Flexible Auswahl von Daten per Kontrollkästchen: Unerwünschte Standorte komfortabel ausblenden	187
Komfortabel und fehlerfrei: Jahresauswahl per Drehfeld	191
Große Datenmengen meistern: Umsatzzahlen mehrerer Jahre auswerten	193
Berechnung für den ausgewählten Standort durchführen	194
Die WENN-Funktion abschließen	198
Strukturierte Verweise lassen sich nicht kopieren – oder etwa doch?	200
Summenformeln intelligent eingeben	201

Minimal- und Maximalwerte automatisch in unterschiedlichen Farben anzeigen 203
    Extremwerte farbig hervorheben 204
Dynamische Auswahl der Standorte, die im Säulendiagramm angezeigt werden............ 206
    Mit drei Datenreihen für Diagrammdynamik sorgen 207
    Optische Täuschung dank unsichtbarer Flächen 210

Kapitel 8   Diagramme noch kompakter machen: Dynamik und perfekte Optik kombinieren 217

Mit Funktionen ans Ziel: Die Daten für den dynamischen Auftritt vorbereiten 218
    Mit WENN die aktivierten Standorte herausfinden 219
    Mit KKLEINSTE eine lückenlose Standortliste erstellen..................................... 219
    Mit INDEX die passenden Standorte ermitteln 221
    Mit INDEX die passenden Werte für die Standorte zuordnen 221
    Die Summen zur Säulenbeschriftung heranziehen 222
Unschöne Lücken im Diagramm mit BEREICH.VERSCHIEBEN vermeiden 223
    Die Daten für das Diagramm ganz nach Bedarf flexibel herausgreifen............. 224
    Mit Namen das Diagramm erstellen... 227
    Trickreiche Datenbeschriftung mit einem Liniendiagramm 230
Übersichtlicher und sicherer: Die fertige Lösung ohne Hilfsspalten anzeigen 233
    Eine schnelle Lösung mit weißer Farbe und Druckbereich 233
    Die clevere Lösung mit ausgeblendeten Spalten 234

Kapitel 9   Perfekt für Entscheider: Ein Management-Dashboard mit PivotCharts steuern 237

Einfacher als gedacht: Daten und Diagramme mit Pivot aufbereiten................................ 239
    Ein Beispiel: Die besten Verkäufer mit Pivot ermitteln 239
    Die Pivot-Tabelle informativer machen 242
    Das Ergebnis mit einem PivotChart optisch darstellen 244
    Mit den gleichen Daten weitere Pivot-Berechnungen durchführen 247
Mit der Mehrfenstertechnik den Überblick bewahren 252
    Das spätere Druck- und Präsentationsformat im Blick behalten 252
    Breitbild auch beim Druck? Die Seitenausrichtung anpassen 253
    Ordnung muss sein: Bereiche für Überschriften, Daten und Visualisierungen festlegen... 254
Alles auf einen Blick: Die Diagramme zusammenführen 255
    Die Diagramme auf das Dashboard kopieren... 255
    Mit Diagrammformatvorlagen zur einheitlichen Optik nach Corporate Design 257
    Die Optik der Diagramme noch verbessern 258
Dynamik pur: Mit Datenschnitten Pivot-Tabellen komfortabel filtern 260
    Datenschnitte vereinfachen den Umgang mit der Pivot-Tabelle........................ 260
    Das Aussehen der Datenschnitte perfekt auf die Diagramme abstimmen....... 263
    Mit PivotTable-Verbindungen die Diagramme interaktiv und synchron steuern 266

Kapitel 10 Profitechnik: Kennzahlen auf einer Landkarte dynamisch darstellen 269

Die Daten für einen Standort bequem auswählen: Der Datenschnitt macht's 271
    Ruckzuck die passende Pivot-Tabelle aufbauen 271
    Die komfortable Auswahlmöglichkeit per Datenschnitt einbauen 272
    Ein wenig Technik: Weitere Voraussetzungen für den Aufbau der Landkarte schaffen 272
Die Landkarte zum Darstellen der Daten aufbauen 274
    Die Kartengrafik als Hintergrund platzieren 274
    Die Standorte gut sichtbar präsentieren 276
    Eine attraktive Präsentationsfläche aufbauen 277
    Die Performance steigern und überflüssigen Ballast löschen 281
Interaktiv und kompakt: Standortkennzahlen übersichtlich darstellen 282
    Interaktion für Entscheider: Eine komfortabel zu bedienende Steuerzentrale einbauen 283
    Damit das richtige Bild zum ausgewählten Standort kommt 284
    Weitere Informationen in einer Infobox übersichtlich zusammenfassen 286

Stichwortverzeichnis 289

Vorwort

Ein Excel-Buch für alle, die ihre Daten informativer und optisch überzeugender präsentieren wollen!

Das Problem! In vielen Unternehmen gibt es eine kaum überschaubare Zahlenflut. Mit einer Vielzahl von Systemen werden Berge von Daten erfasst, verarbeitet, interpretiert, gedruckt und zur Entscheidungsfindung vorgelegt. Kaum jemand kann sich dagegen wehren: zugeschüttet mit Jahresberichten, Quartalsabschlüssen, BABs, GuVs, Monatsreports, Wochenberichten oder Tagesabschlüssen ist es nicht immer leicht, den Überblick zu behalten. Für die Unternehmenssteuerung sind diese Daten aber unentbehrlich. Zur kaum überschaubaren Masse an Zahlen kommt ein weiterer Faktor hinzu: die Zeit! Oder besser gesagt: die nicht vorhandene Zeit. Ein Meeting jagt das andere, Kollegen brauchen Informationen zur Weiterarbeit im Projekt, Vorgesetzte wollen den aktuellen Stand. Und was wollen alle? Natürlich alles sofort. Zeit zur Durchsicht umfangreicher Zahlenlisten bleibt selten.

Die Alternative? Diagramme, die Zahlen zusammenfassen und darstellen. Klar, jeder hat schon mit Diagrammen gearbeitet. Manche packen aber so viele Informationen in ihr Diagramm, dass das Durchsehen der ausgedruckten Listen fast einfacher wäre. Und die attraktive Gestaltung – weniger ist meistens mehr – ist für den ein oder anderen ein Buch mit sieben Siegeln. Wahrscheinlich kennen auch Sie einen Kollegen, der mit roten Säulendiagrammen auf gelbem Hintergrund mit grüner Datenbeschriftung immer wieder für Aufsehen sorgt.

Die Lösung! Wenn Sie mit informativen Übersichten und optisch perfekt aufbereiteten Diagrammen überzeugen wollen, finden Sie in diesem Buch eine Vielzahl von praxiserprobten Lösungen: auf das Wesentliche reduziert, Schritt für Schritt erklärt, mit interaktiven Steuerelementen, über die Sie Ihre Diagramme in Echtzeit anpassen können. Nutzen Sie auch die zahlreichen Tipps und Tricks, mit denen Sie Ihre Übersichten und Diagramme noch besser machen können. Erstellen Sie Visualisierungen mit hoher Informationsdichte und leichter Verständlichkeit. Und wenn es gerade mal wieder »fünf vor zwölf« ist, bedienen Sie sich einfach an den fertigen Beispielen, die im Web zum kostenlosen Download für Sie bereitstehen.

Für wen ist dieses Buch geschrieben?

Das Visualisieren von Daten ist bei stets zunehmender Zahlenflut wichtiger denn je. Ganz gleich, ob damit ein Überblick verschafft, eine Entscheidung herbeigeführt oder ein beliebiger Sachverhalt zahlenbasiert dargestellt werden soll: Diagramme und informative Auswertungscockpits sind der Schlüssel. Sie helfen

- kaufmännischen Angestellten, die ihre Zahlenwüsten endlich in nachvollziehbare Darstellungen umwandeln wollen;
- Controllern, die ihre Zahlen grafisch aufbereiten und Entscheidungsprozesse beschleunigen möchten;
- Assistenten, die für Vorstands- oder Geschäftsführungssitzungen umfangreiche Zahlenwerke auf den Punkt bringen;
- Studenten, Diplomanden, Doktoranden und wissenschaftlichen Mitarbeitern, die die Ergebnisse ihrer Studien schaubildlich darstellen möchten;

- Projektleitern, die mit farbigen Projektdarstellungen Personal und Kosten im Griff haben und bei Terminkonflikten rechtzeitig gegensteuern möchten;
- Vereinsmitgliedern bei der Aufbereitung der Kassenlage auch für diejenigen, die mit Finanzsachen nicht so viel am Hut haben;
- Lehrern, die auf der Höhe der Zeit sein möchten und im Unterricht mit cleveren Darstellungen ihre Kompetenz unterstreichen;
- Excel-Anwendern, die schon immer vermutet haben, dass noch mehr geht als nur das Eingeben von Formeln und Funktionen, und die einfach Spaß mit Excel haben möchten.

Wie ist das Buch aufgebaut?

Zeit ist Geld – genau deshalb können Sie in dieses Buch einsteigen, wo auch immer Sie wollen. Die einzelnen Kapitel sind in sich abgeschlossen, sodass ein komplettes »Durchlesen« des Buches nicht nötig ist. Beginnen Sie einfach mit dem Thema, das Sie am meisten interessiert.

Schöne Diagramme funktionieren nur, wenn die zugrunde liegenden Zahlen die richtigen Informationen liefern. Sie lernen in diesem Buch deshalb auch, wie Sie aus unüberschaubaren Zahlenkolonnen die richtigen Werte ermitteln. Die benötigten Formeln und Funktionen werden Schritt für Schritt erklärt, sodass Sie das Wissen problemlos auf Ihre eigenen Aufgaben übertragen können.

Kapitel 1 vermittelt, was wichtig ist, damit Daten auch durch ihre Optik wirken. Sie finden Tipps, mit denen Sie Tabellen ansprechend aufbereiten und durch bewussten Einsatz von Farben, Rahmen, Zahlenformaten und Abständen besser lesbar machen.

Kennen Sie auch Mappen, in denen es Dutzende von Arbeitsblättern gibt? Doch wo steht das Wichtige? Die Deckblätter aus Kapitel 2 können da Abhilfe schaffen. Sie geben Auskunft über den Inhalt einer Mappe und dienen zudem der Navigation.

Wenn Sie Kennzahlen und Auswertungen mit Ampeln und anderen Symbolen leichter erfassbar machen wollen, ist Kapitel 3 genau richtig. Ein besonderer Leckerbissen: echte Ampelgehäuse kombiniert mit der bedingten Formatierung.

Kapitel 4 zeigt, wie aus verschiedenen Diagrammtypen ein Thermometer wird, mit dem Sie eine Qualitätskontrolle aufbauen. Erfahren Sie zudem, wie der Einsatz von grafischen Elementen zu täuschend echten Tachometerdarstellungen führt.

Sie sind überwiegend im Projektgeschäft tätig? Dann lohnt sich ein Blick in Kapitel 5. Nach dessen Lektüre können Sie Terminabweichungen leichter erkennen, mittels Gantt-Diagramm professionell abbilden und den Blick auf relevante Zeiträume lenken.

Auch in Kapitel 6 geht es um das Visualisieren von Projektterminen. Mittels der bedingten Formatierung wird ein Projektplan erstellt, der aus Ihren Terminen leicht unterscheidbare Projektbalken macht. Das Berücksichtigen länderspezifischer Feiertage und das Ermitteln abrechenbarer Projekttage machen das Beispiel zu einer wahren Excel-Fundgrube für alle Projektverantwortlichen.

Wenn Sie in Besprechungen ad hoc entscheiden möchten, welche Informationen Sie auswerten, wird Ihnen die vorgestellte Technik aus Kapitel 7 das notwendige Wissen vermitteln. Lernen Sie den Einsatz von Steuerelementen kennen und passen Sie Zell- und Diagrammdarstellungen dynamisch an Ihre Auswahl an.

Noch einen Schritt weiter geht Kapitel 8. Nutzen Sie clevere Formeln und Funktionen auch im Diagrammaufbau. Lassen Sie nicht benötigte Informationen einfach verschwinden – nicht ohne sie per Mausklick wieder einblenden zu können. Erfahren Sie außerdem, wie Sie Diagramme anzeigen, ohne dass die zugrunde liegenden Daten irgendwo sichtbar sind.

Kapitel 9 zeigt, wie Sie mit Datenschnitten Ihre Diagramme komfortabel steuern. Dank einer einfach zu bedienenden Steuerzentrale passen Sie mehrere Diagramme gleichzeitig an. Wenn Sie schon immer einmal wissen wollten, wie einfach sich mit Pivot-Auswertungen und PivotCharts eindrucksvolle Management-Dashboards realisieren lassen, sollte Kapitel 9 zu Ihrer Pflichtlektüre gehören.

In Kapitel 10 dreht sich abschließend alles um die Darstellung regionaler Daten. Nutzen Sie eine Landkarte als »Diagrammgrundlage« und lassen Sie den jeweils ausgewählten Standort dynamisch mit den richtigen Werten anzeigen. Sie erfahren, wie Sie Bildinformationen aus anderen Tabellenblättern in Ihr »Diagramm« integrieren und zusätzliche Informationen in einer nützlichen Infobox anzeigen.

Jedes »Ideenkapitel« enthält Beispiele und ausführliche Anleitungen zum Nachbauen. Hervorhebungen im Layout des Buches machen Sie auf Tipps, Hinweise und Beispieldateien aufmerksam.

Mit diesen beiden Symbolen sind konkrete Aufgaben und deren schrittweise Lösung gekennzeichnet.

Mit diesem Symbol sind Tipps markiert, die Zeit sparen oder Ihnen den Umgang mit Excel erleichtern.

Hier erhalten Sie Zusatzinformationen zum gerade besprochenen Thema.

Dieses Symbol warnt Sie vor einer potenziellen Gefahr oder vor Problemen, die im Zusammenhang mit der Ausführung einer Aufgabe entstehen können.

Profitipps bieten Ihnen Insiderinformationen, mit denen Sie einen deutlichen Produktivitätsfortschritt erreichen können.

Anhand zahlreicher Übungsdateien können Sie den Aufbau der einzelnen Lösungen selbst nachvollziehen. Natürlich gibt es zu jedem Kapitel auch Lösungsdateien.

Wir haben darauf verzichtet, diesem Buch eine CD mitzugeben. Sämtliche Beispieldateien stehen Ihnen *www.microsoft-press.de/support/9783866458291* oder *msp.oreilly.de/support/2293/766* zum Download zur Verfügung.

Mithilfe der gezeigten Beispiele gelangen Sie schnell und ohne Umwege an Ihr Ziel: Sie werden Diagramme erstellen, die im wahrsten Sinne des Wortes für »Aufsehen« sorgen werden. Sie bringen durch ihre reduzierte Darstellung den gewünschten Sachverhalt auf den Punkt, sind dank benutzerfreundlicher Steuerelemente einfach zu bedienen und mit ihnen macht das Auswerten großer Zahlenberge einfach Spaß.

Gute Ideen entstehen im Team – oder: Wer hat an diesem Buch mitgewirkt?

Dietmar Gieringer, Dipl.-Betriebswirt (BA), ist Microsoft Office 2010 Master Specialist und Microsoft Certified Trainer. Dank seiner Tätigkeiten als Projektleiter und Geschäftsführer in Großhandel und Baubranche verfügt er über umfangreiche Praxiserfahrung im Umgang mit betriebswirtschaftlichen Kennzahlen. Als erfahrener Berater und begeisternder Trainer ist er für mittelständische Firmen wie auch für internationale Konzerne tätig.

Beim Umstellen auf neue Office-Versionen berät er Firmen von der Rollout-Planung bis zur unternehmensspezifischen Mitarbeiterschulung. Mit programmierten Excel- und Word-Vorlagen liefert er Werkzeuge, die einfach zu bedienen sind, täglich Zeit sparen und gleichzeitig Corporate-Design-Vorgaben perfekt umsetzen. Dazu gehört auch die XML-Integration firmenspezifischer Befehle in das Office-Menüband.

Neben seinen Seminaren gibt er sein Praxis-Know-how unter anderem in den Internetblogs www.office2010-blog.de und *www.office2013-blog.de* weiter. Sie erreichen ihn über seine Website *www.office-performance.de*.

Dieter Schiecke ist seit über 20 Jahren als Trainer und Berater für Microsoft Office-Produkte tätig. Von Microsoft erhielt er die Titel Microsoft Office 2010 Master Specialist und Microsoft Certified Trainer. 1997 hob er gemeinsam mit anderen Autoren die Excel-Handbuchreihe bei Microsoft Press aus der Taufe und hat bisher an 19 Büchern zu Excel und PowerPoint mitgewirkt. Hinzu kommen Hunderte von Artikeln für Fachzeitschriften und Onlinemagazine. Er ist Chefredakteur von »PowerPoint aktuell«. Sein Wissen gibt er auch als Blogger weiter – unter anderem auf www.office2010-blog. de und *www.office2013-blog.de*.

Schwerpunkt in seinen Trainings ist das gekonnte Visualisieren von Daten mit Microsoft Office. Als Berater unterstützt er Firmen beim Anlegen professioneller Präsentationen und beim Erstellen einheitlicher Office-Vorlagen. Er ist Organisator der jährlich stattfindenden Excel-Anwendertage – des größten Excel-Trainings in Deutschland. Sie erreichen ihn über seine Website *www.anwendertage.de*.

Ein Buch ohne ein funktionierendes Team im Hintergrund zu schreiben, ist nahezu unmöglich. Schön, dass wir uns auf unsere Autoren- und Trainerkolleginnen und -kollegen *Hildegard Hügemann*, *Maria Hoeren*, *Ute Simon*, *Frank Arendt-Theilen*, *Markus Hahner* und *Kai Schneider* verlassen konnten, die durch zahlreiche Hinweise und fachkundige Anmerkungen zum Gelingen dieses Buches beigetragen haben. Danke!

Ein besonderer Dank geht an *Susanne Walter*, die maßgeblich das Farbkonzept des Buches mitentwickelt und an der Gestaltung einiger Beispiele mitgewirkt hat.

Vorwort

Die perfekten Grafiken für das Tachometer- und das Landkartenbeispiel hat uns freundlicherweise *Tom Becker* von PresentationLoad.de zur Nutzung überlassen. Danke, dass wir sie einsetzen und unseren Lesern zur Verfügung stellen dürfen.

Bei der Arbeit an diesem Buch hat uns außerdem *Sylvia Hasselbach* als Lektorin von Microsoft Press mit großer Geduld begleitet und uns tatkräftig unterstützt. Herzlichen Dank dafür!

Bereits bei den anderen Büchern der Ideenbuch-Reihe war *Frauke Wilkens* als Fachlektorin mit an Bord. Vielen Dank für den ausdauernden Einsatz und die Adleraugen, mit denen sie unsere großen und kleinen Fehler aufspürte.

Zum Schluss noch ein herzliches Dankeschön an unsere Kunden, die uns bei Seminaren und Workshops mit den verschiedensten Aufgabenstellungen konfrontiert haben. Manches war knifflig und nicht jede Lösung lag gleich auf der Hand. Umso mehr freut es uns, dass wir dann doch fast immer das gewünschte Ergebnis liefern konnten. Einige davon finden Sie in diesem Buch wieder.

Wir wünschen Ihnen viel Spaß beim Lesen dieses Buches und noch mehr Freude beim Ausprobieren und Umsetzen. Übrigens: Ihr inhaltliches Feedback ist uns jederzeit willkommen. Sie erreichen uns über die E-Mail-Adresse *ideen@office-performance.de*.

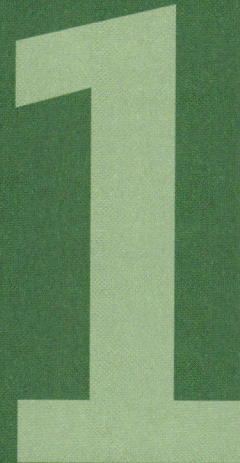

Informationsdesign auch in Excel: Tabellen einfach besser gestalten

Tabellen sollen zum Betrachten einladen, nicht abschrecken	18
Grundregeln gut formatierter Tabellen	19
Mehr Flexibilität: Benutzerdefinierte Zahlenformate einsetzen	28
Zeitsparend formatieren: Das Potenzial der Zellenformatvorlagen nutzen	41
Tabellen verständlicher machen: Symbole und Sonderzeichen einsetzen	48

Dass sich mit Excel Daten erfassen, berechnen und analysieren lassen, ist bekannt. Doch **wie** sollen die Daten aussehen? Was ist erforderlich, damit sie auch durch ihre Optik wirken? Dieser Aspekt wird leider oft unterschätzt, wenn Tabellen angelegt, Planungen oder Auswertungen zusammengestellt werden.

Daher finden Sie gleich zu Beginn dieses Buches Tipps und Anregungen, mit denen Sie Tabellen auch optisch ansprechend aufbereiten. Machen Sie künftig Ihre Tabellen durch bewussten Einsatz von Farben, Rahmen, Zahlenformaten und Abständen besser lesbar. Lernen Sie, dieses »Gestalten« zeitsparend zu erledigen.

Abbildung 1.1 Mal ehrlich: Zu welcher der beiden Tabellen wandern Ihre Augen automatisch hin?

Bundesland	Kürzel	Anzahl
Baden-Württemberg	BW	350
Bayern	BY	393
Berlin	BE	73
Brandenburg	BB	375
Bremen	HB	95
Hamburg	HH	84
Hessen	HE	426
Mecklenburg-Vorpommern	MV	287
Niedersachsen	NI	312
Nordrhein-Westfalen	NW	450
Rheinland-Pfalz	RP	209
Saarland	SL	97
Sachsen	SN	381
Sachsen-Anhalt	ST	225
Schleswig-Holstein	SH	334
Thüringen	TH	303

Bundesland	Kürzel	Anzahl
Baden-Württemberg	BW	350
Bayern	BY	393
Berlin	BE	73
Brandenburg	BB	375
Bremen	HB	95
Hamburg	HH	84
Hessen	HE	426
Mecklenburg-Vorpommern	MV	287
Niedersachsen	NI	312
Nordrhein-Westfalen	NW	450
Rheinland-Pfalz	RP	209
Saarland	SL	97
Sachsen	SN	381
Sachsen-Anhalt	ST	225
Schleswig-Holstein	SH	334
Thüringen	TH	303

Tabellen sollen zum Betrachten einladen, nicht abschrecken

Sicher haben auch Sie schon mehr als einmal vor Zahlenkolonnen gesessen und trotz intensiver Betrachtung Mühe gehabt, das Wesentliche zu erkennen. Ihre Augen wussten einfach nicht, wo sie verweilen sollen. Dies zeigt: Die optische Aufbereitung ist ebenso wichtig wie die Korrektheit der Daten. Excel bietet eine Vielzahl von Funktionen, um unübersichtliche Zahlenkolonnen in lesbare, einheitlich gestaltete und wirklich informative Tabellen zu verwandeln, die zum Betrachten einladen. Welche Möglichkeiten Ihnen allein beim Formatieren von Zellen zur Verfügung stehen, zeigt die Übersicht in Abbildung 1.2.

Abbildung 1.2 Eine Vielfalt von Formatierungsoptionen für Tabellenzellen

Doch dies ist nur ein Teil des Instrumentariums, das Excel bereithält, damit Sie Ihre Tabellen von Blatt zu Blatt, von Mappe zu Mappe einheitlich und für den Betrachter einladend anlegen können. Es gibt – wie Abbildung 1.3 zeigt – weitere Befehle, mit denen Sie das Gestalten kompletter Tabellen, Arbeitsblätter und Mappen steuern.

Abbildung 1.3 Das Instrumentarium zum Gestalten von Arbeitsmappen

Nach diesem kurzen Überblick wissen Sie nun, was Excel Ihnen technisch zur Verfügung stellt. Lesen Sie im nächsten Abschnitt, welchen Regeln Sie folgen sollten, um gut gestaltete Tabellen und Arbeitsblätter anzulegen.

Grundregeln gut formatierter Tabellen

Sicher kennen Sie solche Sätze wie »Das wurde schon immer so gemacht« oder »Das machen alle so«. Die Mehrzahl der Tabellen in Excel ist anscheinend genau nach diesen beiden Leitsätzen gestaltet. Nach dem Motto »Hauptsache, alle Zahlen sind korrekt, das Aussehen ist nicht wirklich wichtig« werden Tabellen »mal eben schnell« formatiert. Überschriften werden fett gemacht, dann wird noch fix ein komplettes Gitternetz zugewiesen – schon ist die »Gestaltung« fertig. Das Ergebnis wäre eine Tabelle wie Sie in Abbildung 1.1 links zu sehen ist. Aber mal ehrlich, haben Sie wirklich Lust, sich in ein solches »Zahlengefängnis« hineinzudenken?

Kampf dem Gitternetz: Rahmenformate sinnvoll verwenden und Tabellen damit eine Struktur geben

Ist Ihnen auch schon aufgefallen, dass beim Formatieren von Listen eine Unart besonders stark verbreitet scheint? Allen Zellen wird ein komplett schwarzes Gitternetz zugewiesen. Abbildung 1.1 links zeigt dafür ein Beispiel. Zugegeben, diese Art der »Gestaltung« ist sehr zeitsparend. Doch was sind die Folgen?

- Zwischen weißem Blatthintergrund einerseits und schwarzen Texten, Zahlen und Rahmenlinien andererseits ist der Kontrast besonders stark.
- Was auf den ersten Blick perfekt zu sein scheint, erweist sich beim näheren Hinsehen als hinderlich. Denn das Auge des Betrachters muss die schwarzen Rahmenlinien des Gitternetzes »wegfiltern«, um das Wesentliche – die Zahlen und Texte – zu erkennen.
- Dieses Filtern lässt die Augen schnell ermüden. Das Ergebnis ist eine verringerte Aufnahmefähigkeit für die wirklich wesentlichen Informationen: die Zahlen.

Tipps zum Umgang mit Rahmenlinien

Seien Sie deshalb eher zurückhaltend beim Zuweisen von Rahmenlinien und denken Sie vor allem über deren Zweck nach. Rahmenlinien sollen dem Betrachter die Navigation erleichtern, also den Aufbau der Tabelle und somit die Struktur des Zahlenmaterials deutlich machen. Hier einige Tipps zum Umgang mit Rahmen:

- Umgeben Sie die gesamte Tabelle außen mit einer durchgehenden Rahmenlinie. Sie kann bei Bedarf stärker sein als die Linien im Inneren der Tabelle.
- Weisen Sie starke Rahmenlinien auch dort zu, wo Sie etwas voneinander abheben wollen. Eine solche optische Abgrenzung bietet sich beispielsweise oberhalb der Zeile mit den Ergebnissen an.
- Verwenden Sie zwischen den Spalten eher dünne Linien in zurückhaltender Farbe, beispielsweise ein mittleres Grau.
- Setzen Sie – wenn Sie die Spalten bereits durch Rahmenlinien optisch getrennt haben – für die Leseführung innerhalb der Zeilen möglichst nicht auch noch Rahmenlinien ein. Sonst sind Sie wieder beim eingangs erwähnten kompletten Gitternetz. Weisen Sie stattdessen jeder zweiten Zeile eine abweichende Zellfarbe zu. Das Auge erhält so zwei klare Navigationshilfen:

    a) Rahmenlinien, um zwischen den Spalten zu unterscheiden, und

    b) Zellschattierungen, um die Zeilen voneinander abzugrenzen.

Tabellen mit Rahmenlinien eine Struktur geben

Wenn Sie eine Liste mit Daten nicht über den Befehl *Als Tabelle formatieren* (zu finden auf der Registerkarte *Start*) in eine Tabelle umgewandelt haben, wird sie ohne Rahmen ausgedruckt. Die Gitternetzlinien, die Sie am Bildschirm sehen, erscheinen beim Ausdruck nicht. Um dies zu testen, schalten Sie über die Befehlsfolge *Datei/Drucken* in die Druckvorschau um. Hier können Sie genau sehen, ob und welche Linien Ihre Liste tatsächlich enthält. Schließen Sie die Druckvorschau durch Drücken von `Esc`.

Grundregeln gut formatierter Tabellen

Lernen Sie an einem kleinen Beispiel, mit welcher Technik und welchen Schritten Sie einer Liste die passenden Rahmenlinien in unterschiedlicher Stärke zuweisen.

> Öffnen Sie zum Nachvollziehen der Schritte die Datei *Kap_01_UEB.xlsx* und wechseln Sie dort zum Arbeitsblatt *Rahmen*. Nutzen Sie die linke der beiden Listen.

Gehen Sie wie folgt vor und orientieren Sie sich dabei an Abbildung 1.4 und Abbildung 1.5:

1. Markieren Sie zunächst die gesamte Liste. Besonders schnell erledigen Sie das, indem Sie in die Liste klicken und dann [Strg]+[A] drücken.
2. Rufen Sie mit [Strg]+[1] das Dialogfeld *Zellen formatieren* auf. Alternativ dazu klicken Sie auf der Registerkarte *Start* in der Gruppe *Schriftart* auf das sogenannte Startprogramm für Dialogfelder (den kleinen Pfeil rechts neben der Gruppenbezeichnung), um das Dialogfeld aufzurufen.
3. Zeigen Sie die Registerkarte *Rahmen* an.
4. Öffnen Sie links unten das Feld *Farbe* (1) und wählen Sie eine blaue Farbe.
5. Klicken Sie links im Feld *Art* eine etwas stärkere Linie an (2) – beispielsweise die dritte von unten in der rechten Spalte.
6. Klicken Sie rechts oberhalb des Vorschaubildes auf die Schaltfläche *Außen* (3). Sie sehen sofort darunter das Ergebnis Ihrer Einstellungen.

Abbildung 1.4 In fünf Schritten die passenden Rahmenlinien zuweisen

7. Lassen Sie das Dialogfeld geöffnet, noch fehlen die senkrechten Innenlinien. Wählen Sie zuerst wieder im Feld *Art* eine passende Linie aus. Diesmal kann es beispielsweise die dünne Linie in der linken Spalte ganz unten sein (4). Die Farbe belassen Sie wie bei der Außenlinie.
8. Klicken Sie nun unterhalb des Vorschaubildes auf das Symbol in der Mitte (5). Es steht für die senkrechten Innenlinien. Schließen Sie mit *OK* ab.

Fügen Sie nun unterhalb der Überschriftenzeile noch eine dicke Rahmenlinie ein.

1. Markieren Sie dazu den Bereich *B4:F4*.
2. Drücken Sie wieder die Tastenkombination [Strg]+[1], um das Dialogfeld *Zellen formatieren* aufzurufen. Sie gelangen wieder zur Registerkarte *Rahmen*.

21

3. Linienart und Farbe sind schon eingestellt. Sie können am Vorschaubild auch genau sehen, dass dem soeben markierten Bereich unten ein Abschluss in Form einer Linie fehlt.

Abbildung 1.5 Eine breite Linie am unteren Rand der Überschriften zuweisen

4. Klicken Sie nur noch auf das Symbol für *Rahmenlinie unten* (6) – es befindet sich, wie in Abbildung 1.5 gezeigt, links unten neben dem Vorschaubild.
5. Schließen Sie das Dialogfeld per Klick auf *OK*.

Nun ist die Liste durch Rahmenlinien vom Rest des Arbeitsblatts klar abgegrenzt und zeigt – wie in Abbildung 1.6 zu sehen – gut erkennbar ihre Struktur.

Abbildung 1.6 Es geht auch ohne ein komplettes Gitternetz aus schwarzen Linien

Monat	Stuttgart	München	Köln	Hamburg
Januar	68.034 €	64.899 €	76.236 €	72.870 €
Februar	55.025 €	91.543 €	71.071 €	74.296 €
März	81.911 €	81.240 €	91.051 €	55.577 €
April	81.299 €	74.575 €	52.925 €	93.452 €
Mai	75.157 €	53.700 €	91.549 €	53.082 €
Juni	68.734 €	71.218 €	75.881 €	71.426 €
Juli	58.091 €	84.898 €	63.165 €	54.695 €
August	84.279 €	76.448 €	77.031 €	83.127 €
September	53.528 €	90.242 €	60.248 €	80.703 €
Oktober	93.904 €	88.518 €	86.189 €	77.955 €
November	87.239 €	77.838 €	78.657 €	68.980 €
Dezember	78.406 €	79.408 €	68.012 €	52.191 €

Attraktive Optik mit weißen Linien auf farbigem Zellbereich

Bei wichtigen Auswertungen oder bei Zusammenfassungen ist es angebracht, nicht so sparsam beim Einsatz von Farben zu sein wie dies in Abbildung 1.6 der Fall ist.

Egal ob Sie alle Zellen in neutralen Grautönen oder in den Farben Ihres Corporate Designs einfärben: Mit weißen Linien sorgen Sie für einen ausgewogenen Kontrast. Schauen Sie sich dazu das Beispiel in Abbildung 1.7 an.

Abbildung 1.7 Weiße Linien sorgen für eine klare optische Trennung, stören aber nicht beim Lesen der Zahlen

Monat	Stuttgart	München	Köln	Hamburg
Januar	68.034 €	64.899 €	76.236 €	72.870 €
Februar	55.025 €	91.543 €	71.071 €	74.296 €
März	81.911 €	81.240 €	91.051 €	55.577 €
April	81.299 €	74.575 €	52.925 €	93.452 €
Mai	75.157 €	53.700 €	91.549 €	53.082 €
Juni	68.734 €	71.218 €	75.881 €	71.426 €
Juli	58.091 €	84.898 €	63.165 €	54.695 €
August	84.279 €	76.448 €	77.031 €	83.127 €
September	53.528 €	90.242 €	60.248 €	80.703 €
Oktober	93.904 €	88.518 €	86.189 €	77.955 €
November	87.239 €	77.838 €	78.657 €	68.980 €
Dezember	78.406 €	79.408 €	68.012 €	52.191 €

Beim Zuweisen von weißen Rahmenlinien gehen Sie so vor wie im vorherigen Beispiel – mit einer Ausnahme: Wählen Sie im Dialogfeld *Zellen formatieren* auf der Registerkarte *Rahmen* zuerst die Linienart und erst dann die Linienfarbe. Klicken Sie anschließend auf das Symbol für die senkrechten Innenlinien.

Testen Sie es an einem Beispiel! Nutzen Sie dazu im Arbeitsblatt *Rahmen* der Mappe *Kap_01_UEB.xlsx* die rechte Liste.

Wenn Sie eigene Rahmenlinien zur Gestaltung Ihrer Listen nutzen und deren Wirkung prüfen möchten, sind die standardmäßig von Excel am Bildschirm angezeigten Gitternetzlinien oft störend. Bauen Sie sich deshalb in die *Symbolleiste für den Schnellzugriff* den Befehl ein, mit dem Sie die Gitternetzlinien mit nur einem Mausklick aus- und wieder einschalten. So geht's:

1. Wechseln Sie zur Registerkarte *Ansicht*.
2. Klicken Sie mit der rechten Maustaste auf den Befehl *Gitternetzlinien*.
3. Wählen Sie im Kontextmenü *Zu Symbolleiste für den Schnellzugriff hinzufügen*.

Abbildung 1.8 Den Befehl zum Aus- und Einblenden der Gitternetzlinien in die Schnellzugriffsleiste einbauen

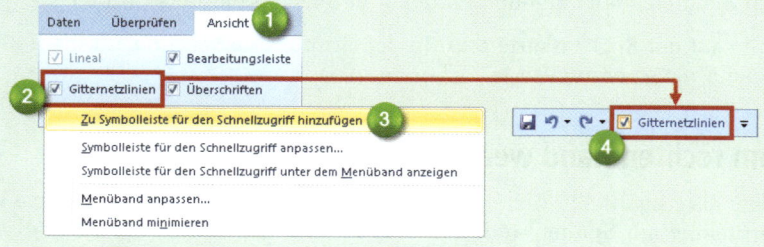

Weg vom Rand: Texte und Zahlen einrücken

Neben Zahlenmaterial gibt es in Excel-Listen stets auch Texte. Diese werden nach der Eingabe standardmäßig direkt am linken Rand der Zelle angeordnet. Für die Lesbarkeit wäre es allerdings besser, wenn die Texte nicht – wie in Abbildung 1.9 links gezeigt – unmittelbar am Spaltenrand »kleben«, sondern etwas eingerückt sind.

Nutzen Sie dafür eine Funktion, die Sie vielleicht bereits aus Word kennen und die es auch in Excel gibt: den Einzug.

Abbildung 1.9 Links stehen die Texte und Zahlen direkt am Spaltenrand, rechts sind sie eingerückt

Keine Sorge: Um die Einrückung zu erhalten, müssen Sie nicht vor jedem Text ein oder zwei Leerzeichen eingeben. Es reicht ein Klick auf die richtige Schaltfläche und schon werden alle Texte vom linken Spaltenrand weggerückt.

Sorgen Sie dafür, dass Texte vom linken Spaltenrand weggerückt werden.

Wechseln Sie zum Nachvollziehen der folgenden zwei Beispiele in der Beispieldatei *Kap_01_UEB.xlsx* zum Arbeitsblatt *Einzug*.

Gehen Sie zum Einrücken von Texten wie folgt vor:

1. Markieren Sie die entsprechenden Zellen – im Beispiel der Bereich *B4:D20*.
2. Klicken Sie auf der Registerkarte *Start* in der Gruppe *Ausrichtung* auf die Befehlsschaltfläche *Einzug vergrößern*.

Zahlen vom rechten Rand wegrücken

Noch wichtiger als eingerückte Texte sind sicherlich gut lesbare Zahlen. Auch sie »kleben« standardmäßig am Spaltenrand. Um dies zu ändern, nutzen Sie ebenfalls den Befehl *Einzug vergrößern* – allerdings mit einem zusätzlichen Schritt davor.

Testen Sie an einem Beispiel, mit welchen Schritten Sie Zahlen vom rechten Spaltenrand wegrücken. Nutzen Sie dazu ebenfalls die Liste im Arbeitsblatt *Einzug*.

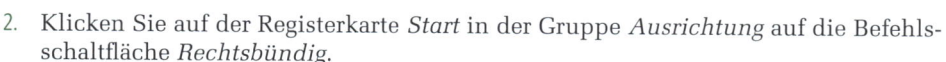

So sorgen Sie dafür, dass Zahlen nicht direkt am rechten Zellrand angeordnet sind:

1. Markieren Sie die Zellen mit den Zahlen – hier der Bereich *D5:D20*.
2. Klicken Sie auf der Registerkarte *Start* in der Gruppe *Ausrichtung* auf die Befehlsschaltfläche *Rechtsbündig*.
3. Klicken Sie anschließend in der gleichen Gruppe einmal oder mehrfach auf das Symbol *Einzug vergrößern*, bis die Zahlen in der Spaltenmitte stehen. Sie sind trotzdem noch rechtsbündig angeordnet – also Einer unter Einer, Zehner unter Zehner etc.

Abbildung 1.10 Nach dem Einrücken der Texte werden auch die Zahlen vom Zellrand weg zur Mitte hin geschoben

Bundesland	Kürzel	Anzahl
Baden-Württemberg	BW	350
Bayern	BY	393
Berlin	BE	73
Brandenburg	BB	375
Bremen	HB	95

Sie haben beim Einrücken der Zahlen vom rechten Rand hin zur Spaltenmitte zu oft auf die Schaltfläche *Einzug vergrößern* geklickt? Kein Problem: Klicken Sie einfach auf die Schaltfläche *Einzug verkleinern*.

Die beiden Tastenkombinationen, die angezeigt werden, wenn Sie den Mauszeiger über die Befehle *Einzug vergrößern* und *Einzug verkleinern* bewegen, funktionieren nicht.

Leseführung in den Zeilen: Mit abwechselnder Farbgebung die Orientierung erleichtern

In den bisher vorgestellten Beispielen konnten Sie sich davon überzeugen, dass es durchaus auch ohne waagerechte Rahmenlinien innerhalb einer Liste geht. Denn die wechselnde Farbgebung der Zeilen garantiert ein leichtes Orientieren zwischen den Zeilen und liefert eine gute Leseführung. Um eine abwechselnde Farbgebung der Zeilen zu erhalten, haben Sie drei Möglichkeiten:

- Sie nutzen den Befehl *Als Tabelle formatieren*.
- Sie verwenden die *Zellformatvorlagen mit Designs*.
- Sie setzen die *bedingte Formatierung* ein.

Die schnellste Variante: Als Tabelle formatieren

Lernen Sie eine besonders schnelle und einfache Technik kennen, mit der Sie eine wechselnde Farbgebung für Zeilen erreichen.

Das folgende Beispiel können Sie in der Mappe *Kap_01_UEB.xlsx* im Arbeitsblatt *Tabelle formatieren* mit der links angeordneten Liste nachvollziehen.

1. Markieren Sie in der Liste im Bereich *B4:F16* eine beliebige Zelle.
2. Klicken Sie auf der Registerkarte *Start* auf die Schaltfläche *Als Tabelle formatieren*.
3. Wählen Sie im daraufhin angezeigten Katalog wie in Abbildung 1.11 gezeigt *Tabellenformat - Mittel 11*.

Abbildung 1.11 Im Katalog der Formatvorlagen die Variante *Tabellenformat - Mittel 11* auswählen

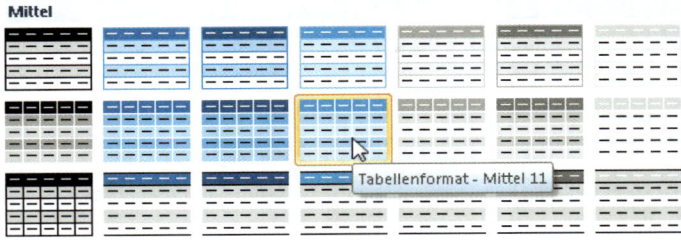

4. Bestätigen Sie im folgenden Dialogfeld den vorgeschlagenen Listenbereich.
5. Schließen Sie den Vorgang mit *OK* ab.

Noch schneller geht das Umwandeln einer Liste in eine formatierte Tabelle mit folgender Tastenkombination: [Strg]+[T].

Sollten Sie die Farbgebung nachträglich ändern wollen, öffnen Sie per Klick auf *Als Tabelle formatieren* noch einmal den Katalog und klicken eine andere Variante an.

Mit dem Befehl *Als Tabelle formatieren* wird die Liste nicht nur formatiert, sondern erhält zusätzliche Funktionalitäten wie Filter, Sortiermöglichkeiten, Ergebniszeile etc. Wollen Sie nur die Formatierung übernehmen, klicken Sie mit der rechten Maustaste in die Tabelle und wählen im Kontextmenü *Tabelle/In Bereich konvertieren*. Bestätigen Sie die folgende Abfrage mit *Ja*.

Die individuelle Variante: Zellenformatvorlagen verwenden

Sie haben den Befehl *Als Tabelle formatieren* verwendet, aber Sie sind mit der Optik des Ergebnisses nicht ganz zufrieden? Kein Problem: Wenn Ihnen die im Katalog der Tabellenformatvorlagen angezeigten Farbvarianten für die gesamte Tabelle nicht zu 100 % zusagen, können Sie die Farbwahl auch individueller gestalten. Nutzen Sie dazu *Zellenformatvorlagen*. Sie bieten Farbabstufungen, die auf den Designfarben der Arbeitsmappe basieren.

Lernen Sie das Potenzial der Zellenformatvorlagen an einem Beispiel kennen.

> Dieses Beispiel können Sie in der Mappe *Kap_01_UEB.xlsx* im Arbeitsblatt *Tabelle formatieren* mit der rechts angeordneten Liste nachvollziehen.

So geht's:

1. Markieren Sie die Spaltenüberschriften, also *I4:M4*.
2. Klicken Sie auf der Registerkarte *Start* auf die Schaltfläche *Zellenformatvorlagen*.
3. Wählen Sie unter *Zellformatvorlagen mit Designs* die Variante *Akzent 3*.

Abbildung 1.12 Die Zellformatvorlage *Akzent 3* für die Spaltenüberschriften verwenden

4. Markieren Sie mit gedrückter [Strg]-Taste alle Zellen in den ungeraden Zeilen – also *I5:M5, I7:M7, I9:M9* etc. – und wählen Sie nach Klick auf *Zellenformatvorlagen* diesmal die Variante *40% - Akzent3*.

Die automatische Variante: Ein bedingtes Format einsetzen

Weder die vorgefertigten Formate für Tabellen noch die Zellenformatvorlagen sagen Ihnen zu und Sie möchten stattdessen jeder zweiten Zeile eine selbst gewählte Farbe zuweisen – und zwar automatisch? Auch das ist möglich dank der Funktion *bedingte Formatierung*.

Sorgen Sie mithilfe der bedingten Formatierung dafür, dass eine Tabelle lesbarer wird, indem jede zweite Zeile automatisch in einer von Ihnen festgelegten Farbe erscheint. Und zwar sollen in einer Liste alle Zeilen mit gerader Nummer automatisch mit einer bestimmten Farbe unterlegt werden. Zeilen mit ungerader Nummer hingegen sollen den weißen Zellhintergrund behalten.

> Das folgende Beispiel können Sie in der Mappe *Kap_01_UEB.xlsx* im Arbeitsblatt *Wechselnde Zeilenfarbe* nachvollziehen.

Gehen Sie wie folgt vor und orientieren Sie sich dabei auch an der in Abbildung 1.13 gezeigten Schrittfolge:

1. Markieren Sie im Arbeitsblatt *Wechselnde Zeilenfarbe* den Bereich *B5:F16*.

2. Klicken Sie auf der Registerkarte *Start* auf die Schaltfläche *Bedingte Formatierung* (1).

3. Wählen Sie *Neue Regel* (2).

4. Markieren Sie im folgenden Dialogfeld unter *Regeltyp auswählen* die letzte Regel namens *Formel zur Ermittlung der zu formatierenden Zellen verwenden* (3).

Abbildung 1.13 Die neue Regel mithilfe der Funktionen REST und ZEILE definieren

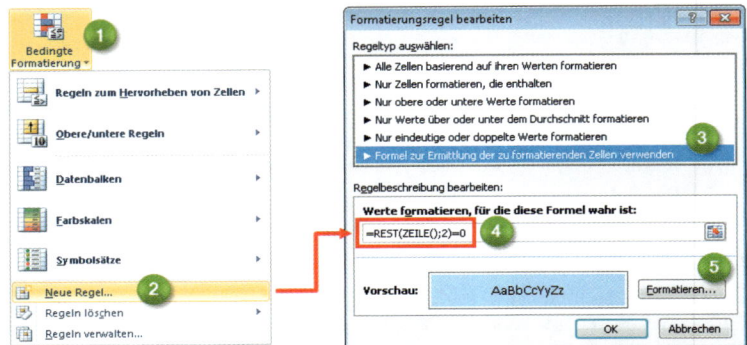

5. Tragen Sie in das Eingabefeld (4) folgende Formel ein: =REST(ZEILE();2)=0. Sie prüft, ob die Nummer der aktuellen Zeile durch 2 teilbar, also gerade ist. Dies ist dann der Fall, wenn beim Dividieren durch 2 kein Rest (=0) entsteht.

6. Klicken Sie auf die Schaltfläche *Formatieren* (5) und wählen Sie im folgenden Dialogfeld auf der Registerkarte *Ausfüllen* die gewünschte Farbe aus.

Mehr Flexibilität: Benutzerdefinierte Zahlenformate einsetzen

Wenn es darum geht, Zahlen und Texte gut lesbar aufzubereiten, kommen Sie an benutzerdefinierten Zahlenformaten kaum vorbei. Wie Zahlen dargestellt werden sollen – mit Tausendertrennzeichen, mit einer Maßeinheit wie beispielsweise m³, mit Dezimalstellen etc. – und wie Texte aussehen – mit Aufzählungszeichen oder in einer bestimmten Farbe – all das regeln Sie mit Zahlenformaten.

In diesem Abschnitt können Sie sich anhand von Beispielen ganz praktisch mit dem Potenzial vertraut machen, das benutzerdefinierte Zahlenformate bieten, um Ihre Tabellen verständlicher und lesbarer zu machen.

Texte übersichtlich gliedern: Aufzählungszeichen wie in Word

Nicht immer sind es nur Zahlen, manchmal sollen auch Texte besonders deutlich strukturiert werden – beispielsweise wenn Phasen und Arbeitspakete in einem Projektplan aufgelistet, Teile einer Budgetaufstellung voneinander abgegrenzt oder Kosten für eine Messe nach Realisierungsschritten getrennt werden sollen. Eine Gliederung mit zwei Ebenen – wie in Abbildung 1.14 gezeigt – wäre da hilfreich. Allerdings hat Excel im Unterschied zu Word keine Gliederungsfunktion. Einzüge gibt es zwar, aber keine Aufzählungszeichen.

Abbildung 1.14 Links sind es Striche, rechts Punkte, die als Aufzählungssymbol für das Gliedern der Liste sorgen

Bundesland	Anzahl
Bayern	409
- München	122
- Nürnberg	90
- Augsburg	78
- Regensburg	66
- Erlangen	53
Thüringen	214
- Erfurt	81
- Weimar	51
- Eisenach	43
- Suhl	39

Bundesland	Anzahl
Bayern	409
• München	122
• Nürnberg	90
• Augsburg	78
• Regensburg	66
• Erlangen	53
Thüringen	214
• Erfurt	81
• Weimar	51
• Eisenach	43
• Suhl	39

Nun wäre es denkbar, Aufzählungszeichen vor jeden Begriff zu setzen – einen Bindestrich etwa oder ein Sternchen. Aber der Aufwand und die Fehleranfälligkeit durch vergessene Leerzeichen und Sonderzeichen wären sicher beträchtlich.

Deutlich weniger Mühe haben Sie, wenn Sie mit selbst definierten Formaten für Ihre Gliederungstexte arbeiten. Zuerst geben Sie die Texte ein. Danach gliedern Sie diese per Formatierung. Abbildung 1.14 zeigt dazu zwei Beispiele.

> Wenn Sie sich anhand eines praktischen Beispiels davon überzeugen wollen, wie Sie Texte in Excel ganz schnell gliedern können, wechseln Sie in der Datei *Kap_01_UEB.xlsx* zum Arbeitsblatt *Texte*.

Einen Strich als Aufzählungssymbol zuweisen

Sorgen Sie dafür, dass die Städtenamen im Arbeitsblatt *Texte* optisch in die zweite Ebene verschoben werden – mit Einrückung und einem Aufzählungssymbol.

Gehen Sie dazu wie folgt vor:

1. Markieren Sie im Arbeitsblatt *Texte* den Bereich *B6:B10*.

2. Halten Sie die [Strg]-Taste gedrückt und markieren Sie zusätzlich den Zellbereich *B12:B15*.

3. Rufen Sie mit ⌈Strg⌉+⌈1⌉ das Dialogfeld zum Formatieren auf. Klicken Sie dort auf der Registerkarte *Zahlen* (1) zunächst links die Kategorie *Text* an (2).

4. Markieren Sie immer noch in der Liste unter *Kategorie* ganz unten den Eintrag *Benutzerdefiniert* (3). Daraufhin wird rechts im Eingabefeld unter *Typ* das Zeichen @ angezeigt. Es dient als Platzhalter für beliebigen Text (so wie beispielsweise die 0 als Platzhalter für ganze Zahlen).

5. Setzen Sie in das Eingabefeld unter *Typ* den Cursor links vor das @ und geben Sie nacheinander ein Leerzeichen, ein Anführungszeichen, einen Bindestrich, ein Anführungszeichen und noch ein Leerzeichen ein (4). Das Ergebnis sollte wie folgt aussehen: "-" @.

6. Schließen Sie das Definieren dieses speziellen Zahlenformats mit *OK* ab. Im Ergebnis dessen stehen die markierten Städtenamen leicht eingerückt und haben jeweils einen Bindestrich als Aufzählungssymbol.

Abbildung 1.15 Die Schritte, die den Bindestrich zum Aufzählungssymbol machen

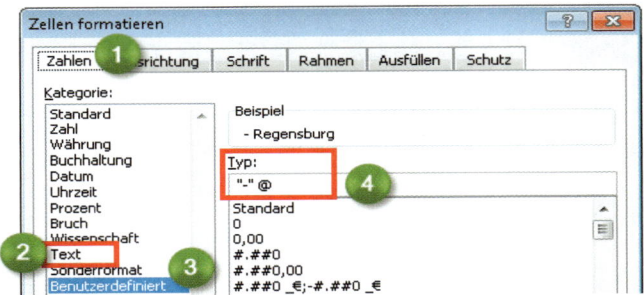

Die Alternative: Einen Punkt als Aufzählungssymbol nutzen

Probieren Sie eine weitere Gestaltungsvariante zum Gliedern von Text. Setzen Sie statt des Bindestrichs einen Aufzählungspunkt vor bestehende Texteinträge.

Gehen Sie dazu im Arbeitsblatt *Texte* wie folgt vor:

1. Markieren Sie diesmal den Zellbereich *F6:F10* und erweitern Sie die Markierung bei gedrückter ⌈Strg⌉-Taste um die Zellen *F12:F15*.

2. Wechseln Sie mit ⌈Strg⌉+⌈1⌉ wieder zum Dialogfeld *Zellen formatieren*.

3. Klicken Sie auf der Registerkarte *Zahlen* (1) unterhalb von *Kategorie* wiederum auf *Text* (2) und dann auf *Benutzerdefiniert* (3).

4. Setzen Sie rechts im Eingabefeld den Cursor vor den Textplatzhalter @. Geben Sie diesmal zwei Leerzeichen, ein Anführungszeichen, den Punkt (wird mit ⌈Alt⌉+⌈0⌉ ⌈1⌉⌈4⌉⌈9⌉ auf dem numerischen Block erzeugt), Anführungszeichen und noch ein Leerzeichen ein (4). Das Zahlenformat sollte nun wie folgt aussehen: "·" @.

Mehr Flexibilität: Benutzerdefinierte Zahlenformate einsetzen

Abbildung 1.16 Ein Punkt auf halber Höhe statt des Bindestrichs und mehr Abstand

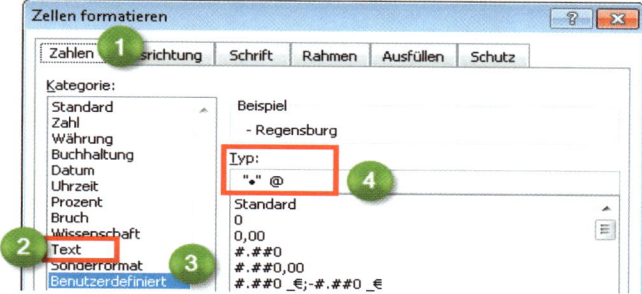

Im Ergebnis dessen werden die Städtenamen etwas mehr von links eingerückt und diesmal mit einem kleinen Punkt als Aufzählungszeichen versehen.

> Wenn Sie diese Art der Textgestaltung häufiger verwenden wollen, definieren Sie die beiden Zahlenformate als Formatvorlagen und legen diese in Ihrer Standardarbeitsmappe ab. Wie das geht, lesen Sie im Abschnitt »Zeitsparend formatieren: Das Potenzial der Zellenformatvorlagen nutzen« weiter hinten in diesem Kapitel.

Zahlenwerte lesbarer machen mit Zusatztexten

Wenn in mehreren Spalten Zahlen nebeneinander stehen, ist deren Zuordnung nicht immer einfach. Handelt es sich um Stückzahlen, Preise in Euro, Gewichte, Flächen- oder Volumenmaße? Abbildung 1.17 zeigt eine solche Tabelle. Beim Scrollen nach unten kann da angesichts der vielen Zahlen schnell der Überblick verloren gehen.

Abbildung 1.17 Zwar macht die Tabelle einen übersichtlichen Eindruck, aber was bedeuten die Zahlen?

Lager	Fläche	Kapazität	mtl. Kosten	Verfügbar
Lager T 13	18.673	2.915	12.175	7
Lager N 22	10.893	1.660	10.756	7
Lager P 32	11.423	2.364	9.524	5
Lager N 37	8.963	1.861	7.046	7
Lager K 07	6.352	2.400	9.399	5

Maßeinheiten zu Werten hinzufügen

Vermeiden Sie Missverständnisse beim Lesen von Zahlen, indem Sie den Werten in mehreren Spalten erklärende Maßeinheiten hinzufügen.

Abbildung 1.18 Drei benutzerdefinierte Zahlenformate sowie ein Währungsformat sorgen für Klarheit

Lager	Fläche	Kapazität	mtl. Kosten	Verfügbar
Lager T 13	18.673 m²	2.915 t	12.175 €	7 Tage
Lager N 22	10.893 m²	1.660 t	10.756 €	7 Tage
Lager P 32	11.423 m²	2.364 t	9.524 €	5 Tage
Lager N 37	8.963 m²	1.861 t	7.046 €	7 Tage
Lager K 07	6.352 m²	2.400 t	9.399 €	5 Tage

Verwenden Sie zum Nachvollziehen dieser Aufgabe das Arbeitsblatt *Maßeinheit* in der Datei *Kap_01_UEB.xlsx*.

Eine Vorschau auf die fertige Lösung sehen Sie in Abbildung 1.18. Drei benutzerdefinierte Zahlenformate sowie ein Währungsformat sorgen dafür, dass sich die Werte zweifelsfrei zuordnen lassen. Das erledigen Sie mit folgenden Schritten:

1. Markieren Sie zunächst die Werte in der Spalte *Fläche*, also *C5:C13*. Rufen Sie dann mit [Strg]+[1] das Dialogfeld zum Formatieren von Zellen auf.

2. Wie in Abbildung 1.19 gezeigt, wählen Sie dort auf der Registerkarte *Zahlen* (1) unter *Kategorie* den Eintrag *Benutzerdefiniert* (2).

3. Klicken Sie nun rechts in der Liste der Zahlenformate den Eintrag #.##0 an (3). Er sorgt dafür, dass Zahlen über 999 mit einem Tausendertrennzeichen und ohne Nachkommastellen angezeigt werden.

4. Klicken Sie rechts in die Eingabezeile unterhalb von *Typ* und geben Sie hinter dem Zahlenformat #.##0 ein Leerzeichen und anschließend "m²" ein (4). Die hochgestellte »2« erhalten Sie, indem Sie die Taste [AltGr] gedrückt halten und die Taste [2] drücken. Das fertige Zahlenformat sieht dann wie folgt aus: #.##0 "m²".

Abbildung 1.19 Ein Zahlenformat definieren, das für Tausendertrennzeichen und die Maßeinheit »m²« sorgt

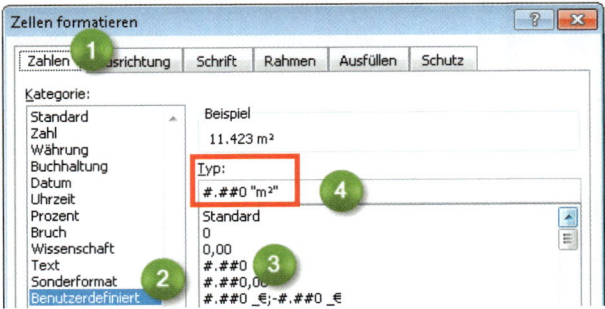

5. Um den Werten in der Spalte unter *Kapazität* die Maßeinheit Tonnen (»t«) zuzuweisen, verfahren Sie analog. Geben Sie zwischen den Anführungszeichen diesmal das kleine t ein. Das Zahlenformat sieht dann wie folgt aus: #.##0 "t".

6. Zum Formatieren der Werte in der Spalte *mtl. Kosten* mit dem Währungssymbol wählen Sie nach dem Markieren im Dialogfeld *Zellen formatieren* links die Rubrik *Währung* und legen rechts bei *Dezimalstellen* als Anzahl *0* fest.

7. Hinter den Werten der Spalte *Verfügbar* soll jeweils das Wort *Tage* ergänzt werden. Legen Sie hierzu nach dem Markieren der Werte in Spalte *F* – so wie in Abbildung 1.20 gezeigt – das benutzerdefinierte Zahlenformat 0 "Tage" fest.

Abbildung 1.20 Dieses benutzerdefinierte Zahlenformat ergänzt die Werte um die Information »Tage«

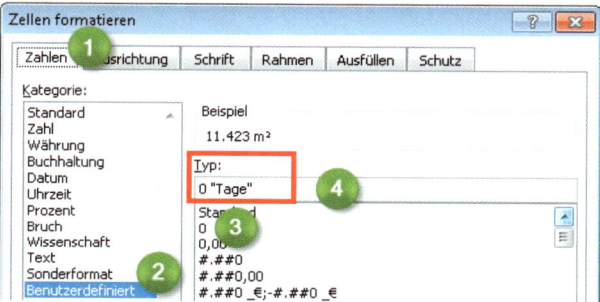

Zwischenfazit: Nutzen benutzerdefinierter Zahlenformate

An diesem kleinen Beispiel konnten Sie sich davon überzeugen, dass mithilfe von Zahlenformaten die Anzeige von Werten verständlicher wird. Wichtig dabei ist, dass die Werte selbst nicht geändert werden. Nur ihr Erscheinungsbild in der Zelle ändert sich. Ein zugewiesenes Zahlenformat wirkt sich also nicht auf den tatsächlichen Zellwert aus, den Excel weiterhin zum Durchführen von Berechnungen verwendet. Prüfen Sie es einmal selbst nach. Egal welches Zahlenformat Sie zuweisen, in der Bearbeitungsleiste wird stets der von Ihnen eingegebene Wert angezeigt.

Benutzerdefinierte Zahlenformate können Sie einsetzen für

- Zahlen (positive, negative, Nullwerte),
- Datums- und Zeitangaben,
- Texte.

Der Aufbau benutzerdefinierter Zahlenformate

Wenn Sie mit der Tastenkombination [Strg]+[1] das Dialogfeld zum Formatieren von Zellen öffnen und auf der Registerkarte *Zahlen* die Kategorie *Benutzerdefiniert* auswählen, finden Sie rechts in der Liste die sogenannten integrierten Zahlenformate. Die in dieser Liste verfügbaren Formate reichen jedoch bei Weitem nicht aus, um alle denkbaren Formatierungswünsche von Anwendern verschiedener Berufsgruppen zu erfüllen. Daher wird es immer wieder erforderlich sein, eigene Zahlenformate zu definieren. Das Wissen zum Aufbau von Zahlenformaten holen Sie sich am besten durch das Studium vorhandener Formate:

- Wählen Sie dazu im Dialogfeld *Zellen formatieren* links in der Liste *Kategorie* den Eintrag *Währung*. Wählen Sie bei *Dezimalstellen* den Wert *0* und im Bereich *Negative Zahlen* den untersten Eintrag.

- Klicken Sie nun wieder unten links auf den Eintrag *Benutzerdefiniert*. Sie sehen rechts unter *Typ*, welchen Formatcode Excel für das eben gewählte Zahlenformat verwendet und dass es in dem Fall aus zwei Abschnitten besteht, die durch ein Semikolon getrennt sind: #.##0 €;[Rot]-#.##0 €.

- Der erste Abschnitt bestimmt das Aussehen von positiven Werten. Der zweite (nach dem Semikolon) ist für die Darstellung negativer Werte zuständig. Im Fall von Währungsangaben wird negativen Zahlen ein Minuszeichen vorangestellt und sie werden in der Farbe Rot angezeigt. Genau das wird im zweiten Abschnitt – dem für negative Werte – definiert: [Rot]-#.##0,00 €.

Neben der Möglichkeit, positive und negative Zahlen unterschiedlich darzustellen, können Sie auch für Nullwerte sowie für Texte genau festlegen, wie diese angezeigt werden sollen. Dazu dienen die Abschnitte eines Formatcodes. Vier sind maximal möglich. Die per Semikolon getrennten Abschnitte definieren die Darstellung für positive Zahlenwerte, negative Zahlenwerte, Nullwerte und Text – und zwar in der genannten Reihenfolge. Natürlich muss ein Zahlenformat nicht notwendigerweise aus vier Abschnitten bestehen. Meist enthält ein Zahlenformat ein oder zwei. Tabelle 1.1 zeigt eine Übersicht über mögliche Formatcodes, die in Zahlenformaten zum Einsatz kommen können.

Tabelle 1.1 Kurze Übersicht über Formatcodes und deren Wirkung

Formatcode	Wirkung
# (Raute)	Die Raute sorgt dafür, dass nur Ziffern angezeigt werden, die tatsächlich eingegeben wurden. Es gibt also keine führenden Nullen. Haben Dezimalzahlen nach dem Komma mehr Stellen, als Platzhalter (#) definiert sind, wird auf die Anzahl der eingegebenen #-Zeichen rechts vom Komma gerundet. Werden mehr Ziffern vor dem Komma eingegeben, als Platzhalter definiert sind, werden alle Ziffern angezeigt. Beispiel: Format: ##0,0## – Eingabe: 15,3456 – Anzeige: 15,346
0 (Null)	Im Unterschied zur Raute (#) bewirkt der Platzhalter 0, dass am Bildschirm mindestens so viele Ziffern angezeigt wie Nullen im Zahlenformat enthalten sind. Geben Sie als Zahl die 3 ein und das Zahlenformat ist 000, erscheint am Bildschirm 003. Dieses Zahlenformat eignet sich beispielsweise dann, wenn Sie in Datenreihen führende Nullen brauchen, die Excel üblicherweise nicht darstellt.
? (Fragezeichen)	Es sorgt dafür, dass Werte mit unterschiedlich vielen Stellen vor und nach dem Komma exakt am Komma ausgerichtet werden.
% (Prozent)	Eingaben werden mit 100 multipliziert und mit dem Zeichen % ergänzt.
@ (Textplatzhalter)	So wie # oder 0 bei Zahlen ist dies der allgemeine Platzhalter für Texte. Der Formatcode [Blau]@ bewirkt beispielsweise, dass eingegebene Texte automatisch in blauer Farbe dargestellt werden.
, (Dezimalkomma)	Dieses Zeichen setzt das Dezimalkomma. Achten Sie darauf, dass vor dem Dezimalkomma eine 0 steht, damit Zahlen größer 1 nicht mit einem führenden Komma dargestellt werden.

Mehr Flexibilität: Benutzerdefinierte Zahlenformate einsetzen

Formatcode	Wirkung
. (Punkt)	Der Punkt steht einerseits für das Tausendertrennzeichen und dient damit zum übersichtlichen Gruppieren großer Zahlen. Am Ende eines Formatcodes bewirkt der Punkt andererseits, dass die Zahl um drei Stellen verkürzt dargestellt wird. Beispiel: Format: 0,0. "kg" – Eingabe: 15321 – Anzeige: 15,3 kg
_ (Unterstrich)	Der Unterstrich bewirkt, dass ein Leerraum in der Größe des nachfolgenden Zeichens reserviert wird. Optimal für das exakte Positionieren von Daten.
"Text"	Alle Zeichen zwischen den beiden Anführungszeichen werden als Text interpretiert. Auf diese Weise können Sie einen beliebigen Text, z.B. als Maßeinheit oder Kommentar, vor oder hinter eine Zahl schreiben lassen.
* (Sternchen)	Das Sternchen ist die Anweisung, Daten am linken und rechten Zellrand bündig anzuordnen. Es wirkt wie ein Tabulator in Word. Daten vor dem * erscheinen am linken Zellrand, Daten nach dem Sternchen am rechten. Dem Sternchen muss immer ein Zeichen folgen, das den Zwischenraum füllt – meist ein Leerzeichen, da es unsichtbar ist. Beispiel: Format: "ab"* 0 "kg" – Eingabe: 15 – Anzeige: ab 15 kg

Beispiele für besonders nützliche Zahlenformate

Das Hinzufügen einer Maßeinheit oder eines Währungssymbols kommt im Alltag sicher häufig vor. Was aber, wenn bestimmte Werte hervorgehoben werden sollen? Oder – genau im Gegenteil dazu – wie lassen sich Werte unsichtbar machen, ohne erst mühsam die komplette Spalte oder Zeile ausblenden zu müssen? Und wie lassen sich sehr lange Zahlen verkürzt und damit besser lesbar darstellen – beispielsweise 12,57 Mio. € statt 12571348? Schließlich: Wie können Zahlen und Texte in einer Zelle flexibel angeordnet werden?

Lernen Sie auf den folgenden Seiten benutzerdefinierte Zahlenformate kennen, mit denen Sie auch solche speziellen Aufgaben lösen.

Nullwerte ausblenden oder besonders hervorheben

Manche Tabellenblätter sind mit Nullen »übersät«. Wenn Sie die Nullen als störend empfinden und als Information nicht brauchen, können Sie sie mit der folgenden Befehlsfolge ausblenden: *Datei/Optionen/Erweitert/Optionen für dieses Arbeitsblatt anzeigen/In Zellen mit Nullwert eine Null anzeigen*. Der Nachteil: Nun werden im gesamten Arbeitsblatt alle Nullwerte undifferenziert ausgeblendet. Sollen aber Nullen an einigen Stellen zu sehen sein, wäre dieser generelle Befehl ungeeignet. Die Lösung bringt ein benutzerdefiniertes Zahlenformat, mit dessen Hilfe Sie nicht alle, sondern gezielt nur bestimmte Nullwerte unsichtbar machen können.

Abbildung 1.21 Fehlt das Häkchen, werden im gesamten Arbeitsblatt alle Nullwerte nicht angezeigt

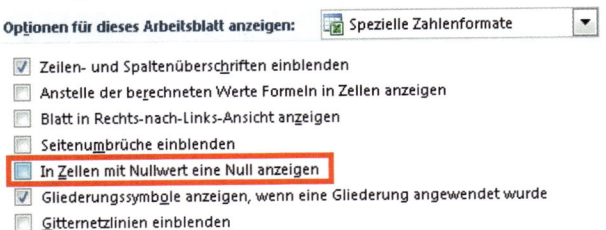

Definieren Sie ein benutzerdefiniertes Zahlenformat, mit dem sich Nullwerte nur in ausgewählten Zellen oder Zellbereichen differenziert ausblenden lassen.

Testen Sie das Vorgehen im Arbeitsblatt *Spezielle Zahlenformate*.

1. Markieren Sie den Zellbereich *C5:F13* und rufen Sie mit [Strg]+[1] das Dialogfeld zum Formatieren von Zellen auf.

2. Legen Sie auf der Registerkarte *Zahlen* per Klick auf die Kategorie *Benutzerdefiniert* rechts im Eingabefeld unter *Typ* folgendes Zahlenformat fest: Standard;-0;;@.

Zur Erklärung: Da im dritten Abschnitt – dem für Nullwerte – kein Platzhalter definiert ist, erscheinen Zellen mit Nullen leer. Für positive Werte gilt die Standarddarstellung (*Standard*). Negativen Werten wird ein Minuszeichen vorangestellt und sie werden ohne Dezimalstellen angezeigt (*-0*). Texte werden so dargestellt, wie sie eingegeben werden (@).

Abbildung 1.22 Per Zahlenformat nur bestimmte Nullwerte in einzelnen Zellen oder einem Zellbereich ausblenden

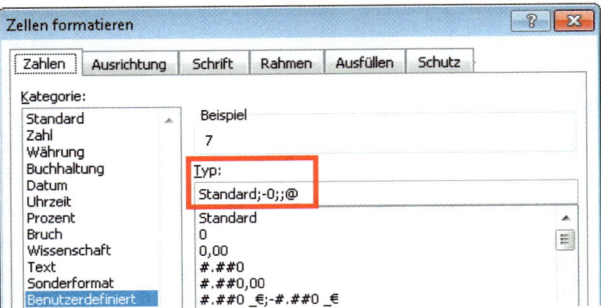

Natürlich gibt es auch Fälle, in denen Nullwerte keineswegs ausgeblendet werden dürfen. Um zu vermeiden, dass Nullwerte in der Zahlenflut übersehen werden, können beispielsweise Striche darauf hinweisen.

Definieren Sie ein weiteres Zahlenformat, das durch einen langen Strich auf Nullwerte hinweist.

1. Markieren Sie im Arbeitsblatt *Spezielle Zahlenformate* den Zellbereich *C19:F27* und rufen Sie mit [Strg]+[1] das Dialogfeld zum Formatieren von Zellen auf.

Mehr Flexibilität: Benutzerdefinierte Zahlenformate einsetzen

2. Wählen Sie wieder die Kategorie *Benutzerdefiniert* und tragen Sie unter *Typ* den folgenden Formatcode ein: Standard;-0;–;@

Den langen Strich im dritten Abschnitt (dem für Nullwerte) erzeugen Sie mit [Alt]+[0][1][5][0] (auf dem numerischen Block).

Abbildung 1.23 Nullwerte nicht übersehen, da ein langer Strich auf sie hinweist

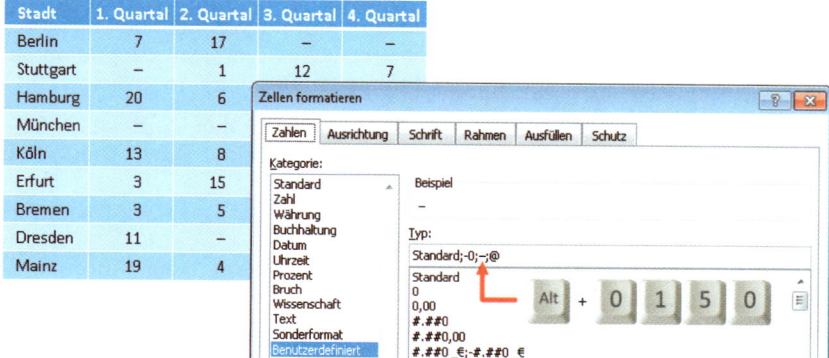

Definieren Sie noch ein Zahlenformat, das Nullwerte deutlich kennzeichnet, indem in den Zellen statt der 0 das Wort *Null* in blauer Schriftfarbe erscheint.

1. Markieren Sie im Arbeitsblatt *Spezielle Zahlenformate* den Zellbereich *C33:F41* und rufen Sie wieder mit [Strg]+[1] das Dialogfeld zum Formatieren von Zellen auf.

2. Wählen Sie wieder die Kategorie *Benutzerdefiniert*. Tragen Sie diesmal unter *Typ* den folgenden Formatcode ein: Standard;-0;[Blau]"Null";@.

Statt eines normalen Platzhalters für Zahlen wie # oder 0 legen Sie damit fest, dass bei Nullwerten das Wort *Null* in blauer Farbe erscheint.

Abbildung 1.24 Statt des Wertes »0« wird das Wort »Null« in blauer Farbe angezeigt

Stadt	1. Quartal	2. Quartal	3. Quartal	4. Quartal
Berlin	7	17	Null	Null
Stuttgart	Null	1	12	7
Hamburg	20	6		
München	Null	Null		
Köln	13	8		
Erfurt	3	15		
Bremen	3	5		
Dresden	11	Null		
Mainz	19	4		

37

Große Werte verkürzt darstellen als kg, Tsd. € oder Mio. €

Bei Tabellen mit sehr großen Zahlen geht leicht die Übersicht verloren. Hier eine Möglichkeit, wie Sie dies vermeiden: Zeigen Sie die bestehenden Werte in verkürzter Form an. Beispielsweise das Gewicht von 9738 g als 9,74 kg oder den Wert 78.537 als 78,5 Tsd. €. Auch hier werden natürlich die Werte selbst nicht geändert, sondern nur ihre Darstellung.

Legen Sie benutzerdefinierte Zahlenformate fest, die die ursprüngliche Zahl um drei Stellen verkürzt anzeigen. Lassen Sie Gewichte statt in Gramm in Kilogramm anzeigen, ergänzen Sie Währungsbeträge um die Einheit Tsd. € (siehe Abbildung 1.25).

1. Markieren Sie im Arbeitsblatt *Spezielle Zahlenformate* den Zellbereich *J5:M13*. Rufen Sie das Dialogfeld zum Formatieren von Zellen mit [Strg]+[1] auf. Wählen Sie die Kategorie *Benutzerdefiniert*.

2. Klicken Sie rechts in der Liste den Eintrag *0,00* an.

3. Setzen Sie im Eingabefeld unter *Typ* den Cursor hinter die letzte Null und geben Sie einen . (Punkt) ein. Sofort ist darüber in der Vorschau zu sehen, dass die Ziffer 9738 nun als 9,74 angezeigt wird.

4. Geben Sie nach einem Leerzeichen noch die Maßeinheit ein – hier "kg". Schließen Sie mit einem Klick auf *OK* ab.

Das fertige Zahlenformat, das Gramm in Kilogramm anzeigt, lautet: 0,00. "kg". Der Punkt hinter der Null bewirkt also eine um drei Stellen verkürzte Anzeige.

Definieren Sie analog dazu ein Zahlenformat mit Tsd. €.

Markieren Sie dazu den Zellbereich *J19:M27* und definieren Sie diesmal das folgende Zahlenformat: 0,0. "Tsd. €". Abbildung 1.25 zeigt beide Zahlenformate.

Abbildung 1.25 Zwei Zahlenformate, die durch einen Punkt Werte um jeweils drei Stellen verkürzt anzeigen

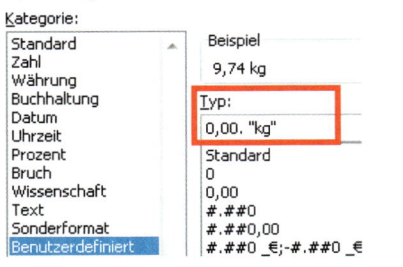 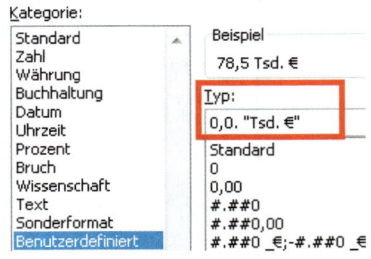

Nutzen Sie die eben verwendete Technik, um für Zahlen im Millionenbereich die Anzeige um sechs Stellen zu kürzen und Mio. € hinzuzufügen.

1. Markieren Sie im Arbeitsblatt *Spezielle Zahlenformate* den Zellbereich *J33:M41*.

2. Legen Sie im Dialogfeld zur Zellformatierung diesmal das folgende Zahlenformat fest: 0,00.. "Mio. €".

Dieses Zahlenformat unterdrückt bei Zahlen über der Millionengrenze die Anzeige der Tausender, während Hunderttausender und Zehntausender noch erhalten bleiben. Um die Anzeige um sechs Stellen zu kürzen, sind nach dem Zahlenplatzhalter *0,00* zwei

Punkte erforderlich. Jeder von ihnen sorgt dafür, dass die Anzeige um jeweils drei Ziffern verkürzt wird.

Mit dem Sternchen (*) Texte und Zahlen bündig anordnen

Soll ein Text nicht rechts, sondern links vor einer Zahl angezeigt werden, ist es aus Gründen der Optik meist wünschenswert, den Text am linken Rand der Zelle anzuordnen, während die Zahlen wie gewohnt am rechten Zellrand stehen. Um die dazwischen liegenden Leerräume je nach Länge von Text und Zahlen flexibel zu füllen, gibt es das Zeichen ＊ (Sternchen). Es wiederholt das nachfolgende Zeichen – beispielsweise ein Leerzeichen – so oft, bis die Zelle bündig gefüllt ist. Ein Beispiel dafür sehen Sie in Abbildung 1.26 links.

Sorgen Sie mit einem benutzerdefinierten Zahlenformat dafür, dass jeweils vor einer Ziffer das Wort *ab* und hinter der Ziffer das Wort *Jahre* angezeigt wird, um Altersgruppen zu bilden. Da die Ziffern ein- oder zweistellig sind, differiert der Platz zwischen *ab* und dem nachfolgenden Wert. Füllen Sie diesen flexibel aus.

1. Markieren Sie im Arbeitsblatt *Spezielle Zahlenformate* den Bereich *I47:I55*. Dort stehen ein- und zweistellige Zahlen.

2. Legen Sie nach Drücken von Strg+1 im Dialogfeld zum Formatieren von Zellen in der Kategorie *Benutzerdefiniert* das folgende Format fest: "ab"* 0 "Jahre". Danach sind in den Zellen statt der Zahlen nun Altersgruppen zu erkennen.

Abbildung 1.26 Das Zahlenformat zum Bilden von Altersgruppen

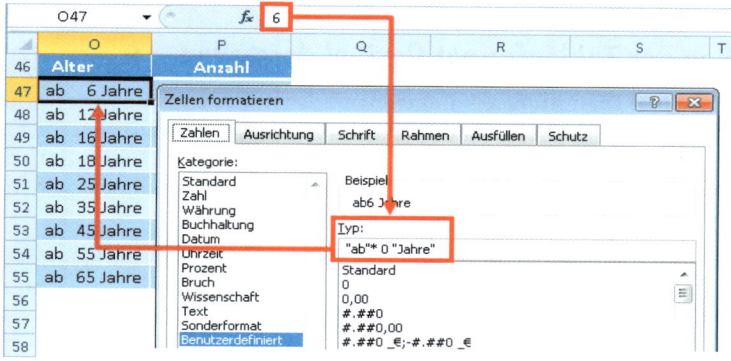

Profitechnik: Die Bezeichnung der Maßeinheit steuern

Je nach Altersgruppe wird in der Tabelle eine unterschiedliche Anzahl von Fällen ausgewiesen: Von 0 Fälle über 1 Fall bis 11 Fälle. Doch die Wörter »Fall« und »Fälle« können nicht in die Zelle eingegeben werden, da sonst eine Berechnung der Gesamtzahl der Fälle unmöglich wird.

Bauen Sie ein Zahlenformat auf, das nicht zwischen positiven, negativen und Nullwerten unterscheidet oder Werte verkürzt anzeigt, sondern das differenziert nach gleich 1 (»Fall«) und ungleich 1 (»Fälle«) die richtige Bezeichnung vergibt.

Weisen Sie das Zahlenformat für den Zellbereich *J47:J55* zu.

Geben Sie nach Markieren dieses Bereichs und Aufrufen des Dialogfeldes mit Strg+1 in der Kategorie *Benutzerdefiniert* in das Eingabefeld unterhalb von *Typ* Folgendes ein: [=1]0 "Fall"_e;[<>1]0 "Fälle".

Abbildung 1.27 Mit diesem Zahlenformat sorgen Sie für eine differenzierte Bezeichnung – hier Fall oder Fälle

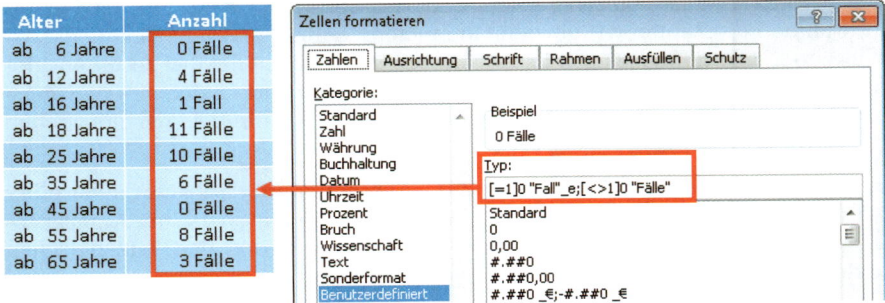

In den eckigen Klammern definieren Sie, auf welchen Wert Excel achten soll. Es folgt der Formatcode, der Werte gleich 1 mit dem Wort *Fall* und Werte ungleich 1 mit der Bezeichnung *Fälle* ergänzt. Die Zeichenfolge _e nach dem Wort Fall sorgt für einen Leerraum in der Breite eines »e« nach dem Wort »Fall«, denn es ist um genau diesen einen Buchstaben kürzer als »Fälle«. Mit diesem kleinen Formatierungstrick sichern Sie, dass die Zahlen korrekt rechtsbündig und die Texte genau linksbündig untereinander stehen.

Datumsangaben per Zahlenformat flexibel darstellen

Wenn Sie in Ihren Listen Datumsangaben eingeben oder in der Projektarbeit Termine berechnen oder in Diagrammen Monat und Jahr anzeigen möchten, stellt sich die Frage nach der optimalen Darstellung des Datums. Soll es das vollständige Datum sein oder reicht es, Monat und Jahr anzuzeigen oder wird neben dem Datum auch noch die Information zum jeweiligen Wochentag benötigt?

Für all diese Fälle sind Sie mit dem passenden Zahlenformat bestens gerüstet. Abbildung 1.28 zeigt eine Übersicht oft gebrauchter Darstellungen für Datumsangaben und mit welchem Zahlenformat diese umgesetzt werden.

Sorgen Sie in einer Datumsreihe dafür, dass zu jedem Datum zusätzlich noch am linken Spaltenrand der Wochentag in abgekürzter Form angezeigt wird.

1. Geben Sie in eine beliebige leere Zelle das aktuelle Datum mit Strg+. ein.
2. Bilden Sie eine Datumsreihe, indem Sie das Ausfüllkästchen der Zelle mit dem Datum mit gedrückter linker Maustaste nach unten ziehen.
3. Lassen Sie die so entstandene fortlaufende Datumsreihe markiert und rufen Sie mit Strg+1 das Dialogfeld zum Formatieren auf.

Abbildung 1.28 Mithilfe von Zahlenformaten kann eine Datumseingabe völlig unterschiedlich angezeigt werden

Eingabe in die Zelle	Anzeige in der Zelle	Verwendetes Zahlenformat
1.6.2013	01.06.2013	TT.MM.JJJJ
1.6.2013	1.6.2013	T.M.JJJJ
1.6.2013	1. Jun 2013	T. MMM JJJJ
1.6.2013	1. Juni 2013	T. MMMM JJJJ
1.6.2013	Sa, 1. Juni 2013	TTT, T. MMMM JJJJ
1.6.2013	Samstag, 1. Juni 2013	TTTT, T. MMMM JJJJ
1.6.2013	Sa 01.06.2013	TTT* TT.MM.JJJJ
1.6.2013	2013-06-01	JJJJ-MM-TT
1.6.2013	1-6	T-M
1.6.2013	01-06	TT-MM
1.6.2013	6/2013	M/JJJJ
1.6.2013	06/2013	MM/JJJJ
1.6.2013	Jun 2013	MMM JJJJ
1.6.2013	Juni 2013	MMMM JJJJ

4. Klicken Sie links unter *Kategorie* zuerst auf den Eintrag *Datum*, dann auf *Benutzerdefiniert*.

5. Tragen Sie rechts in das Eingabefeld unter *Typ* den folgenden Formatcode ein: `TTT* TT.MM.JJJJ`.

6. Nach Abschluss der Eingabe per Klick auf *OK* sehen Sie, dass nun allen Datumsangaben der abgekürzte Wochentag vorangestellt ist. Dieser steht linksbündig, das Datum hingegen rechtsbündig. Diese Anordnung bleibt auch bestehen, wenn Sie die Spalte verbreitern.

Zeitsparend formatieren: Das Potenzial der Zellenformatvorlagen nutzen

Farben, Zahlenformate und weitere Gestaltungsoptionen für Zellen passend zusammenzutragen, ist nicht immer leicht. Ärgerlich wird es, wenn Sie ein gutes und aussagekräftiges Format noch einmal verwenden möchten, aber nicht mehr genau wissen, welche Einstellungen Sie verwendet haben. Mit Zellenformatvorlagen können Sie dieses Problem vermeiden.

Die Funktionsweise der Zellenformatvorlagen

Eine Zellenformatvorlage ist nichts anderes als eine Zusammenfassung verschiedener Formatierungsanweisungen für Zellen, die als Gruppe unter einem bestimmten Namen gespeichert werden. Dazu gehören

- Art, Farbe und Größe der Schrift,
- horizontale und vertikale Anordnung sowie Zeilenumbruch in den Zellen,
- die differenzierte Darstellung von positiven, negativen oder Nullwerten sowie von Texten – also die im vorherigen Abschnitt behandelten Zahlenformate –,
- das Muster der Zellen – anders gesagt die Füllfarbe –,
- das Vorhandensein sowie die Farbe und Stärke von Rahmenlinien und
- der Zellschutz (gesperrte Zellen und ausgeblendete Formeln).

Wo stehen Formatvorlagen zur Verfügung?

Die Zellenformatvorlagen rufen Sie über die Registerkarte *Start* in der Gruppe *Formatvorlagen* auf.

Zellenformatvorlagen sind Bestandteil einer Arbeitsmappe. Sie lassen sich somit einheitlich in allen Blättern einer Arbeitsmappe einsetzen – auch selbst definierte. Das bedeutet aber im Umkehrschluss: Zellenformatvorlagen, die Sie in einer Mappe speziell definieren und in allen Blättern dieser Mappe nutzen können, stehen Ihnen in anderen Mappen nicht automatisch zur Verfügung.

Abbildung 1.29 Excel bietet fünf Gruppen von Zellenformatvorlagen und die Möglichkeit zu deren Anpassung

Welche Zellenformatvorlagen sind verfügbar?

Welche Zellenformatvorlagen Excel enthält, zeigt Abbildung 1.29. Standardmäßig stehen Gestaltungsbausteine in fünf Gruppen zur Verfügung:

- zum Kennzeichnen von Zuständen (1),
- zum Hinweisen auf den Inhalt von Zellen (2),
- zum Hervorheben von Überschriften oder Ergebnissen (3),
- zum Einfärben von Zellen in den Schattierungen der Designfarben (4) und
- die klassischen Zahlenformate zum Formatieren von Ziffern (5).

Dieses Angebot können Sie anpassen, indem Sie ganz unten mit dem Befehl *Neue Zellenformatvorlage* (6) eigene Gestaltungsbausteine definieren oder – wie im folgenden Abschnitt beschrieben – vorhandene löschen.

Das Angebot der Zellenformatvorlagen reduzieren

Sie sind der Meinung, dass Sie oder Ihre Kollegen deutlich weniger Gestaltungsmöglichkeiten brauchen oder die bunte Vielfalt eher verwirrend ist? Kein Problem: Reduzieren Sie einfach den Bestand der Zellenformatvorlagen und fügen Sie anschließend bei Bedarf eigene hinzu. Abbildung 1.30 zeigt dafür ein Beispiel: Zwei der fünf Gruppen wurden entfernt, hinzugekommen sind drei eigene Gestaltungsvarianten, die in der neuen Gruppe *Benutzerdefiniert* stehen.

Abbildung 1.30 Beispiel für einen deutlich reduzierten Bestand, der zudem drei eigene Formatvorlagen enthält

Eine vorhandene Formatvorlage ändern

Gehen Sie wie folgt vor, um vorhandene Zellenformatvorlagen anzupassen:

1. Klicken Sie mit der rechten Maustaste auf die Zellenformatvorlage, die geändert werden soll, und dann auf *Ändern*.
2. Im nun folgenden Dialogfeld klicken Sie oben rechts auf *Formatieren*. Passen Sie dann auf den einzelnen Registerkarten des Dialogfeldes *Zellen formatieren* die Formatierungsoptionen wie gewünscht an.
3. Schließen Sie den Vorgang mit zweimal *OK* ab.

Der angepasste Formatbaustein steht Ihnen danach sofort zur Verfügung.

Eigene Zellenformatvorlagen erstellen

Natürlich können Sie Zellenformatvorlagen nicht nur anpassen, sondern auch neue definieren, die Ihren Gestaltungsbedürfnissen genau entsprechen. Erfahren Sie an einem Beispiel, wie dies funktioniert.

Erstellen Sie zunächst eine Vorlage, die die Zellen für Spaltenüberschriften – so wie in Abbildung 1.31 gezeigt – mit einem blauem Farbverlauf sowie weißer, fetter Schrift formatiert. Orientieren Sie sich beim Durchführen dieser Aufgabe an den Schrittfolgen in Abbildung 1.32 bis Abbildung 1.34.

Abbildung 1.31 Vorschau auf die neue Zellenformatvorlage namens *Spaltentitel*

Monat	Stuttgart	München	Köln	Hamburg
Januar	68.034 €	64.899 €	76.236 €	72.870 €
Februar	55.025 €	91.543 €	71.071 €	74.296 €
März	81.911 €	81.240 €	91.051 €	55.577 €

1. Wählen Sie auf der Registerkarte *Start* die Befehlsfolge *Zellenformatvorlagen/Neue Zellenformatvorlage*. Tragen Sie als Name der neuen Formatvorlage Spaltentitel ein (1).

2. Entfernen Sie unten im Bereich *Formatvorlage enthält* alle Häkchen (2).

3. Klicken Sie dann auf die Schaltfläche *Formatieren* (3) und wechseln Sie im folgenden Dialogfeld zur Registerkarte *Ausfüllen* (4), auf der Sie links unten auf *Fülleffekte* klicken (5).

Abbildung 1.32 Die ersten Schritte zum Anlegen der neuen Formatvorlage

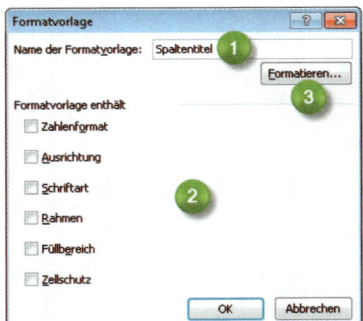

4. Stellen Sie auf der nun angezeigten Registerkarte *Graduell* die Option *Zweifarbig* ein (6) und stellen Sie rechts die Akzentfarben 1 und 2 ein. Sorgen Sie unten im Bereich *Schattierungsarten* dafür, dass bei *Varianten* diejenige ausgewählt ist, die einen horizontalen Farbverlauf produziert, der nach oben heller wird (7).

5. Wechseln Sie zur Registerkarte *Schrift* (8) und stellen Sie dort bei *Schriftschnitt* die Option *Fett* (9) und bei *Farbe* die Option *Weiß* (10) ein.

Abbildung 1.33 Den Farbverlauf sowie die Schriftattribute auf zwei unterschiedlichen Registerkarten einstellen

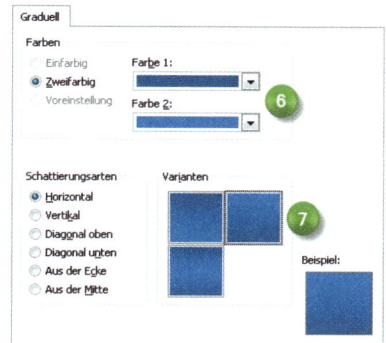
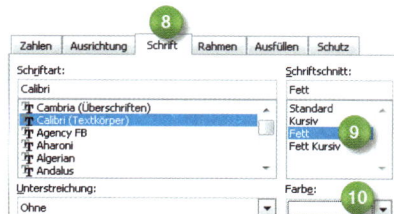

Wenn Sie das Dialogfeld zum Formatieren von Zellen mit *OK* verlassen, gelangen Sie zurück zum Dialogfeld *Formatvorlage*, das nun so wie in Abbildung 1.34 aussehen sollte. Schließen Sie die Definition Ihrer eigenen Zellenformatvorlage mit *OK* ab.

Abbildung 1.34 Nach Abschluss aller Formatierungsschritte mit *OK* sollte das Dialogfeld *Formatvorlage* so aussehen

Da es beim Definieren einer Zellenformatvorlage nicht möglich ist, das Format der innen liegenden Rahmenlinien festzulegen, wurde beim Anlegen der Zellenformatvorlage *Spaltentitel* bewusst auf Rahmenformate verzichtet. Rahmenlinien müssen also beim Gestalten von Tabellen separat zugewiesen werden. Gehen Sie dabei so vor, wie eingangs in diesem Kapitel beschrieben.

Der soeben angelegte Formatbaustein *Spaltentitel* steht Ihnen in der aktuellen Mappe sofort zur Verfügung. Testen Sie dies wie folgt:

1. Geben Sie in eine leere Zelle einen Text ein und lassen Sie die Zelle markiert.
2. Klicken Sie dann auf der Registerkarte *Start* in der Gruppe *Formatvorlagen* auf die Schaltfläche *Zellenformatvorlagen*.
3. Ganz oben in der Gruppe *Benutzerdefiniert* können Sie nun Ihre neue Zellenformatvorlage auswählen.

In der Lösungsdatei *Kap_01_LOE.xlsx* finden Sie weitere benutzerdefinierte Zellenformatvorlagen wie beispielsweise *Zahlen* oder *Text*.

Selbst definierte Zellenformatvorlagen für andere Mappen verfügbar machen

Selbst erstellte und auch abgeänderte Zellenformatvorlagen können Sie nur in der jeweiligen Mappe abrufen. Wollen Sie eigene oder angepasste Formatvorlagen auch in anderen Mappen nutzen, haben Sie zwei Möglichkeiten: a) das Zusammenführen von Formatvorlagen über Mappen hinweg oder b) das Anlegen einer Arbeitsmappenvorlage (*.xltx).

Variante 1: Formatvorlagen zusammenführen

Um vorhandene Zellenformatvorlagen aus der aktuellen Arbeitsmappe in eine andere Mappe zu kopieren, sind folgende Arbeitsschritte erforderlich:

1. Beide Arbeitsmappen müssen geöffnet sein. Wechseln Sie zur Zielmappe.
2. Wählen Sie *Start/Formatvorlagen/Zellenformatvorlagen/Formatvorlagen zusammenführen*.
3. Markieren Sie im folgenden Dialogfeld den Eintrag der Mappe, die die gewünschten Formatvorlagen enthält, und klicken Sie auf *OK*.
4. Es erscheint eine Meldung, wenn in beiden Mappen Formatvorlagen gleichen Namens existieren. Wählen Sie *Nein*, wenn Sie die Formatvorlagen der Zielmappe nicht überschreiben möchten.

Variante 2: Eigene Zellenformatvorlagen in einer Arbeitsmappenvorlage ablegen und diese nutzen

Das eben beschriebene Zusammenführen von Formatvorlagen kostet Zeit und eignet sich daher wohl nur für Einzelfälle. Wollen Sie eigene Zellenformatvorlagen ständig in bestimmten neuen Arbeitsmappen nutzen, bietet sich das Anlegen einer speziellen Arbeitsmappenvorlage an, die Ihre angepassten Zellenformatvorlagen enthält – beispielsweise eine Vorlage für das monatliche Reporting. Sie soll neben allen feststehenden Informationen für den Bericht natürlich auch die Anweisungen zum Formatieren bereithalten, also Zellenformatvorlagen.

Zeitsparend formatieren: Das Potenzial der Zellenformatvorlagen nutzen

Bereiten Sie eine Berichtsmappe mit allen erforderlichen Inhalten und Zellenformatvorlagen vor und speichern Sie diese dann wie folgt ab:

1. Rufen Sie mit [F12] das Dialogfeld *Speichern unter* auf.
2. Geben Sie bei *Dateiname* beispielsweise Monatsbericht ein.
3. Stellen Sie darunter bei *Dateityp* die Option *Excel-Vorlage* ein. Der Dateityp ist xltx.
4. Excel wechselt daraufhin zum Verzeichnis *Templates*. In diesem Ordner werden standardmäßig alle Office-Vorlagen abgelegt. Schließen Sie mit einem Klick auf *Speichern* ab.

Nun haben Sie eine spezielle Vorlage angelegt, die die gewünschten Zellenformatvorlagen enthält. Doch wie können Sie diese Vorlage nutzen?

1. Um eine neue Arbeitsmappe auf Basis Ihrer speziellen Vorlage zu erstellen, genügt es nicht, die Tastenkombination [Strg]+[N] zu drücken. Rufen Sie stattdessen den Befehl *Datei/Neu* auf.
2. Wechseln Sie in der nun angezeigten Backstage-Ansicht zu *Meine Vorlagen*.
3. Wählen Sie im Dialogfeld *Neu* die eben erstellte Vorlage – hier *Monatsbericht* – aus. Nach einem Klick auf *OK* erscheint die neue Arbeitsmappe. Sie trägt in der Titelleiste nicht mehr die Bezeichnung *Mappe1*, sondern *Monatsbericht1*.

Wenn Sie wollen, dass Ihre selbst definierten Zellenformatvorlagen grundsätzlich und in allen (nicht nur ausgewählten) neuen Arbeitsmappen zur Verfügung stehen, legen Sie eine neue Standardarbeitsmappenvorlage an.

> Das Anlegen einer neuen Standardarbeitsmappenvorlage ist eine grundlegende Entscheidung. Immerhin sind davon alle künftigen Arbeitsmappen betroffen, die Sie in Excel erstellen. Daher sollten Sie sich zuvor einige Gedanken machen, welche allgemeinen Einstellungen die neue Standardmappe außer den Formatvorlagen noch enthalten soll – beispielsweise Seitenränder, Querformat oder Inhalte für Kopf- und Fußzeile.

Zum Erstellen einer neuen Standardarbeitsmappe gehen Sie wie folgt vor:

1. Öffnen Sie eine neue, leere Mappe. Definieren Sie in dieser alle gewünschten Formatvorlagen. Nehmen Sie alle anderen bereits genannten Anpassungen vor.

> Gegebenenfalls importieren Sie über *Start/Zellenformatvorlagen/Formatvorlagen zusammenführen* aus anderen geöffneten Dateien bestehende Formatvorlagen.

2. Speichern Sie nun die Mappe als Schablone für all Ihre künftigen Mappen ab. Rufen Sie dazu mit [F12] das Dialogfeld *Speichern unter* auf.
3. Geben Sie im Feld *Dateiname* Mappe ein.
4. Stellen Sie im Feld *Dateityp* die Option *Excel-Vorlage (*.xltx)* ein.

5. Speichern Sie diese Mustervorlage im Ordner *XLSTART*. Unter Windows 7 befindet dieser sich im Pfad *AppData\Roaming\Microsoft\Excel*. Die Ablage der Datei in diesem Ordner ist wichtig, denn nur damit wird die von Excel sonst bereitgestellte Standardarbeitsmappe außer Kraft gesetzt und die von Ihnen definierte Schablone künftig als Basis neuer Arbeitsmappen verwendet.

Der Vorteil dieser Variante: Beim Start von Excel oder beim Anlegen einer neuen Mappe – besonders schnell geht das mit `Strg`+`N` – werden die Einstellungen aus *Mappe.xltx* verwendet.

> Soll die ursprüngliche Standardarbeitsmappe von Excel wieder zum Einsatz kommen, löschen Sie einfach die Datei *Mappe.xltx* aus dem Ordner *XLSTART*.

Tabellen verständlicher machen: Symbole und Sonderzeichen einsetzen

Mit Symbolen können Sie den Informationsgehalt Ihrer Tabellen gezielt verbessern oder auf den Punkt bringen. Oft helfen solche Zeichen auch dabei, einfach nur Platz zu sparen – beispielsweise bei Spaltenüberschriften. Das Zeichen für Durchschnitt bzw. Durchmesser oder die Symbole für Summe oder Abweichung sind dafür nur einige Beispiele. Doch wie lassen sich solche Sonderzeichen in eine Zelle einbauen? Tabelle 1.2 gibt darauf einige Antworten.

Sie sehen, sowohl in den Standardschriftarten wie *Arial* oder *Calibri*, aber auch in den auf allen Windows-PCs verfügbaren Sonderschriften wie *Symbol*, *Wingdings* und *Webdings* sind viele solcher Symbole und Sonderzeichen verfügbar.

Tabelle 1.1 Übersicht über nützliche Sonderzeichen, die den Informationsgehalt von Tabellen verbessern können

Sonderzeichen	Wie wird es erstellt?
Ø	`Alt`+`0` `2` `1` `6`
¼	`Alt`+`0` `1` `8` `8`
½	`Alt`+`0` `1` `8` `9`
¾	`Alt`+`0` `1` `9` `0`
±	`Alt`+`0` `1` `7` `7`
≅	`AltGr`+`Q` in der Schriftart *Symbol*
~	`AltGr`+`+`
Δ	Buchstabe `D` in der Schriftart *Symbol*
Σ	Buchstabe `S` in der Schriftart *Symbol*
Ω	Buchstabe `W` in der Schriftart *Symbol*
☺	Buchstabe `J` in der Schriftart *Wingdings*
☹	Buchstabe `K` in der Schriftart *Wingdings*
☹	Buchstabe `L` in der Schriftart *Wingdings*

Beispiele für den Einsatz von Sonderzeichen

Überzeugen Sie sich anhand mehrerer Beispiele, wie Sie Symbole und Sonderzeichen nutzen, um Informationen in Tabellen verständlicher zu machen.

Beispiel 1: Statt langer Worte einfach Ø nutzen

Kennen Sie dieses Szenario? Unter der langen Überschrift *Durchschnittliche Kosten* stehen Beträge mit vier bis fünf Ziffern und dem €-Zeichen. Die Spalte ist infolge der langen Überschrift recht breit und beim Ausdruck der Tabelle macht es dann Mühe, alle Spalten auf eine Seite zu bringen. Hier hilft es, das Wort »Durchschnittliche« einfach durch das Zeichen »Ø« zu ersetzen.

Probieren Sie aus, wie Sie das Durchschnittszeichen vor dem Wort *Kosten* in einer Zelle positionieren.

1. Klicken Sie eine beliebige leere Zelle an.
2. Stellen Sie sicher, dass der numerische Block Ihrer Tastatur eingeschaltet ist.
3. Tippen Sie bei gedrückt gehaltener Taste [Alt] auf dem numerischen Block die Ziffernfolge [0] [2] [1] [6] ein.
4. Nach dem Loslassen der [Alt]-Taste erscheint in der Zelle das Zeichen Ø.
5. Fügen Sie ein Leerzeichen und das Wort *Kosten* hinzu. Schließen Sie mit [↵] ab.

Abbildung 1.35 Über das Windows-Zubehörprogramm *Zeichentabelle* die Tastenbelegung für Symbole erkunden

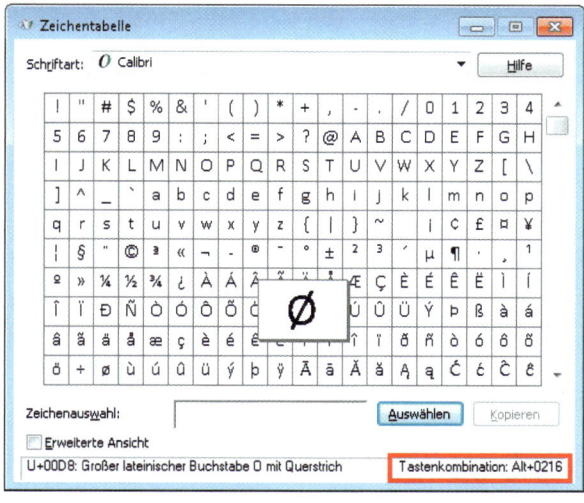

Sie wundern sich über die kryptischen Tastenkürzel für die Sonderzeichen und möchten wissen, wie diese zustande kommen? Klicken Sie auf die *Start*-Schaltfläche in der Windows-Taskleiste und geben Sie in das Suchfeld das Wort charmap ein. Unter der Rubrik *Programme* wird der Eintrag *charmap.exe* angezeigt. Er ist schon markiert und Sie brauchen nur noch ⏎ zu drücken, um das Windows-Zubehörprogramm *Zeichentabelle* zu öffnen. Wenn Sie nun dort – wie in Abbildung 1.35 gezeigt – das Zeichen Ø auswählen, sehen Sie rechts unten die Tastenkombination.

Beispiel 2: Toleranzen darstellen mit dem Zeichen ±

Ungenauigkeiten, die bei der maschinellen Fertigung von Produkten entstehen, sind innerhalb bestimmter Toleranzbereiche erlaubt. Die vorgegebenen Toleranzen aufzulisten und anschließend einen Mittelwert zu berechnen, ist – wie Abbildung 1.36 zeigt – mit Excel schnell erledigt. Allerdings müssen dazu die Werte in der Spalte *Toleranz* als Zahlen vorliegen.

Definieren Sie ein spezielles Zahlenformat, das das Zeichen ± vor jeden der Werte in der Spalte *Toleranz* setzt.

Nutzen Sie zum Nachvollziehen dieser Aufgabe in der Datei *Kap_01_UEB.xlsx* das Arbeitsblatt *Sonderzeichen*.

1. Markieren Sie im Blatt *Sonderzeichen* den Zellbereich *C5:C9*.
2. Rufen Sie mit [Strg]+[1] das Dialogfeld zum Formatieren auf. Klicken Sie links unten den Eintrag *Benutzerdefiniert* an.
3. Setzen Sie rechts unter *Typ* den Cursor an den Anfang des Eingabefeldes. Tippen Sie bei gedrückter [Alt]-Taste die Tastenfolge [0] [1] [7] [7] ein.
4. Geben Sie noch ein Leerzeichen ein und schließen Sie mit einem Klick auf *OK* ab.

Abbildung 1.36 Das Vorzeichen ± per Zahlenformat zum Anzeigen und Berechnen von Toleranzen verwenden

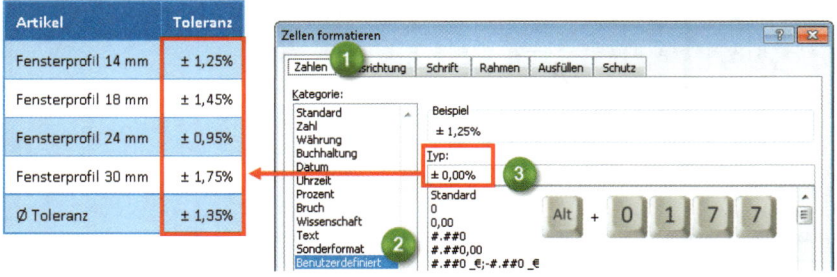

Beispiel 3: Eine sprechende Kostenauswertung

Das Aufstellen einer Kostenübersicht gehört zum Excel-Alltag und das Ergebnis könnte beispielsweise so wie in Abbildung 1.37 links aussehen.

Doch einmal ehrlich: Wie schnell würden Sie die Reisekosten herausfinden? Oder wie lange bräuchten Sie, um zu wissen, welche der Kosten noch nicht bestätigt sind?

Es bedarf schon einiger Konzentration, um in der rechten Spalte zwischen *Bestätigt* und *In Prüfung* zu unterscheiden. Leichter wäre dies, wenn der Status mit einem passenden Symbol dargestellt wird. So könnte jede Position schneller zugeordnet und zwischen den beiden Zuständen leichter unterschieden werden.

Abbildung 1.37 Welche Kostenauswertung würden Sie sich lieber anschauen – die linke oder die rechte?

VORHER

Kostenauswertung für das 1. Halbjahr		
Produktionskosten	5.371 €	Bestätigt
Energiekosten	6.435 €	Bestätigt
Personalkosten	14.389 €	Bestätigt
Konzeptkosten	1.903 €	In Prüfung
Hardwarekosten	1.335 €	Bestätigt
Reisekosten Inland	2.393 €	In Prüfung
Reisekosten Ausland	3.107 €	Bestätigt
Übernachtungskosten	3.928 €	Bestätigt
Weiterbildungskosten	9.976 €	In Prüfung
Kommunikationskosten	4.863 €	Bestätigt
Gesamt	**53.700 €**	

NACHHER

	Kostenauswertung für das 1. Halbjahr		
🏭	Produktionskosten	5.371 €	✓
	Energiekosten	6.435 €	✓
	Personalkosten	14.389 €	✓
	Konzeptkosten	1.903 €	⊖
	Hardwarekosten	1.335 €	✓
	Reisekosten Inland	2.393 €	✓
✈	Reisekosten Ausland	3.107 €	⊖
	Übernachtungskosten	3.928 €	✓
	Weiterbildungskosten	9.976 €	⊖
	Kommunikationskosten	4.863 €	✓
Σ	**Gesamt**	**53.700 €**	

Damit auch die Kostenarten schneller erkannt werden können, bieten sich gleichfalls Symbole an. Der rechte Teil von Abbildung 1.37 zeigt die fertige Lösung:

- Sie beginnt gleich in der Kopfzeile mit einem passenden Symbol.
- Jeder Position der Kostenliste ist ein »sprechendes« Symbol vorangestellt.

Der Aufbau der Lösung

Keine Sorge, Sie brauchen nicht im Internet nach passenden Motiven für die Kostenarten zu suchen. Die Symbole sind alle bereits in den Tiefen von Windows verborgen. Der Schatz muss nur noch gehoben werden.

In Abbildung 1.38 können Sie gut erkennen, dass die bebilderte Kostenaufstellung aus vier Spalten besteht.

- In den beiden äußeren Spalten ist die Schriftart Webdings und ein Schriftgrad von *22 pt* bis *34 pt* eingestellt. Mithilfe der Tastenkombinationen – hier zur Hervorhebung in roter Schriftfarbe – werden die passenden Motive eingebaut.
- Die beiden inneren Spalten enthalten Art und Höhe der Kosten.

Abbildung 1.38 Die Tastenfolgen in Rot zeigen, wie die Symbole aus der Schrift Webdings abgerufen werden

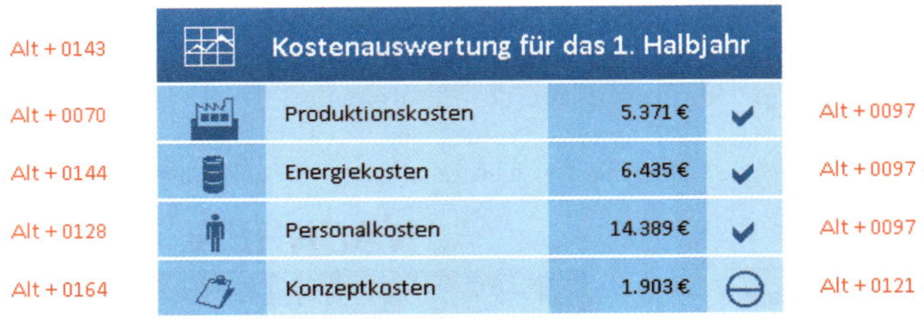

Die fertige Lösung mit der Dokumentation aller erforderlichen Tastenkombinationen finden Sie in der Datei *Kap_01_LOE.xlsx* auf dem Blatt *Sonderzeichen*.

Welche Symbole und Sonderzeichen gibt es?

Weiter vorn in diesem Abschnitt konnten Sie lesen, auf welchem Weg Sie das Windows-Programm *Zeichentabelle* aufrufen und wie Sie dort die Tastenkombination für ein Symbol oder Sonderzeichen finden. Doch zugegeben, dies wäre etwas mühsam und zeitraubend, wenn Sie häufiger passende Symbole in Ihren Auswertungen einsetzen wollen.

Abbildung 1.39 Komplette Liste der verfügbaren Symbole und Tastenkombinationen in fünf Sonderschriftarten

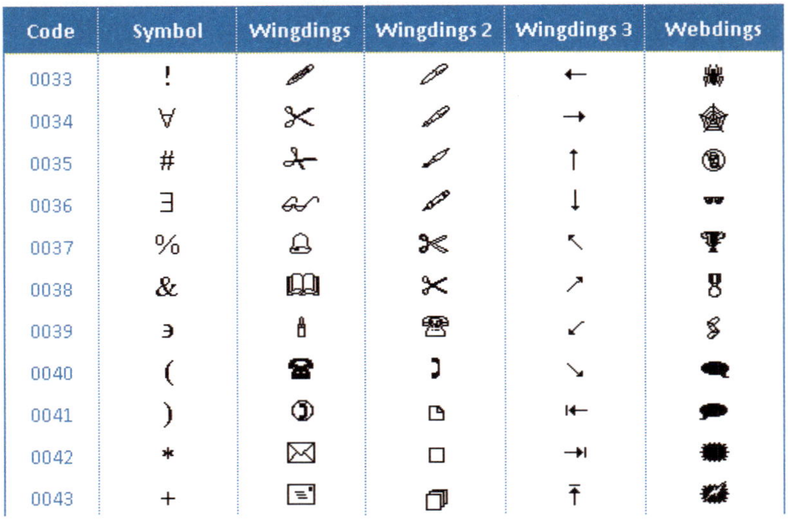

Daher halten wir für Sie einen besonderen Service bereit: In der Datei *Kap_01_LOE.xlsx* finden Sie zwei Arbeitsblätter, denen Sie alle Symbole und deren Tastenkombination entnehmen können. Abbildung 1.39 zeigt einen Ausschnitt aus dem Arbeitsblatt *Alle Symbole*.

Sonderrolle der Schriftart Webdings

Viele der Symbole, die auch in Excel zum Einsatz kommen können, befinden sich in der Schriftart Webdings. Abbildung 1.40 gewährt einen kleinen Einblick.

Damit Sie diese Symbole besonders schnell finden und komfortabel darauf zugreifen können, sind sie im Arbeitsblatt *Webdings* übersichtlich aufbereitet.

Abbildung 1.40 Viele der Symbole aus der Schriftart Webdings sind businesstauglich

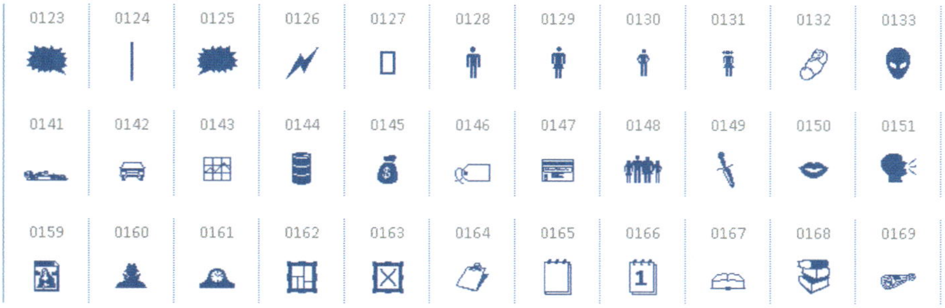

2

Damit es attraktiv und informativ losgeht: Deckblätter mit Wow-Effekt

Eine optisch perfekte Gliederung mittels SmartArt-Grafik anlegen	56
Aus der Gliederung heraus per Hyperlink ein Arbeitsblatt aufrufen	64
Mehr als nur eine Gliederung: Wichtige Kennzahlen gleich auf dem Deckblatt	66
Profitechnik: Kennzahlen auf dem Deckblatt mit automatischem Update	67
Deckblatt und attraktive Managementübersicht kombinieren mit der Kamera	72

Das kennen Sie sicher auch: Bei Excel-Dateien mit zahlreichen Arbeitsblättern sind unten im Blattregister zunächst ein oder mehrere Blätter nicht zu sehen. Erst beim Scrollen nach links oder rechts tauchen sie auf. Beim schnellen Draufschauen können wichtige Daten leicht übersehen werden! Könnten Sie beispielsweise bei den in Abbildung 2.1 gezeigten drei Konstellationen auf Anhieb und vor allem mit Sicherheit sagen, ob alle Arbeitsblätter zu sehen sind?

Abbildung 2.1 Sind das schon alle Arbeitsblätter oder gibt es links und rechts noch weitere, die verborgen sind?

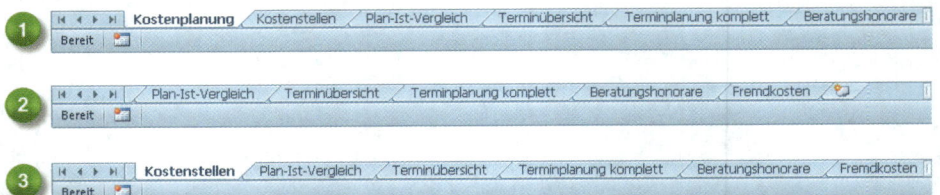

Viele Anwender behelfen sich damit, die Blätter so zu sortieren, dass Wichtiges ganz links in der Registerleiste steht. Andere wiederum nutzen die Möglichkeit, den Einträgen im Blattregister unterschiedliche Farben zuzuweisen und so eine bestimmte Struktur zu schaffen. Doch selbst wenn Sie diese beiden Varianten kombinieren, können Blätter außerhalb des gerade sichtbaren Bereichs im Blattregister liegen.

Abhilfe können hier Deckblätter schaffen. Sie geben zu Beginn jeder Arbeitsmappe Auskunft über deren Inhalt. Lernen Sie in diesem Kapitel mehrere Varianten kennen, wie Sie solche Arbeitsmappenübersichten anlegen.

Eine optisch perfekte Gliederung mittels SmartArt-Grafik anlegen

Wenn viele Informationen zu verarbeiten sind, helfen uns Übersichten wie beispielsweise ein Hallenplan auf einer Messe oder das Ablaufschema für die Inbetriebnahme eines Geräts. In umfangreichen Excel-Arbeitsmappen können Gliederungen auf dem ersten Arbeitsblatt solch eine nützliche Orientierung geben. Abbildung 2.2 zeigt ein Beispiel dafür. Der Aufwand zum Anlegen der Gliederung ist überschaubar dank vorgefertigter SmartArt-Grafiken, die Ihnen das Zeichnen und Ausrichten der in Abbildung 2.2 gezeigten Formen abnehmen.

Abbildung 2.2 Vorschau auf die Lösung, die per Hyperlink für den schnellen Zugriff auf die Arbeitsblätter sorgt

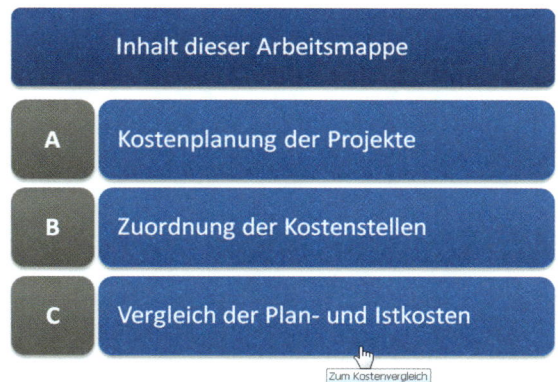

Legen Sie eine Gliederung an, die eine Übersicht über wichtige Arbeitsblätter in der aktuellen Mappe gibt und die es den Nutzern zudem möglich macht, mit nur einem Mausklick zielsicher zu einem ausgewählten Blatt zu gelangen.

Nutzen Sie zum Aufbauen der Gliederung das Arbeitsblatt *Info* in der Beispieldatei *Projektmappe1.xlsx*.

Die Aufgabe erledigen Sie in vier Schritten:

- Nutzen Sie als Ausgangsbasis eine vorgefertigte SmartArt-Grafik.
- Versehen Sie diese mit den Inhalten – hier der Titel und die Namen der Blätter.
- Lösen Sie anschließend die SmartArt-Grafik in Formen auf.
- Weisen Sie den Formen Hyperlinks zu den einzelnen Arbeitsblättern zu.

Der Nutzen von SmartArt-Grafiken

Wenn Sie bisher nicht mit SmartArt-Grafiken gearbeitet haben, werden Sie sich gewiss fragen, was dies überhaupt ist. Die Antwort ist recht einfach: Mit SmartArt-Grafiken können Sie Informationen nicht einfach als Zahlen oder Texte, sondern in visualisierter Form darstellen. Dazu gibt es zahlreiche vorgefertigte Layouts, in die Sie Ihre Informationen eingeben. Auf deren Basis entstehen automatisch Übersichten, Strukturen und Abläufe, ohne dass Sie selbst etwas zeichnen müssten. Der optische Eindruck ist überzeugend. Der Aufwand für die Einarbeitung in den Umgang mit SmartArt-Grafiken ist gering, da die Verwendung der einzelnen Befehle intuitiv und der Funktionsumfang selbst auf ein vernünftiges Maß begrenzt ist. Eine Einschränkung gibt es: Allzu viel Individualität beim Gestalten der Schaubilder wird nicht unterstützt. Das Konzept ist so angelegt, dass Sie in kurzer Zeit zu ansprechenden Ergebnissen für einfache Darstellungen gelangen.

Wann ist der Einsatz von SmartArt-Grafiken sinnvoll? Nutzen Sie diese Darstellungsform, wenn Sie

- einfache Sachverhalte visualisieren wollen,
- in kurzer Zeit eine bildhafte Darstellung anfertigen möchten,
- die Funktionen zum Zeichnen kaum kennen und mit wenig technischem Aufwand ein ansprechendes Ergebnis erzielen wollen,
- als Ausgangsbasis für ein Schaubild schnell einen Rohentwurf brauchen, den Sie anschließend individuell weiterbearbeiten.

Der Beginn: Die SmartArt-Grafik erstellen

SmartArt-Grafiken können Sie nicht nur in Excel, sondern auch in PowerPoint, Word oder Outlook verwenden. In Office 2010 stehen weit über 100 vorgefertigte Layouts zur Verfügung. Diese Layouts sind zur leichteren Auswahl in Rubriken aufgeteilt.

Erleichtern Sie sich den Aufbau der Lösung, indem Sie auch die nummerierten Schritte in Abbildung 2.3 bis Abbildung 2.6 beachten.

1. Markieren Sie im Blatt *Info* Zelle *B2*. Hier soll die linke obere Ecke der einzufügenden Grafik sein.

2. Klicken Sie auf der Registerkarte *Einfügen* auf die Schaltfläche *SmartArt*.
3. In dem in Abbildung 2.3 gezeigten Dialogfeld klicken Sie links auf *Liste* (1) und dann rechts auf das Layout *Bildakzentliste mit Titel* (2). Rechts unten sehen Sie eine Kurzbeschreibung. Schließen Sie die Auswahl mit *OK* ab.

Abbildung 2.3 Die SmartArt-Grafik *Bildakzentliste mit Titel* ist in der Rubrik *Liste* zu finden

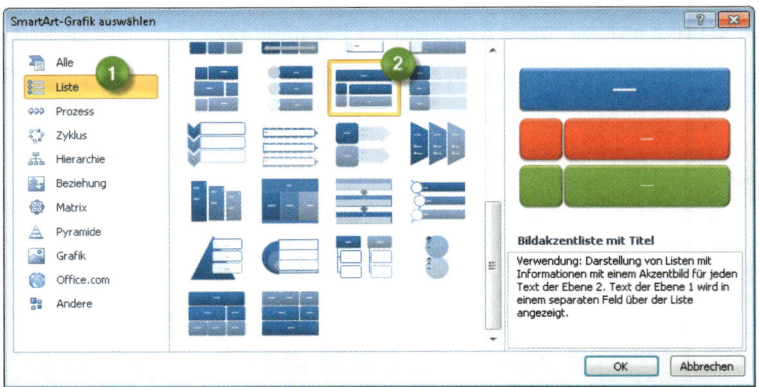

4. Auf dem Arbeitsblatt wird nun die SmartArt-Grafik eingefügt. An der linken Seite ist der Textbereich eingeblendet (3). Er enthält bereits Platzhaltertexte, die einer Gliederung mit zwei Ebenen ähneln.

Eine optisch perfekte Gliederung mittels SmartArt-Grafik anlegen

Abbildung 2.4 Im Textbereich, der einer Gliederung ähnelt, tragen Sie die Bezeichnungen ein

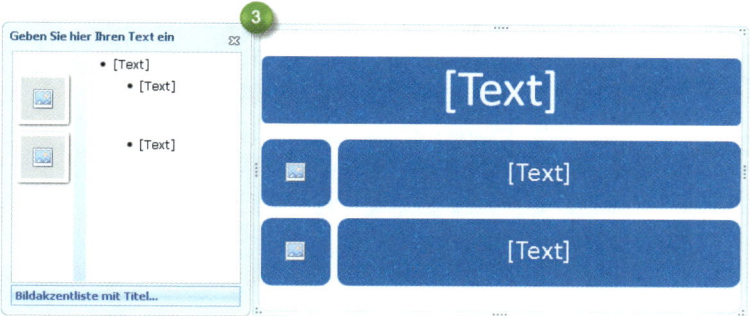

5. Tippen Sie in die erste Zeile `Inhalt dieser Arbeitsmappe` ein (4). Klicken Sie in die darunter liegende Zeile. Geben Sie dort `Kostenplanung der Projekte` ein (5). Klicken Sie in den dritten vorbereiteten Absatz und tragen Sie `Zuordnung der Kostenstellen` ein (6).

6. Die vorbereiteten Platzhaltertexte sind damit verbraucht. Drücken Sie am Ende des letzten Eintrags die ⏎-Taste (7). Damit erzeugen Sie einen weiteren Absatz, in dem der Cursor blinkt (8), während der SmartArt-Grafik automatisch weitere Formen hinzugefügt werden.

Abbildung 2.5 Durch Drücken der ⏎-Taste wird ein weiteres Element in der SmartArt-Grafik erzeugt, ...

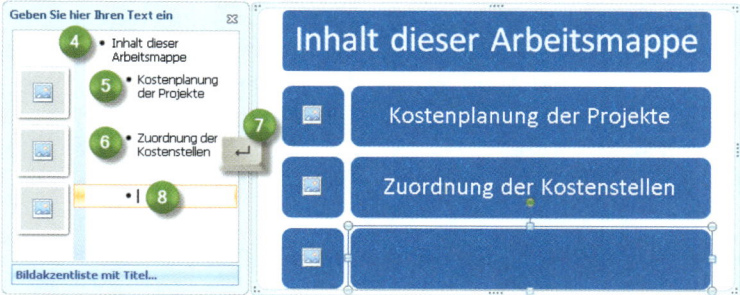

7. Tragen Sie in den neuen Absatz den Text `Vergleich der Plan- und Istkosten` ein (9). Damit sind alle Informationen erfasst. Klicken Sie außerhalb der SmartArt-Grafik auf das Arbeitsblatt und betrachten Sie das Ergebnis.

Abbildung 2.6 … in dem sofort die Informationen erscheinen, die im Textbereich eingetippt werden

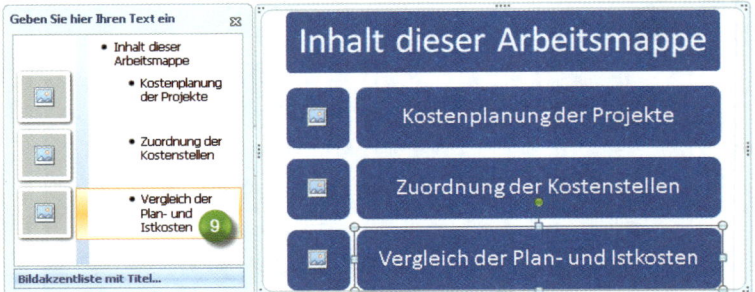

Anhand des Beispiels haben Sie gelernt, wie Sie die Informationen in dem an der Seite eingeblendeten Textbereich eintragen. Nutzen Sie folgende Tasten:

- Drücken Sie die ⏎-Taste, um einen neuen Absatz zu erzeugen.
- Um Text eine Ebene tiefer anzuordnen, drücken Sie die ⇆-Taste.
- Kehren Sie zurück zur nächsthöheren Ebene mit ⇧+⇆.

Sollten Sie nach Einfügen der SmartArt-Grafik das kleine Textfenster an der Seite nicht sehen, klicken Sie entweder im Menüband auf der Registerkarte *SmartArt-Tools/Entwurf* ganz links auf die Schaltfläche *Textbereich* oder am linken Rand des SmartArt-Objektrahmens – so wie in Abbildung 2.7 gezeigt – auf das kleine Symbol mit den zwei Pfeilspitzen.

Abbildung 2.7 Per Klick auf das Symbol mit den zwei Pfeilspitzen blenden Sie den Textbereich ein

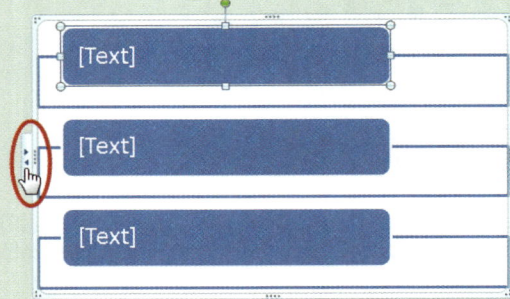

Die SmartArt-Grafik in Formen umwandeln

Sie konnten sich selbst davon überzeugen, dass das Erstellen einer SmartArt-Grafik mit den gewünschten Texten wirklich einfach und schnell erledigt ist.

Allerdings hat die Lösung im Moment noch ein Manko: Die drei Formen mit den Bezeichnungen der einzelnen Arbeitsblätter können nicht mit einem Hyperlink versehen werden. Auch das Positionieren oder gar Größenänderungen der Formen innerhalb der SmartArt-Grafik wären mühsam und zeitraubend.

Wandeln Sie die SmartArt-Grafik in eine Gruppe von Formen um, die sich a) leichter anpassen und b) mit Hyperlinks versehen lassen.

1. Markieren Sie dazu die fertige SmartArt-Grafik.
2. Klicken Sie auf der Registerkarte *SmartArt-Tools/Entwurf* ganz rechts auf die Schaltfläche *In Formen konvertieren*.
3. Um das so entstandene Objekt in seine einzelnen Elemente aufzulösen, die sich individuell nachbearbeiten lassen, klicken Sie es mit der rechten Maustaste an. Im nun eingeblendeten Kontextmenü (siehe Abbildung 2.8) bewegen Sie den Mauszeiger über den Befehl *Gruppieren* (1) und klicken dann auf *Gruppierung aufheben* (2).

Abbildung 2.8 Über das Kontextmenü das gruppierte Objekt in seine Einzelteile zerlegen

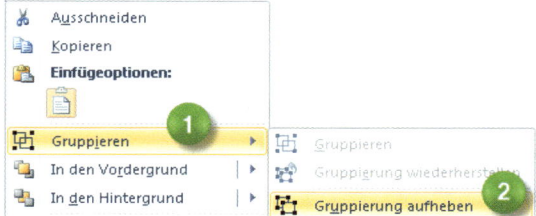

Die Objekte der Gliederung in Form bringen

Nach dem Auflösen der SmartArt-Grafik in einzelne Formen lassen diese sich ganz einfach anpassen (z.B. so wie in Abbildung 2.2 gezeigt) und bei Bedarf neu anordnen.

Sorgen Sie zunächst für eine unterschiedliche Farbgebung innerhalb der Gliederung.

1. Markieren Sie links die drei quadratischen Objekte (halten Sie ab dem zweiten Objekt zum Erweitern der Markierung die Taste ⇧ gedrückt).
2. Klicken Sie auf der Registerkarte *Zeichentools/Format* in der Gruppe *Formenarten* – so wie in Abbildung 2.9 unter (1) zu sehen – auf den kleinen Pfeil für *Weitere*.
3. Wählen Sie in der zweitletzten Reihe des nun aufklappenden Katalogs die Variante *Moderater Effekt - Grau-50 %, Akzent 5* (2).
4. Markieren Sie oben das Objekt für die Überschrift. Weisen Sie in der gleichen Reihe des Formenartenkatalogs *Moderater Effekt - Dunkelblau, Akzent 2* zu (3).

5. Markieren Sie die verbleibenden drei Formen mit den Bezeichnungen der Arbeitsblätter. Wählen Sie die Variante *Moderater Effekt - Blau, Akzent 1* (4).

Abbildung 2.9 Über den Katalog *Formenarten* den Objekten unterschiedlich farbige Füllungen mit moderatem Effekt zuweisen

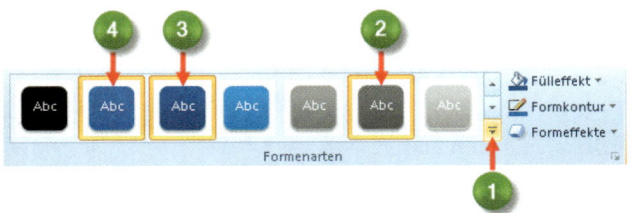

Passende statt automatischer Schriftgröße

Die Schriftgröße von SmartArt-Grafiken wird standardmäßig an die eingegebene Textmenge angepasst. Je mehr Text vorhanden ist, desto kleiner wird die Schrift.

Sorgen Sie für eine einheitliche Schriftgröße der Objekte der Gliederung.

1. Markieren Sie alle Formen mit blauer und dunkelblauer Farbgebung.
2. Öffnen Sie auf der Registerkarte *Start* in der Gruppe *Schriftart* das Listenfeld *Schriftgrad* und stellen Sie *16 pt* ein.

Die grauen Objekte für die Gliederung anpassen

Formatieren Sie zum Schluss die drei quadratischen Objekte am linken Rand.

Versehen Sie die drei grauen Objekte am linken Rand der Gliederung mit Buchstaben und sorgen Sie für mittige Anordnung und passende Schriftgröße.

1. Tragen Sie in die Formen die Buchstaben A, B und C ein.
2. Markieren Sie die drei Formen.
3. Stellen Sie auf der Registerkarte *Start* – so wie in Abbildung 2.10 gezeigt – den Schriftschnitt *Fett* (1), einen *Schriftgrad* von *16 pt* (2) sowie vertikales (3) und horizontales Zentrieren (4) ein.

Abbildung 2.10 In den Gruppen *Schriftart* und *Ausrichtung* die Texte für A bis C formatieren

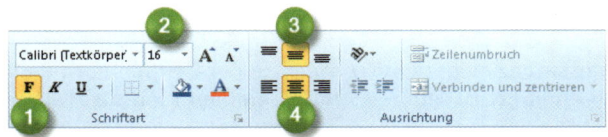

Die Textausrichtung in den anderen Objekten optimieren

In den Objekten, in die Sie zu Beginn die Texte eingegeben haben, ist die Ausrichtung standardmäßig auf *Zentriert* eingestellt.

Ordnen Sie alle Texte an einer gedachten Linie linksbündig an.

1. Markieren Sie alle vier Objekte mit blauer bzw. dunkelblauer Farbgebung.
2. Klicken Sie auf der Registerkarte *Start* in der Gruppe *Ausrichtung* auf die Schaltfläche *Text linksbündig ausrichten*. Alternativ dazu drücken Sie einfach die Tastenkombination [Strg]+[L].
3. In dem Objekt mit der Überschrift muss jetzt noch der Text vom linken Rand weggerückt werden, damit alle vier Texte linksbündig untereinander stehen. Klicken Sie auf eine Zelle im Arbeitsblatt, um die Markierung der vier Objekte aufzuheben. Klicken Sie mit der rechten Maustaste auf das Objekt mit der Überschrift. Wählen Sie im Kontextmenü *Form formatieren*.
4. Es erscheint das in Abbildung 2.11 gezeigte Dialogfeld. Klicken Sie dort links die Rubrik *Textfeld* an (1).
5. Erhöhen Sie im Bereich *Innerer Seitenrand* bei *Links* den Wert auf 2,2 cm (2).

Abbildung 2.11 Über die Rubrik *Textfeld* im Bereich *Innerer Seitenrand* den Text vom linken Rand wegrücken

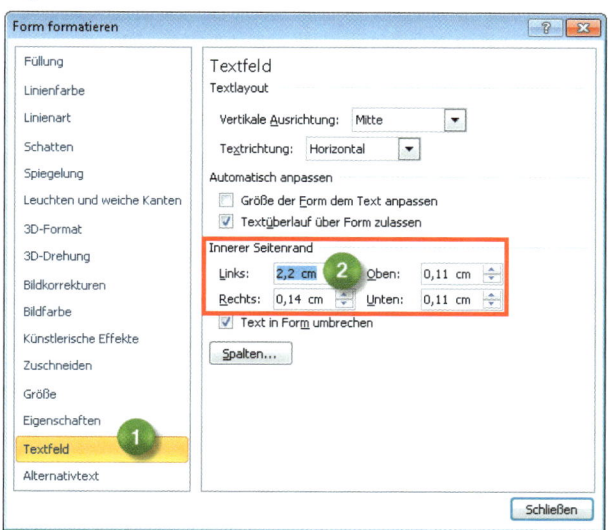

Aus der Gliederung heraus per Hyperlink ein Arbeitsblatt aufrufen

Damit die Gliederung ihre interaktive Funktion erfüllen kann, sind nun noch Hyperlinks erforderlich. Sie sorgen dafür, dass beim Klick auf eine der drei blauen Formen zum jeweils festgelegten Arbeitsblatt gewechselt wird.

Einen Hyperlink einfügen

Weisen Sie den drei blauen Formen Hyperlinks zum jeweils zugehörigen Arbeitsblatt zu.

1. Markieren Sie die obere der drei blauen Formen – die mit der Beschriftung *Kostenplanung der Projekte*.

2. Klicken Sie auf der Registerkarte *Einfügen* in der Gruppe *Hyperlinks* auf *Hyperlink* oder wählen Sie den Befehl per Rechtsklick im Kontextmenü. Alternativ dazu drücken Sie die Tastenkombination [Strg]+[K].

3. Es wird das in Abbildung 2.12 gezeigte Dialogfeld eingeblendet. Klicken Sie dort links unter *Link zu* auf die Schaltfläche *Aktuelles Dokument* (1).

4. Wählen Sie rechts den Eintrag für das Arbeitsblatt *Kostenplanung* (2).

5. Im Feld *Geben Sie den Zellbezug ein* belassen Sie die Einstellung auf *A1* (3).

Abbildung 2.12 Den Hyperlink in mehreren Schritten exakt definieren

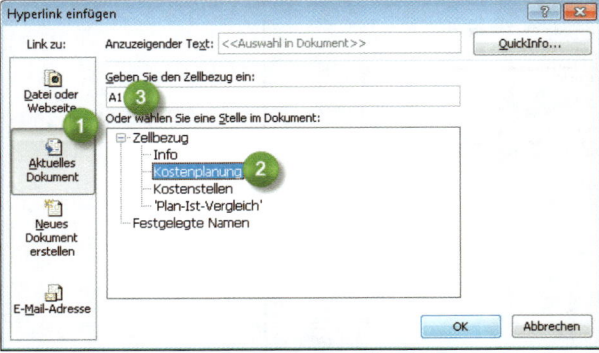

6. Verlassen Sie das Dialogfeld mit einem Klick auf *OK* und klicken Sie auf eine beliebige Zelle, um die Markierung des blauen Objekts aufzuheben.

7. Bewegen Sie nun die Maus über das Objekt mit dem Hyperlink. Die Form des Mauszeigers ändert sich und wird zu einer kleinen Hand – so wie Sie es von Webseiten mit anklickbaren Links kennen. Mit einem Mausklick wechseln Sie sofort zu dem hinterlegten Arbeitsblatt. Allerdings hat die Lösung – wie in Abbildung 2.13

zu sehen – noch einen Schönheitsfehler: Unter der »Maushand« ist der komplette Pfad zu dem Arbeitsblatt zu sehen.

Abbildung 2.13 Nach Einfügen eines Hyperlinks wird zunächst unschön der komplette Pfad angezeigt, aber …

Abbildung 2.14 … über die Hyperlink-QuickInfo lässt sich dieser Mangel schnell beheben

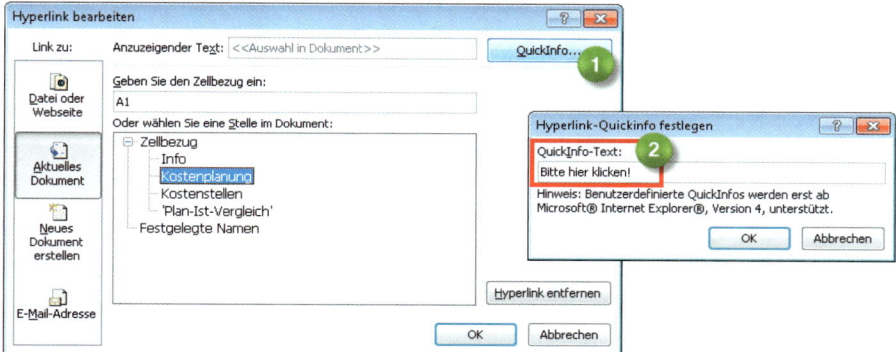

Um den Schönheitsfehler zu beheben, klicken Sie mit der rechten Maustaste auf das Objekt mit dem Hyperlink und wählen im Kontextmenü *Hyperlink bearbeiten*.

Klicken Sie in dem in Abbildung 2.14 gezeigten Dialogfeld rechts oben auf die Schaltfläche *QuickInfo* (1).

Tragen Sie in das Eingabefeld einen passenden Text ein (2) – beispielsweise eine Aufforderung wie »Bitte hier klicken« oder einen konkreten Hinweis wie »Zur Kostenplanung«. Schließen Sie die Aktion mit zweimaligem Klick auf *OK* ab.

Legen Sie mit den gleichen Schritten wie beim ersten Objekt auch für die anderen beiden Objekte die Hyperlinks an, die den Wechsel zu einem Arbeitsblatt bewirken.

Die fertige Lösung sowie die Phasen zu deren Aufbau finden Sie in der Lösungsdatei *Projektmappe1_LOE.xlsx*.

Mehr als nur eine Gliederung: Wichtige Kennzahlen gleich auf dem Deckblatt

Zeit ist knapp. Daher ist es oft erforderlich, die wichtigsten Kennzahlen für einen schnellen Überblick aufzubereiten. Abbildung 2.15 zeigt dafür ein Beispiel. Die Betrachter erhalten zu jedem Projekt drei wesentliche Kennzahlen und können bei Bedarf per Klick auf den blauen Titelbalken zum zugehörigen Arbeitsblatt wechseln.

Abbildung 2.15 Schon fast ein Info-Cockpit – eine Gliederung plus ausgewählte Kennzahlen auf einen Blick

Legen Sie den Grundaufbau der Lösung wieder zeitsparend per SmartArt-Grafik an.

Nutzen Sie zm Nachvollziehen der Schritte die Übungsdatei *Projektmappe2.xlsx*.

1. Markieren Sie im Arbeitsblatt *Info* die Zelle *B2* und wählen Sie *Einfügen/SmartArt*.
2. Klicken Sie in dem in Abbildung 2.16 gezeigten Dialogfeld links auf *Liste* (1), wählen Sie rechts das Layout *Vertikale Feldliste* (2) und schließen Sie die Auswahl mit *OK* ab.

Abbildung 2.16 Die SmartArt-Grafik *Vertikale Feldliste* verwenden

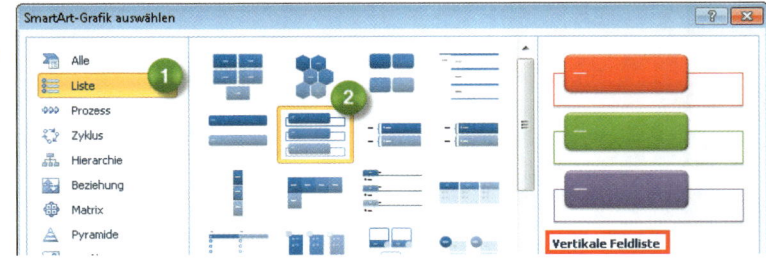

3. Tragen Sie im Textbereich der SmartArt-Grafik die Informationen wie in Abbildung 2.17 gezeigt ein.

Abbildung 2.17 Die Texte für die Gliederung und für je drei wichtige Kennzahlen pro Projekt eintragen

4. Lösen Sie die Grafik in Einzelbestandteile auf. Klicken Sie dazu auf der Registerkarte *SmartArt-Tools/Entwurf* ganz rechts auf *In Formen konvertieren*. Wählen Sie anschließend per rechten Mausklick auf das Objekt *Gruppieren/Gruppierung aufheben*.

5. Formatieren Sie zum Schluss die einzelnen Formen nach Ihren Wünschen und erhöhen Sie gegebenenfalls den Abstand zwischen ihnen.

6. Versehen Sie dann die drei blauen Titelbalken mit den Hyperlinks zu den zugehörigen Arbeitsblättern. Gehen Sie dabei so wie im ersten Beispiel vor.

Die in Abbildung 2.15 gezeigte Lösung sowie die Phasen zu deren Aufbau finden Sie in der Beispieldatei *Kap_02_LOE.xlsx* im Arbeitsblatt *Variante 2*.

Profitechnik: Kennzahlen auf dem Deckblatt mit automatischem Update

Die eben beschriebene Lösung, die Gliederung und Kennzahlen auf dem Deckblatt kombiniert, finden Sie zwar nützlich, bräuchten aber die Möglichkeit einer automatischen Aktualisierung der Kennzahlen? Denn wenn sich die Höhe des Budgets oder der Termin der Fertigstellung eines Projekts ändern, wollen Sie das nicht zweimal anpassen müssen: im Arbeitsblatt für das Projekt und auf dem Deckblatt.

Ein solches automatisches Update auf dem Deckblatt bekommen Sie über eine Verknüpfung der Textfelder mit den Kennzahlen, also mit den Daten aus dem zugehörigen Arbeitsblatt.

Den Inhalt eines Objekts mit dem einer Tabellenzelle verknüpfen

Das Anlegen einer Verknüpfung zwischen einem Objekt, das als Textfeld dient, und einer Tabellenzelle ist im Prinzip kein Problem und lässt sich im Handumdrehen einrichten.

Lassen Sie den Text aus einer Zelle in einem Objekt anzeigen.

Verwenden Sie für das Herstellen der Verknüpfung die Datei *Kap_02_UEB.xlsx*.

1. Wechseln Sie in der Datei *Kap_02_UEB.xlsx* zum Arbeitsblatt *Verknüpfung 1*.
2. Markieren Sie das vorbereitete blaue Objekt, indem Sie auf dessen Rand klicken.
3. Geben Sie oben in der Bearbeitungsleiste ein Gleichheitszeichen = ein.
4. Klicken Sie auf die Zelle, die den Namen des Projekts enthält – hier Zelle *B10*.
5. Schließen Sie die kurze Formel durch Drücken der ↵-Taste ab.

Im Ergebnis dessen erscheint in dem blauen abgerundeten Rechteck die Information, die in Zelle *B10* steht.

Testen Sie die Wirksamkeit dieser Verknüpfung, indem Sie Zelle *B10* anklicken und dort einen anderen Text eingeben. Nach dem Drücken der ↵-Taste erscheint im abgerundeten Rechteck automatisch der geänderte Text.

Abbildung 2.18 Ein Objekt mit dem Inhalt einer Zelle verknüpfen

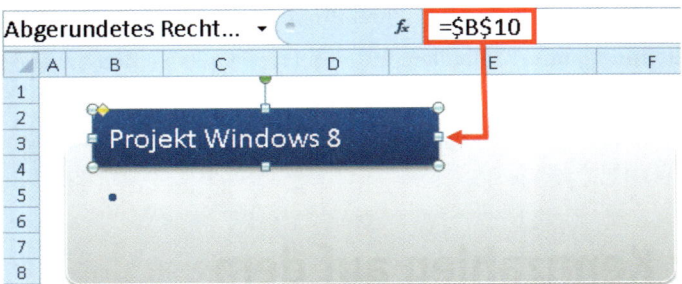

Ein Objekt mit dem Inhalt von zwei Tabellenzellen verknüpfen

Sie sehen, das Verknüpfen eines Objekts mit dem Inhalt *einer* Tabellenzelle ist schnell erledigt. Doch wie lassen sich die Inhalte aus zwei verschiedenen Zellen in einem Objekt anzeigen?

Dazu ist ein kleiner Umweg erforderlich: eine Formel, die die Daten aus zwei Zellen zusammenfasst. In Excel heißt dies »Verketten«.

Abbildung 2.19 Die Inhalte der beiden rot umrandeten Zellen sollen oben in dem grauen Rechteck erscheinen

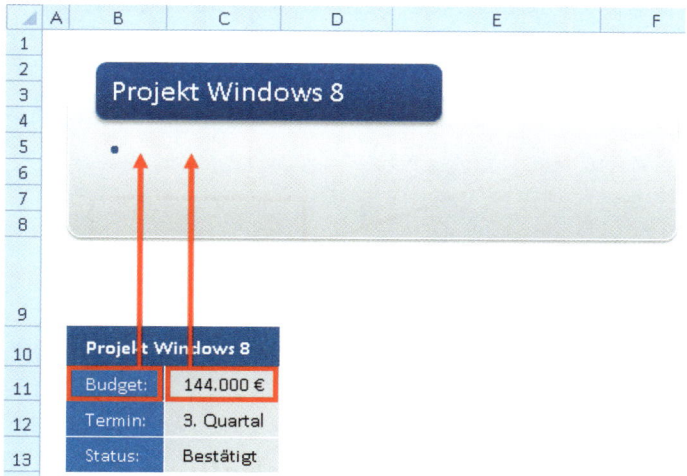

Lassen Sie die Inhalte aus den zwei Zellen *B11* und *C11* in einem Objekt anzeigen.

Verwenden Sie für das Erstellen dieser Verknüpfung wieder die Übungsdatei *Kap_02_UEB.xlsx*.

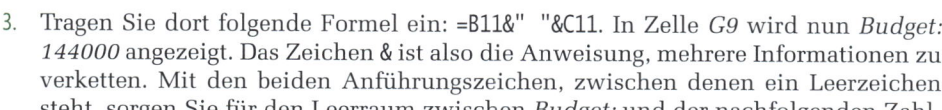

1. Wechseln Sie in der Datei *Kap_02_UEB.xlsx* zum Arbeitsblatt *Verknüpfung 2*.
2. Markieren Sie Zelle *G9*.
3. Tragen Sie dort folgende Formel ein: =B11&" "&C11. In Zelle *G9* wird nun *Budget: 144000* angezeigt. Das Zeichen & ist also die Anweisung, mehrere Informationen zu verketten. Mit den beiden Anführungszeichen, zwischen denen ein Leerzeichen steht, sorgen Sie für den Leerraum zwischen *Budget:* und der nachfolgenden Zahl.
4. Allerdings hat das Ergebnis noch zwei Mängel: Tausendertrennpunkt sowie Eurozeichen fehlen. Die Mängel beheben Sie durch Erweitern der Formel in *G9*. Markieren Sie oben in der Bearbeitungsleiste den Teil *C11* der Formel und ersetzen Sie die Markierung durch TEXT(C11;"#.##0 €"). Die komplette Formel lautet dann: =B11&" "&TEXT(C11;"#.##0 €").
5. Klicken Sie nun auf den Rand des grauen Objekts.
6. Geben Sie oben in der Bearbeitungsleiste wieder ein Gleichheitszeichen = ein.
7. Klicken Sie auf die Zelle mit der Verkettungsformel – hier also Zelle *G9*.
8. Schließen Sie die Formel mit ⏎ ab.

Im Ergebnis dessen werden oben im grauen abgerundeten Rechteck – so wie in Abbildung 2.20 zu sehen – die Informationen angezeigt, die in *B11* und *C11* stehen.

Abbildung 2.20 Über eine Verkettung mit »&« die Daten aus zwei Zellen in dem grauen Rechteck anzeigen lassen

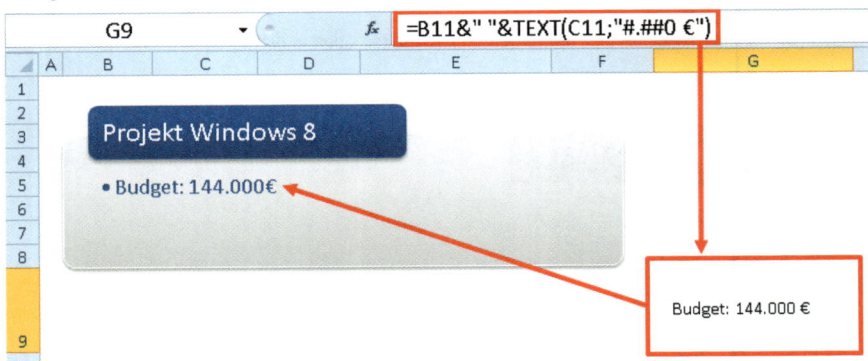

 Mithilfe der Funktion TEXT können Sie einem Wert per Formel die passende Formatierung mitgeben – hier die für Tausendertrennpunkt und Eurozeichen.

Ein Objekt mit dem Inhalt mehrerer Tabellenzellen verknüpfen und noch Zeilenumbrüche einbauen

Die Technik zum Zusammenfassen mehrerer Zellinhalte mit dem &-Zeichen können Sie auch dann einsetzen, wenn es – wie in Abbildung 2.21 gezeigt – um mehr als zwei Zellen geht und zwischen den Informationen Zeilenumbrüche erfolgen sollen.

Abbildung 2.21 Daten aus sechs Zellen verketten und in drei Zeilen untereinander anzeigen lassen

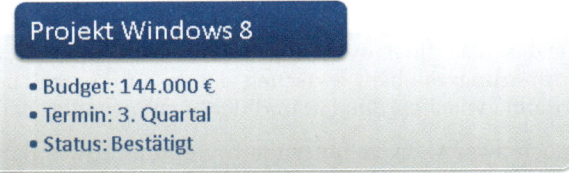

 Sorgen Sie dafür, dass in einem Rechteck die Kennzahlen zu einem Projekt in drei Zeilen untereinander angezeigt werden. Die anzuzeigenden Daten stehen in sechs verschiedenen Zellen, müssen folglich erst zusammengefasst und außerdem mit Zeilenumbrüchen aufbereitet werden.

Abbildung 2.22 Zelle *G9* holt sich Daten aus sechs Zellen und das graue Rechteck übernimmt das Ergebnis aus *G9*

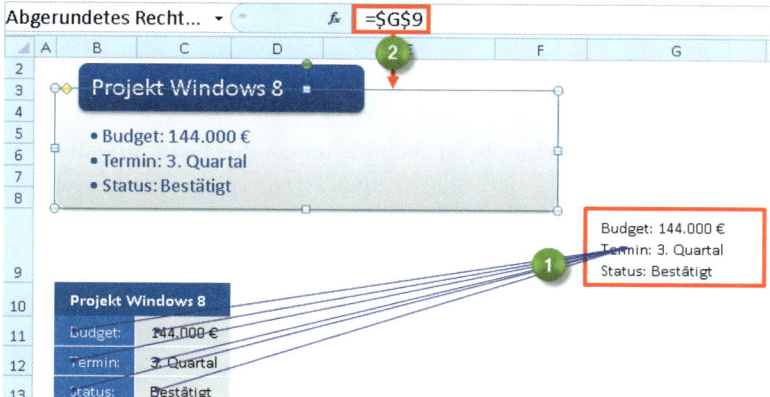

Wechseln Sie zum Lösen dieser Aufgabe zum Arbeitsblatt *Verknüpfung 3* der Übungsdatei *Kap_02_UEB.xlsx*.

1. Markieren Sie Zelle *G9* im Arbeitsblatt *Verknüpfung 3*.
2. Geben Sie folgende Formel ein, die die Daten aus dem Zellbereich *B11* bis *C13* verkettet und mittels der Funktion ZEICHEN für die zwei Zeilenumbrüche sorgt:
   =B11&" "&TEXT(C11;"#.##0 €")&ZEICHEN(10)&B12&" "&C12&ZEICHEN(10)&B13&" "&C13.

   Abbildung 2.23 zeigt zum besseren Verständnis in einem Schaubild, wie das Verteilen der Informationen auf drei Zeilen funktioniert.

   Abbildung 2.23 Der Aufbau der Formel für die auf drei Zeilen verteilte Anzeige der Inhalte aus sechs Zellen

   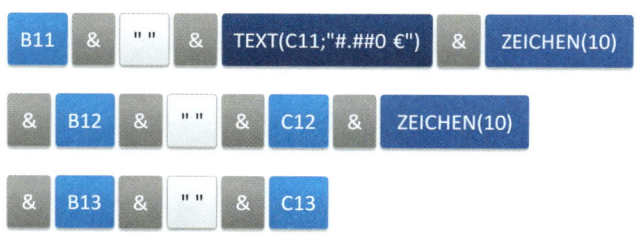

   Mit der Funktion ZEICHEN lassen Sie die Zeichen des ASCII-Codes anzeigen. Möglich sind Werte zwischen 1 und 255. Mit =ZEICHEN(64) erzeugen Sie in der Schriftart Arial das @-Zeichen, mit =ZEICHEN(10) einen Zeilenumbruch.

3. Klicken Sie abschließend auf den Rand des grauen Rechtecks. Tippen Sie in die Bearbeitungsleiste ein Gleichheitszeichen =, klicken Sie auf die Zelle mit der Verkettungsformel – hier *G9* – und schließen Sie die Formel mit ⏎ ab.

Die Verkettungsformel kann nicht direkt für die Form verwendet werden, sondern nur ein Verweis auf die Zelle – hier *G9* –, in der die Verkettungsformel steht.

Zugriff auf Tabellenzellen anderer Arbeitsblätter

Mit der in den letzten Beispielen verwendeten Technik können Sie nicht nur auf Informationen zugreifen, die im gleichen Arbeitsblatt stehen. Es ist ebenso möglich, Zellinhalte aus einem anderen Arbeitsblatt zu übernehmen.

Wechseln Sie dazu nach Markieren des Objekts und Eingabe des Gleichheitszeichens zu dem Arbeitsblatt, das die verketteten Informationen enthält, und klicken Sie dort auf die Zelle mit der Verkettungsformel. Nach Drücken der Taste ⏎ erscheinen die Informationen aus dem Arbeitsblatt auf dem ersten Arbeitsblatt und werden dort stets aktualisiert.

Die in Abbildung 2.21 gezeigte Lösung finden Sie in der Beispieldatei *Kap_02_LOE.xlsx* im Arbeitsblatt *Variante 3*.

Deckblatt und attraktive Managementübersicht kombinieren mit der Kamera

Lernen Sie zum Schluss eine weitere Möglichkeit kennen, wie Sie Daten von verschiedenen Stellen einer Arbeitsmappe auf einem Deckblatt so zusammenstellen, dass sich daraus ein stets aktuelles Managementcockpit ergibt. Abbildung 2.24 zeigt die fertige Lösung, die in dem Fall eine Gegenüberstellung der Planzahlen und der aktuellen Istzahlen ermöglicht.

Abbildung 2.24 Tabellen und Diagramme von verschiedenen Stellen einer Arbeitsmappe auf einem Deckblatt so einbauen, dass bei Änderungen der Daten das »Cockpit« automatisch aktualisiert wird

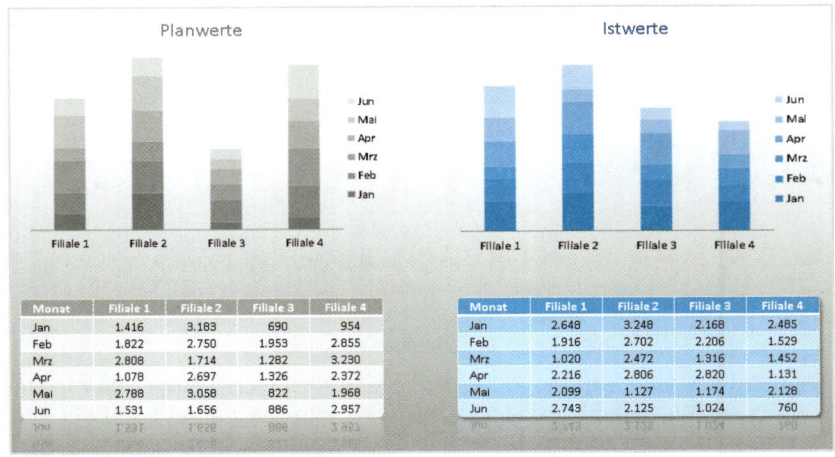

Besonders flexible Verknüpfungen mittels Kamera

Damit auf den Tabellen und Diagrammen des Deckblatts stets die aktuellen Zahlen angezeigt werden, sind auch hier – wie in Abbildung 2.25 zu sehen – wieder Verknüpfungen zu den Arbeitsblättern erforderlich, auf denen die Daten eingegeben werden. Die Verknüpfungen erstellen Sie diesmal mithilfe des Befehls *Kamera*.

Abbildung 2.25 Das Diagramm auf dem Deckblatt ist mit einem Zellbereich auf einem anderen Blatt verknüpft

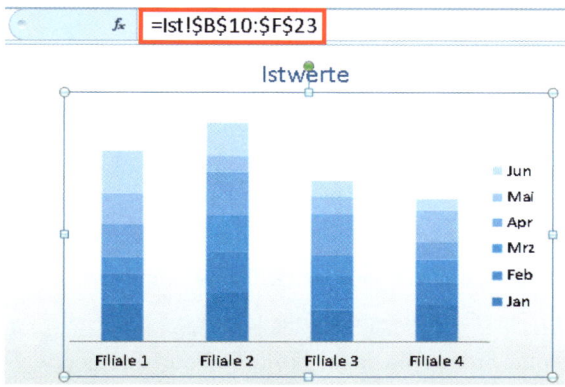

Welchen Nutzen bringt der Befehl »Kamera«?

Mit der Kamera können Sie von Tabellen oder Teilen eines Arbeitsblatts Fotos erzeugen, die Sie an anderer Stelle der Mappe einbauen. Der Vorteil dieser Bilder:

- Sie bleiben mit dem Originalzellbereich verknüpft, zeigen also stets den aktuellen Stand des fotografierten Zellbereichs an.
- Hinzu kommt, dass Sie die Fotos mit den *Bildtools* optisch aufwerten können.

Gut versteckt: Den Befehl »Kamera« verfügbar machen

Der Befehl *Kamera* ist standardmäßig nicht auf der Arbeitsoberfläche von Excel zu sehen. Um den Befehl nutzen zu können, passen Sie die Oberfläche wie folgt an:

1. Wählen Sie die Befehlsfolge *Datei/Optionen/Symbolleiste für den Schnellzugriff*.
2. Stellen Sie über der linken Liste den Filter von *Häufig verwendete Befehle* auf *Befehle nicht im Menüband* um.
3. Suchen Sie darunter in der Liste nach dem Befehl *Kamera* und markieren Sie ihn.
4. Klicken Sie auf *Hinzufügen* und anschließend auf *OK*, um den Befehl – wie in Abbildung 2.26 gezeigt – in die Schnellzugriffsleiste einzubauen.

Abbildung 2.26 Das Kamerasymbol in die Symbolleiste für den Schnellzugriff einbauen

Mit der Kamera verknüpfte Bilder erstellen und gestalten

Alle Inhalte, die Sie zur besseren Übersicht auf einem gesonderten Blatt stets aktuell zusammenfassen wollen, können Sie per *Kamera* abfotografieren.

Sorgen Sie dafür, dass die Tabelle und das Diagramm aus dem Arbeitsblatt *Plan* im Blatt *Info* angezeigt werden und stets den aktuellen Stand wiedergeben.

Verwenden Sie für diese Übung die Datei *Kap_02_Kamera_UEB.xlsx*.

1. Markiere Sie im Blatt *Plan* die Tabelle oder den Zellbereich um das Diagramm.
2. Klicken Sie in der Schnellzugriffsleiste auf die neue Schaltfläche *Kamera*.
3. Wechseln Sie zum Arbeitsblatt für das Cockpit – hier *Info*.
4. Klicken Sie links oben auf die Stelle, an der Sie das verknüpfte Foto einfügen wollen.

Da es sich bei dem Foto um ein Bild handelt, können Sie es nun mit den Befehlen der Registerkarte *Bildtools/ Format* optisch aufpeppen. Ihnen stehen beispielsweise alle Bildformatvorlagen zur Verfügung. Wählen Sie per Mausklick eine passende Vorlage aus.

5. Wiederholen Sie die Schritte für die anderen Tabellen- und Diagrammobjekte.

Das Anlegen von Hyperlinks ist diesmal nicht erforderlich, denn der Doppelklick auf eines der per Kamera eingefügten Objekte führt direkt zum Original.

Qualitäts-Check

Testen Sie zum Schluss, ob die Verknüpfungen und damit das Aktualisieren neuer Werte im Deckblatt funktionieren. Ändern Sie einige Daten im Arbeitsblatt *Plan*. Die Änderungen an der Quelltabelle werden umgehend im Bild übernommen, das auf dem Deckblatt *Info* liegt.

Die Lösung für dieses spezielle Deckblatt finden Sie in der Beispieldatei *Kap_02_Kamera_LOE.xlsx*.

3

Statusberichte auf einen Blick: Ampeln, Trendpfeile und Sparklines

Mit Ampeln eine Statusanzeige zur Budgetauslastung anlegen	76
In einer Analyse zur Qualitätssicherung alle gravierenden Fehler kennzeichnen	82
Entwicklungen und Tendenzen mit Trendsymbolen kenntlich machen	84
Eine Übersicht über Wartungsarbeiten mit Harvey Balls aufbauen	86
Entwicklungen mit Minidiagrammen vergleichbar machen: Sparklines	88
Mehr als nur Standard: Attraktive Auswertungen mit »richtigen« Ampeln	90

Kapitel 3 Statusberichte auf einen Blick: Ampeln, Trendpfeile und Sparklines

Sollen Statusberichte zur Budgetauslastung, zur Terminlage in einem Projekt oder zur Qualitätssicherung nicht nur aus trockenen Zahlen bestehen, sondern visuell aufbereitet sein, führt kein Weg an der bedingten Formatierung vorbei. Weisen Sie in Budgetübersichten und Soll-Ist-Vergleichen mit aussagekräftigen Ampelsymbolen auf abweichende Daten oder gar Schieflagen hin. Oder bewerten Sie das Risiko von Projekten beispielsweise mit verschiedenfarbigen Trendpfeilen. Excel hält vielfältige Varianten bereit, mit denen Sie trockene Zahlen mit wenig Aufwand in gut visualisierte und wirklich informative Aussagen verwandeln können.

Erfahren Sie in diesem Kapitel anhand mehrerer Beispiele, wie Sie Ihren Zahlen mit Ampeln und anderen Symbolen mehr Aussagekraft geben. Lernen Sie, welche voreingestellten Regeln die bedingte Formatierung für Sie bereithält, wie Sie diese nutzen und an Ihre individuellen Anforderungen anpassen.

Abbildung 3.1 Rechts ist per Ampel auf einen Blick das Einhalten oder Überschreiten der Projektbudgets zu sehen

VORHER

Projekt	Plankosten	Istkosten	Verbrauch
Acrobat-Formulare	8.000 €	6.890 €	86%
Office 365	26.850 €	25.700 €	96%
Exchange 2013	7.630 €	9.120 €	120%
Lync 2013	4.100 €	4.100 €	100%
Business Intelligence	12.455 €	11.560 €	93%
Intranet	2.800 €	2.365 €	84%
Virtualisierung	6.870 €	5.320 €	77%

NACHHER

Projekt	Plankosten	Istkosten	Verbrauch	Status
Acrobat-Formulare	8.000 €	6.890 €	86%	
Office 365	26.850 €	25.700 €	96%	
Exchange 2013	7.630 €	9.120 €	120%	🔴
Lync 2013	4.100 €	4.100 €	100%	🟢
Business Intelligence	12.455 €	11.560 €	93%	
Intranet	2.800 €	2.365 €	84%	
Virtualisierung	6.870 €	5.320 €	77%	

Mit Ampeln eine Statusanzeige zur Budgetauslastung anlegen

In Statusberichten gibt es eine Vielzahl von Indikatoren. Doch welche sind wirklich wichtig und wie lassen sich diese hervorheben? In welchen Projekten sind die Kosten aus dem Ruder gelaufen? Bei welchen Projekten wurden sie eingehalten? Hier eine Lösung, wie Sie Kennzahlen mit wenig Aufwand auf den Punkt bringen.

Die in Abbildung 3.1 links gezeigten Prozentwerte zum Verbrauch der Kosten im jeweiligen Projekt sind zwar korrekt berechnet. Aber es fällt schwer, auf einen Blick zu sehen, wo das Budget eingehalten und wo es überschritten wurde. Setzen Sie hingegen wie rechts Symbole ein, lassen sich die Daten schnell und leicht bewerten.

Zum Nachvollziehen dieser Aufgabe nutzen Sie die Beispieldatei *Kap_03_UEB.xlsx* und zeigen dort das Arbeitsblatt *Budget* an.

Mit Ampeln eine Statusanzeige zur Budgetauslastung anlegen

Mit den Ampelsymbolen der *bedingten Formatierung* lösen Sie die Aufgabe so:

1. Markieren Sie alle Zahlen in der Spalte *Verbrauch* – also den Bereich *E5:E11*.
2. Klicken Sie auf der Registerkarte *Start* in der Gruppe *Formatvorlagen* auf die Schaltfläche *Bedingte Formatierung* (1).

Abbildung 3.2 Die Befehlsfolge zum Einbauen der Ampelsymbole

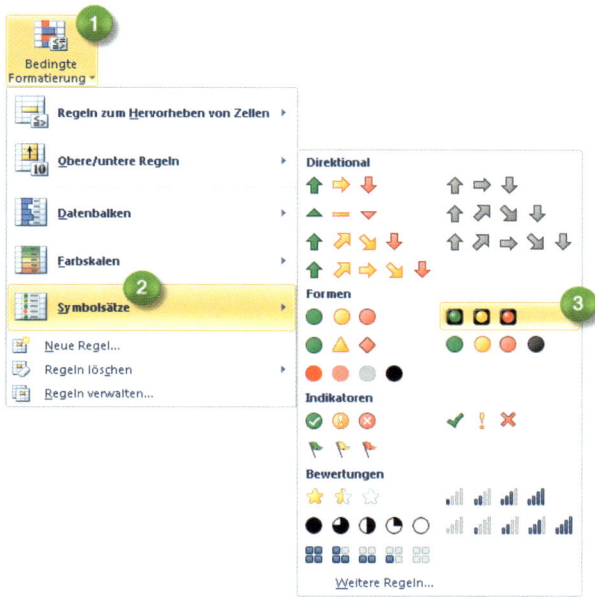

3. Wählen Sie – wie in Abbildung 3.2 gezeigt – *Symbolsätze* (2) und dann im Untermenü (3) die Variante *3 Ampeln (mit Rand)*.

Daraufhin wird – wie in Abbildung 3.3 zu sehen – allen Prozentwerten ein Ampelsymbol vorangestellt. Das schaut zunächst recht bunt aus und ist auf jeden Fall ein Hingucker. Dass aber das Überziehen der Kosten mit einem grünen Ampelsymbol gekennzeichnet wird, führt garantiert zu falschen Schlüssen.

> Das in Abbildung 3.2 rechts gezeigte Untermenü bietet 75 Symbole, die Sie zum Hervorheben wichtiger oder abweichender Kennzahlen verwenden können. Die Symbole sind auf vier Kategorien aufgeteilt. Die Symbolsätze stehen als Dreier-, Vierer- und Fünferkombination zur Verfügung. Dies gibt Ihnen die Möglichkeit, Daten oder Zustände ausreichend differenziert zu kennzeichnen.

Abbildung 3.3 Excel weist die Ampelsymbole zunächst so zu

Projekt	Plankosten	Istkosten	Verbrauch	
Acrobat-Formulare	8.000 €	6.890 €	🔴	86%
Office 365	26.850 €	25.700 €	🟡	96%
Exchange 2013	7.630 €	9.120 €	🟢	120%
Lync 2013	4.100 €	4.100 €	🟡	100%
Business Intelligence	12.455 €	11.560 €	🔴	93%
Intranet	2.800 €	2.365 €	🔴	84%
Virtualisierung	6.870 €	5.320 €	🔴	77%

Die Zuordnung der Ampelsymbole anpassen

Erkunden Sie im nächsten Schritt, nach welchem Prinzip Excel die Ampelsymbole zugewiesen hat, und korrigieren Sie anschließend diese Zuordnung.

Ändern Sie die voreingestellte Regel für die Ampelsymbole so, dass das Überschreiten des Budgets mit einem roten Ampelsymbol signalisiert wird. Beim Einhalten des Budgets hingegen soll ein grünes Ampelsymbol erscheinen, in allen anderen Fällen nichts.

Zum Anpassen der Zuordnung der Ampelsymbole gehen Sie wie folgt vor:

1. Markieren Sie eine Zelle mit Ampelsymbol in Spalte *E*.
2. Wählen Sie auf der Registerkarte *Start* in der Gruppe *Formatvorlagen* die Befehlsfolge *Bedingte Formatierung/Regeln verwalten*.
3. Doppelklicken Sie im folgenden Dialogfeld auf die Regel *Symbolsatz*. Sie können nun sehen, wie die bisherige Zuordnung der Ampelfarben zustande kam.

> Excel weist den niedrigen Werten das rote Ampelsymbol zu.
> Werte im mittleren Bereich erhalten gelbe Ampelsymbole.
> Werte im oberen Bereich bekommen die Ampelfarbe Grün.

4. Nehmen Sie – wie in Abbildung 3.4 gezeigt – folgende Einstellungen vor:

   - Ändern Sie den *Typ* der zu betrachtenden Werte von *Prozent* auf *Zahl* (1).
   - Stellen Sie für beide Werte eine *1* ein – dies ist gleichbedeutend mit 100 %.
   - Legen Sie die Vergleichsoperatoren für beide Werte fest (3). Wählen Sie für den oberen Wert den Vergleichsoperator *Größer als* (>), für den unteren Wert *Größer oder gleich* (>=).
   - Wählen Sie ganz links unten (4) die passenden Symbole aus: für das Überschreiten des Budgets – also größer 100 % – das rote Ampelsymbol, für den zweiten Wert das grüne Ampelsymbol, für Werte unter 100 % *Kein Zellensymbol*.

Abbildung 3.4 Die Regel bearbeiten und dabei eigene Grenzwerte sowie Ampelsymbole festlegen

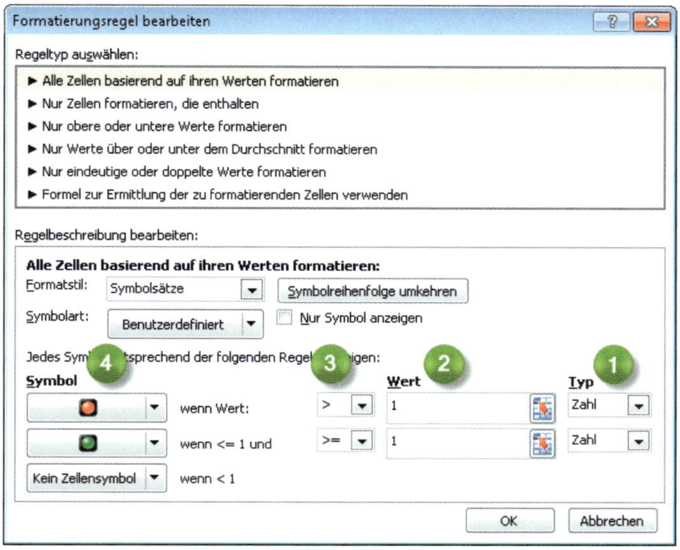

5. Nachdem Sie die geöffneten Dialogfelder mit *OK* geschlossen haben, sollte die Spalte *Verbrauch* nun so wie in Abbildung 3.5 aussehen.

Abbildung 3.5 Als Zwischenergebnis sind nun die Symbole dem jeweiligen Stand besser zugeordnet

Projekt	Plankosten	Istkosten	Verbrauch	
Acrobat-Formulare	8.000 €	6.890 €		86%
Office 365	26.850 €	25.700 €		96%
Exchange 2013	7.630 €	9.120 €	🔴	120%
Lync 2013	4.100 €	4.100 €	🟢	100%
Business Intelligence	12.455 €	11.560 €		93%
Intranet	2.800 €	2.365 €		84%
Virtualisierung	6.870 €	5.320 €		77%

Die Ampeln in einer separaten Spalte zeigen

Bei der eingangs in Abbildung 3.1 gezeigten Lösung befinden sich die Ampelsymbole in einer gesonderten Spalte neben den Verbrauchswerten. Dies erfordert ein wenig mehr Aufwand, hat aber in langen Listen den Vorteil, dass sich die Betrachter erst einmal nur auf die Symbole konzentrieren können.

Sorgen Sie dafür, dass die roten und grünen Ampelsymbole in einer separaten Spalte erscheinen und die Spalte *Verbrauch* nur noch die Prozentwerte enthält.

1. Markieren Sie den Zellbereich *E4:E11* und kopieren Sie ihn mit [Strg]+[C] in die Zwischenablage.

2. Klicken Sie Zelle *F4* an. Wählen Sie nun – wie in Abbildung 3.6 gezeigt – auf der Registerkarte *Start* (1) per Klick auf den Pfeil der Schaltfläche *Einfügen* (2) in der Reihe unter *Werte einfügen* die Option *Werte und Quellformatierung* (3).

Abbildung 3.6 Beim Einfügen aus der Zwischenablage die Option *Werte und Quellformatierung* wählen

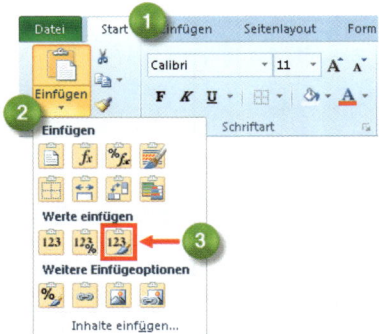

3. Markieren Sie den Zellbereich *E5:E11*. Entfernen Sie die Ampelsymbole über die Befehlsfolge *Start/Formatvorlagen/Bedingte Formatierung/Regeln löschen/Regeln in ausgewählten Zellen löschen*.

4. Tragen Sie in *F4* die Spaltenüberschrift **Status** ein.

5. Markieren Sie nun die Zellen *F5:F11*, tippen Sie die Formel **=E5** ein und schließen Sie die Eingabe mit der Tastenkombination [Strg]+[↵] ab. Damit haben Sie die Zellen in Spalte *F* dynamisch mit den Inhalten aus Spalte *E* verbunden.

Abbildung 3.7 Über dieses Kontrollkästchen die Werte ausblenden und nur noch die Symbole zeigen

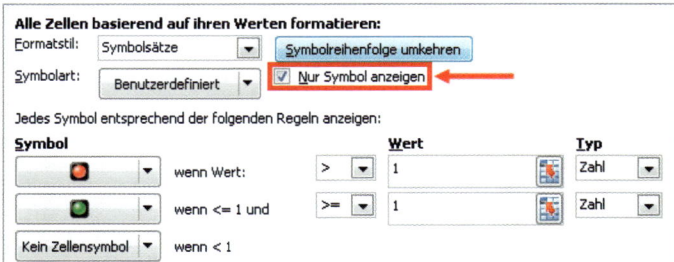

6. Sorgen Sie zum Schluss dafür, dass in der neuen *Status*-Spalte nur noch die Ampelsymbole zu sehen sind. Klicken Sie dazu auf eine der Zellen und wählen Sie *Start/Formatvorlagen/Bedingte Formatierung/Regeln verwalten*. Doppelklicken Sie auf die Regel *Symbolsatz* und aktivieren Sie – wie in Abbildung 3.7 gezeigt – im folgenden Dialogfeld das Kontrollkästchen *Nur Symbol anzeigen*. Klicken Sie auf der Registerkarte *Start* in der Gruppe *Ausrichtung* auf das Symbol *Zentriert*, um die Trendsymbole mittig untereinander auszurichten.

Eine Alternative zu den Ampelsymbolen anlegen

Sie möchten statt der Ampeln andere Symbole verwenden? Sie wollen auch die Projekte mit einer grünen Statusanzeige versehen, die hinsichtlich der Kosten unterhalb der geplanten Budgetgrenze geblieben sind? Mit der in Abbildung 3.8 gezeigten Alternative ist das kein Problem.

> Nutzen Sie für den Aufbau dieser Alternative in der Beispieldatei *Kap_03_UEB.xlsx* ebenfalls das Arbeitsblatt *Budget*.

Sorgen Sie in einer gesonderten Spalte dafür, dass ein Überschreiten des Budgets durch einen roten Kreis mit weißem Kreuz signalisiert wird, das exakte Einhalten der Kostenvorgabe durch einen grünen Kreis mit weißem Häkchen. Projekte, die unterhalb der vorgegebenen Kostengrenze bleiben, sollen einen einfachen grünen Kreis erhalten.

1. Markieren Sie im Blatt *Budget* den Zellbereich *F17:F23*.
2. Geben Sie die Formel =E17 ein und schließen Sie die Formel wieder mit [Strg]+[↵] ab, um sie für mehrere Zellen zu übernehmen.
3. Lassen Sie den Zellbereich markiert. Wählen Sie *Start/Formatvorlagen/Bedingte Formatierung/Neue Regel*.
4. Wählen Sie bei *Formatstil* den Eintrag *Symbolsätze*. Übernehmen Sie dann analog zum vorherigen Beispiel die in Abbildung 3.8 unten links gezeigten Einstellungen.

Abbildung 3.8 Eine Alternative mit anderen Symbolen

In einer Analyse zur Qualitätssicherung alle gravierenden Fehler kennzeichnen

Da es bei der maschinellen Produktion zu Abweichungen kommt, müssen Fehler kontinuierlich registriert und mit vorgegebenen Toleranzen verglichen werden. Auf Basis dieser Daten werden dann Analysen zur Qualitätssicherung erstellt. In der in Abbildung 3.9 gezeigten Liste sind typische Fehler aufgelistet. Bei jedem Fehler ist vermerkt, wie hoch die durchschnittliche Abweichung war und wie oft er vorkam.

Links von der Liste sind zwei Obergrenzen definiert. Wird eine davon überschritten, soll in der Spalte *Meldung* ein roter Kreis mit weißem Kreuz als Warnsignal erscheinen.

Abbildung 3.9 Rote Kreise mit weißem Kreuz signalisieren die Problemfälle

Toleranzgrenze	3%
Häufigkeitsgrenze	5

Fehler	Ø Abweichung	Häufigkeit	Meldung
F 300	2,7%	1	
F 301	3,5%	7	⊗
F 302	1,5%	2	
F 303	3,5%	3	⊗
F 304	1,9%	4	
F 305	0,0%	0	
F 306	3,5%	3	⊗
F 307	1,5%	5	
F 308	1,2%	6	⊗
F 309	0,4%	2	
F 310	2,3%	4	

Bauen Sie in zwei Schritten den Warnhinweis in die Spalte *Meldung* ein, indem Sie zuerst eine Formel aufstellen, die die Werte in der Fehlerliste mit den beiden Obergrenzen abgleicht. Weisen Sie dann per bedingter Formatierung rote Kreise zu.

> Verwenden Sie zum Nachvollziehen dieser Lösung in der Beispieldatei *Kap_03_UEB.xlsx* das Arbeitsblatt *Qualität*.

Um das Erstellen und später das Lesen der Formel zu vereinfachen, wurden die in Tabelle 3.1 aufgeführten vier Bereichsnamen definiert.

Tabelle 3.1 Vier Bereichsnamen, die das Zusammenstellen der Formel erleichtern

Zelle/Zellbereich	Name
C4	Toleranzgrenze
C6	Häufigkeitsgrenze
F5:F15	Ø_Abweichung
G5:G15	Häufigkeit

In einer Analyse zur Qualitätssicherung alle gravierenden Fehler kennzeichnen

Mit F5 können Sie sich ganz schnell die Liste aller Namen anzeigen lassen.

Abbildung 3.10 Mit der Taste F5 die Liste der verfügbaren Namen in der aktuellen Mappe einblenden

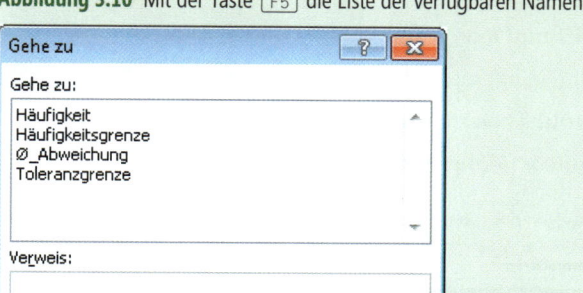

1. Markieren Sie im Blatt *Qualität* den Zellbereich *H5:H15*.
2. Geben Sie nun folgende Formel ein: =WENN(ODER(Ø_Abweichung>Toleranzgrenze; Häufigkeit>Häufigkeitsgrenze);1;0). Schließen Sie die Formeleingabe wieder mit Strg+↵ ab. Die Formel prüft, ob eine der beiden Obergrenzen überschritten wird, und liefert in dem Fall als Ergebnis 1, sonst 0 – wie in Abbildung 3.11 zu sehen ist.

Abbildung 3.11 Mit WENN und ODER prüfen, ob die Werte über den erlaubten Vorgaben liegen

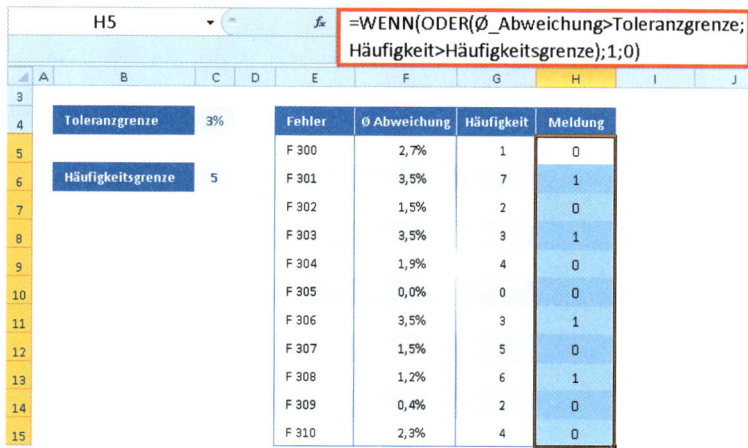

3. Nutzen Sie die Ziffern 1 und 0 in der Spalte *Meldung* nun beim Anlegen einer Regel für die bedingte Formatierung. Lassen Sie die Spalte markiert und wählen Sie *Start/Formatvorlagen/Bedingte Formatierung/Symbolsätze/3 Symbole (mit Kreis)*.

83

4. Passen Sie diese Regel über *Bedingte Formatierung/Regeln verwalten* wie in Abbildung 3.12 gezeigt an:

- Ändern Sie den *Typ* von *Prozent* in *Zahl* (1).
- Stellen Sie bei *Wert* eine *1* und eine *0* ein (2).
- Belassen Sie beide Vergleichsoperatoren auf *Größer oder gleich* (3).
- Aktivieren Sie das Kontrollkästchen *Nur Symbol anzeigen* (4).
- Korrigieren Sie unter *Symbol* (5) die Anzeige der Symbole.

Abbildung 3.12 Die Regel zum Zuweisen des roten Symbols mit weißem Kreuz aufstellen

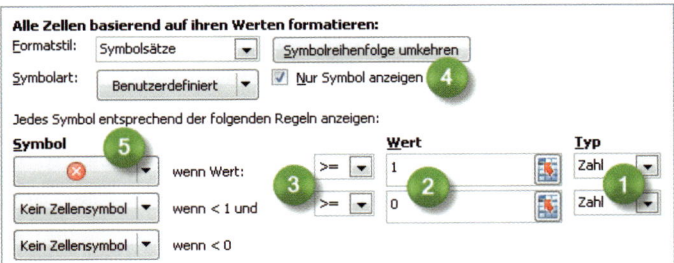

Entwicklungen und Tendenzen mit Trendsymbolen kenntlich machen

Im folgenden Beispiel erfahren Sie, wie Sie den Vergleich zwischen zwei Werten so darstellen, dass auf einen Blick ein Trend erkennbar wird. In der in Abbildung 3.13 links gezeigten Tabelle wäre ein solcher Vergleich erst beim Betrachten aller Werte möglich. Bei der rechts gezeigten Lösung kann anhand der farbigen Symbole für jede Zeile sofort eine Aussage zum Trend getroffen werden.

Die farbigen Trendsymbole gehören zum Bestand der bedingten Formatierung. Das Zuweisen der jeweils passenden Symbole erledigen Sie über eine WENN-Funktion. Dazu wird pro Zeile der Wert für 2012 mit dem für 2009 verglichen. Dabei sind drei Ergebnisse möglich: Der 2012er-Wert kann größer, gleich oder kleiner als der für 2009 sein. Die WENN-Funktion gibt je nach Vergleichsergebnis die Zahlen 1, 0 und -1 zurück. Anhand dieser drei Werte wird das passende Trendsymbol platziert.

Entwicklungen und Tendenzen mit Trendsymbolen kenntlich machen

Abbildung 3.13 Die rechts gezeigte Statistik macht durch den Einsatz von Pfeilen die Trends sofort erkennbar

VORHER

Land	2009	2012
Deutschland	950	1.234
Frankreich	849	912
Großbritannien	899	906
Italien	677	593
Niederlande	301	301
Spanien	288	256
Dänemark	187	187
Schweiz	165	206
Griechenland	134	99

NACHHER

Land	2009	2012	Trend
Deutschland	950	1.234	▲
Frankreich	849	912	▲
Großbritannien	899	906	▲
Italien	677	593	▼
Niederlande	301	301	▬
Spanien	288	256	▼
Dänemark	187	187	▬
Schweiz	165	206	▲
Griechenland	134	99	▼

Die Lösung können Sie in der Beispieldatei *Kap_03_UEB.xlsx* im Arbeitsblatt *Trend* nach der folgenden Schritt-für-Schritt-Anleitung aufbauen.

Werten Sie den Vergleich der Jahre 2009 und 2012 mittels WENN-Funktion so aus, dass sich die genannten drei Ziffern 1, 0 und -1 ergeben. Wandeln Sie diese Ziffern dann in Trendsymbole um.

1. Markieren Sie zunächst den Zellbereich von *E5* bis *E13*.
2. Tippen Sie die folgende einfach verschachtelte WENN-Funktion ein, die die drei möglichen Zustände abprüft: =WENN(D5>C5;1;WENN(D5=C5;0;-1)).
3. Schließen Sie die Formel mit ⎡Strg⎤+⏎ ab. Daraufhin erhalten Sie die in Abbildung 3.14 umrandeten Ergebnisse.

Abbildung 3.14 Mit einer geschachtelten WENN-Funktion drei Werte für die bedingte Formatierung erzeugen

	A	B	C	D	E
4		Land	2009	2012	Trend
5		Deutschland	950	1.234	1
6		Frankreich	849	912	1
7		Großbritannien	899	906	1
8		Italien	677	593	-1
9		Niederlande	301	301	0
10		Spanien	288	256	-1
11		Dänemark	187	187	0
12		Schweiz	165	206	1
13		Griechenland	134	99	-1

4. Lassen Sie den Zellbereich *E5:E13* markiert und wählen Sie *Start/Formatvorlagen/ Bedingte Formatierung/Neue Regel*.

5. Sorgen Sie im nun angezeigten Dialogfeld mit den folgenden Einstellungen dafür, dass die Werte 1, 0 und -1 in Trendsymbole umgesetzt werden:

   - Wählen Sie bei *Formatstil* den Eintrag *Symbolsätze* (1).
   - Stellen Sie bei *Typ* von *Prozent* auf *Zahl* um (2).
   - Tragen Sie bei *Wert* die Zahlen *1* und *0* ein (3).
   - Belassen Sie beide Vergleichsoperatoren auf *Größer oder gleich* (4).
   - Wählen Sie die passenden Symbole aus (5).
   - Aktivieren Sie zum Schluss das Kontrollkästchen *Nur Symbol anzeigen* (6).

Abbildung 3.15 Die benutzerdefinierte Regel mit Trendpfeilen in wenigen Schritten anlegen

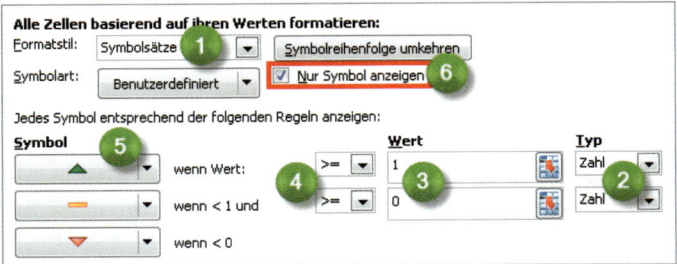

6. Schließen Sie das Definieren der Regel mit zweimal *OK* ab.

7. Klicken Sie auf der Registerkarte *Start* in der Gruppe *Ausrichtung* auf das Symbol *Zentriert*, um die Trendsymbole mittig untereinander auszurichten.

Eine Übersicht über Wartungsarbeiten mit Harvey Balls aufbauen

Wie ist der Erfüllungsstand der Aufgaben? Ob Projekte, Wartungsarbeiten oder Umsatzziele – eine aktuelle Fortschrittsanzeige ist wünschenswert. Die Symbolsätze der bedingten Formatierung bieten auch Vorlagen für Fortschrittsanzeigen – beispielsweise den als »Harvey Balls« bekannten Symbolsatz *5 Viertel*.

Die beiden Übersichten zum Stand der Wartungsarbeiten an verschiedenen Maschinen, die in Abbildung 3.16 zu sehen sind, machen den Unterschied deutlich: Links werden Zahlen eingegeben, um den Status der Arbeiten zu vermerken. Wer nicht weiß, was die Zahlen bedeuten, oder wer einen schnellen Überblick braucht, wird hier Mühe haben. In der rechts gezeigten Lösung bleiben keine Fragen offen.

Abbildung 3.16 Statt Zahlen leicht verständliche Symbole zum Kennzeichnen des Erfüllungsstands verwenden

Maschine	Antrieb	Zuleitung	Elektronik
Granulat A1	4	2	1
Granulat C5	4	3	2
Granulat B7	3	1	0

VORHER

Maschine	Antrieb	Zuleitung	Elektronik
Granulat A1	●	◐	◕
Granulat C5	●	●	◐
Granulat B7	●	◕	○

NACHHER

Statt der Zahlenwerte 0 bis 4 kommen zur Kennzeichnung des Wartungsstatus Kreissymbole zum Einsatz. Ein leerer Kreis steht für »Wartung nicht begonnen«, ein gefüllter Kreis bedeutet »Wartung abgeschlossen«. Die Stufen bereits laufender Wartungsarbeiten werden mit drei zunehmend gefüllten Symbolen (1/4, 1/2, 3/4) signalisiert.

Sorgen Sie dafür, dass statt der Ziffern 0 bis 4 gut verständliche Symbole auf einen Blick Auskunft über den Status der Wartungsarbeiten geben.

> Nutzen Sie zum Nachbauen der Lösung mit den Harvey Balls in der Beispieldatei *Kap_03_UEB.xlsx* das Arbeitsblatt *Wartung*.

1. Markieren Sie im Blatt *Wartung* den Zellbereich *C5:E7*.
2. Wählen Sie *Start/Formatvorlagen/Bedingte Formatierung/Symbolsätze/5 Viertel*.

Abbildung 3.17 Aus dem Bestand der Symbole die Variante *5 Viertel* auswählen

Die Statusanzeige anpassen

Prüfen Sie die von Excel automatisch zugewiesene Regel und stellen Sie ein, dass nur noch die Symbole zu sehen sind.

1. Markieren Sie eine der Zellen, die ein Harvey Balls-Symbol bekommen hat, wählen Sie *Start/Formatvorlagen/Bedingte Formatierung/Regeln verwalten* und doppelklicken Sie auf die Regel.

2. Ändern Sie im Dialogfeld *Formatierungsregel bearbeiten* die Einstellungen wie in Abbildung 3.18 gezeigt. Unerlässlich ist vor allem, dass Sie das Kontrollkästchen *Nur Symbol anzeigen* aktivieren.

3. Schließen Sie die Regeländerung mit zweimaligem Klick auf *OK* ab.

Abbildung 3.18 Die Formatierungsregel mit den Harvey Balls anpassen

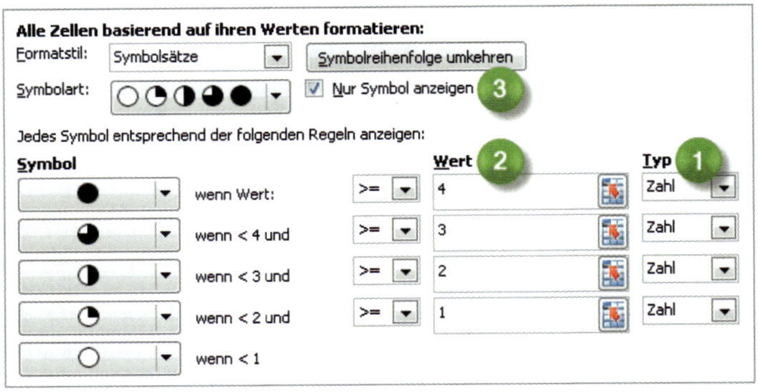

Entwicklungen mit Minidiagrammen vergleichbar machen: Sparklines

Sollen Entwicklungen für mehrere Standorte, Regionen, Projekte oder Produkte über einen bestimmten Zeitraum verglichen werden, ist ein Liniendiagramm oft die passende Lösung. Doch es geht auch einfacher und mit weniger Aufwand dank der Funktion *Sparklines*. Damit erzeugen Sie auf die Schnelle Minidiagramme, anhand derer sich Vergleiche recht einfach – weil bildhaft – vornehmen lassen.

Abbildung 3.19 Schneller Überblick über die Halbjahresentwicklung mehrerer Standorte mit Minidiagrammen

Standort	Jan	Feb	Mrz	Apr	Mai	Jun	Entwicklung im 1. Halbjahr
Berlin	1.032	1.448	1.294	1.136	1.197	1.017	
Dresden	937	958	1.301	1.185	1.207	899	
Frankfurt a.M.	1.122	1.243	1.355	1.188	1.241	1.052	
Hamburg	980	1.047	1.237	1.364	1.245	1.606	
München	1.146	989	1.452	1.272	997	978	
Nürnberg	1.016	1.219	1.130	1.151	924	840	
Stuttgart	1.376	1.563	1.201	1.170	1.400	948	

Erzeugen Sie – so wie in Abbildung 3.19 rechts gezeigt – kleine Liniendiagramme, mit denen Sie für sieben Standorte die Entwicklung der ersten sechs Monate des Jahres darstellen und vergleichen können.

Verwenden Sie zum Nachvollziehen dieser Lösung in der Beispieldatei *Kap_03_UEB.xlsx* das Arbeitsblatt *Sparklines*.

Entwicklungen mit Minidiagrammen vergleichbar machen: Sparklines

1. Markieren Sie die Zellen, in denen die Minidiagramme erscheinen sollen – hier also den Bereich *I5:I11*.
2. Klicken Sie auf der Registerkarte *Einfügen* in der Gruppe *Sparklines* auf *Linie* (1).

Abbildung 3.20 In der Gruppe *Sparklines* die Variante *Linie* auswählen und dann den Datenbereich angeben

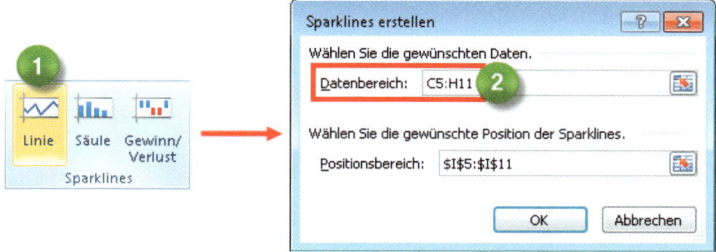

3. Das Dialogfeld *Sparklines erstellen* öffnet sich und der Cursor blinkt im Feld *Datenbereich*. Markieren Sie mit der Maus den Bereich mit den Monatswerten der sieben Standorte – hier also *C5:H11* (2). Nach einem Klick auf *OK* sehen Sie in Spalte *I* sieben kleine Liniendiagramme.

Die Liniendiagramme informativer machen

Optimieren Sie die Optik und den Informationsgehalt der sieben Liniendiagramme.

Ändern Sie die Linienfarbe und sorgen Sie dafür, dass in jedem der Diagramme die Monate mit den höchsten und niedrigsten Werten zu erkennen sind.

1. Klicken Sie dazu auf eines der kleinen Liniendiagramme in Spalte *I* und wechseln Sie zur Registerkarte *Sparklinetools/Entwurf* (1).
2. Wählen Sie im Formatvorlagenkatalog die Variante *Sparklineformat Akzent 3,50% dunkler* (2).

Abbildung 3.21 Die Optik der Minidiagramme über die Registerkarte *Sparklinetools/Entwurf* anpassen

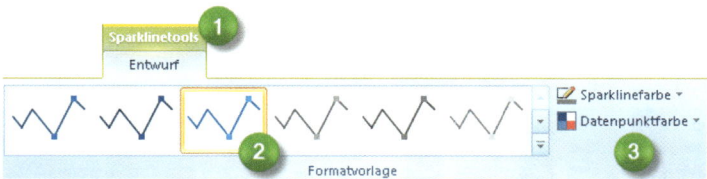

3. Klicken Sie dann in der gleichen Gruppe rechts auf *Datenpunktfarbe* (3).
   - Wählen Sie *Höchstpunkt* und die Farbe *Dunkelrot* und dann
   - *Tiefpunkt* und die Farbe *Schwarz*.

Das Ergebnis sollte dann wie in Abbildung 3.22 rechts gezeigt aussehen.

89

Abbildung 3.22 Links sind die Sparklines ohne und rechts mit Anzeige der Höchst- und Tiefstwerte zu sehen

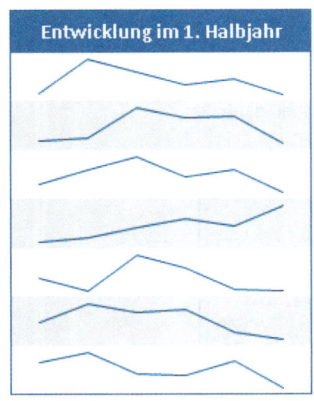
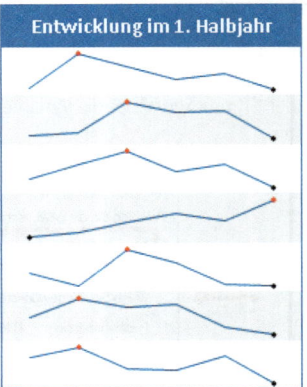

Mithilfe der zusätzlich eingefügten Farbmarkierungen lässt sich nun schnell die Aussage treffen, dass – mit Ausnahme eines Standorts – die Höchstwerte im zweiten oder dritten Monat des Jahres lagen, die Tiefstwerte hingegen im Juni.

Mehr als nur Standard: Attraktive Auswertungen mit »richtigen« Ampeln

Die in Excel verfügbaren Ampelsymbole sind sicher in vielen Fällen hilfreich. Wenn es aber mal richtig gut aussehen soll oder wenn Sie den Zoom auf 130 % vergrößern, lässt deren optische Qualität doch sichtbar zu wünschen übrig.

Abbildung 3.23 Vorschau auf die fertige Lösung mit »richtigen« Ampeln

In diesem Abschnitt lernen Sie daher eine Alternative kennen: Ampelschablonen, die Sie über Ihren Auswertungen anordnen und so den Eindruck wirklicher Ampeln erwecken – inklusive Leuchteffekt. Abbildung 3.23 zeigt ein Beispiel dafür.

Diese Lösung bauen Sie aus drei Elementen auf:

- Zellen mit einer bedingten Formatierung. Diese beruht auf Formeln und sorgt so – wie in Abbildung 3.24 zu sehen – für die drei Ampelfarben.
- Eine bestimmte Höhe und Breite der Zellen, die die Ampelfarben anzeigen – hier im Beispiel sind es jeweils *25 Pixel*.
- Ampelschablonen, die – wie in Abbildung 3.25 gezeigt – passgenau über die Zellen mit den Ampelfarben gelegt werden. Jede der Schablonen hat drei nahezu transparente Öffnungen, durch die die Zellfarbe dahinter hindurchscheint.

Abbildung 3.24 Unter den Ampeln wird die Auswertung mittels bedingter Formatierung aufbereitet

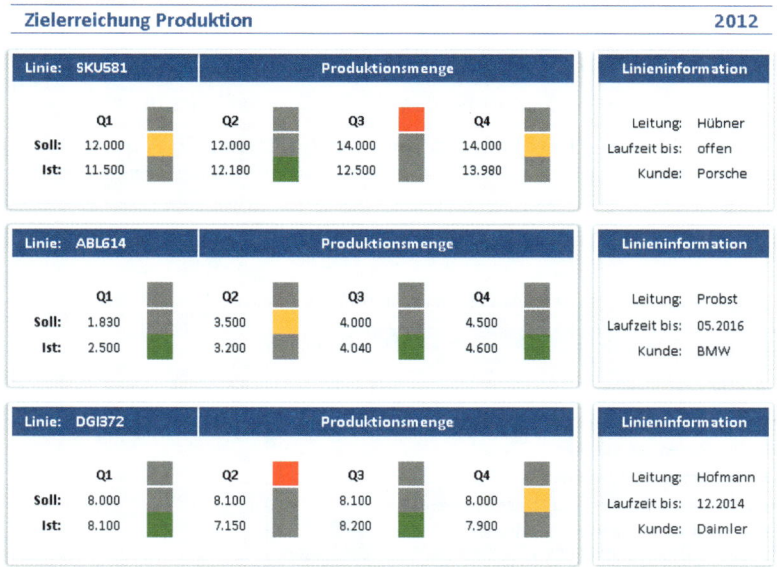

Abbildung 3.25 Grafisches Element der Lösung sind Ampelschablonen, die passgenau über die Zellen gelegt werden

Die Ampelfarben in den Zellen erzeugen

Zunächst wird die in Abbildung 3.24 gezeigte Basistabelle gebraucht. Sie vergleicht die Soll- und Istwerte von drei Produktionslinien nach Quartalen und weist die drei Ampelfarben nach dem folgenden Prinzip zu:

- Grün, wenn der Istwert größer oder gleich dem Sollwert ist
- Gelb, wenn der Istwert zwar unter dem Sollwert liegt, aber mindestens 90 % davon erreicht hat
- Rot, wenn der Istwert weniger als 90 % des Sollwerts beträgt

Beginnen Sie damit, alle Zellen, in denen die rote Ampelfarbe erscheinen könnte, mit der dazu erforderlichen bedingten Formatierung zu versehen.

Den Aufbau dieser speziellen Ampellösung können Sie in der Beispieldatei *Kap_03_Ampeln_UEB.xlsx* im Arbeitsblatt *Ampel 1* nachvollziehen.

1. Markieren Sie im Arbeitsblatt *Ampel 1* die Zelle *E6*.
2. Wählen Sie *Start/Formatvorlagen/Bedingte Formatierung/Neue Regel*.
3. Im nun eingeblendeten Dialogfeld wählen Sie unter *Regeltyp auswählen* den untersten Eintrag namens *Formel zur Ermittlung der zu formatierenden Zellen verwenden* (1).
4. Geben Sie darunter in das Eingabefeld die Formel =C8<C7*0,9 ein (2).

Abbildung 3.26 Die Regel für das Erzeugen der roten Ampelfarbe definieren

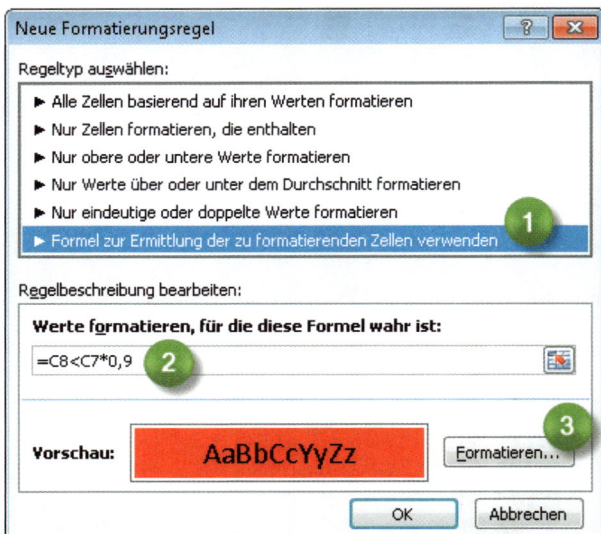

5. Klicken Sie rechts unten auf die Schaltfläche *Formatieren* (3) und wählen Sie im nun angezeigten Dialogfeld auf der Registerkarte *Ausfüllen* eine passende rote Ampelfarbe.

6. Schließen Sie alle Dialogfelder mit *OK*.
7. Die eben definierte Regel muss nun auf alle anderen Zellen in den Spalten *E*, *M* und *Q* ausgeweitet werden, die in ihrer Dreiergruppe jeweils oben liegen. Rufen Sie dazu über *Start/Formatvorlagen/Bedingte Formatierung/Regeln verwalten* das in Abbildung 3.27 gezeigte Dialogfeld auf.
8. Unter *Wird angewendet auf* steht bisher nur *=$E$6*. Klicken Sie am rechten Rand dieses Eingabefeldes auf das kleine Symbol (4).
9. Setzen Sie im nun vergrößerten Eingabefeld (5) den Cursor an das Zeilenende. Halten Sie die Taste ⟨Strg⟩ gedrückt und klicken Sie nacheinander auf die Zellen *I6*, *M6*, *Q6*, *E13*, *I13*, *M13*, *Q13*, *E20*, *I20*, *M20* sowie *Q20*. Im Eingabefeld steht nun: =$E$6;$I$6;$M$6;$Q$6;$E$13;$I$13;$M$13;$Q$13;$E$20;$I$20;$M$20;$Q$20.
10. Klicken Sie erneut auf das Symbol am rechten Rand des Eingabefeldes (6) und schließen Sie den Vorgang mit je einem Klick auf *Übernehmen* und *OK* ab.

Abbildung 3.27 Die Regel für rote Ampelfarbe auf die anderen infrage kommenden Zellen ausweiten

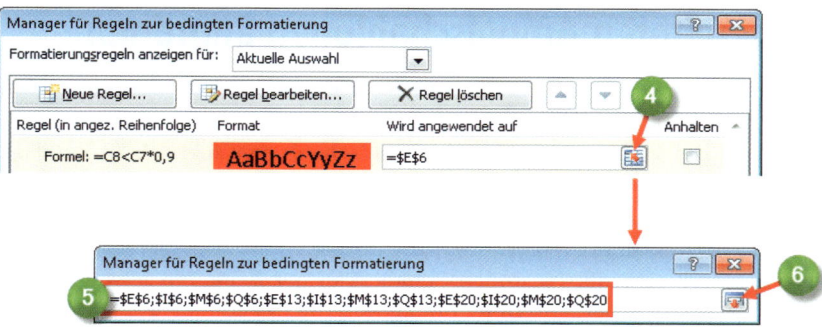

Wiederholen Sie die Schritte für das Zuweisen der Farben Gelb und Grün analog:

- Verwenden Sie für Gelb die Formel =UND(C8<C7;C8>=C7*0,9) und
- für Grün =C8>=C7.

Abbildung 3.28 Die beiden Formeln zum Definieren der gelben und grünen Ampelfarben

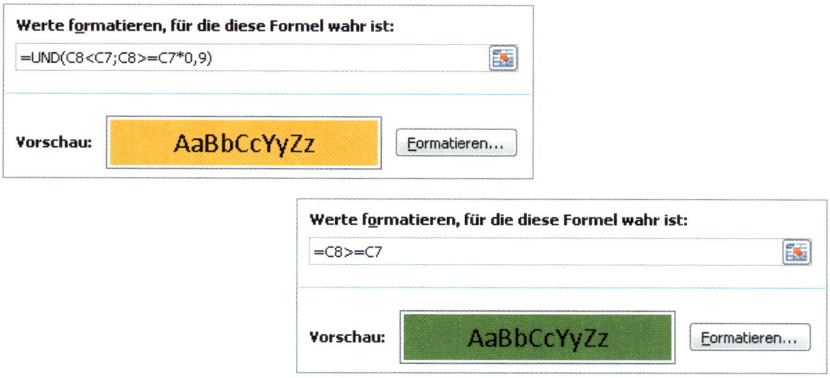

Rufen Sie anschließend wieder den Regel-Manager auf, um die Regeln auf die anderen infrage kommenden Zellen in den Spalten *E*, *I*, *M* und *Q* auszuweiten.

Der Regel-Manager sollte nun wie in Abbildung 3.29 gezeigt aussehen.

Abbildung 3.29 Alle drei Regeln sind definiert und die Anwendungsbereiche ausgeweitet

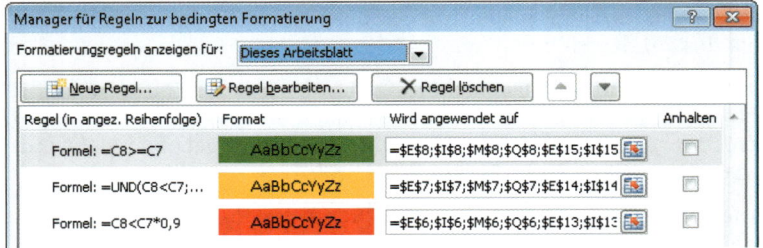

Die vorbereiteten Ampelschablonen anordnen

Rechts von der Auswertung befinden sich zwölf Ampelschablonen, die nun passgenau über den Zellen mit den bedingten Formaten platziert werden müssen.

Verschieben Sie die vorbereiteten zwölf Ampelschablonen so nach links, dass sie genau über den Spalten *E*, *I*, *M* und *Q* zu liegen kommen.

Die Anordnung der Ampelschablonen ist schon so vorbereitet, dass Sie diese nur noch nach links zu verschieben brauchen, damit sie horizontal und vertikal perfekt platziert sind. Da beim Markieren der einzelnen Schablonen per Maus ein falscher Klick zu versehentlichem Verschieben führen könnte, gehen Sie lieber auf Nummer sicher und erledigen das mit einem Trick.

1. Klicken Sie – wie in Abbildung 3.30 gezeigt – auf der Registerkarte *Start* rechts in der Gruppe *Bearbeiten* auf die Schaltfläche *Suchen und auswählen* (1) und dann auf *Objekte markieren* (2).

2. Ziehen Sie mit gedrückter linker Maustaste großzügig einen Markierungsrahmen um alle Ampelobjekte auf. Sie sind nun alle markiert (3) und ein versehentliches Verschieben haben Sie so ausgeschlossen.

3. Bewegen Sie die Maus über eine der markierten Ampeln. Drücken Sie die linke Maustaste sowie zusätzlich die Taste ⇧ und ziehen Sie dann die Gruppe der zwölf Ampelschablonen nach links (4) genau über die vorbereiteten Spalten. Lassen Sie zuerst die Maustaste und erst dann die ⇧-Taste los.

Abbildung 3.30 Die Ampelsymbole stressfrei markieren und verschieben

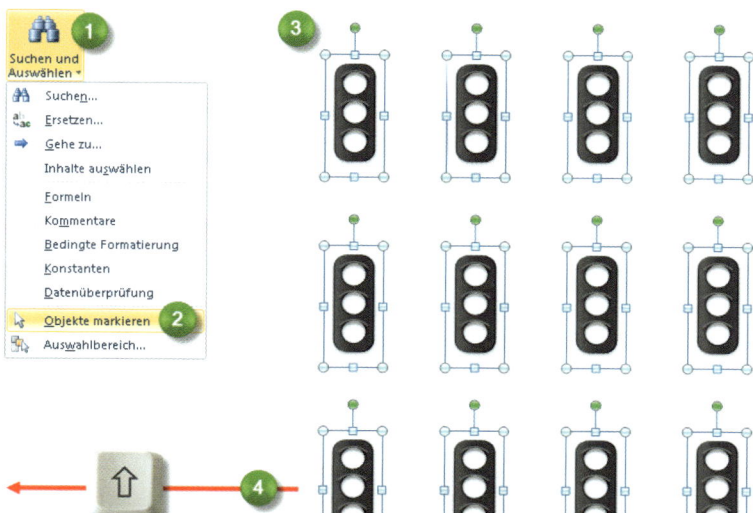

> Die Taste ⇧ stellt sicher, dass die Objekte beim Bewegen nach links nicht versehentlich nach oben oder unten verschoben werden.

4. Falls Sie die immer noch markierte Gruppe nachträglich etwas nach links oder rechts verschieben möchten, erledigen Sie das mithilfe der Taste ← bzw. →. Halten Sie beim Verschieben per Tastatur zusätzlich noch Strg gedrückt, können Sie die Objekte in ganz kleinen Schritten verschieben.

> Unter den Beispieldateien zu diesem Kapitel finden Sie auch die Grafikdatei *Kap_03_Ampelschablone.png*. Diese können Sie als Ampelschablone in anderen Excel-Mappen oder auch in PowerPoint und Word verwenden.

In Abbildung 3.31 und Abbildung 3.32 sehen Sie zwei weitere Möglichkeiten zum Einsatz der Ampelschablonen. Beide Varianten finden Sie in den Arbeitsblättern *Ampel 2* und *Ampel 3* der Beispieldatei *Kap_03_Ampeln_LOE.xlsx*.

Abbildung 3.31 Diese Lösungsvarianten ermöglicht rechts einen Schnellüberblick über die Quartale

Abbildung 3.32 Diese Lösungsvariante betont mehr die Betrachtung nach Produktionslinien

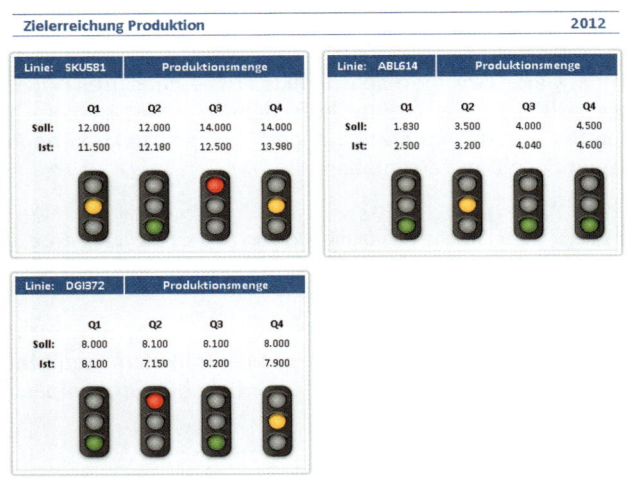

4

Statusberichte in Bildform: Tachometer und Füllstandanzeigen wie im Cockpit

Qualitätskontrolle auf einen Blick mithilfe eines Thermometers	98
Mit Excel präsentieren: Diagramme mit Zeichenformen attraktiver machen	114
Vertrauter Anblick: Erfolgskontrolle mit einem Tachometer	119

Wie stark sind unsere Maschinen ausgelastet? Wie weit sind wir noch vom Break-even-Point entfernt? In welchem Monat gibt es die meisten Reklamationen? All diese Fragen können durch umfassende Analysen der Unternehmenszahlen beantwortet werden. Leichter und schneller lassen sich die Antworten allerdings finden, wenn die puren und manchmal auch trockenen Zahlen in Diagrammen visuell aufbereitet werden.

Besonders geeignet sind hierfür Darstellungen, die auf einen Blick das Ergebnis offenbaren. Dazu zählen beispielsweise Thermometer genauso wie die Anzeige mittels eines Tachos. Wie Sie solche bildhaften Statusberichte mit ein paar Tricks erstellen, erfahren Sie in diesem Kapitel.

Abbildung 4.1 Ob Maschinen oder Standorte: Mit Thermometern und Tachometern behalten Sie den Überblick

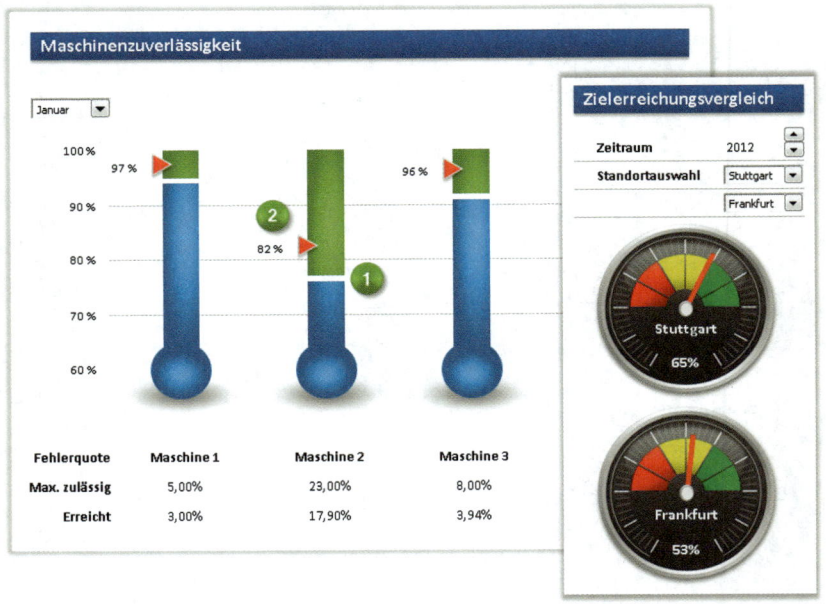

Qualitätskontrolle auf einen Blick mithilfe eines Thermometers

Wenn eine Maschine zu viel Ausschuss produziert, sollte sie überprüft, repariert, möglicherweise sogar ausgetauscht werden. Mithilfe eines Thermometers – wie in Abbildung 4.1 zu sehen – lässt sich so eine Entscheidung leichter treffen. Die dargestellten Thermometer zeigen auf einen Blick gleich zwei wichtige Informationen an: die Schwelle (1), unterhalb derer eine Maschine zu viel Ausschuss produziert, und den Status (2) der jeweiligen Maschine im ausgewählten Monat.

Auf die gleiche Weise können Sie beispielsweise auch die Auslastung von Produktionsanlagen, bereits verbrauchte Manntage innerhalb eines Projekts oder die Rentabilität unterschiedlicher Anlageformen darstellen.

Den Aufbau eines solchen Thermometerdiagramms zeigt Abbildung 4.2:

- Die Basis ist ein Säulendiagramm. Da die Thermometer unterschiedliche Bereiche aufweisen sollen, wird die gestapelte Variante davon verwendet.
- Für den deutlich zu erkennenden Marker nutzen Sie einen Trick: Er gehört – wie die Datenbeschriftungen – zu einem eigenständigen Liniendiagramm.
- Die Kugeln am unteren Ende entstehen ebenso wie die Licht- und Schatteneffekte aus Zeichenformen.
- Für die komfortable Auswahl der Monate wird ein Kombinationsfeld eingesetzt.

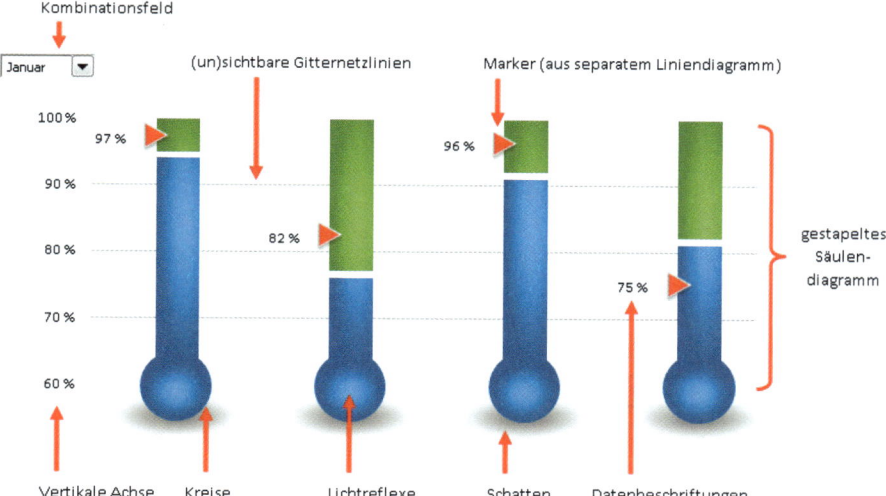

Abbildung 4.2 Aus diesen Elementen setzt sich das Thermometerdiagramm zusammen

Die einzelnen Elemente benötigen zum richtigen Zusammenspiel aber vor allem eines: die richtigen Daten. Diese ermitteln Sie als Erstes mit den Funktionen SVERWEIS und MITTELWERTWENN.

Mit SVERWEIS die zulässige Fehlerquote ermitteln

Für jede Maschine ist eine zulässige Zielquote für Fehler festgelegt, beispielsweise 8 %. Im Beispiel bedeutet dies, dass die Maschine bis zu 8 % Ausschuss produzieren darf. Wird dieser Wert überschritten, muss die Maschine beobachtet und eventuell repariert werden.

Die vorgegebenen Werte sind den einzelnen Maschinen auf dem Blatt *Berechnung* zuzuordnen, damit sie später gemeinsam mit den tatsächlich erreichten Werten dargestellt werden können.

In der Beispieldatei *Kap_04_a_Datenbasis.xlsx* sind auf dem Arbeitsblatt *Datenbasis* die Fehlerquoten von vier Maschinen für ein komplettes Jahr aufgeführt. Die einzuhaltenden Fehlerquoten jeder Maschine finden Sie auf dem Blatt *Vorgaben* in der Tabelle *tblZielwerte*. Änderungen in diesem Bereich haben später direkte Auswirkungen auf die einzelnen Thermometer. Verwenden Sie das Arbeitsblatt *Berechnung*, wenn Sie das Beispiel nachvollziehen möchten.

Ermitteln Sie die jeweilige Zielquote mit der Funktion SVERWEIS:

1. Klicken Sie auf dem Arbeitsblatt *Berechnung* auf die Zelle *D25*.
2. Geben Sie die Formel =SVERWEIS(D24;tblZielwerte;2;FALSCH) ein und drücken Sie die ⏎-Taste.
3. Kopieren Sie die Formel aus *D25* nach rechts. Ziehen Sie hierzu das Ausfüllkästchen (die rechte untere Ecke der Zelle) mit gedrückter linker Maustaste nach rechts bis zur Zelle *G25*.

Abbildung 4.3 zeigt die Funktionsweise: SVERWEIS sucht nach dem Eintrag aus Zelle *D24* (1) in der ersten Spalte der Tabelle *tblZielwerte* (2) und gibt – wenn der Wert aus *D24* gefunden wird – den Wert aus der angegebenen Spalte *2* (3) des Suchbereichs zurück.

Abbildung 4.3 Mit der Funktion SVERWEIS werden die jeweils zulässigen Fehlerquoten je Maschine ermittelt

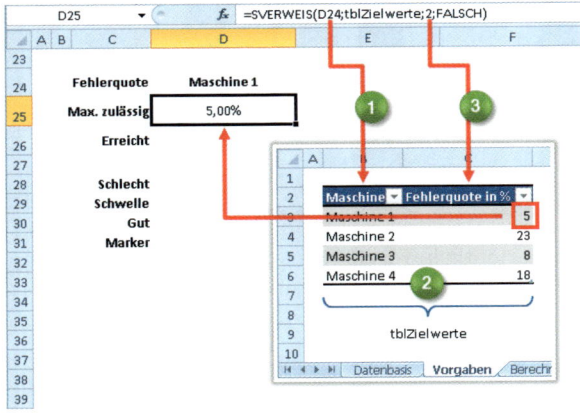

Einige Spaltenbreiten, Zeilenhöhen, Zellausrichtungen und Textformatierungen sind auf dem Arbeitsblatt *Berechnung* bereits vordefiniert. Weitere Anpassungen sind nicht notwendig.

Komfortable Monatsauswahl mit einem Kombinationsfeld

Die Fehlerquoten der vier Maschinen sollen monatsweise mit den festgelegten Zielquoten verglichen werden. Selbstverständlich könnten Sie einen Monatsnamen in eine Zelle eintippen und ihn bei Bedarf wieder überschreiben. Sehr viel komfortabler und vor allem fehlerfrei erfolgt die Monatsauswahl jedoch über ein Kombinationsfeld.

Erstellen Sie das Kombinationsfeld wie folgt:

1. Klicken Sie auf der Registerkarte *Entwicklertools* in der Gruppe *Steuerelemente* auf die Schaltfläche *Einfügen* und dann bei den Formularsteuerelementen auf *Kombinationsfeld*.

Abbildung 4.4 Eines der Formularsteuerelemente: das Kombinationsfeld

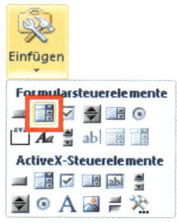

> Die Registerkarte *Entwicklertools* ist in Ihrem Excel nicht sichtbar? Über *Datei/Optionen/Menüband anpassen* können Sie sie aktivieren. In Abbildung 5.23 in Kapitel 5 finden Sie eine genaue Darstellung dazu.

2. Erstellen Sie das Kombinationsfeld mit gedrückter [Alt]-Taste auf der Zelle *C6* (die gedrückte [Alt]-Taste sorgt dafür, dass das Kombinationsfeld exakt auf den Zellrändern positioniert wird).

3. Klicken Sie mit der rechten Maustaste auf das Kombinationsfeld und wählen Sie im Kontextmenü den Eintrag *Steuerelement formatieren*.

4. Geben Sie als Eingabebereich `Monate`, als Zellverknüpfung C6 und für die Anzahl der Dropdownzeilen 12 ein (vgl. Abbildung 4.5).

Als Ergebnis erhalten Sie eine Auswahlliste mit allen zwölf Monaten. Die fortlaufende Nummer des ausgewählten Monats wird hinter dem Kombinationsfeld in Zelle *C6* quasi unsichtbar eingetragen und kann für die weiteren Berechnungen verwendet werden.

Abbildung 4.5 Drei Angaben reichen dem Kombinationsfeld: Eingabebereich, Zellverknüpfung und Anzahl der Dropdownzeilen

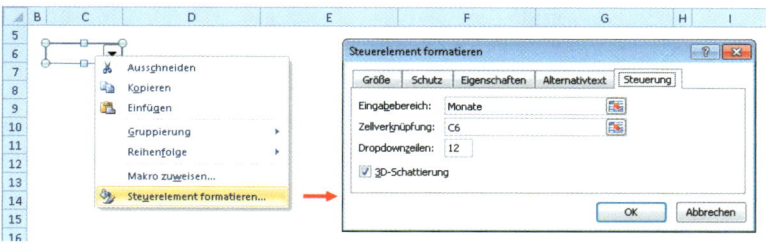

Die durchschnittliche Fehlerquote mit MITTELWERTWENN berechnen

Die Auswahl des auszuwertenden Monats erfolgt mit dem gerade eingefügten Kombinationsfeld nicht nur sehr bequem, sondern vor allem auch fehlerfrei. Ausgehend vom ausgewählten Monat ermitteln Sie nun die durchschnittliche Fehlerquote je Maschine mit der Funktion MITTELWERTWENN. Mit ihrer Hilfe können Sie aus den bis zu 31 Tageswerten pro Monat und Maschine den Durchschnittswert berechnen.

- Geben Sie in Zelle *D26* die Formel =MITTELWERTWENN(INDIREKT("tblDaten[Monat]"); $C$6;INDIREKT("tblDaten["&D24&"]")) ein und kopieren Sie sie nach rechts bis in die Zelle *G26*.

  Die Funktion MITTELWERTWENN durchsucht den Bereich tblDaten[Monat] (das ist die Spalte *Monat* in der Tabelle *tblDaten*) nach der Monatsnummer aus *C6*. Bei jedem gefundenen Eintrag wird der Wert aus der passenden Maschinenspalte (beispielsweise angegeben durch tblDaten[Maschine1] in die Durchschnittsberechnung mit einbezogen.

Warum wird hier die Funktion INDIREKT verwendet?

Wenn Sie für das Argument *Bereich* der Funktion MITTELWERT direkt den strukturierten Verweis tblDaten[Monat] angeben, wandert der Verweis beim Kopieren nach rechts mit: aus tblDaten[Monat] wird tblDaten[Maschine 1], tblDaten[Maschine 2] usw. Die kopierten Bezüge wären damit falsch.

An dieser Stelle kommt die Funktion INDIREKT ins Spiel: Sie wandelt Textangaben in Bezüge um. Im Beispiel wird die Textangabe "tblDaten[Monat]" in einen Bezug umgewandelt. Beim Kopieren wird der Text nicht verändert, der Bezug bleibt dadurch korrekt erhalten.

Beim zweiten INDIREKT wird neben den in Anführungszeichen stehenden festen Textangaben "tblDaten[" und "]" der variable Zellbezug auf *D24* angegeben. Dieser Zellbezug passt sich beim Kopieren nach rechts an und liefert damit die passende Maschinennummer.

Abbildung 4.6 zeigt die »fixierten« Bezüge im ersten (1) und die variablen Bezüge im zweiten Teil (2) der Formel. Die Ergebnisse in den verschiedenen Zellen werden ober- und unterhalb dargestellt.

Abbildung 4.6 Mit INDIREKT lassen sich sowohl feste als auch variable Bezüge zusammenbauen

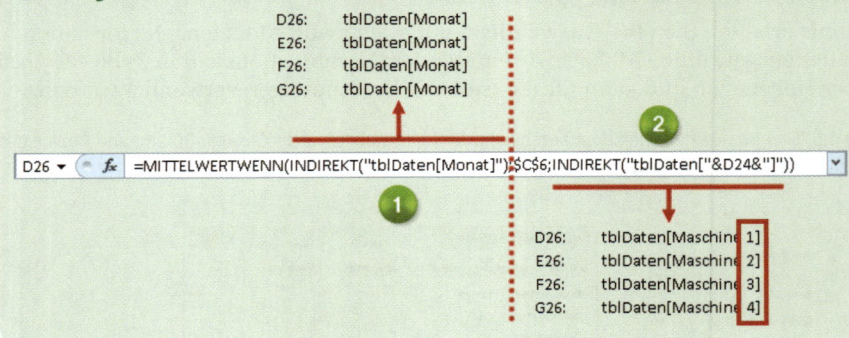

Übersichtlichkeit durch Bereiche: Die Diagrammdaten zusammenstellen

Das Orientieren auf einem Thermometer wird erheblich erleichtert, wenn es unterschiedliche Bereiche gibt, beispielsweise für »Kalt«, »Normaltemperatur« oder »Heiß«. Im Beispiel sollte schnell erkennbar sein, ob sich eine Maschine noch im Toleranzbereich befindet oder schon zu viel Ausschuss produziert.

Ermitteln Sie für das Thermometerdiagramm die Werte, die für die Darstellung der unterschiedlichen Qualitätsbereiche benötigt werden.

1. Tragen Sie im Bereich der Zellen *D28* bis *D31* die in Tabelle 4.1 gezeigten Formeln und den Wert 1% ein.

Tabelle 4.1 Die Formeln zur Berechnung der Diagrammwerte

Zelle	Formel/Zahl
D28	=100%-D29-D30
D29	1%
D30	=D25
D31	=100%-D26

2. Kopieren Sie die Formeln erneut nach rechts bis in Spalte *G*.

Kopieren mit [Strg]: Wenn Sie beim Ziehen des Ausfüllkästchens die [Strg]-Taste gedrückt halten, wird der in Zelle *D29* stehende Wert *1%* nicht verändert. [Strg] sorgt dafür, dass eingegebene Werte beim Ziehen nicht automatisch erhöht werden.

Wenn Sie Ihre Formeln kontrollieren möchten, vergleichen Sie sie mit den korrekten Formeln in der Beispieldatei *Kap_04_b_Thermometer.xlsx* auf dem Arbeitsblatt *Formeln*.

Damit sind alle Werte ermittelt, aus denen das Diagramm erstellt wird. Beim Umstellen des Monats über das Kombinationsfeld werden die erreichten Werte monatsbezogen aktualisiert. Je höher ein Wert in der *Erreicht*-Zeile (Zeile *26*) ist, desto mehr Fehler hat die zugehörige Maschine produziert. Je kleiner der Wert ist, desto weniger Ausschuss musste aussortiert werden.

Qualitätsbereiche im Thermometer mithilfe eines gestapelten Säulendiagramms darstellen

Arbeitet eine Maschine absolut fehlerfrei und produziert damit keinerlei Ausschuss, hat sie eine Zuverlässigkeit von 100 % erreicht. Die Werte in den Zeilen *28* bis *30* ergeben zusammengerechnet die *100 %*. Aus diesen Werten wird das Grunddiagramm erstellt.

Markieren Sie den Zellbereich *C28:G30* und erstellen Sie über *Einfügen/Diagramme/Säule/2D-Säule/Gestapelte Säulen* ein gestapeltes Säulendiagramm.

Als Ergebnis erhalten Sie das in Abbildung 4.7 gezeigte Diagramm. Für jede Maschine ist mit dem obersten, hellblauen Segment der Toleranzbereich angegeben – innerhalb dieses Bereichs sind Ungenauigkeiten der Maschine laut Vorgabe zulässig. Unterhalb der angezeigten Schwelle wird die Maschine jedoch zu ungenau und sollte überwacht werden. Welchen Wert die jeweilige Maschine im ausgewählten Monat erreicht hat, ist in diesem Diagramm allerdings noch nicht ablesbar.

Abbildung 4.7 Der hellblaue Bereich stellt den Toleranzbereich dar, innerhalb dessen die Maschine produzieren sollte

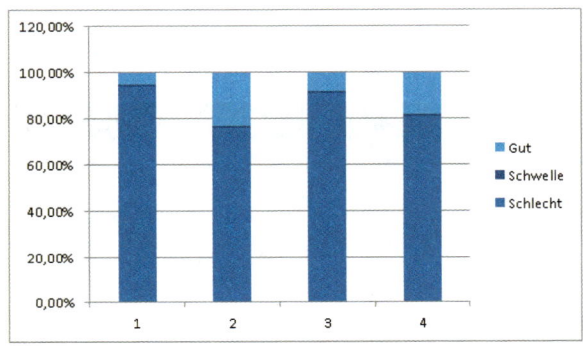

Für den folgenden Abschnitt können Sie Ihr eigenes oder das Diagramm in der Datei *Kap_04_b_Thermometer.xlsx* auf dem Arbeitsblatt *Säulendiagramm* verwenden.

Das Diagramm optimieren und Überflüssiges löschen

 Bevor Sie die erreichten Werte der Maschinen anzeigen, empfiehlt es sich, weitere Anpassungen am Diagramm vorzunehmen. Im Beispiel wird unterstellt, dass keine Maschine mehr als 40 % Ausschuss produziert. Die Zuverlässigkeit schwankt dementsprechend zwischen 60 % und 100 %. Passen Sie deshalb die *vertikale Primärachse* den Vorgaben an.

1. Klicken Sie die *vertikale Primärachse* an und rufen Sie über [Strg]+[1] das Dialogfeld *Achse formatieren* auf.

2. Geben Sie in der Rubrik *Achsenoptionen* für das *Minimum* 0,6 (das entspricht 60 %), für das *Maximum* 1 und als *Hauptintervall* den Wert 0,1 ein.

3. Im Feld *Hauptstrichtyp* wählen Sie den Eintrag *Keine*.

4. Wenn Sie das Prozentzeichen etwas von der Zahl wegrücken möchten, wechseln Sie zur Rubrik *Zahl* und ändern in der Kategorie *Prozentsatz* den Formatcode auf 0_% (beachten Sie das Leerzeichen nach der *0*, wobei _ hier lediglich zur eindeutigen Kennzeichnung des einzugebenden Leerzeichens steht).

5. Klicken Sie zur Übernahme des Formatcodes auf die Schaltfläche *Hinzufügen*.

Qualitätskontrolle auf einen Blick mithilfe eines Thermometers

> Benutzerdefinierte Formatcodes werden bei Diagrammen erst dann übernommen, wenn sie über die Schaltfläche *Hinzufügen* der Arbeitsmappe zugeordnet werden. Sollten Sie das Dialogfeld vorab mit der Schaltfläche *Schließen* verlassen, ist der Formatcode verloren und muss neu eingegeben werden.

6. Wechseln Sie nun zur Rubrik *Linienfarbe* und wählen Sie die Option *Keine Linie*.
7. Schließen Sie das Dialogfeld durch Klick auf die Schaltfläche *Schließen*.
8. Entfernen Sie abschließend die *horizontale Primärachse* und die *Legende*, indem Sie beide Elemente anklicken und die ⌊Entf⌉-Taste drücken.

Abbildung 4.8 Die Achseneinstellungen für das Säulendiagramm im Überblick

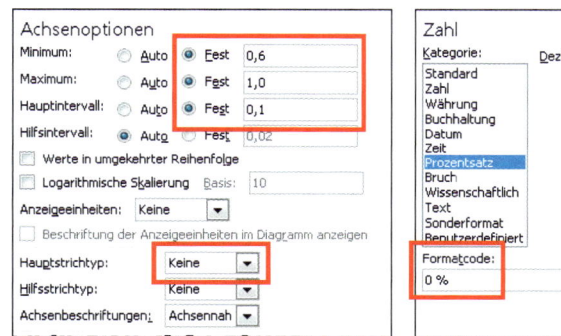
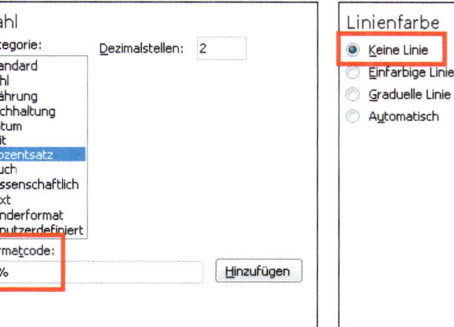

Schnell zurechtfinden: Mit Farben die Qualitätsbereiche im Thermometer kennzeichnen

Solange die Maschinen innerhalb der vorgegebenen Fehlertoleranzen produzieren, ist alles »im grünen Bereich«. Stellen Sie dies direkt im Diagramm dar, indem Sie den passenden Diagrammsegmenten die richtige Farbe zuweisen.

1. Wählen Sie über *Diagrammtools/Format/Aktuelle Auswahl* im Listenfeld den Eintrag *Reihen "Gut"* und weisen Sie als *Fülleffekt* die Farbe *Grün* zu.
2. Klicken Sie im Listenfeld auf den Eintrag *Reihen "Schwelle"* und wählen Sie als *Fülleffekt* die Farbe *Weiß*.
3. Für die *Reihen "Schlecht"* stellen Sie *Dunkelblau* ein.

Abbildung 4.9 Die Farbeinstellungen für die einzelnen Segmente werden auf der Registerkarte *Diagrammtools/Format* vorgenommen

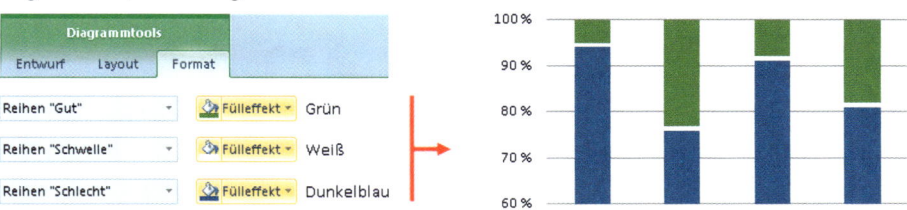

Meist werden schlechte Werte mit der Farbe Rot verbunden. Allerdings kann ein Diagramm mit großen Rotflächen sehr schnell zu aggressiv wirken. Im Beispiel wird deshalb für den schlechten Bereich die Farbe Dunkelblau ausgewählt. Die Aussagekraft des Diagramms wird durch die Verwendung der Farbe Dunkelblau nicht geschwächt, das Diagramm erhält aber ein angenehmeres Erscheinungsbild.

Die Gitternetzlinien hinter den gruppierten Säulen helfen, die angezeigten Prozentwerte allen Säulen zuzuordnen. Die oberste und die unterste Linie sind allerdings nicht notwendig, da die Diagrammsäulen dort sowieso enden. Formatieren Sie die Gitternetzlinien deshalb so, dass nur noch die Linien von 70 % bis 90 % dargestellt werden.

1. Klicken Sie hierzu auf eine der Gitternetzlinien und drücken Sie [Strg]+[1], um das Dialogfeld *Hauptgitternetz formatieren* anzuzeigen.

2. In der Rubrik *Linienfarbe* wählen Sie die Option *Graduelle Linie* (1) und stellen die *Richtung* auf *Linear unten* (2). (Beachten Sie die Reihenfolge in Abbildung 4.10.)

3. Fügen Sie durch Klicken auf das Symbol mit dem grünen Pluszeichen (3) weitere Farbverlaufstopps hinzu und formatieren Sie die insgesamt sechs Stopps mit den Einstellungen aus Tabelle 4.2.

4. Wechseln Sie zur Rubrik *Linienart* und wählen Sie als *Strichtyp* den Eintrag *Viereckiger Punkt* (4).

5. Schließen Sie das Dialogfeld durch Klick auf die Schaltfläche *Schließen*.

Abbildung 4.10 Auch für Gitternetzlinien können graduelle Abstufungen eingestellt werden

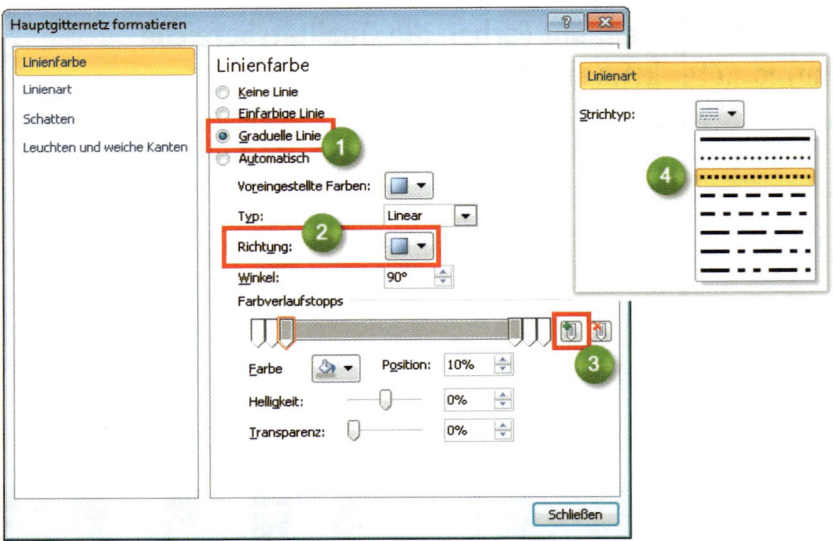

Tabelle 4.1 Mit den richtigen Farbverlaufstopps verschwinden die äußeren Gitternetzlinien

Farbverlaufstopp	Farbe	Position	Helligkeit	Transparenz
1	Weiß	0 %	0 %	0 %
2	Weiß	5 %	0 %	0 %
3	Grau-50 %, Akzent 4	10 %	0 %	0 %
4	Grau-50 %, Akzent 4	90 %	0 %	0 %
5	Weiß	95 %	0 %	0 %
6	Weiß	100 %	0 %	0 %

Durch die Verlaufsrichtung *Linear unten* ergibt sich ein Farbverlauf von oben nach unten. Der oberste Bereich (0 % bis 5 %) und der unterste Bereich (95 % bis 100 %) sind *weiß*. Dadurch verschwinden die Linien bei 100 % und 60 %. Sichtbar bleiben lediglich die elegant gestrichelten Linien in Grau.

> Das fast schon fertige Diagramm finden Sie in der Datei *Kap_04_b_Thermometer.xlsx* auf dem Arbeitsblatt *optimiert*.

Auf einen Blick alles erkennen: Säulen und Werte positionieren

Noch steht das Diagramm irgendwo auf dem Tabellenblatt herum. Vereinfachen Sie dem Betrachter das Zuordnen der Werte zu den Säulen, indem Sie das Diagramm optimal positionieren: Jede Säule sollte direkt über der jeweiligen Maschinennummer stehen. Orientieren Sie sich bei den folgenden Schritten auch an der Nummerierung in Abbildung 4.11.

Abbildung 4.11 Zum Verändern von Position und Größe wird der Diagrammbereichsrahmen verschoben und verkleinert

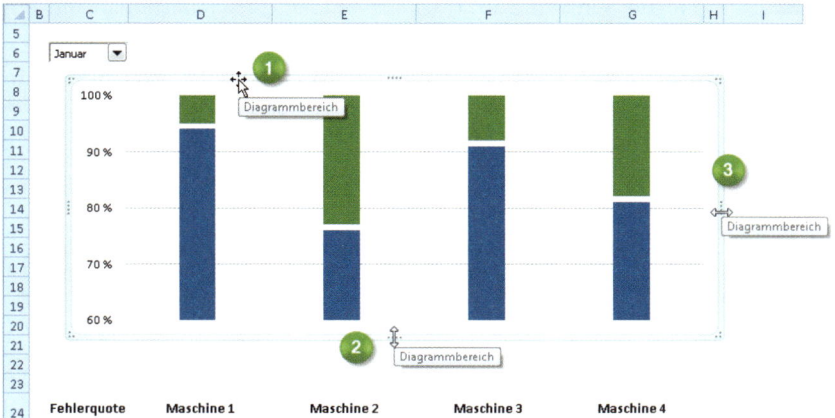

1. Halten Sie die [Alt]-Taste gedrückt, klicken Sie auf den Diagrammbereichsrahmen (1) und positionieren Sie die linke obere Ecke des Diagramms über der Zelle *C8*.

Die Zeile 7 soll komplett frei bleiben, damit eine klare Trennung zum Kombinationsfeld in Zeile 6 besteht.

Wie beim Einfügen des Kombinationsfeldes sorgt die [Alt]-Taste beim Verschieben des Diagramms dafür, dass es sich an den darunter liegenden Zellrändern ausrichtet.

2. Halten Sie die [⇧]-Taste gedrückt und verschieben Sie das Diagramm so weit nach rechts oder links, bis die erste Säule über der Bezeichnung von *Maschine 1* steht.

Mit der [⇧]-Taste stellen Sie sicher, dass Sie das Diagramm nur horizontal oder vertikal verschieben. Im Beispiel können Sie mithilfe von [⇧] das Diagramm nach rechts verschieben, ohne nach oben oder unten zu rutschen.

3. Verkleinern Sie das Diagramm bei gedrückter [Alt]-Taste so weit, dass der untere Rahmen (2) auf der Gitternetzlinie zwischen den Zeilen *21* und *22* steht.

4. Klicken Sie nun auf die vier Punkte (3) am rechten Rand des Rahmens und vergrößern Sie das Diagramm so weit nach rechts, bis die vierte Säule über der Bezeichnung von *Maschine 4* steht.

Durch das Ziehen des Diagramms sind die Säulen deutlich breiter geworden. Korrigieren Sie dies und weisen Sie den Säulen eine größere Abstandsbreite zu.

5. Klicken Sie auf eines der Säulensegmente, drücken Sie [Strg]+[1] und stellen Sie im Dialogfeld *Datenreihen formatieren* in der Rubrik *Reihenoptionen* den Wert für *Abstandsbreite* auf *300%*.

Es ist nicht notwendig, den Wert mühevoll mit dem Schieberegler einzustellen. Klicken Sie einfach in das Feld mit dem Prozentwert und überschreiben Sie ihn direkt.

6. Schließen Sie das Dialogfeld mit *Schließen*.

Möglicherweise sind die Schritte 2 und 3 noch einmal zu wiederholen, um ein passendes Ergebnis zu erhalten.

7. Klicken Sie abschließend auf den Diagrammbereichsrahmen und weisen Sie ihm über *Diagrammtools/Format/Formenarten/Formkontur* den Eintrag *Kein Rahmen* zu.

Als Ergebnis erhalten Sie das in Abbildung 4.12 gezeigte Diagramm.

Das in Abbildung 4.12 gezeigte Diagramm finden Sie in der Datei *Kap_04_b_Thermometer.xlsx* auf dem Arbeitsblatt *positioniert*.

Abbildung 4.12 Das Grunddiagramm mit den Vorgabewerten steht exakt über den Maschinenwerten

Bevor Sie mit dem nächsten Abschnitt weitermachen und die Marker für die erreichten Fehlerquoten einbauen, sollten Sie das Diagramm eindeutig kennzeichnen. Öffnen Sie hierfür über *Start/Bearbeiten/Suchen und Auswählen/Auswahlbereich* den Aufgabenbereich *Auswahl und Sichtbarkeit*. In diesem Aufgabenbereich sehen Sie alle Elemente, die Sie bislang auf dem Tabellenblatt eingefügt haben.

- Klicken Sie zweimal hintereinander (kein Doppelklick) auf den Eintrag *Diagramm 1* und überschreiben Sie ihn mit Säulendiagramm.
- Beenden Sie Ihre Änderung mit ⏎.

Durch den neuen Namen ist das Säulendiagramm eindeutig erkennbar. Bei Bedarf können Sie das Säulendiagramm über das in Abbildung 4.13 gezeigte Augensymbol ein- und ausblenden.

Abbildung 4.13 Der Aufgabenbereich *Auswahl und Sichtbarkeit* mit zwei eingeblendeten Elementen

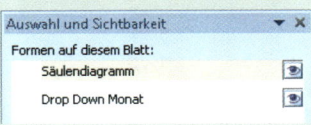

Monatsergebnisse abbilden: Mit einem Marker den Qualitätsgrad kennzeichnen

Was dem Säulendiagramm jetzt noch fehlt, ist die Anzeige der im ausgewählten Monat erreichten Fehlerquoten. Am besten wäre es, wenn diese Anzeige – wie bei einem echten Thermometer – je nach Wert nach oben oder unten gleiten würde. Für diese Aufgabe empfiehlt sich die Verwendung eines Liniendiagramms. Auch wenn Ihnen das erst einmal komisch vorkommt: Ein Liniendiagramm liefert die Lösung.

Schnell zum Liniendiagramm durch Kopieren

1. Erstellen Sie zunächst eine Kopie des bereits bestehenden Säulendiagramms. Klicken Sie hierfür auf den Diagrammrahmen des Säulendiagramms, halten Sie ⇧+Strg gedrückt und verschieben Sie das Diagramm mit der gedrückten linken Maustaste nach rechts.

2. Geben Sie dem neuen Diagramm einen neuen Namen. Verwenden Sie hierfür erneut den Aufgabenbereich *Auswahl und Sichtbarkeit* und bezeichnen Sie das neue Diagramm als *Liniendiagramm*.

3. Weisen Sie dem neuen Diagramm die Werte für die Marker zu.

   - Klicken Sie auf *Diagrammtools/Entwurf/Daten/Daten auswählen*, verändern Sie nichts im Dialogfeld *Datenquelle auswählen* und markieren Sie direkt den Zellbereich *C31:G31*.

   - Schließen Sie das Dialogfeld mit *OK*.

   Abbildung 4.14 Das Diagramm erhält durch Auswählen der Zellen mit den neuen Werten eine neue Datenquelle

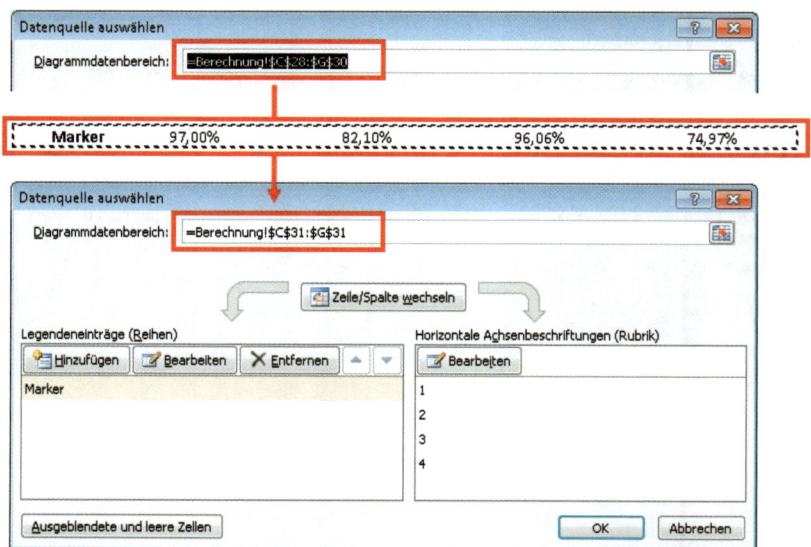

4. Entfernen Sie den *Diagrammtitel*, die *vertikale Primärachse* und die *Gitternetzlinien*. Klicken Sie hierfür nacheinander auf die einzelnen Elemente und löschen Sie sie mit der `Entf`-Taste.

5. Ändern Sie den Diagrammtyp vom Säulen- in ein Liniendiagramm.

   - Klicken Sie auf *Diagrammtools/Entwurf/Typ/Diagrammtyp ändern* und wählen Sie in der Rubrik *Linie* den Diagrammtyp *Linie mit Datenpunkten*.
   - Schließen Sie das Dialogfeld durch Klick auf *OK*.

6. Machen Sie das Liniendiagramm »durchsichtig«, damit Sie das dahinter liegende Säulendiagramm sehen können.

   - Wählen Sie – wie in Abbildung 4.15 gezeigt – über *Diagrammtools/Format/Aktuelle Auswahl* im Listenfeld den *Diagrammbereich* aus und wählen Sie als Fülleffekt *Keine Füllung*.
   - Verfahren Sie ebenso mit der *Zeichnungsfläche*.

Abbildung 4.15 Diagrammbereich und Zeichnungsfläche erhalten *Keine Füllung*

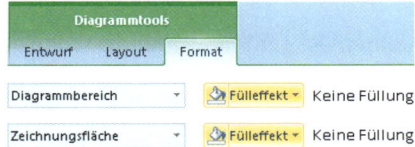

Das Liniendiagramm ohne Hintergrund finden Sie leicht versetzt in der Datei *Kap_04_b_Thermometer.xlsx* auf dem Arbeitsblatt *Liniendiagramm*.

Einfach und effizient: Das Liniendiagramm zum Markerdiagramm umbauen

Noch sieht das neue Diagramm wie ein ganz gewöhnliches Liniendiagramm aus: Die einzelnen Datenpunkte werden durch Rauten dargestellt und sind durch eine blaue Linie miteinander verbunden. Durch die nächsten Anpassungen werden deutlich sichtbare Marker gesetzt und die Diagramme quasi miteinander verbunden.

1. Positionieren Sie die linke Raute.

   Verschieben Sie das komplette Liniendiagramm so weit nach links, bis die erste Raute auf der linken Kante der ersten Säule steht (vgl. Abbildung 4.16).

Zum exakten Positionieren eines Diagramms halten Sie die `Strg`-Taste gedrückt, bevor Sie auf den Diagrammrahmen klicken. Der Rahmen wird daraufhin nur noch durch vier kreisrunde Anfasser dargestellt. In diesem Modus können Sie das komplette Diagramm pixelgenau mit den Pfeiltasten hin- und herbewegen.

Abbildung 4.16 Mit den Pfeiltasten wird das Liniendiagramm pixelgenau über dem Säulendiagramm ausgerichtet

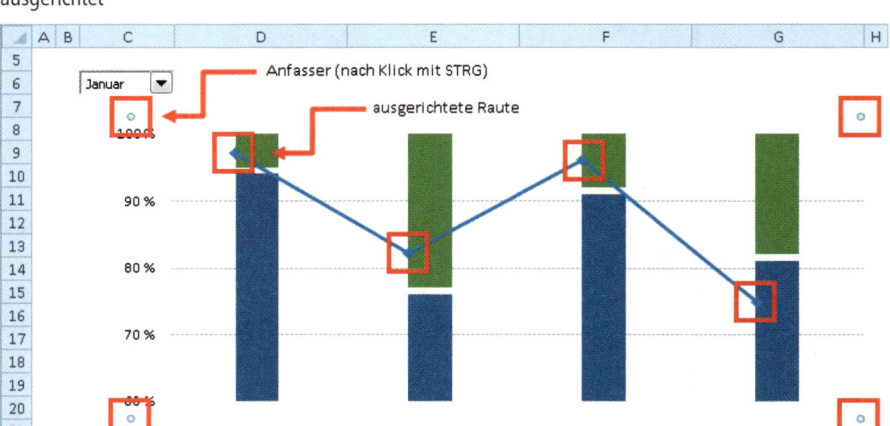

2. Positionieren Sie die rechte Raute.

    - Klicken Sie erneut auf den Diagrammrahmen des Liniendiagramms (kontrollieren Sie gegebenenfalls Ihre Auswahl im Aufgabenbereich *Auswahl und Sichtbarkeit*).

    - Verringern Sie über *Diagrammtools/Format/Größe* die Breite auf *16,4 cm*, um die vierte Raute an der vierten Säule auszurichten.

    - Eventuell ist an dieser Stelle die erste Raute nochmals zu korrigieren.

3. Machen Sie die Linien des Liniendiagramms unsichtbar.

    - Klicken Sie auf eine der blauen Linien und drücken Sie Strg+1.

    - Wählen Sie in der Rubrik *Linienfarbe* die Option *Keine Linie*.

4. Verwandeln Sie die Rauten in echte Marker.

    - Stellen Sie als *Markierungslinienfarbe* die Option *Keine Linie* ein.

    - Wechseln Sie zur Rubrik *Markierungsoptionen* und aktivieren Sie die Option *Integriert*.

    - Wählen Sie nun in der Auswahlliste *Typ* den letzten Eintrag (mit dem Symbol einer Grafik).

    - Wählen Sie im Dialogfeld *Grafik einfügen* den gewünschten Marker aus, beispielsweise die Datei *Marker_dunkelrot.png*, und übernehmen Sie die Grafik mit *Einfügen*. Lassen Sie das Dialogfeld *Datenreihen formatieren* geöffnet.

Im Downloadbereich finden Sie im Ordner zu Kapitel 4 den Unterordner *Marker-Grafiken*. In diesem Ordner sind einige Grafiken enthalten, die Sie gerne für Ihre eigenen Zwecke verwenden können. Ebenso ist dort die zugehörige PowerPoint-Datei zu finden, in der die Grafiken aus Zeichenformen erstellt und als PNG-Dateien abgespeichert wurden.

5. Schreiben Sie den erreichten Monatswert in Prozent links neben den Marker.

- Klicken Sie mit der rechten Maustaste auf einen Marker und wählen Sie im Kontextmenü den Eintrag *Datenbeschriftungen hinzufügen*.
- Klicken Sie mit der linken Maustaste einmal auf eine der hinzugefügten Datenbeschriftungen.
- Stellen Sie im Dialogfeld *Datenbeschriftungen formatieren* in der Rubrik *Beschriftungsoptionen* die Position auf *Links* und wählen Sie in der Rubrik *Zahl* den bereits vorhandenen benutzerdefinierten Formatcode *0 %*.
- Schließen Sie das Dialogfeld mit *Schließen*.

Die Auswahl eines anderen Monats im Kombinationsfeld führt nun dazu, dass sich die Marker auf und ab bewegen. Je weiter ein Marker nach unten rutscht, desto schlechter war die Zuverlässigkeit der Maschine im eingestellten Monat. Im Beispiel ist eindeutig ersichtlich, dass die Maschinen in den Sommermonaten deutlich höhere Fehlerquoten haben als in den kühleren Jahreszeiten. Vielleicht sollte in diesem Unternehmen einmal über die Kühlung der Produktionsanlagen nachgedacht werden.

Das Diagramm genügt: Die Daten ausblenden

Die Zeilen *28* bis *31* liefern die Zahlen für die beiden Diagramme, sollen aber in der fertigen Lösung nicht mehr angezeigt werden. Wenn Sie die Zeilen einfach ausblenden, verschwinden allerdings auch die darauf aufbauenden Diagramme.

1. Markieren Sie das Säulendiagramm.

> Wenn Sie sich nicht sicher sind, ob Sie das richtige Diagramm angeklickt haben, überprüfen Sie Ihre Auswahl im Aufgabenbereich *Auswahl und Sicherheit*.

2. Wählen Sie die Befehlsfolge *Diagrammtools/Entwurf/Daten/Daten auswählen* und klicken Sie unten im Dialogfeld auf die Schaltfläche *Ausgeblendete und leere Zellen*.

3. Aktivieren Sie das Kontrollkästchen *Daten in ausgeblendeten Zeilen und Spalten anzeigen* und schließen Sie beide Dialogfelder durch Klick auf *OK*.
4. Wiederholen Sie den Vorgang für das Liniendiagramm.

Nun können Sie die Zeilen *28* bis *31* ausblenden und trotzdem mit den Diagrammen arbeiten.

Abbildung 4.17 Die Diagramme werden dank der richtigen Einstellung trotz ausgeblendeter Daten angezeigt

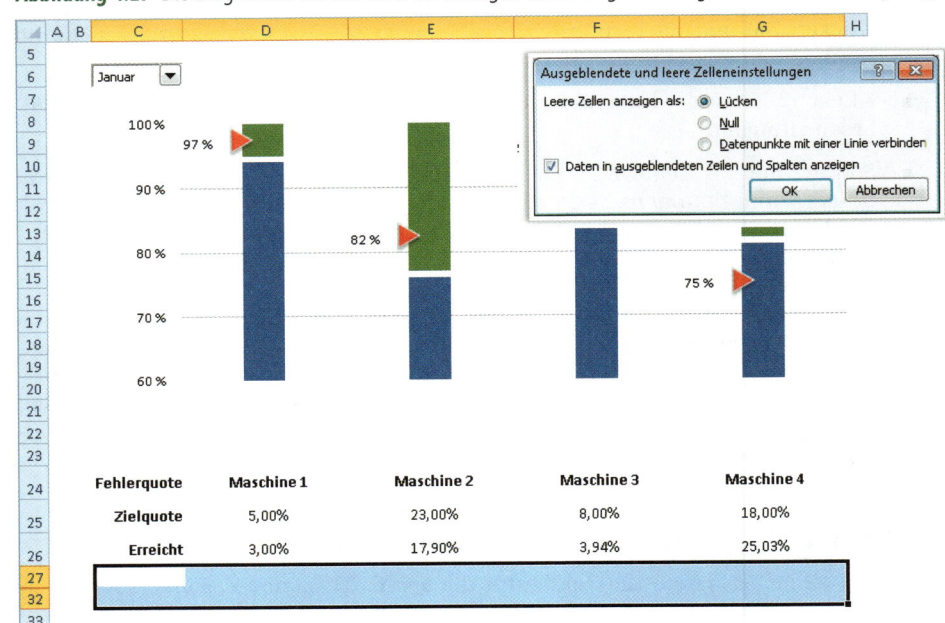

> Das in Abbildung 4.17 gezeigte Markerdiagramm mit den ausgeblendeten Zeilen finden Sie in der Datei *Kap_04_b_Thermometer.xlsx* auf dem Arbeitsblatt *Marker*.

Mit Excel präsentieren: Diagramme mit Zeichenformen attraktiver machen

Erinnern Sie sich noch an die Zeit, in der es noch keine elektronischen Thermometer gab? Als draußen an den Fenstern noch Thermometer mit schwarzen Zahlen hingen und ein Fieberthermometer eine silberne Kappe hatte? Diese Thermometer hatten unten einen Behälter, in dem sich eine Flüssigkeit befand, die sich bei Wärme ausdehnte.

Für die perfekte Optik der »Qualitätsthermometer« werden im nächsten Schritt diese »Behälter« eingebaut und mit Lichteffekten aufpoliert.

1. Zeichnen Sie über *Einfügen/Illustrationen/Formen/Standardformen/Ellipse* mit gedrückter Taste ⇧ einen Kreis.
2. Stellen Sie auf der Registerkarte *Zeichentools/Format* den *Fülleffekt* (1) auf das gleiche Blau wie das unterste Segment der Säulen ein.
3. Für die *Formkontur* (2) verwenden Sie *Kein Rahmen*.
4. Die *Größe* (3) stellen Sie auf *1,6 cm* für *Höhe* und *Breite*.

5. Positionieren Sie die Kugel mittig am unteren Ende der ersten Säule.

Abbildung 4.18 Die Kugel wird durch die richtigen Einstellungen mit der Säule »verschmolzen«

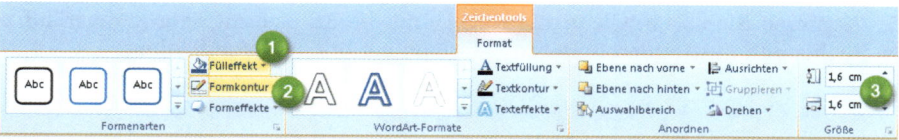

3D-Wirkung erzeugen: Mit einem weißen Farbverlauf einen Lichtreflex simulieren

Über *Zeichentools/Format/Formenarten/Formeffekte/Schatten* weisen Sie in Excel sehr schnell einer Form einen Schatten zu. Eine sehr schöne räumliche Wirkung erreichen Sie aber auch über Lichtreflexe, die standardmäßig nicht in Excel verfügbar sind. Für diese ist ein wenig Handarbeit erforderlich.

1. Fügen Sie erneut eine *Ellipse* ein und stellen Sie die *Breite* auf *1,6 cm*, die *Höhe* auf *1,4 cm* ein. Diese Einstellung »verzieht« den späteren Lichtreflex etwas, da auch in der Realität das Licht nicht immer gleichmäßig auf einen Körper trifft.

2. Positionieren Sie die Ellipse über dem bereits vorhandenen Kreis und stellen Sie die *Formkontur* auf *Kein Rahmen*.
3. Öffnen Sie mit [Strg]+[1] das Dialogfeld *Form formatieren*.
4. Klicken Sie – wie in Abbildung 4.19 zu sehen – in der Rubrik *Füllung* (1) auf die Option *Farbverlauf* (2), wählen Sie den Typ *Pfad* (3) und übernehmen Sie für den ersten *Farbverlaufstopp* (4) die Farbe *Weiß* (5) und die passenden Werte (6). Damit haben Sie die Farbe im Mittelpunkt der Ellipse festgelegt.

Abbildung 4.19 Mit den richtigen Einstellungen wird aus einer Ellipse ein schöner Lichtreflex

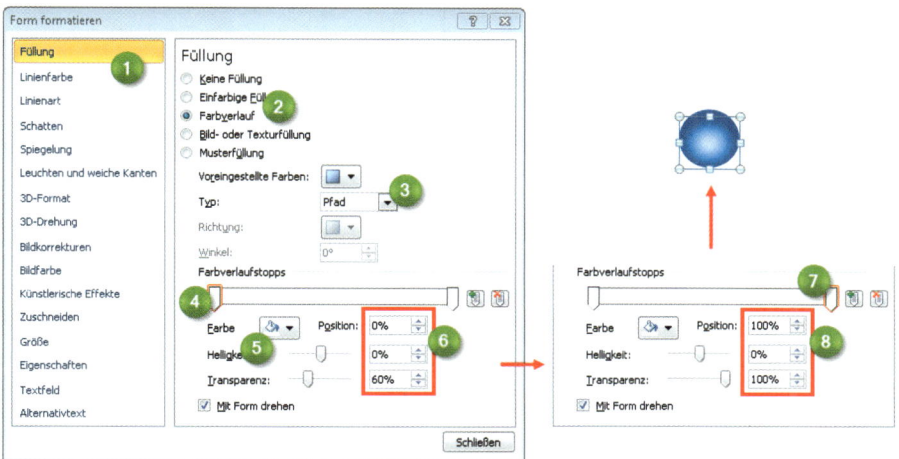

5. Stellen Sie die Werte für den zweiten Farbverlauf (7) auf die ebenfalls gezeigten Werte (8). Diese Einstellung führt dazu, dass die Ellipse nach außen durchsichtig wird (= 100 % transparent).

6. Kopieren Sie abschließend die Kugel und die Ellipse mit dem Farbverlauf nach rechts und positionieren Sie sie unterhalb der drei anderen Säulen.

Für die perfekte Illusion: Wo Licht ist, ist auch Schatten

Noch kleben die Thermometer auf dem weißen Hintergrund – eine räumliche Tiefe ist (noch) nicht erkennbar. Durch das Hinzufügen eines Schattens können Sie die Thermometer jedoch optisch schweben lassen. Ein verblüffender Effekt, den niemand in Ihren Diagrammen erwarten wird.

1. Beginnen Sie wieder mit einer rahmenlosen Ellipse und stellen Sie dieses Mal die *Breite* auf *3,5 cm*, die *Höhe* auf *1,2 cm*.

2. Öffnen Sie das Dialogfeld *Form formatieren* und stellen Sie erneut einen *Farbverlauf* vom Typ *Pfad* ein.

3. In der in Abbildung 4.20 gezeigten Farbpalette wählen Sie für beide Farbverlaufstopps die Farbe *Weiß, Hintergrund 1, dunkler 50%*.

4. Stellen Sie die *Transparenz* des ersten Farbverlaufs auf *0%* und die Transparenz des zweiten Farbverlaufs auf *100%*.

Abbildung 4.20 Der Schatten wirkt durch ein »weiches« Grau natürlich und nicht zu hart

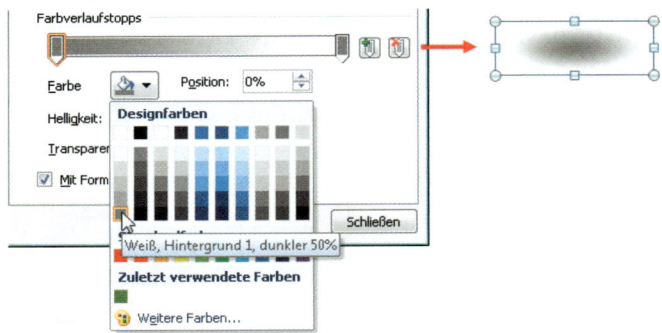

5. Der Schatten ist damit erzeugt und muss nur noch positioniert werden. Stellen Sie ihn mit der Maus unter die erste Kugel und ziehen Sie ihn anschließend – während Sie ⇧+Strg gedrückt halten – nach rechts unter die drei anderen Säulen.

6. Zum Ausrichten aller Schatten markieren Sie sie zuerst mit gedrückter ⇧-Taste mit der Maus. Klicken Sie nun mit der rechten Maustaste erneut auf einen Schatten und wählen Sie im Kontextmenü den Befehl *In den Hintergrund/In den Hintergrund*.

Haben Sie bemerkt, dass die Schatten am oberen Ende »abgeschnitten« werden? Dies liegt am Säulendiagramm, das noch immer eine weiße Füllung hat. Stellen Sie die Füllfarbe der Zeichnungsfläche und des Diagrammbereichs des Säulendiagramms auf *Keine Füllung*, damit auch die Schatten von hinten durchscheinen.

Durch die Lichtreflexe und Schatten haben Sie die ehemals flachen Säulen in räumlich wirkende Objekte umgewandelt. Ihre Funktion als Thermometer wird dadurch sofort erkennbar. Positiver Nebeneffekt: Sie sehen auch noch hübsch aus.

Abbildung 4.21 Dank der eingesetzten Formen und Farbverläufe wird das Diagramm zu einem echten Eyecatcher

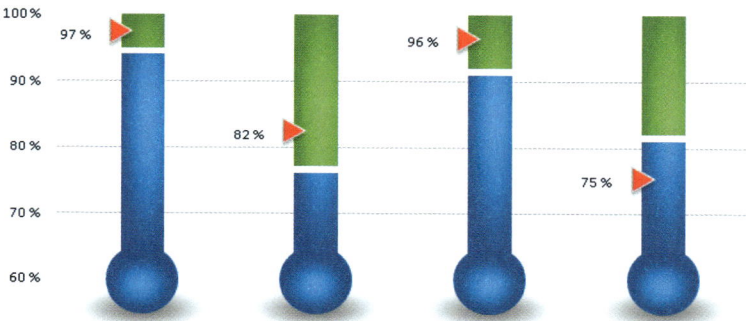

In der Datei *Kap_04_b_Thermometer.xlsx* sind auf dem Arbeitsblatt *Lichtreflexe* neben den gezeigten Kugeln auch auf den Säulen weiße Farbverläufe positioniert worden (vgl. Abbildung 4.21). Die verwendeten Ellipsen wurden dabei über die Säulen hinaus in die Länge gezogen. Der Lichteffekt auf den Säulen wirkt dadurch natürlicher, da er nicht am Säulenende aufhört. Wenn Sie den Aufgabenbereich *Auswahl und Sichtbarkeit* einblenden, können Sie die einzelnen Elemente sehr gut unterscheiden.

Vielleicht wollen Sie die »Licht- und Schattenformen« auch für andere bereits erstellte Diagramme verwenden. Kopieren Sie in diesem Fall einfach die vorhandenen Formen in die entsprechende Arbeitsmappe und passen Sie Höhe und Breite der Formen den jeweiligen Erfordernissen an.

Schon allein durch das Verschieben der Formen um ein paar Pixel nach links oder rechts verändert sich der optische Eindruck teilweise erheblich. Probieren Sie es einfach mal aus, Sie werden überrascht sein.

Der richtige Rahmen für ein Diagramm

Komplexe Darstellungen wie das Thermometerbeispiel bestehen oft aus mehreren Bereichen. Diese sind zwar unterschiedlich aufgebaut, bilden aber gemeinsam die komplette Lösung. So ist im Beispiel neben dem Thermometerdiagramm das Listenfeld für die Monate genauso wichtig wie die berechneten Werte unterhalb des Diagramms. Eine Umrandung formt die einzelnen Bereiche zu einer Einheit und rundet das Ganze ab.

Fassen Sie die einzelnen Bereiche durch einen Rahmen zusammen und bezeichnen Sie das Ergebnis mit einer eindeutigen Überschrift. Beachten Sie dabei auch den Ablauf in Abbildung 4.22.

1. Für die Überschrift zeichnen Sie bei gedrückter ⎇-Taste ein Rechteck über die Zellen *C3:G3*.
2. Weisen Sie dem Rechteck über *Zeichentools/Format/Formenarten* die Designfüllung *Moderater Effekt – Dunkelblau, Akzent 2* zu (1).
3. Geben Sie `Maschinenzuverlässigkeit` (2) in das Rechteck ein und formatieren Sie den Text mit Schriftgröße *14* (3) und dem Schriftschnitt *Fett* (4).

Abbildung 4.22 Mit einer Designfüllung wird aus einem Rechteck im Handumdrehen eine ansehnliche Überschrift

4. Für den Rahmen zeichnen Sie ein zweites Rechteck über den Zellbereich *B2:H27*.
5. Öffnen Sie mit Strg+1 das Dialogfeld *Form formatieren* und nehmen Sie folgende Einstellungen vor:
   - In der Rubrik *Füllung* wählen Sie *Keine Füllung*.
   - Klicken Sie links auf *Linienfarbe* und stellen Sie die Option *Einfarbige Linie* auf *Weiß* ein.
   - Die *Breite* geben Sie in der Rubrik *Linienart* mit *2 Pt.* an.
   - Für den räumlichen Effekt wählen Sie in der Rubrik *Schatten* in den *Voreinstellungen/Außen/Offset Mitte* und stellen die Größe auf *101%*.

Im Beispiel müssen die Zeilen *24* bis *26* sichtbar bleiben. Ein darüber liegendes Rechteck würde die Zellen jedoch überdecken. Am einfachsten wäre es in so einem Fall, wenn das Rechteck hinter den Zellen positioniert werden könnte. Dies ist jedoch nicht möglich. Das Rechteck muss deshalb »durchsichtig« werden und erhält keine Füllung. Auch ein farbiger Rahmen ist nicht erwünscht. Das Dilemma ist damit perfekt, da ein Zeichenobjekt nur dann einen Schatten erhalten kann, wenn es gefüllt oder eine Rahmenlinie definiert ist.

Im Beispiel wird der Rahmen deshalb durch eine weiße Rahmenlinie »unsichtbar« gemacht. Aufgrund der Linienbreite von *2 pt* ergibt sich ein optimaler Schatten. Verändern Sie die Breite der Rahmenlinie, wenn Sie den Schatten verändern möchten, oder passen Sie die Schatteneinstellungen im Dialogfeld an.

> Das fertige Thermometerdiagramm finden Sie in der Datei *Kap_04_b_Thermometer.xlsx* auf dem Arbeitsblatt *Rahmen*.

Vertrauter Anblick: Erfolgskontrolle mit einem Tachometer

Mit dem auf den letzten Seiten gezeigten Thermometer haben Sie Ihre Daten in einer aus dem Alltag bereits vertrauten Form dargestellt. Eine weitere Darstellungsmöglichkeit, die wohl jeder kennt, ist der Tachometer: Im Auto verrät er auf einen Blick, wie schnell Sie unterwegs sind. Die gleiche Anzeigetechnik finden Sie beim Drehzahlmesser, der durchaus auch einmal im »roten Bereich« drehen kann. Auf den nächsten Seiten erfahren Sie, wie Sie Ihre Daten mithilfe eines Kreisdiagramms auf einem Tacho darstellen und dabei auch noch Zusatzinformationen einblenden. Außerdem gewährleisten Sie mit Steuerelementen, dass auch wenig erfahrene Anwender die gewünschten Daten interaktiv auswählen können, ohne dabei eventuell die Ergebnisse Ihrer Arbeit zu zerstören.

Abbildung 4.23 Vorschau auf die fertige Lösung: Tachometer und Hervorhebungen in der Balkengrafik sorgen für den schnellen Überblick

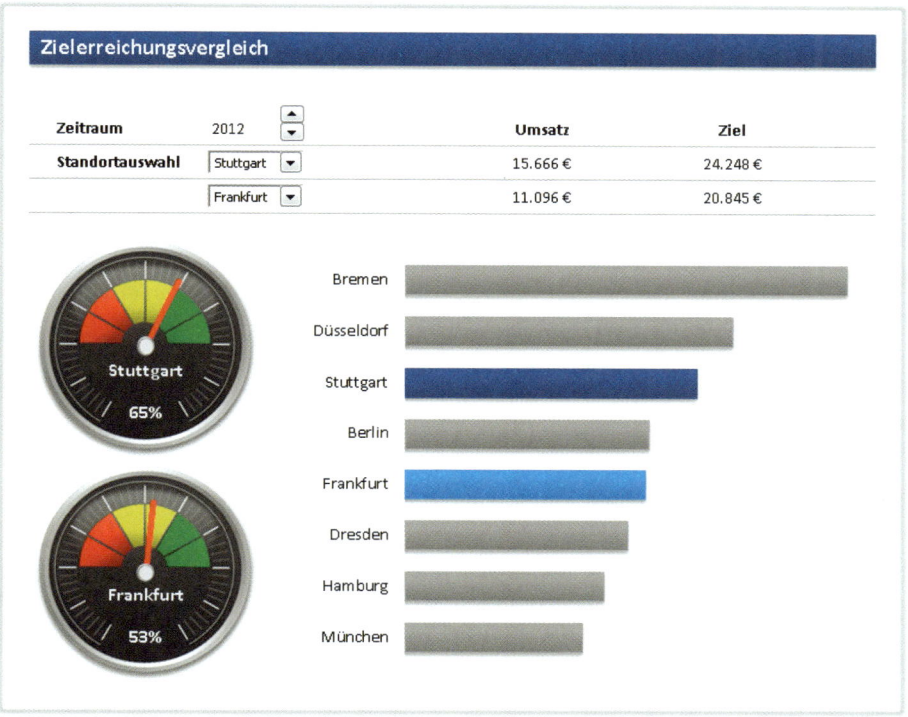

Die zu diesem Abschnitt gehörende Beispieldatei *Kap_04_c_Datenbasis.xlsx* beinhaltet auf dem Blatt *Berechnungen* bereits alle notwendigen Berechnungen und Formeln. Außerdem sind bereits alle für das Beispiel benötigten Zell- und Bereichsnamen definiert.

Das Blatt *Ergebnis leer* ist ebenfalls schon vorbereitet. Die Spaltenbreiten und Zeilenhöhen sind ebenso wie die notwendigen Zellformatierungen voreingestellt. Wenn Sie das Beispiel nachvollziehen möchten, beginnen Sie am besten auf diesem Blatt.

Fehleingaben vermeiden: Steuerelemente einbauen und verknüpfen

Auf dem Blatt *Datenbasis* sind insgesamt 1.000 Verkaufsvorgänge aus den Jahren 2008 bis 2012 aufgeführt. Diese Verkäufe wurden an insgesamt acht unterschiedlichen Standorten durchgeführt.

Für die Berechnung der erzielten Jahresergebnisse kommt eine manuelle Eingabe von Jahr und Standort natürlich nicht infrage – das wäre viel zu umständlich. Viel einfacher funktioniert die Auswahl mithilfe der in Abbildung 4.24 hervorgehobenen Steuerelemente.

Abbildung 4.24 Die Steuerelemente *Kombinationsfeld* und *Drehfeld*

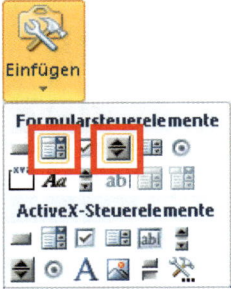

1. Klicken Sie auf der Registerkarte *Entwicklertools* in der Gruppe *Steuerelemente* auf die Schaltfläche *Einfügen* und wählen Sie aus den *Formularsteuerelementen* das *Drehfeld*. Der Mauszeiger verwandelt sich dadurch in ein Fadenkreuz.

2. Erzeugen Sie nun mit gedrückter linker Maustaste das Drehfeld am rechten Rand der Zelle *F6*.

3. Klicken Sie mit der rechten Maustaste auf das Drehfeld und wählen Sie im Kontextmenü den Befehl *Steuerelement formatieren*.

4. Übernehmen Sie die Einstellungen aus Abbildung 4.25. Die Zellverknüpfung verweist durch den Namen *bAuswahlJahr* auf die Zelle *C14* auf dem Blatt *Berechnungen*.

5. Schließen Sie das Dialogfeld durch Klick auf *OK*.

6. Klicken Sie abschließend auf die Zelle *F6* und geben Sie den Bezug =bAuswahlJahr ein, damit das ausgewählte Jahr auch auf dem Ergebnisblatt zu sehen ist.

> Das Drehfeld übergibt den ausgewählten Wert an das Blatt *Berechnungen*, weil es dort für weitere Berechnungen benötigt wird. Auf dem Ergebnisblatt wird es wiederholt, damit sichtbar ist, welcher Wert bereits ausgewählt wurde.

Abbildung 4.25 Das Drehfeld übergibt nur die Werte von 2008 bis 2012 an die eingestellte Zellverknüpfung

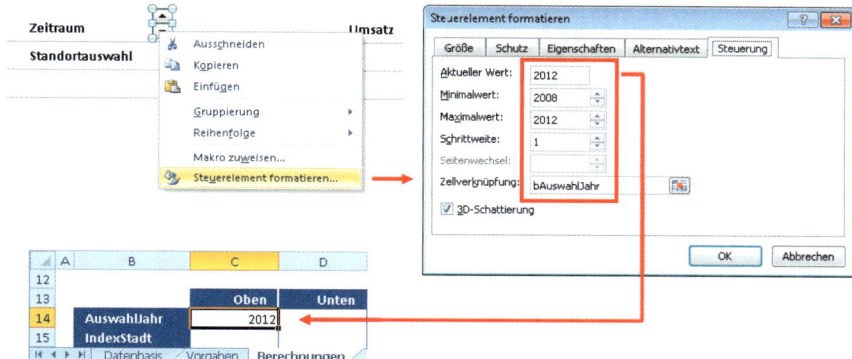

Für die Standortauswahl bieten sich Kombinationsfelder an. Mit ihnen sollen nur die Standorte auswählbar sein, die auf dem Blatt *Vorgaben* im Zellbereich *vStadt* aufgeführt sind. Sie fragen sich warum? Ganz einfach, weil nur die Verkäufe dieser Standorte in der *Datenbasis* aufgeführt sind.

1. Fügen Sie auf die gleiche Weise wie beim *Drehfeld* ein *Kombinationsfeld* ein und positionieren Sie es in der Zelle *F7*.

2. Rufen Sie über das Kontextmenü das Dialogfeld *Steuerelement formatieren* auf und tragen Sie bei *Eingabebereich* den Namen vStadt und als Zellverknüpfung bIndexStadtOben ein. Schließen Sie das Dialogfeld mit ⏎.

3. Wiederholen Sie Schritt 1 und ziehen Sie dabei das zweite Kombinationsfeld über der Zelle *F8* auf.

4. Wiederholen Sie Schritt 2 und tragen Sie bei *Eingabebereich* erneut den Namen vStadt ein, als Zellverknüpfung jedoch bIndexStadtUnten. Schließen Sie das Dialogfeld mit ⏎.

> Das Steuerelement *Kombinationsfeld* liefert als Ergebnis in der *Zellverknüpfung* nicht den ausgewählten Standort, sondern nur dessen Position innerhalb der Liste. Deshalb werden auf dem Blatt *Berechnungen* in den Zellen *C16* und *D16* die zugehörigen Stadtnamen mit der Formel =INDEX(vStadt;bIndexStadtOben) ermittelt.

Abbildung 4.26 Die Kombinationsfelder verweisen auf unterschiedliche Zellverknüpfungen

Weitere Steuerelemente sind für das Beispiel nicht erforderlich. Durch die Auswahl des Jahres und der beiden Standorte sind alle notwendigen Voraussetzungen geschaffen, um mit den Daten aus dem Blatt *Datenbasis* die gewünschten Ergebnisse zu berechnen.

Für die Tachometer werden weitere Zahlen auf dem Blatt *Berechnungen* ermittelt. Zunächst werden für jede Stadt – abhängig vom ausgewählten Jahr – in den Zellen *C3:E10* der erreichte Umsatzwert, der vereinbarte Zielumsatz und der jeweilige Zielerreichungsgrad berechnet.

Anschließend werden mittels der Funktion SVERWEIS die betreffenden Werte für die beiden ausgewählten Städte in die Zellen *C17:D19* übertragen.

Erleichtern Sie dem Betrachter Ihres Zielerreichungsvergleichs die Auswertung und übernehmen Sie die ermittelten Zahlen auf Ihr Ergebnisblatt.

Tragen Sie die in Tabelle 4.3 aufgeführten Bezüge in die dafür vorgesehenen Zellen auf dem Ergebnisblatt ein.

Tabelle 4.1 Mit Verweisen auf benannte Zellen werden die ermittelten Werte aus dem Blatt *Berechnungen* übertragen

Zelle	Bezug
I7	=bUmsatzOben
I8	=bUmsatzUnten
J7	=bZielumsatzOben
J8	=bZielumsatzUnten

Damit schließt sich der Kreis. Wie Abbildung 4.27 zeigt, werden die Informationen aus Drehfeld (1) und Kombinationsfeldern (2) an das Blatt *Berechnungen* übergeben, wo weitere Zahlen (3) ermittelt und anschließend wieder auf das Ergebnisblatt als Umsatz- und Zielwerte (4) übertragen werden.

Abbildung 4.27 Der »Datenverkehr« zwischen den Arbeitsblättern im Überblick

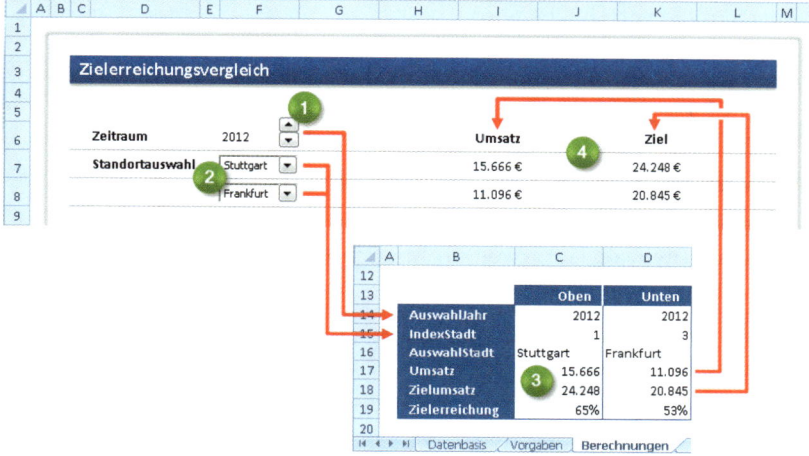

> Falls Sie Ihre bisherigen Schritte kontrollieren möchten, können Sie in der Datei *Kap_04_d_Tachometer.xlsx* auf dem Blatt *Steuerelemente* die korrekten Steuerelemente und die übernommenen Zahlenwerte betrachten.

Verblüffende Optik mit grafischen Elementen erreichen

Ein klassischer Tachometer hat eine runde Form, einen Bereich, in dem sich der Zeiger bewegt, und Skalierungen am äußeren Rand. Theoretisch könnten Sie mit den Zeichnungsformen von Excel einen solchen Tachometer nachbauen. Einfacher geht es aber, wenn Sie ein bereits fertiges Element als Hintergrund für Ihren Tacho verwenden.

1. Fügen Sie über *Einfügen/Illustrationen/Grafik* die Datei *Tacho-Hintergrund.png* auf Ihrem Ergebnisblatt ein.

> Verwenden Sie als Tachohintergrund die Grafik *Tacho-Hintergrund.png*, die Sie im Downloadordner zu Kapitel 4 im Ordner *Tacho-Grafiken* finden.
>
> Die Tachografik und die Tachonabe wurden freundlicherweise von Tom Becker, *www.presentationload.de*, zur Verfügung gestellt. Auf dieser Seite finden Sie professionelle PowerPoint-Grafiken für eine Vielzahl von Einsatzzwecken.
>
> Die eingebaute Tachografik finden Sie auch in der Datei *Kap_04_d_Tachometer.xlsx* auf dem Blatt *Tacho-Grafik*.

2. Korrigieren Sie über *Bildtools/Format/Größe* die *Formenhöhe* auf *5 cm*.

3. Positionieren Sie die Grafik unterhalb der Standortauswahl auf Höhe der Zeilen *10* bis *19*.

4. Verschieben Sie die Grafik mit gedrückter linker Maustaste nach unten. Halten Sie dabei die Tasten [Strg]+[⇧] gedrückt, damit die Grafik mit [Strg] kopiert und mit [⇧] gerade nach unten verschoben wird.

Zusätzliche Informationen bereitstellen: Mit Textfeldern Werte aus Zellen präsentieren

Sicherlich kennen Sie das aus dem Cockpit Ihres Autos: Neben der Anzeige von Geschwindigkeit und Drehzahl sind weitere Informationen wie beispielsweise der Kilometerstand oder die Außentemperatur ablesbar. Die wichtigsten Informationen sind dadurch kompakt zusammengefasst und auf einen Blick erkennbar. Statten Sie Ihren Tachometer in Excel ebenfalls mit zusätzlichen Informationen aus, die den Ablesekomfort erhöhen und die Zuordnung der Daten erleichtern.

1. Klicken Sie auf *Einfügen/Text/Textfeld* und ziehen Sie mit gedrückter Maustaste ein *Textfeld* auf.

2. Stellen Sie über *Zeichentools/Format/Größe* die *Formenhöhe* auf *0,6 cm* und die *Formenbreite* auf *2,2 cm* ein.

3. Positionieren Sie das Textfeld in der unteren Hälfte des oberen Tachos.

4. Klicken Sie nun in die Bearbeitungsleiste, geben Sie die Formel =bAuswahlStadtOben ein und beenden Sie die Eingabe mit [↵].

Die Zellen auf dem Blatt *Berechnungen* sind teilweise mit einem Namen gekennzeichnet. Diese Namen beginnen im Beispiel immer mit einem kleinen »b« (b wie Berechnungen). Wird der Name nun in einer Formel verwendet, ist sofort erkennbar, auf welchem Tabellenblatt die Zelle mit diesem Namen steht. Aus diesem Grund gibt es im Beispiel auch Namen, die mit einem kleinen »v« beginnen: Die zugehörigen Zellen stehen alle auf dem Blatt *Vorgaben* (v wie Vorgaben).

5. Halten Sie die Tasten [Strg]+[⇧] gedrückt und kopieren Sie das *Textfeld* mit gedrückter linker Maustaste nach unten zwischen die offene Skalierung des Tachos.

6. Klicken Sie erneut in die Bearbeitungsleiste und geben Sie für das zweite Textfeld die Formel =bZielerreichungOben ein.

7. Wiederholen Sie die aufgeführten Schritte für die beiden Textfelder des unteren Tachos.

Bestimmt ist Ihnen in Abbildung 4.28 bereits aufgefallen, dass im Namenfeld vor der Bearbeitungsleiste nicht *Textfeld 1, Textfeld 2* etc., sondern *Oben Stadt, Oben Prozent* etc. steht. Durch die Zuweisung eines eindeutigen Formennamens wird der Umgang mit vielen Formen sehr viel einfacher. Nutzen Sie den in Abbildung 4.13 vorgestellten Aufgabenbereich *Auswahl und Sichtbarkeit*, wenn Sie bei mehreren Formen den Überblick bewahren möchten. Sind die Formen zudem sinnvoll benannt, erleichtert der Aufgabenbereich deren Auswahl erheblich.

Abbildung 4.28 Die Textfelder werden durch Zellbezüge automatisch aktualisiert, wenn die Steuerelemente geändert werden

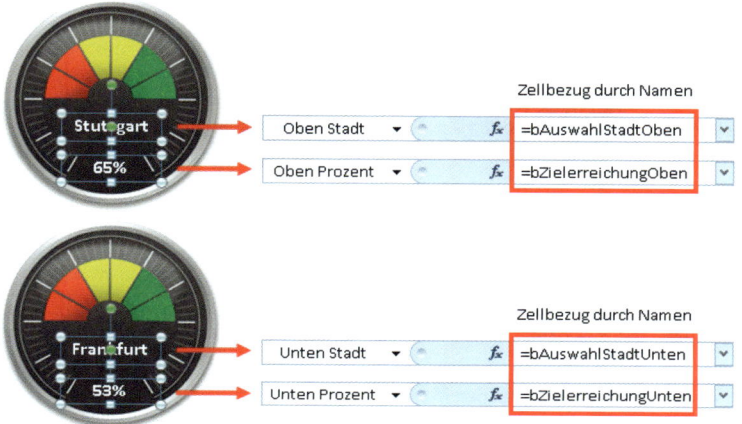

Die verknüpften und positionierten Textfelder aus Abbildung 4.28 finden Sie in der Datei *Kap_04_d_Tachometer.xlsx* auf dem Arbeitsblatt *Textfelder*.

Eine bewegliche Tachonadel mit einem Kreisdiagramm realisieren

Die eingefügte Tachografik ist mit ihrem farbigen Bereich in der oberen Hälfte ideal zur Darstellung der Zielerreichung des ausgewählten Standorts geeignet. Liegt die Tachonadel auf der linken Seite (am unteren Ende der roten Fläche), wurden 0 % der Zielvorgabe erreicht. Zeigt die Tachonadel hingegen waagerecht nach rechts, wurde das Ziel zu 100 % erreicht. So weit die Theorie.

In der Praxis kann es jedoch durchaus vorkommen, dass eine Zielvorgabe auch einmal übererfüllt wird. Vielleicht hat ein Großauftrag für zusätzlichen Umsatz gesorgt oder die Vertriebsmannschaft hat einfach einen super Job gemacht. In so einem Fall soll die Tachonadel nicht am rechten Ende der farbigen Skala hängen bleiben, sondern auch darüber hinaus gehen können.

Im Beispiel wird nun angenommen, dass eine Zielvorgabe maximal zu 200 % erfüllt wird. In diesem Fall müsste die Tachonadel quasi einmal im Kreis laufen und wieder auf der linken Seite ankommen. Abbildung 4.29 zeigt die gewünschte Darstellung: Die Tachonadel geht bei 120 % über den grünen Bereich hinaus.

Abbildung 4.29 Je nach Zielerreichungsgrad ändert die Tachonadel ihre Ausrichtung

Die bewegliche Tachonadel erzeugen Sie durch ein extrem schmales Segment eines Kreisdiagramms. Die Lage des Segments – und damit der Tachonadel – wird durch die Größe der umgebenden Segmente bestimmt. Auf dem Arbeitsblatt *Berechnungen* sind in Spalte *C* ab Zeile *22* bereits alle benötigten Werte für die Segmente ermittelt. Zusammengerechnet ergeben sie den Wert von 200 % (vgl. Abbildung 4.30).

Abbildung 4.30 Die Werte ergeben gemeinsam den Maximalwert von 200 %

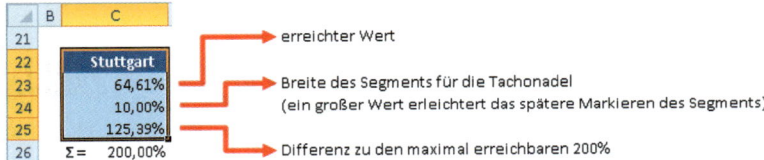

Erzeugen Sie das Kreisdiagramm mit folgenden Schritten:

1. Markieren Sie auf dem Arbeitsblatt *Berechnungen* die Zellen *C22:C25* und erzeugen Sie über *Einfügen/Diagramme/Kreis/2D-Kreis/Kreis* das Diagramm.

2. Entfernen Sie den *Diagrammtitel* und die *Legende*, indem Sie die Elemente anklicken und (Entf) drücken. Lassen Sie den Diagrammrahmen markiert.

3. Drücken Sie die Tastenkombination (Strg)+(1), um das Dialogfeld *Diagrammbereich formatieren* zu öffnen, und wählen Sie in der Rubrik *Füllung* die Option *Keine Füllung*.

4. Stellen Sie nun die *Rahmenfarbe* auf *Keine Linie* und lassen Sie das Dialogfeld geöffnet.

Das Diagramm stellt damit nur noch einen Kreis mit drei Segmenten dar. Die Fläche um den Kreis herum ist bereits durchsichtig, damit später die Tachografik hinter dem Diagramm sichtbar wird. Die einzelnen Kreissegmente benötigen allerdings noch weitere Anpassungen (beachten Sie auch die Nummerierung in Abbildung 4.31):

1. Wechseln Sie durch Klick auf ein beliebiges Kreissegment (1) zum Dialogfeld *Datenreihen formatieren*.

2. Stellen Sie in der Rubrik *Reihenoptionen* den *Winkel des ersten Segments* auf 270 (2). Der Kreis wird dadurch gedreht und das erste Segment beginnt auf der linken Seite des Kreises.

3. Wählen Sie das erste Kreissegment aus und klicken Sie in der Rubrik *Füllung* auf die Option *Keine Füllung* (3). Wiederholen Sie diesen Schritt mit dem dritten Seg-

ment. Als Ergebnis bleibt nur noch das zweite Segment sichtbar, das die Tachonadel darstellen soll.

Abbildung 4.31 Mit wenigen Schritten wird aus dem Kreisdiagramm eine Tachonadel

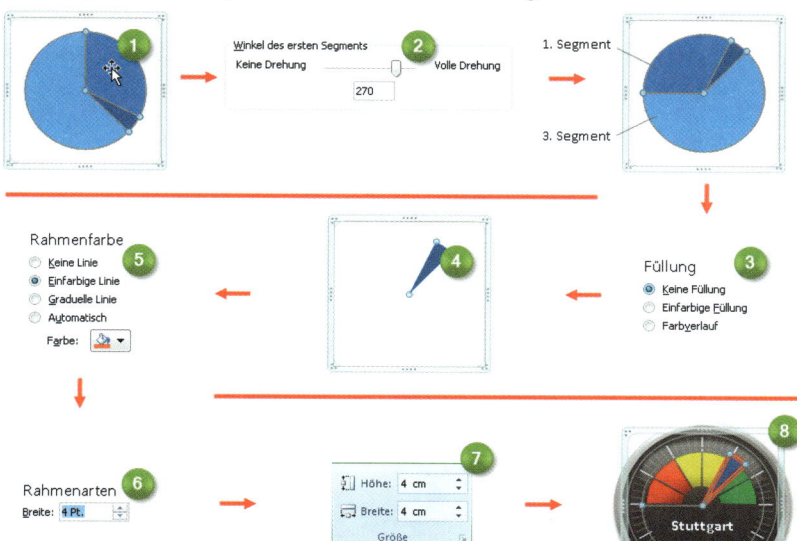

4. Klicken Sie auf das noch sichtbare zweite Segment (4) und wählen Sie bei *Rahmenfarbe* die Option *Einfarbige Linie* in der Farbe *Rot* (5).
5. Stellen Sie bei den *Rahmenarten* die *Breite* auf *4 Pt.* (6) und schließen Sie das Dialogfeld durch Klick auf die Schaltfläche *Schließen*.
6. Verändern Sie über *Diagrammtools/Format/Größe* die *Höhe* und *Breite* des Diagramms auf jeweils *4 cm* (7).
7. Schneiden Sie das Diagramm mit [Strg]+[X] aus, wechseln Sie zu Ihrem Ergebnisblatt und fügen Sie das Diagramm durch Drücken der Tastenkombination [Strg]+[V] ein.
8. Positionieren Sie das Diagramm so, dass die Diagrammmitte über der Mitte der oberen Tachografik steht (8).

Verwenden Sie zum Erstellen des Diagramms für die untere Tachografik die Zellen *C28:C31* auf dem Arbeitsblatt *Berechnungen* und passen Sie das Diagramm wie beschrieben an.

Komplettieren Sie abschließend Ihre Tachografiken, indem Sie jeweils in der Mitte noch eine Tachonabe positionieren, die optisch als Mittelpunkt fungiert und die Tachonadel »festhält«.

Verwenden Sie für die Abdeckung die Datei *Tacho-Nabe.png*, die Sie im Ordner *Tacho-Grafiken* im Downloadordner zu Kapitel 4 finden. Eventuell sollten Sie die Grafik noch etwas verkleinern, damit sie perfekt zu Ihrem Tacho passt.

Für einen ordentlichen Tachometer ist die Tachonadel noch viel zu breit. Setzen Sie deshalb – wie in Abbildung 4.32 zu sehen – auf dem Blatt *Berechnungen* den Wert für das zweite Kreissegment von *10%* auf *0,1%*. Damit fällt das Kreissegment fast komplett zusammen und es bleibt nur noch die äußere rote Rahmenlinie stehen: Schon haben Sie Ihre perfekte Tachonadel.

Der Wert für das dritte Segment passt sich durch die Formel =200%-C23-C24 den geänderten Vorgaben an und füllt die Lücke bis zum Maximalwert von 200 %.

Abbildung 4.32 Die Größe des zweiten Segments ist entscheidend für die Breite der Tachonadel

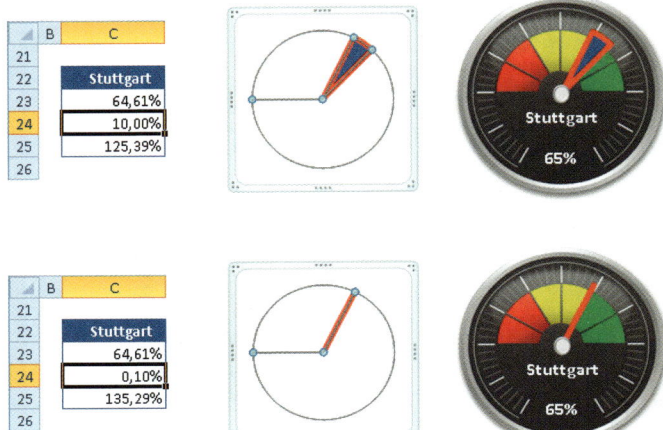

Wenn Sie nun über das Drehfeld den Zeitraum ändern oder mit einem der Kombinationsfelder eine andere Stadt auswählen, werden auf dem Arbeitsblatt *Berechnungen* sofort die neuen Ergebnisse ermittelt und durch die Tachografiken auf Ihrem Ergebnisblatt dargestellt. Die eindeutige Überschrift trägt dazu bei, dass jeder die Aussage der Tachometer sofort nachvollziehen kann.

> **WWW:** Die fertige Tachometerdarstellung finden Sie in der Datei *Kap_04_Tachometer.xlsx* auf dem Arbeitsblatt *Tacho-Nabe*.

> **WWW:** Als Zusatz enthält die Datei auch noch das Arbeitsblatt *Balkendiagramm*, auf dem alle Standortergebnisse mittels Balkendiagramm dargestellt werden. Die Daten dazu befinden sich auf dem Arbeitsblatt *Berechnungen* ab der Spalte *F*. Die Besonderheit bei diesem Balkendiagramm besteht darin, dass sich die Balken je nach Standortauswahl scheinbar unterschiedlich einfärben. Wenn Sie wissen wollen, wie das funktioniert, sollten Sie einen Blick in Kapitel 7 werfen. Im Abschnitt »Dynamische Auswahl der Standorte, die im Säulendiagramm angezeigt werden« wird die Technik am Beispiel eines Säulendiagramms ausführlich erklärt.
>
> Außerdem befinden sich noch zwei weitere Balkendiagramme auf den Blättern *mit integrierten Werten* und *mit rechtsbündigen Werten*. Stöbern Sie in den Eigenschaften und zerlegen Sie die Diagramme in ihre Einzelteile, um zu erfahren, wie sie aufgebaut sind. Oder schauen Sie sich die Videos zum Buch an. In einem davon wird der Aufbau der Balkendiagramme Schritt für Schritt erklärt.

5

Übersichtliche Projektplanung: Termine und Ressourcen per Gantt-Diagramm aufzeigen

Die Daten für das Gantt-Diagramm aufbereiten	130
Eine visuelle Projektübersicht mittels Balkendiagramm aufbauen	135
Planabweichungen in der Tabelle und im Diagramm kennzeichnen	142
Konzentration auf das Wesentliche: Einen dynamischen Fokus verwenden	148

Kapitel 5 Übersichtliche Projektplanung: Termine und Ressourcen per Gantt-Diagramm aufzeigen

Die grafische Darstellung von Projekten ist in vielen Fällen notwendig, damit alle Beteiligten schnell einen Eindruck vom Ablauf und dem aktuellen Stand einzelner Projektschritte erhalten. Umfangreiche Tabellen beinhalten zwar oft viele Details, erschweren aber den Überblick. Abbildung 5.1 zeigt hierfür ein Beispiel. Werden Berechnungen gebraucht, z.B. für die Ermittlung des Enddatums eines Projektschritts, stellt Excel alle notwendigen Funktionen zur Verfügung.

Abbildung 5.1 Das Gantt-Diagramm verschafft einen schnelleren Überblick als die zugrunde liegende Tabelle

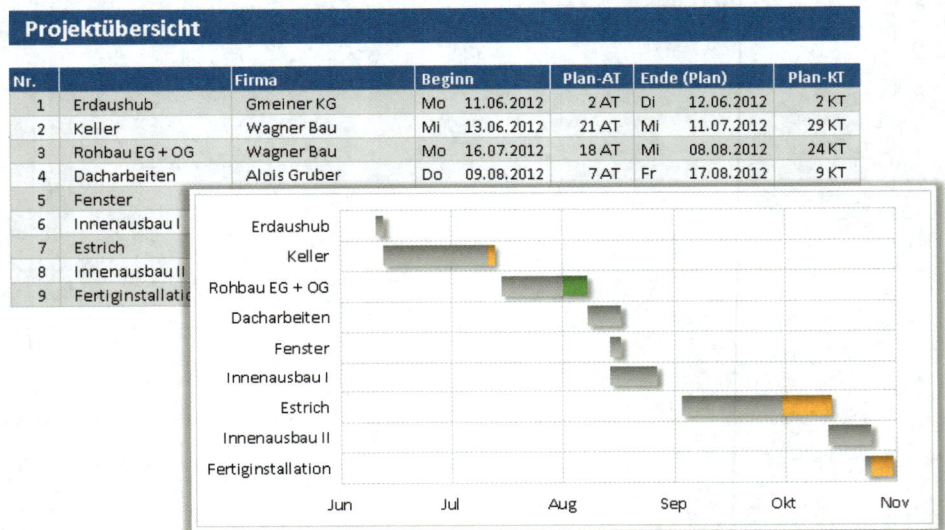

Excel bietet glücklicherweise ideale Werkzeuge, mit denen Sie Projektschritte einfach und schnell visualisieren können. Erfahren Sie im Folgenden, wie Sie mithilfe eines Gantt-Diagramms (vgl. Abbildung 5.1) eine ansprechende Projektdarstellung erhalten und so in Ihren Projekten für sich und alle Beteiligten die Übersicht bewahren – viel einfacher, als Sie es mit Zahlen in Tabellen tun können.

Die Daten für das Gantt-Diagramm aufbereiten

Gantt-Diagramme haben sich schon seit langer Zeit als perfektes Mittel zur visuellen Planung von Projektschritten durchgesetzt. In Gantt-Diagrammen werden unterschiedliche Projektschritte auf einer Zeitachse in Form einzelner Balken dargestellt. Die Grundlage für ein solches Gantt-Diagramm ist ein gestapeltes Balkendiagramm.

> Das folgende Beispiel finden Sie in der Datei *Kap_05_a_Gantt-Diagramm.xlsx*. Verwenden Sie zum Nachvollziehen der einzelnen Schritte das Arbeitsblatt *01 Daten*.

Die Datenbasis aufbereiten

Im ersten Schritt werden die Eckwerte für die Balken wie folgt ermittelt:

- Ausgehend vom jeweiligen Startdatum (Spalte *E*) und dem geplanten Zeitaufwand in Tagen (Spalte *F*) soll das Enddatum des Projektschritts in der Spalte *G* ermittelt werden.

- Hierfür reicht jedoch nicht die Addition des Zeitaufwands zum Startdatum, weil das Ergebnis auch ein Samstag oder Sonntag sein könnte.

Das voraussichtliche Enddatum per Formel ermitteln

Für die Lösung dieser Aufgabe gehen Sie wie folgt vor:

- Um ein Datum zu ermitteln, das eine bestimmte Anzahl von Arbeitstagen vor oder nach einem Anfangsdatum liegt, gibt es die Funktion ARBEITSTAG. Die Syntax der Funktion lautet: *=ARBEITSTAG(Anfangsdatum;Tage;[Freie_Tage])*. Durch das Argument *[Freie Tage]* können Sie einen Zellbereich angeben, in den Sie beispielsweise die Datumswerte von Feiertagen oder Urlaubszeiten eintragen. Diese werden dann genauso wie Wochenenden nicht in die Berechnung mit einbezogen. Im vorliegenden Beispiel wird dieses Argument nicht berücksichtigt.

Im Beispiel ist der Starttag des ersten Projektschritts der 11.06.2012. An diesem Tag wird bereits gearbeitet – er zählt als vollwertiger Arbeitstag.

Bei der Berechnung des Enddatums wird deshalb der Wert 1 von der Anzahl der Arbeitstage abgezogen. Excel würde ansonsten einfach die Anzahl der Tage zum Ausgangsdatum hinzuaddieren. Der Starttag würde dann nicht als Arbeitstag mit einbezogen werden und das Enddatum wäre einen Tag zu spät.

Abbildung 5.2 Formel zur Berechnung des Enddatums bei vorgegebener Anzahl von Arbeitstagen (AT)

	D	E	F	G
4	Firma	Beginn	Plan-AT	Ende (Plan)
5	Gmeiner KG	11.06.2012	2	12.06.2012
6	Wagner Bau	13.06.2012	21	
7	Wagner Bau	16.07.2012	18	
8	Alois Gruber	09.08.2012	7	

Formel in G5: =ARBEITSTAG(E5;F5-1;)

Die Formel in *G5* soll natürlich auch in den Zellen unterhalb von *G5* angewendet werden. Eine Möglichkeit wäre, dass Sie die Zelle *G5* markieren, auf das schwarze Ausfüllkästchen in der unteren rechten Ecke der Zelle klicken und mit gedrückter linker Maustaste nach unten ziehen.

 Viel einfacher funktioniert das Kopieren von Zellinhalten nach unten, wenn Sie auf dem Ausfüllkästchen einen *Doppelklick* ausführen. Dadurch wird die Zelle *G5* inklusive ihres Aussehens so weit nach unten kopiert, bis die erste Leerzeile kommt.

Direkt nach dem Einfügen erscheint am unteren Ende der Markierung die in Abbildung 5.3 gezeigte Schaltfläche *Auto-Ausfülloptionen*.

Abbildung 5.3 Die Schaltfläche *Auto-Ausfülloptionen* erscheint automatisch nach dem Kopieren von Zellen

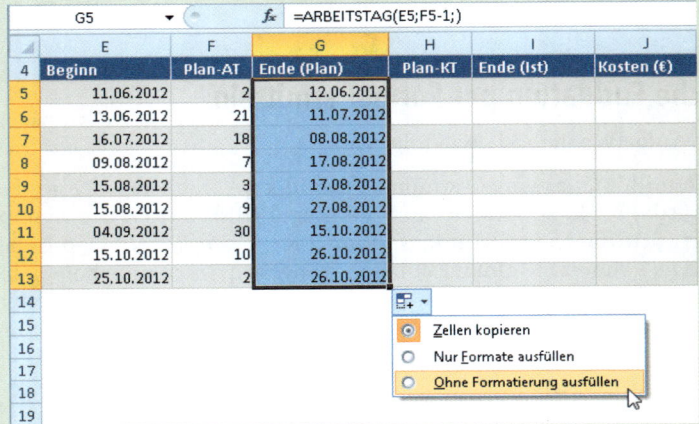

Klicken Sie auf die Schaltfläche *Auto-Ausfülloptionen* und wählen Sie die Option *Ohne Formatierung ausfüllen*. Die kopierten Zellen erhalten dadurch wieder ihr ursprüngliches Aussehen mit den unterschiedlichen Füllfarben. Das Ganze ist einfach in der Handhabung und sehr effizient.

Die Kalendertage bis zum Enddatum ermitteln

Im Diagramm soll die Dauer eines Projektschritts durch die Länge seines Balkens dargestellt werden. Die Gesamtdauer eines Projektschritts setzt sich dabei aus allen Tagen inklusive den Wochenendtagen zusammen. Ermitteln Sie deshalb im nächsten Schritt die Anzahl der voraussichtlich benötigten Kalendertage bis zum geplanten Enddatum.

1. Tragen Sie in Zelle *H5* die Formel =G5-E5+1 ein.

   Die Formel berechnet die Differenz der beiden Datumswerte und addiert den Wert *1*, damit sowohl Start- als auch Endtag in das Ergebnis mit einbezogen werden.

2. Kopieren Sie die Formel – wie im Tipp oben beschrieben – in die darunter stehenden Zellen.

3. Wählen Sie im Menü der Schaltfläche *Auto-Ausfülloptionen* den Befehl *Ohne Formatierung ausfüllen* und bewahren Sie damit das bereits bestehende Zellenformat.

 Das Ergebnis der Berechnungen finden Sie in der Datei *Kap_05_a_Gantt-Diagramm.xlsx* auf dem Arbeitsblatt *02 ARBEITSTAG*.

Optik-Tuning 1: Werte besser lesbar machen

Zur besseren Lesbarkeit können Sie das Aussehen der Datumswerte in den Spalten *Beginn* und *Ende* über ein benutzerdefiniertes Zahlenformat optimieren. Das übliche Zahlenformat ist *TT.MM.JJJJ*.

- Bei der Planung ist es allerdings hilfreich, auch den Wochentag zu sehen, da die Start- und Endtage nicht auf einen Samstag oder Sonntag fallen sollen.

> Beachten Sie bei Ihren Projektplanungen, dass es durchaus auch Branchen geben kann, in denen Samstag und/oder Sonntag als Arbeitstage gelten. Beispiele hierfür wären die Gastronomie oder auch das Gesundheitswesen. Im Friseurhandwerk hingegen kommt zum Sonntag oftmals noch der Montag als freier Tag in der Woche hinzu. Für solche spezifischen Anforderungen stellt Ihnen Excel die Funktion ARBEITSTAG.INTL zur Verfügung. Mithilfe dieser Funktion können Sie beliebige Tage der Woche als Arbeitstage oder als freie Tage definieren.

- Zur besseren Lesbarkeit sollen weder die Wochentagsangabe noch die Datumswerte an den Zellrändern kleben.

Die Lösung liefert das benutzerdefinierte Zahlenformat ˽*TTT*˽*TT.MM.JJJJ*˽ (wobei ˽ hier lediglich zur eindeutigen Kennzeichnung der Leerzeichen steht). So funktioniert das Format:

- Das Leerzeichen am Anfang und Ende des Formats sorgt für den notwendigen Abstand zum linken und rechten Zellenrand.
- Mit *TTT* erreichen Sie die verkürzte Schreibweise des jeweiligen Wochentags.
- Das * sorgt dafür, dass das darauffolgende Zeichen (hier das Leerzeichen) so oft wiederholt wird, bis die Zelle bündig gefüllt ist.

So gehen Sie vor, um das benutzerdefinierte Datumsformat zusammenzustellen:

1. Markieren Sie den Zellbereich von *E5* bis *E13* und anschließend mit gedrückter Taste [Strg] den Bereich von *G5:G13*.
2. Drücken Sie die Tastenkombination [Strg]+[1], um das Dialogfeld *Zellen formatieren* anzuzeigen. Hier ist das Datumsformat schon vorausgewählt, da Excel die eingegebenen bzw. ermittelten Werte als Datumswerte erkannt hat.
3. Klicken Sie links unter *Kategorie* auf *Benutzerdefiniert*.
4. Geben Sie rechts im Feld *Typ* das Zahlenformat ˽TTT*˽TT.MM.JJJJ˽ ein. Denken Sie an das Leerzeichen am Beginn und am Ende des Formats (hier durch ˽ gekennzeichnet).

Abbildung 5.4 Dialogfeld *Zellen formatieren* mit benutzerdefinierter Formatierung

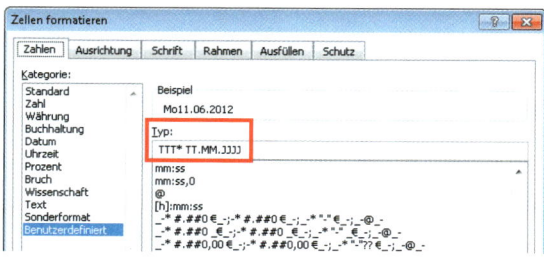

5. Schließen Sie das Dialogfeld mit *OK*.

Abbildung 5.5 zeigt das geänderte Zahlenformat. Nun sind in den Zellen sowohl der Wochentag als auch das Datum zu sehen.

Abbildung 5.5 Das benutzerdefinierte Zellformat zeigt den Wochentag und klebt nicht an den Zellrändern

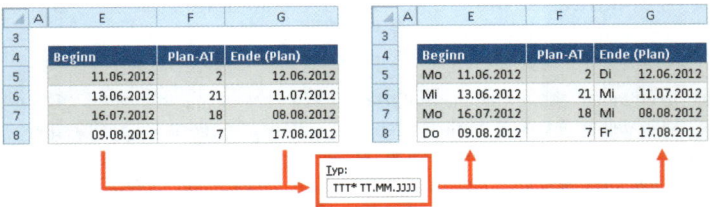

Optik-Tuning 2: Arbeits- und Kalendertage unterscheiden

Erleichtern Sie Ihren Kollegen das Lesen Ihrer Tabelle und kennzeichnen Sie die ermittelten Tageswerte mit *AT* und *KT*. Beim Überfliegen der Tabelle können dadurch Arbeits- und Kalendertage leicht auseinandergehalten werden. Diese Aufgabe erledigen Sie ebenfalls mit einem benutzerdefinierten Zahlenformat.

1. Markieren Sie die Zahlen der Plan-Arbeitstage in Spalte *F*.
2. Rufen Sie mit der Tastenkombination [Strg]+[1] das Dialogfeld *Zellen formatieren* auf.
3. Wählen Sie links unter *Kategorie* den Eintrag *Benutzerdefiniert*.
4. Tragen Sie rechts in das Eingabefeld unter *Typ* folgenden Formatcode ein: 0␣"AT" ein (wobei ␣ lediglich zur eindeutigen Kennzeichnung des an dieser Stelle einzugebenden Leerzeichens steht).
5. Wiederholen Sie die Schritte 1 bis 4 analog für die Plan-Kalendertage in Spalte *H* und verwenden Sie dabei das benutzerdefinierte Zahlenformat 0␣"KT" (auch hier steht ␣ lediglich zur eindeutigen Kennzeichnung des einzugebenden Leerzeichens).

Abbildung 5.6 zeigt die eindeutige Kennzeichnung von Arbeits- und Kalendertagen.

Abbildung 5.6 Arbeits- und Kalendertage lassen sich leicht unterscheiden

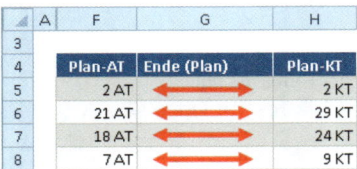

Allerdings sitzen die jeweiligen Eingaben in den Zellen noch direkt an den Zellrändern. Eine Ausnahme stellen hierbei nur die beiden Datumsspalten dar, die bereits jeweils ein Leerzeichen als Abstand vom linken und rechten Zellenrand erhalten haben.

Optik-Tuning 3: Werte von den Zellrändern lösen

Sie können die Lesbarkeit Ihrer Tabelle nochmals erhöhen, indem Sie die einzelnen Werte etwas von den Zellrändern wegrücken. Gleichzeitig sollten Sie aber auch die rechtsbündige Ausrichtung der Zahlenwerte beibehalten. Es reicht also nicht, die Zellen einfach nur *Zentriert* auszurichten. Das gewünschte Ergebnis erhalten Sie durch folgende Vorgehensweise:

1. Markieren Sie die Zellen in Spalte *F*.
2. Klicken Sie auf der Registerkarte *Start* in der Gruppe *Ausrichtung* auf die Schaltfläche *Rechtsbündig*.
3. Klicken Sie anschließend in der gleichen Gruppe so oft auf die Schaltfläche *Einzug vergrößern*, bis die Werte ungefähr in der Spaltenmitte stehen. (Das Ergebnis sehen Sie in Abbildung 5.7.)
4. Wiederholen Sie die Schritte 1 bis 3 in den Spalten *B*, *H* und *J*.

Bei den beiden Textspalten in Spalte *C* und *D* genügt es, wenn Sie die Schaltfläche *Einzug vergrößern* jeweils einmal anklicken, damit die Eingaben vom linken Zellenrand wegrücken.

Abbildung 5.7 Mit der richtigen Ausrichtung stehen die Werte rechtsbündig und kleben trotzdem nicht am Zellenrand

A	F	G		H
3				
4	Plan-AT	Ende (Plan)		Plan-KT
5	2 AT	Di	12.06.2012	2 KT
6	21 AT	Mi	11.07.2012	29 KT
7	18 AT	Mi	08.08.2012	24 KT
8	7 AT	Fr	17.08.2012	9 KT

Mit diesen Schritten sind Ihre Daten leichter zu erkennen. Sie behalten den Überblick und können auch ohne die Spaltenüberschrift erkennen, welche Daten in der jeweiligen Spalte vorliegen.

In der Beispieldatei *Kap_05_a_Gantt-Diagramm.xlsx* finden Sie diesen Stand auf dem Arbeitsblatt *03 Optik-Tuning*.

Eine visuelle Projektübersicht mittels Balkendiagramm aufbauen

Richtig übersichtlich werden Ihre Projektdaten erst, wenn sie durch ein professionelles Gantt-Diagramm visualisiert werden. Einzelne Projektschritte lassen sich damit viel einfacher in den zeitlichen Ablauf einordnen und auch die Dauer eines Projektschritts ist sofort erkennbar – ein großer Vorteil gegenüber der Darstellung Ihrer Daten in Tabellenform.

Das Gantt-Diagramm ist dabei nichts anderes als ein gestapeltes Balkendiagramm, aus dem alle überflüssigen Elemente entfernt werden. Wie das funktioniert, lesen Sie auf den folgenden Seiten.

> Verwenden Sie zum Nachvollziehen der folgenden Schritte in der Beispieldatei *Kap_05_a_Gantt-Diagramm.xlsx* das Arbeitsblatt *03 Optik-Tuning*.

Das gestapelte Balkendiagramm anlegen

Für ein gestapeltes Balkendiagramm werden mindestens zwei Datenreihen benötigt. Im vorliegenden Beispiel finden Sie die Werte dazu in den Spalten *E* (*Beginn*) und *H* (*Plan-KT*). Die Beschriftung der Rubrikenachse liefern die Zellen der Spalte *C*.

> Tragen Sie in Zelle *C4* keine Überschrift für die Werte der Spalte *C* ein. Excel benutzt die Werte in der Spalte *C* dadurch automatisch als Beschriftung für die Rubrikenachse.

Um das gestapelte Balkendiagramm anzulegen, gehen Sie wie folgt vor:

1. Markieren Sie mit gedrückter Taste [Strg] alle Beschriftungen und Werte in den Zellen *C4:C13*, *E4:E13* und *H4:H13*.
2. Klicken Sie auf der Registerkarte *Einfügen* in der Gruppe *Diagramme* auf die Schaltfläche *Balken* und wählen Sie das zweite Symbol *Gestapelte Balken*.

Automatisch wird auf dem Tabellenblatt ein Balkendiagramm angezeigt. Allerdings steht das Balkendiagramm noch in der falschen Reihenfolge von unten nach oben und auch die horizontale Achse weist noch ein Durcheinander an Datumswerten auf. Deshalb sind im nächsten Schritt einige Anpassungen notwendig.

Das Balkendiagramm anpassen

Zum Anpassen der vertikalen Achse gehen Sie wie folgt vor:

1. Klicken Sie mit der rechten Maustaste auf ein Wort in der Rubrikenachse (das ist die vertikale Achse an der linken Seite) und wählen Sie im Kontextmenü den Befehl *Achse formatieren*.
2. Aktivieren Sie das Kontrollkästchen *Kategorien in umgekehrter Reihenfolge*.
3. Ändern Sie den *Beschriftungsabstand von Achse* auf *0*.
4. Stellen Sie bei *Hauptstrichtyp* die Option *Keine* ein.
5. Wählen Sie bei *Horizontale Achse schneidet* die Option *Bei größter Rubrik*.

Die wichtigsten Einstellungen sind damit fast schon erledigt. Die Gitternetzlinien können allerdings noch etwas verschönert werden. (Die Anpassung der Anzeige der Daten auf der horizontalen Achse erfolgt weiter hinten in diesem Kapitel.)

Abbildung 5.8 Anzeige des Dialogfeldes *Achse formatieren*

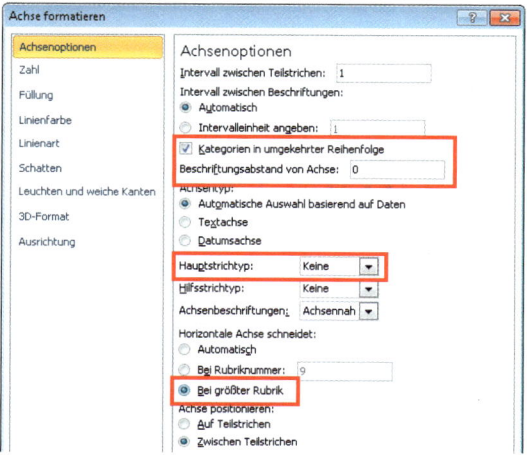

Zum Einblenden der horizontalen Gitternetzlinien wählen Sie die Befehlsfolge *Diagrammtools/Layout/Achsen/Gitternetzlinien/Primäre horizontale Gitternetzlinien/ Hauptgitternetz*.

Abbildung 5.9 Horizontale Gitternetzlinien einblenden

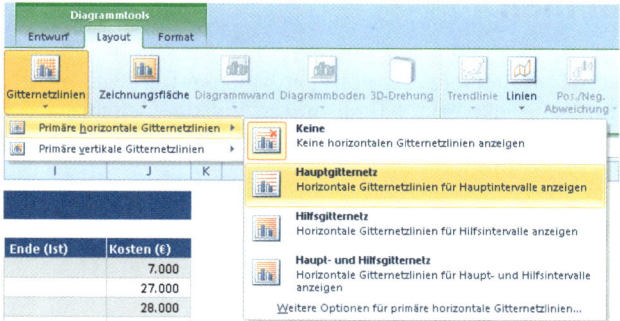

Die Formatierung der Gitternetzlinien erledigen Sie wie folgt:

1. Klicken Sie mit der rechten Maustaste auf eine der soeben erzeugten horizontalen Gitternetzlinien und wählen Sie den Kontextmenübefehl *Gitternetzlinien formatieren*. Dadurch wird das Dialogfeld *Hauptgitternetz formatieren* angezeigt.
2. In der Kategorie *Linienfarbe* wählen Sie als Farbe ein mittleres Grau.
3. Bei der *Linienart* nehmen Sie beim *Strichtyp* den Eintrag *Viereckiger Punkt*.
4. Auf der gleichen Registerkarte wählen Sie für die *Formkontur* der Gitternetzlinie ein mittleres Grau und bei *Striche* den Eintrag *Viereckiger Punkt*.

Passen Sie auf die gleiche Weise auch die vertikalen Gitternetzlinien an.

Abbildung 5.10 Mit viereckigen Punkten lockere Gitternetzlinien erzeugen

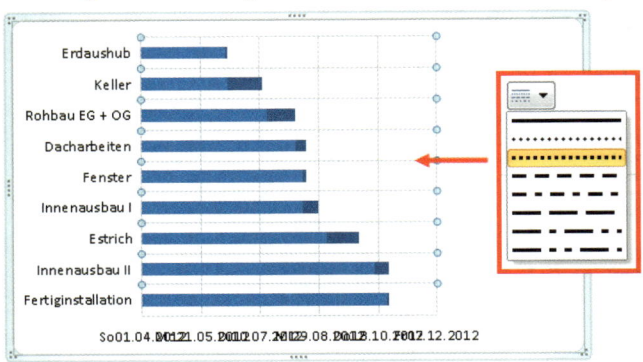

> Das gestapelte Säulendiagramm mit umgekehrter Kategorienreihenfolge und angepassten Gitternetzlinien finden Sie in der Beispieldatei *Kap_05_a_Gantt-Diagramm.xlsx* auf dem Arbeitsblatt *05 umgekehrte Reihenfolge*.

Profitechnik: Start- und Endpunkt mit einer Zusatztabelle bestimmen

Auf der horizontalen Zeitachse muss nicht jeder einzelne Tag dargestellt werden. Meist ist eine Unterteilung in größere Zeitspannen völlig ausreichend. Bewahren Sie den Überblick über den gesamten Projektverlauf und ändern Sie die Zeitachsenbeschriftung in einzelne Monate.

Zur Anzeige der Monatsbezeichnungen sind folgende Schritte notwendig:

1. Klicken Sie auf ein Datum in der Zeitachse.
2. Drücken Sie die Tastenkombination [Strg]+[1].
3. Wählen Sie im Dialogfeld *Achse formatieren* die Kategorie *Zahl*.
4. Geben Sie im Eingabefeld *Formatcode* den Formatcode MMM ein.
5. Klicken Sie auf die Schaltfläche *Hinzufügen*.

Passen Sie anschließend die horizontale Zeitachse so an, dass nur noch die erforderlichen Monate angezeigt werden. Im vorliegenden Beispiel sind das die Monate Juni bis November (im November findet zwar kein Projektschritt mehr statt, allerdings soll die Novemberlinie den Abschluss des Diagramms auf der rechten Seite bilden).

Um herauszufinden, welche serielle Zahl sich hinter einem Datum verbirgt, tragen Sie an einer beliebigen Stelle auf dem Arbeitsblatt die erforderlichen Datumswerte ein und wandeln diese über die Tastenkombination [Strg]+[⇧]+[6] in serielle Zahlen um.

> Eine kleine Formellösung hierfür finden Sie in der Beispieldatei *Kap_05_a_Gantt-Diagramm.xlsx* auf dem Arbeitsblatt *06 Datumsformel*.

Im Beispiel erhalten Sie für den Beginn der Zeitachse den seriellen Wert 41061 (= 01.06.2012) und für das Ende den seriellen Wert 41214 (= 01.11.2012) (siehe Abbildung 5.11).

Abbildung 5.11 Datumswerte in Zusatztabelle ermitteln

	D	E	F	G	H	I
15	Kleinstes Datum	Mo 11.06.2012		Fr 26.10.2012	Größtes Daum	
16	Erster des Monats	01.06.2012		01.11.2012	Nächster Monatserster	
17	Als Zahl	41061		41214	Als Zahl	

Die ermittelten Werte können nun an das Diagramm übergeben werden:

1. Klicken Sie auf ein Datum in der horizontalen Diagrammachse und rufen Sie mit [Strg]+[1] das Dialogfeld *Achse formatieren* auf.
2. Bei *Minimum* wählen Sie *Fest* und geben 41061 ein.
3. Bei *Maximum* wählen Sie *Fest* und tragen 41214 ein.
4. Das *Hauptintervall* legen Sie auf 31 fest (31 Tage pro Monat).
5. Bei *Hauptstrichtyp* wählen Sie die Option *Keine* aus.

Da die Monate nicht alle aus 31 Tagen bestehen, ist die Einstellung des Hauptintervalls auf 31 nicht ganz exakt. Diese leichte Abweichung lässt sich bei der Darstellung mit einem Gantt-Diagramm in Excel nicht vermeiden. Daraus resultiert, dass trotz Eingabe des Wertes für den 01.11.2012 der Monat November noch nicht angezeigt wird. Verändern Sie in so einem Fall den Wert für das *Maximum* schrittweise, bis der gewünschte Monat angezeigt wird. Im Beispiel ist dies beim Wert 41216 der Fall.

Abbildung 5.12 Start- und Endpunkt für die horizontale Zeitachse festlegen

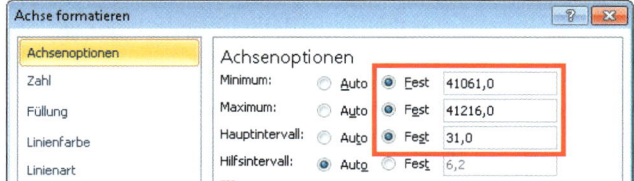

Das Diagramm sieht jetzt schon deutlich besser aus, aber es geht noch mehr.

Das Diagramm positionieren

Für den stimmigen Gesamteindruck soll das Diagramm auf die Breite der Tabelle angepasst werden. Mit der richtigen Hilfstaste funktioniert das passgenaue Positionieren des Diagramms auf dem Tabellenblatt überraschend einfach. Probieren Sie es aus:

1. Klicken Sie auf den Rahmen des Diagramms und setzen Sie den Mauszeiger auf die linke obere Ecke des Diagrammbereichs.

Abbildung 5.13 Positionierung des Cursors zum Anpassen der Diagrammgröße

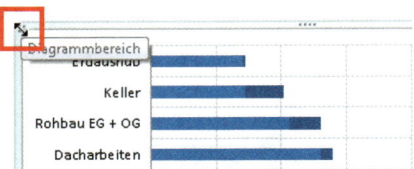

2. Halten Sie nun die Taste [Alt] gedrückt und ziehen Sie mit gedrückter Maustaste auf die Zelle *B15*. Die gedrückte Taste [Alt] bewirkt, dass sich die Diagrammränder an den darunter liegenden Zellrändern orientieren und exakt an den darunter liegenden Zellen ausgerichtet werden.

3. Verfahren Sie mit der unteren rechten Ecke des Diagramms genauso und ziehen Sie das Diagramm auf die Zelle *J32*.

Damit sitzt das Diagramm perfekt und kann mit der darüber stehenden Tabelle im Querformat ausgedruckt werden.

Die Anpassug der Objektgröße oder auch die Positionierung von Grafiken, ClipArts, Formen, SmartArts und anderen Objekten in Excel wird durch die Taste [Alt] sehr viel einfacher und exakter. Verwenden Sie die Taste [Alt] immer dann, wenn Sie ein Objekt auf dem Tabellenblatt ausrichten und dabei die Größe und/oder Positionierung des Objekts an den darunter liegenden Zellrändern festmachen möchten.

Der Trick mit der Unsichtbarkeit

Die hellblaue Datenreihe, die auf den Werten der *Beginn*-Spalte basiert, wird für die Darstellung des eigentlichen Projektverlaufs (dunkelblaue Balken) nicht benötigt. Sie darf jedoch nicht gelöscht werden, da sie die Startpunkte der jeweiligen Projektschritte (dunkelblaue Balken) festlegt. Verschwinden soll sie trotzdem.

1. Klicken Sie auf eines der hellblauen Balkensegmente.

2. Öffnen Sie mit der Tastenkombination [Strg]+[1] das Dialogfeld *Datenreihen formatieren*.

3. Markieren Sie links die Rubrik *Füllung* und klicken Sie rechts die Option *Keine Füllung* an.

4. Klicken Sie anschließend links auf die Rubrik *Rahmenfarbe* und rechts auf *Keine Linie*.

5. Die verbleibenden (dunkelblauen) Datenbalken dürfen jetzt noch etwas kräftiger werden. Wechseln Sie deshalb im noch geöffneten Dialogfeld gleich zur Rubrik *Reihenoptionen* und verringern Sie dort bei *Abstandbreite* den Wert auf *50%*. Dadurch werden die verbleibenden Balken höher und rücken näher zusammen. Das Balkendiagramm erscheint dadurch stabiler.

Einen aktuellen Zwischenstand sehen Sie in der Beispieldatei *Kap_05_a_Gantt-Diagramm.xlsx* auf dem Arbeitsblatt *08 Positionierung*.

Abbildung 5.14 Balkensegmente »verschwinden« lassen: ohne Füllung und ohne Rahmenlinie

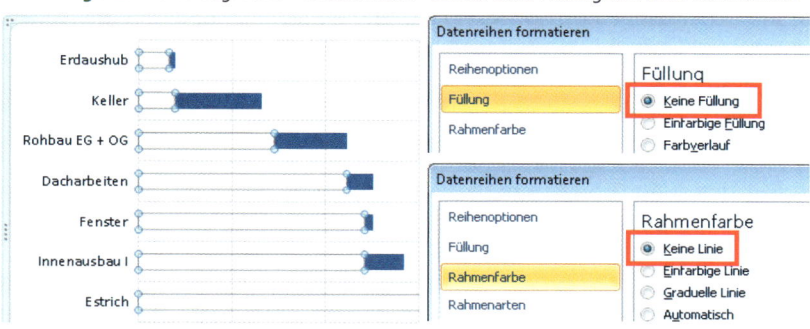

Überflüssige Elemente löschen

Den Blick auf das Wesentliche erhalten Sie leichter, wenn Sie im Diagramm nur solche Elemente anzeigen, die zwingend benötigt werden. Da nur noch eine Datenreihe sichtbar bleibt, ist die Legende zur Unterscheidung mehrerer Datenreihen nicht mehr notwendig und kann gelöscht werden. Klicken Sie hierfür mit der Maus auf die Legende und drücken Sie die Taste Entf.

Abbildung 5.15 Die nicht mehr benötigte Legende wird gelöscht

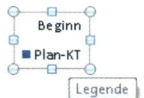

Damit die Schriften in der Tabelle und im Diagramm zueinanderpassen, klicken Sie einen Monat in der horizontalen Zeitachse an und wählen auf der Registerkarte *Start* die Schriftgröße *11 pt* aus. Verfahren Sie genauso mit der vertikalen Rubrikenachse.

> Einen aktuellen Zwischenstand sehen Sie in der Beispieldatei *Kap_05_a_Gantt-Diagramm.xlsx* auf dem Arbeitsblatt *09 Unsichtbar*.

Farbverlauf für eine bessere Optik

Um die Optik der Balken weiter zu verbessern, geben Sie ihnen einen Farbverlauf. Das erledigen Sie wie folgt:

1. Klicken Sie auf einen der Balken.
2. Wählen Sie die Befehlsfolge *Diagrammtools/Format/Formenarten/Fülleffekt* und wählen Sie ein helles Grau (im Beispiel wurde *Weiß, Hintergrund 1, dunkler 25%* verwendet).
3. Klicken Sie erneut auf die Schaltfläche *Fülleffekt* und wählen Sie bei *Farbverlauf* in der Kategorie *Dunkle Varianten* die zweite Option (*Linear unten*).

4. Zum Schluss weisen Sie den Balken noch einen Schatten zu: Klicken Sie hierfür auf die Schaltfläche *Formeffekte* und wählen Sie bei *Schatten* in der Kategorie *Außen* die erste Option (*Offset diagonal unten rechts*).

 Das Ergebnis finden Sie in der Beispieldatei *Kap_05_a_Gantt-Diagramm.xlsx* auf dem Blatt *10 Gantt-Diagramm*.

Geschafft: Mit dem Gantt-Diagramm ist das Projekt nun zeitlich leichter zu überblicken. Terminänderungen in der Tabelle werden sofort im Diagramm angezeigt. So können Sie flexibel auf Änderungen im Projektverlauf reagieren.

Wie sieht das Ganze aber aus, wenn sich Terminverschiebungen ergeben? Kommt ein Projektschritt einem anderen in die Quere? Überlappen sich vielleicht Projektschritte, die aufeinander aufbauen sollten? Wie Sie solche Planabweichungen in das Gantt-Diagramm einbauen, erfahren Sie im nächsten Abschnitt.

Planabweichungen in der Tabelle und im Diagramm kennzeichnen

Abweichungen vom Plan können immer mal wieder vorkommen. Sei es, weil Bauarbeiten witterungsbedingt nicht schnell genug fertig werden oder weil infolge von Lieferschwierigkeiten die Produktion eines Bauteils ins Stocken gerät. Kurzum: Die Endtermine einzelner Projektschritte können sich nach vorn oder hinten verschieben.

Abbildung 5.16 Vorschau auf die fertige Lösung mit Hervorhebung der Abweichungen

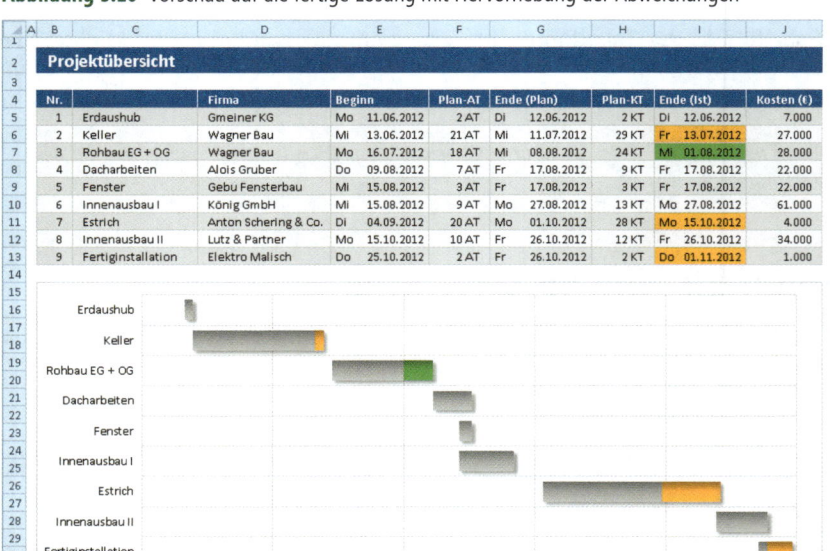

Führen Sie die folgenden Schritte in der Datei *Kap_05_b_Abweichung.xlsx* auf dem Arbeitsblatt *01 Start-diagramm* durch.

Abweichungen in der Tabelle farbig hervorheben

Für die tatsächlichen Endtermine der Projektschritte ist eine eigene Spalte erforderlich. Im vorliegenden Beispiel ist dies die Spalte *I* mit dem Titel *Ende (Ist)*. Tragen Sie hier die tatsächlichen Endtermine ein, die sich im Laufe des Projekts ergeben haben.

Die neuen Endtermine sollen jetzt die gleiche Formatierung erhalten wie die bisherigen Start- und Endtermine. Das benutzerdefinierte Zahlenformat in diesen Zellen lautet ␣*TTT**␣*TT.MM.JJJJ*␣ (wobei ␣ hier lediglich zur eindeutigen Kennzeichnung der Leerzeichen steht).

Um das gewünschte Format – das Aussehen der Zellen – zu übertragen, gehen Sie wie folgt vor:

1. Markieren Sie den Datenbereich in der *Beginn*-Spalte (*E5:E13*).
2. Klicken Sie auf der Registerkarte *Start* in der Gruppe *Zwischenablage* auf die Schaltfläche *Format übertragen*.
3. Klicken Sie auf die Zelle *I5* in der Spalte *Ende (Ist)*.

Damit zeigen die Zellen mit den neuen Endterminen jetzt zwar den Wochentag, allerdings lassen sich sowohl vorzeitig beendete als auch verspätet beendete Projektschritte noch nicht auf einen Blick bestimmen. Diese Aufgabe erledigen Sie mit einer bedingten Formatierung.

Durch eine bedingte Formatierung werden Zellen in Abhängigkeit von einem Wert oder einem Berechnungsergebnis einer Formel formatiert. Kurz: Je nach Wert ändert sich das Aussehen der Zelle.

Im Beispiel sollen diejenigen Zellen *orange* markiert werden, deren Datumswert hinter dem geplanten Enddatum des jeweiligen Projektschritts liegt. Außerdem sollen diejenigen Zellen *grün* markiert werden, bei denen der jeweilige Projektschritt früher als geplant abgeschlossen werden konnte.

Gehen Sie zum Einrichten der bedingten Formatierung wie folgt vor:

1. Markieren Sie die Daten in der Spalte *Ende (Ist)*.
2. Wählen Sie die Befehlsfolge *Start/Formatvorlagen/Bedingte Formatierung/Regeln verwalten*.
3. Klicken Sie anschließend im *Manager für Regeln zur bedingten Formatierung* auf die Schaltfläche *Neue Regel*.
4. Wählen Sie im folgenden Dialogfeld den Eintrag *Formel zur Ermittlung der zu formatierenden Zellen verwenden*.
5. Im darunter liegenden Eingabefeld tragen Sie folgende Formel ein: =I5<G5. Diese Formel prüft, ob das tatsächliche Enddatum kleiner als das geplante Enddatum ist.

6. In diesem Fall soll die Zellfarbe in Grün geändert werden. Klicken Sie dazu auf die Schaltfläche *Formatieren* und stellen Sie auf der Registerkarte *Ausfüllen* den gewünschten grünen Farbton ein.
7. Schließen Sie beide Dialogfelder mit *OK*. Damit gelangen Sie wieder zum *Manager für Regeln zur bedingten Formatierung*.
8. Wiederholen Sie die Schritte 3 bis 6 noch einmal, tragen Sie dieses Mal die Formel =I5>G5 ein und wählen Sie als Füllfarbe Orange.

Nach Abschluss der Eingaben sollte Ihr *Manager für Regeln zur bedingten Formatierung* so aussehen, wie in Abbildung 5.17 gezeigt.

Abbildung 5.17 Manager für Regeln zur bedingten Formatierung

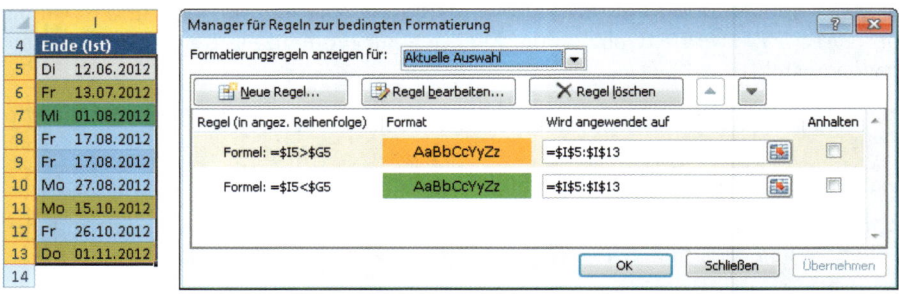

Schließen Sie das Dialogfeld mit *OK* und kontrollieren Sie das Ergebnis.

Das Ergebnis der bedingten Formatierung können Sie in der Beispieldatei *Kap_05_b_Abweichung.xlsx* auf dem Arbeitsblatt *02 Bedingte Formatierung* sehen.

Damit haben Sie alle Abweichungszellen farblich markiert. Von der Planung positiv oder negativ abweichende Projektschritte können so schnell ausfindig gemacht werden. Langwieriges Vergleichen von Datumswerten ist nicht mehr notwendig. Was jetzt noch fehlt, ist die Darstellung dieser abweichenden Zeiten im Diagramm.

Abweichende Termine für das Gantt-Diagramm ermitteln

Folgende drei Ereignisse sollen im Gantt-Diagramm dargestellt werden:

- Bei Einhaltung des geplanten Endtermins soll der jeweilige Balken (grau) nicht verändert werden.
- Bei der vorzeitigen Erledigung eines Projektschritts soll die eingesparte Zeit grün dargestellt werden.
- Eine Überziehung der geplanten Zeit soll mit einem zusätzlichen orangefarbenen Balken visualisiert werden.

Abbildung 5.18 Darstellungsvarianten bei abweichenden Endzeiten

Für die Darstellung dieser zusätzlichen Informationen im Diagramm sind weitere Werte notwendig. Diese werden in den Spalten *K* bis *O* ermittelt. Führen Sie hierfür folgende Schritte durch:

1. Tragen Sie in Zeile *4* in den Spalten *K* bis *O* folgende Überschriften ein: Diff-KT, Benötigte KT, Plan/benötigt, Früher fertig, Später fertig.
2. Übertragen Sie die in Tabelle 5.1 aufgeführten Formeln in die angegebenen Zellen.
3. Kopieren Sie die Formeln in die Zellen darunter, indem Sie den Bereich von *K5* bis *O5* mit der Maus markieren und anschließend einen Doppelklick auf das Ausfüllkästchen in der rechten unteren Ecke der Zelle *O5* ausführen (heben Sie vor dem Doppelklick die Bereichsmarkierung von *K5* bis *O5 nicht* auf).
4. Übertragen Sie das benutzerdefinierte Format aus der Spalte *Plan-KT* auf die neu berechneten Zellen. Markieren Sie hierfür den kompletten Wertebereich der Spalte *Plan-KT*, klicken Sie auf der Registerkarte *Start* auf die Befehlsschaltfläche *Format übertragen* und markieren Sie anschließend die Zellen von *K5* bis *O13*. Fertig.
5. Bei Bedarf markieren Sie nun die einzelnen Spalten und richten die Inhalte mit der Schaltfläche *Einzug vergrößern* mittig aus.

In der Beispieldatei *Kap_05_b_Abweichung.xlsx* finden Sie auf dem Blatt *03 Differenzdaten* die Tabelle mit allen Formeln. Mit diesem Blatt können Sie bei Bedarf weiterarbeiten, um die Termindifferenzen im Gantt-Diagramm sichtbar zu machen.

Tabelle 5.1 Alle Formeln für die Darstellung der Abweichungsdaten

Spalte	Zelle	Formel
Diff-KT	K5	=I5-G5
Benötigte KT	L5	=H5+K5
Plan/benötigt	M5	=MIN(H5;L5)
Früher fertig	N5	=WENN(I5<G5;-K5;0)
Später fertig	O5	=WENN(I5>G5;K5;0)

Die Funktionsweise der eingesetzten Formeln:

- In *K5* wird die Differenz zwischen dem geplanten und dem tatsächlichen Enddatum ermittelt.
- Darauf aufbauend wird in *L5* berechnet, wie viele Kalendertage (= Gesamtdauer) beim Projektschritt insgesamt benötigt wurden.

- Der graue Balken soll kürzer werden, wenn der Projektschritt vorzeitig beendet wird. An den grauen Balken wird dann der grüne Einsparbalken angesetzt. Wenn der Projektschritt pünktlich oder verspätet beendet wird, soll der graue Balken die ursprünglich geplante Zeitdauer anzeigen. Im Falle einer Überziehung soll dann ein orangefarbener Balken hinzugefügt werden. Die Zelle *M5* berechnet deshalb mithilfe der Funktion MIN den Minimalwert aus geplanten und tatsächlich gebrauchten Tagen. Dieser Minimalwert liefert die Länge des grauen Balkens.

- Ist ein Projektschritt früher als geplant fertig, ermittelt die Formel in Zelle *N5* die positive Anzahl der eingesparten Tage.

- Für die Projektschritte, die eine Verzögerung hatten, wird in Zelle *O5* die Anzahl der Verzögerungstage berechnet.

Abweichende Termine im Gantt-Diagramm sichtbar machen

Die Darstellung der Abweichungen erfolgt in zwei Schritten. Zum einen sollen sich die grauen Balken den tatsächlichen Gegebenheiten anpassen. Zum anderen werden neue Diagrammelemente für die eingesparten und überzogenen Tage benötigt.

Die Projektbalken anpassen

Bislang bauen die grauen Projektbalken auf dem Datenbereich der Spalte *Plan-KT* auf. Damit bei einer Zeitunterschreitung die grauen Balken gekürzt werden und bei planmäßiger oder verspäteter Beendigung ihre ursprüngliche Länge behalten, sollen die Balken auf dem Datenbereich der Spalte *Plan/benötigt* aufbauen.

Für diese Aufgabenstellung ist es nicht notwendig, das Diagramm komplett neu aufzubauen. Gehen Sie stattdessen wie folgt vor:

1. Klicken Sie die zu verändernde Datenreihe (im Beispiel die grauen Balken) an. Eine farbige Umrandung zeigt Ihnen, auf welchem Datenbereich (im Beispiel die Werte der Spalte *Plan-KT*) die jeweilige Datenreihe basiert.

Abbildung 5.19 Den Datenbereich der Balken mit der Maus verschieben

Plan-KT	Ende (Ist)		Kosten (€)	Diff-KT	Benötigte KT	Plan/benötigt	Früher fertig
2 KT	Di	12.06.2012	7.000	0 KT	2 KT	2 KT	0 KT
29 KT	Fr	13.07.2012	27.000	2 KT	31 KT	29 KT	0 KT
24 KT	Mi	01.08.2012	28.000	-7 KT	17 KT	17 KT	7 KT
9 KT	Fr	17.08.2012	22.000	0 KT	9 KT	9 KT	0 KT
3 KT	Fr	17.08.2012	22.000	0 KT	3 KT	3 KT	0 KT
13 KT	Mo	27.08.2012	61.000	0 KT	13 KT	13 KT	0 KT
28 KT	Mo	15.10.2012	4.000	14 KT	42 KT	28 KT	0 KT
12 KT	Fr	26.10.2012	34.000	0 KT	12 KT	12 KT	0 KT
2 KT	Do	01.11.2012	1.000	6 KT	8 KT	2 KT	0 KT

2. Ziehen Sie, wie in Abbildung 5.19 gezeigt, den farbigen Datenbereichsrahmen auf den Zellbereich, auf dem die Datenreihe ab sofort basieren soll (im Beispiel die Werte der Spalte *Plan/benötigt*).

3. Die Datenreihe passt sich daraufhin automatisch den neuen Werten an.

Die abweichenden Tage ins Diagramm einbauen

Die jeweilige Anzahl der eingesparten Tage ist in der Spalte *Früher fertig* zu finden. Zu viel benötigte Tage stehen in der Spalte *Später fertig*. Diese beiden Datenbereiche sollen dem Diagramm als neue Datenreihen hinzugefügt werden.

1. Markieren Sie die Zellen der Spalte *Früher fertig*.
2. Drücken Sie [Strg]+[C], um die Auswahl zu kopieren.
3. Klicken Sie in den Diagrammbereich des Diagramms (siehe Abbildung 5.20).

Abbildung 5.20 Diagrammbereich <> Zeichnungsfläche

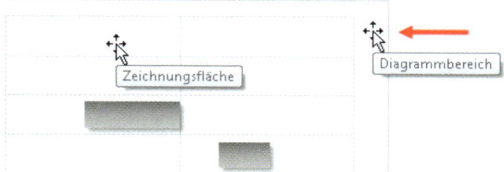

4. Drücken Sie [↵], um die neuen Daten einzufügen.
5. Klicken Sie auf den neu hinzugekommenen Balken (im Beispiel gibt es nur einen, da nur ein Projektschritt früher als geplant fertig wird).
6. Wählen Sie *Diagrammtools/Format/Formenarten/Fülleffekt* und dort die Standardfarbe *Hellgrün*.
7. Klicken Sie erneut auf die Schaltfläche *Fülleffekt* und wählen Sie *Farbverlauf* in der Kategorie *Dunkle Varianten* die zweite Option (*Linear unten*).
8. Zum Schluss weisen Sie noch einen Schatten zu: Klicken Sie hierfür auf die Schaltfläche *Formeffekte* und wählen Sie bei *Schatten* in der Kategorie *Außen* die erste Option (*Offset diagonal unten rechts*).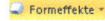
9. Markieren Sie nun die Werte der Spalte *Später fertig* und wiederholen Sie die Schritte 2 bis 8. Als Farbe für die neue Datenreihe wählen Sie diesmal in Schritt 6 die Standardfarbe *Orange*.

Diese Aufgabe haben Sie hiermit erfolgreich abgeschlossen. Die zeitlichen Abweichungen einzelner Projektschritte sind jetzt nicht nur in der Tabelle, sondern auch im Gantt-Diagramm sichtbar. Einer schnellen Einschätzung der zeitlichen Lage des Projekts steht nun nichts mehr im Wege.

Die Lösung mit den farblich markierten Terminabweichungen im Gantt-Diagramm finden Sie in der Beispieldatei *Kap_05_b_Abweichung.xlsx* auf dem Arbeitsblatt *04 Differenzdiagramm*.

Im Projektablauf stellen sich aber auch immer wieder Fragen wie:

- Welche Projektschritte laufen innerhalb der nächsten sieben Tage gleichzeitig ab?
- Waren in den letzten vier Wochen alle Projektschritte zeitlich im Plan?
- In welchen Zeiträumen werden bestimmte Ressourcen besonders stark beansprucht und bedürfen zusätzlicher Aufmerksamkeit und Überwachung?

Für solche Auswertungen verwenden Sie ab sofort einen Fokusrahmen.

Konzentration auf das Wesentliche: Einen dynamischen Fokus verwenden

Um den Blick auf einzelne Projektphasen zu schärfen, empfiehlt sich ein optischer Fokus. Den können Sie mithilfe eines durchsichtigen Rechtecks realisieren. Erfahren Sie in diesem Abschnitt, wie Sie die Aussagekraft Ihres Gantt-Diagramms erhöhen, indem Sie ihm einen optischen Fokus hinzufügen.

Das folgende Beispiel finden Sie in der Datei *Kap_05_c_Fokus.xlsx*.

Abbildung 5.21 Vorschau auf die fertige Lösung mit Fokusrahmen, rechts die Elemente zur Fokussteuerung

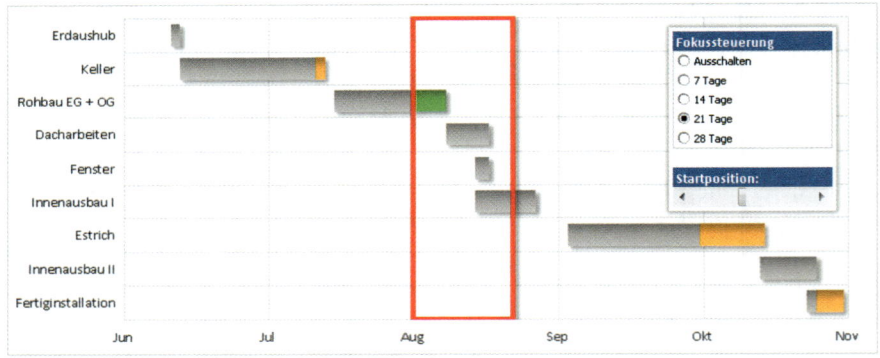

Zwei Angaben sind zum Erstellen eines Fokusrahmens erforderlich:

- Wann beginnt der hervorzuhebende Zeitraum?
- Wie lang ist der zu kennzeichnende Zeitraum?

Damit die benötigten Eingaben nicht immer wieder neu eingetippt werden müssen, werden Steuerelemente verwendet, die die notwendigen Werte erzeugen.

Mit Steuerelementen die Eingabe vereinfachen

Zum komfortablen Einstellen der Startposition des späteren Fokusrahmens bietet sich eine *Bildlaufleiste* an. Zur Auswahl unterschiedlicher Zeiträume sind *Optionsfelder* das Mittel der Wahl. Beide Steuerelementarten finden Sie auf der Registerkarte *Entwicklertools* in der Gruppe *Steuerelemente* im Menü der Schaltfläche *Einfügen*.

Abbildung 5.22 Die Steuerelemente *Optionsfeld* und *Bildlaufleiste*

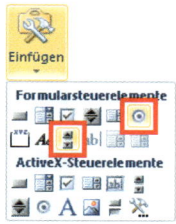

Sollte die Registerkarte *Entwicklertools* in Ihrem Excel nicht sichtbar sein, können Sie sie folgendermaßen einblenden: Klicken Sie auf der Registerkarte *Datei* auf *Optionen* und wählen Sie dann im Dialogfeld *Excel-Optionen* auf der linken Seite den Eintrag *Menüband anpassen*. Aktivieren Sie anschließend – wie in Abbildung 5.23 hervorgehoben – die Registerkarte *Entwicklertools* und schließen Sie das Dialogfeld mit *OK*.

Abbildung 5.23 Einblenden der Registerkarte *Entwicklertools*

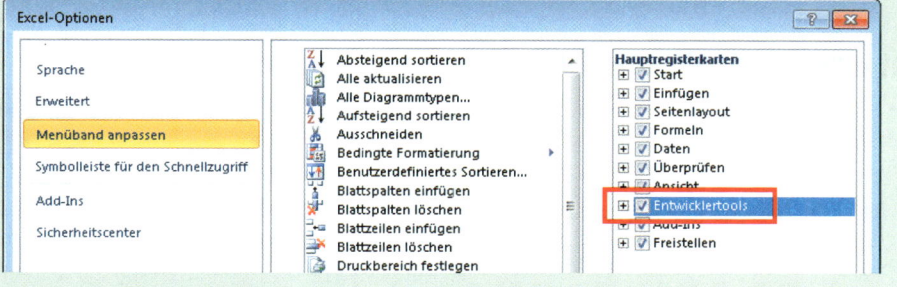

Optionsfelder zur Auswahl unterschiedlicher Zeiträume

Die unterschiedlichen Optionsfelder zur Auswahl des gewünschten Zeitraums legen Sie am besten wie folgt an:

1. Klicken Sie auf der Registerkarte *Entwicklertools* im Menü zur Schaltfläche *Einfügen* bei den Formularsteuerelementen auf *Optionsfeld* und ziehen Sie mit gedrückter Alt-Taste über den Zellbereich *Q16* bis *R16*. Die Taste Alt sorgt dafür, dass sich das Steuerelement an den darunter liegenden Zellrändern ausrichtet.

2. Klicken Sie mit der rechten Maustaste auf das eingefügte Optionsfeld und wählen Sie den Befehl *Steuerelement formatieren*.

3. Im Dialogfeld *Steuerelement formatieren* setzen Sie den Cursor in das Eingabefeld *Zellverknüpfung* und klicken anschließend auf die Zelle *M15* im Arbeitsblatt.

4. Aktivieren Sie das Kontrollkästchen *3D-Schattierung*.

5. Schließen Sie das Dialogfeld mit *OK*.

Die Einstellungen für das erste Optionsfeld haben Sie damit abgeschlossen. Für die weiteren Optionsfelder kopieren Sie das erste und passen die betreffenden Einstellungen an.

1. Klicken Sie, wie in Abbildung 5.24 gezeigt, den Rahmen des soeben eingefügten Optionsfeldes mit der linken Maustaste an und kopieren Sie das Optionsfeld vier Mal in die darunter liegenden Zellen. Halten Sie hierfür beim Ziehen die Tastenkombination [Strg]+[Alt] gedrückt, damit das Optionsfeld jeweils kopiert und an den darunter liegenden Zellrändern ausgerichtet wird.

Abbildung 5.24 Optionsfeld mit aktiviertem Objektrahmen

2. Klicken Sie nun das erste Optionsfeld mit der rechten Maustaste an, um es auszuwählen. Wählen Sie im Kontextmenü den Eintrag *Text bearbeiten*, geben Sie den Begriff Ausschalten ein und löschen Sie mit [Entf] die ursprüngliche Bezeichnung.

3. Geben Sie wie im vorherigen Schritt beschrieben in den Optionsfeldern 2 bis 5 die Bezeichnungen 7 Tage, 14 Tage, 21 Tage und 28 Tage ein.

Wenn Sie nun ein Optionsfeld anklicken, wird in Zelle *M15* der Wert des angeklickten Optionsfeldes angezeigt.

Mit einer Bildlaufleiste die Startposition verändern

Die Startposition des gewünschten Fokusrahmens soll flexibel innerhalb des Projektzeitraums ausgewählt werden können. Dafür eignet sich der Einsatz einer Bildlaufleiste.

1. Klicken Sie auf der Registerkarte *Entwicklertools* im Menü zur Schaltfläche *Einfügen* bei den Formularsteuerelementen auf *Leiste zum Verschieben von Fensterinhalten* (= Bildlaufleiste) und ziehen Sie – wie in Abbildung 5.25 gezeigt – mit gedrückter Taste [Alt] über den Zellbereich *Q23* bis *R23*.

Abbildung 5.25 Die Bildlaufleiste zur Einstellung der Startposition wird unterhalb der Fokussteuerung eingebaut

2. Klicken Sie mit der rechten Maustaste auf die eingefügte Bildlaufleiste und wählen Sie den Befehl *Steuerelement formatieren*.

3. Tragen Sie als *Minimalwert* den Wert 0 ein.

Im vorliegenden Beispiel soll folgende Randbedingung erfüllt werden: Wenn ein zu überwachender Zeitraum von sieben Tagen ausgewählt wird, soll der noch zu definierende Fokusrahmen vollständig am rechten Ende des Diagramms angezeigt werden können. Sein Startpunkt darf deshalb maximal sieben Tage vor dem Ende des bereits bestehenden Gantt-Diagramms liegen. Bei einem Startpunkt, der beispielsweise vier Tage vor dem Ende des gesamten Zeitraums liegt, würde die rechte Linie des Fokusrahmens nicht mehr dargestellt werden. Der Fokusrahmen wäre auf der rechten Seite offen.

1. Der *Maximalwert* ergibt sich damit aus der Differenz der seriellen Datumswerte (vgl. Abbildung 5.11) und der Zahl 7 (41214-41061-7=146). Geben Sie deshalb als *Maximalwert* 146 ein.

2. Als *Schrittweite* verwenden Sie 1. Bei einem Klick auf die Pfeilschaltflächen der Leiste verändert sich dadurch die Ausgabe der Bildlaufleiste und damit auch die Startposition des Fokusrahmens um den Wert 1.

3. Die Eingabe der Zahl 7 in das Feld *Seitenwechsel* bewirkt, dass sich die spätere Startposition des Fokusrahmens um den Wert 7 (7 Tage = 1 Woche) verändert, wenn direkt auf die Leiste und nicht auf ihre Pfeilschaltflächen geklickt wird.

4. Setzen Sie den Cursor in das Eingabefeld *Zellverknüpfung* und klicken Sie anschließend auf die Zelle *M16* im Arbeitsblatt.

5. Aktivieren Sie das Kontrollkästchen *3D-Schattierung* und schließen Sie dann das Dialogfeld mit ⏎.

Abbildung 5.26 Einstellungen der Bildlaufleiste

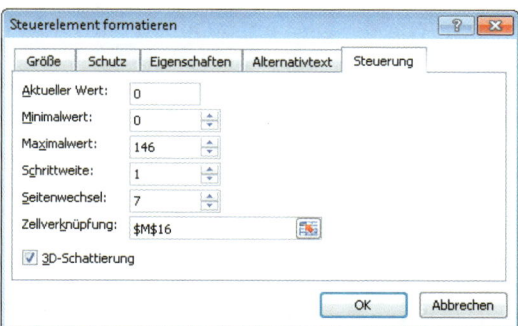

Damit haben Sie alle Steuerelemente definiert und können nun die Arbeit am Datenbereich für den Fokusrahmen fortsetzen.

Die Werte für den Fokusrahmen ermitteln

Zum Erstellen des Fokusrahmens verwenden Sie ein Balkendiagramm, das aus drei nebeneinander liegenden Segmenten besteht.

- Aus dem zweiten Segment wird der Fokusrahmen entstehen. Die Breite dieses Segments leitet sich aus einer der gewählten Optionen ab (Option 1 bis 5 bzw. 0 bis 28 Tage).

- Die Startposition des Fokusrahmens ist dort, wo das erste Segment aufhört, und wird durch die Breite des ersten Segments bestimmt.

- Das dritte Segment wird benötigt, um das Balkendiagramm nach rechts bis zum Ende der Zeichnungsfläche aufzufüllen.

Zum Aufbau der einzelnen Segmente:

- Tragen Sie in die Zellen *L16* bis *L18* die Bezeichnungen Segment 1, Segment 2 und Segment 3 ein, damit Sie die zu bestimmenden Zahlenwerte in den Zellen *M16* bis *M18* leichter zuordnen können.

- Die Breite des ersten Segments steht in Zelle *M16*. Dieser Wert wird durch die Bildlaufleiste verändert. Ein großer Wert beispielsweise bewirkt ein breites erstes Segment und damit eine weiter rechts liegende Startposition des zweiten Segments.

Die Breite des zweiten Segments (Fokusrahmen) wird über die Optionsfelder ausgewählt. Deren Ergebnis (1 bis 5) steht in Zelle *M15*. Die Breite des Fokusrahmens wird jedoch als Angabe von Tagen benötigt. Mithilfe der Zahlen 1 bis 5 ermitteln Sie deshalb erst noch die richtige Anzahl an Tagen. Erledigen Sie diese Aufgabe mit einer verschachtelten WENN-Funktion.

- Die Breite des Fokusrahmens ermitteln Sie mit der folgenden Formel in *M17*: =WENN(M15=1;0;WENN(M15=2;7;WENN(M15=3;14;WENN(M15=4;21;WENN(M15=5;28;90))))) (vgl. Abbildung 5.27). In Abhängigkeit von der gewählten Option wird über eine verschachtelte WENN-Funktion die Anzahl der Tage ermittelt. Bei Auswahl der Option *1* wird die Zahl *0* ausgegeben. Die Breite des zweiten Segments wird dadurch ebenfalls 0: Der Fokusrahmen wird unsichtbar.

Abbildung 5.27 Formel zur Ermittlung der Dauer des ausgewählten Zeitraums

- Die Breite des dritten Segments ergibt sich aus der Differenz der beiden seriellen Datumswerte (vgl. Abbildung 5.11), abzüglich der Breite des ersten Segments (*M16*) und der Breite des Fokusrahmens (*M17*). Die Formel lautet demzufolge: =G17-E17-M16-M17.

Abbildung 5.28 Formel zur Ermittlung der Breite des dritten Segments

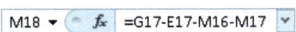

Auf Basis der Werte in *M16:M18* kann der Fokusrahmen erstellt werden. Erfahren Sie im nächsten Abschnitt, wie Sie dabei vorgehen.

Abbildung 5.29 Die Werte lassen sich einfach über die Steuerelemente verändern

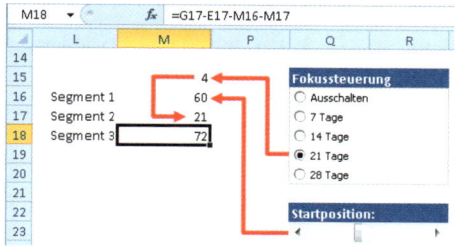

Die Lösung mit den fertigen Steuerelementen finden Sie in der Datei *Kap_05_c_Fokus.xlsx* auf dem Arbeitsblatt *02 Steuerelemente*.

Das Diagramm für den Fokusrahmen aufbauen

Zur Realisierung des dynamischen Fokusrahmens benötigen Sie nochmals ein Balkendiagramm (wird später auch als Fokusdiagramm bezeichnet), von dem allerdings nicht viel übrig bleiben wird.

1. Markieren Sie den Zellbereich *L15:M18*. (Die Zelle *L15* ist leer, die darunter liegenden Zellen werden dadurch als Rubrikenbeschriftung verwendet. Die Zelle *M15* beinhaltet den Ausgabewert der Optionsfelder; sie wird als Datenreihenbeschriftung zweckentfremdet).

2. Erstellen Sie über *Einfügen/Diagramme/Balken/Gestapelte Balken* ein neues gestapeltes Balkendiagramm.

3. Wählen Sie auf der Registerkarte *Diagrammtools/Entwurf* in der Gruppe *Daten* den Befehl *Zeile/Spalte wechseln*.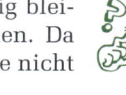

4. Führen Sie auf der horizontalen Achse des neuen Diagramms einen Doppelklick aus und tragen Sie im Dialogfeld *Achse formatieren* als *Minimum* den festen Wert 0 und als *Maximum* den festen Wert 153 ein. Das Maximum ergibt sich aus der Differenz der seriellen Datumswerte (vgl. Abbildung 5.11). Schließen Sie das Dialogfeld.

Wie bereits angekündigt soll vom Balkendiagramm nur der Fokusrahmen übrig bleiben. Das Einfachste wäre es, alle überflüssigen Diagrammelemente zu löschen. Da einige Elemente für das Diagramm aber weiterhin benötigt werden, dürfen diese nicht gelöscht werden. Stattdessen machen Sie sie unsichtbar.

1. *Horizontale Achse, vertikale Achse,* senkrechte *Gitternetzlinien* und die *Legende* können gelöscht werden. Klicken Sie die Elemente nacheinander an und entfernen Sie sie mit der Taste `Entf`.

2. Klicken Sie auf den *Diagrammbereich* (vgl. Abbildung 5.20) und öffnen Sie mit `Strg`+`1` das Dialogfeld *Diagrammbereich formatieren*. Wählen Sie links die Kategorie *Füllung* und rechts die Option *Keine Füllung*. Lassen Sie das Dialogfeld geöffnet.

3. Klicken Sie auf die Zeichnungsfläche (vgl. Abbildung 5.20) und stellen Sie hierfür ebenfalls *Keine Füllung* ein. Lassen Sie das Dialogfeld geöffnet.
4. Klicken Sie abschließend auf eines der drei Segmente und stellen Sie im Dialogfeld *Datenreihen formatieren* in der Kategorie *Reihenoptionen* die Abstandsbreite auf *0 %*. Damit erreichen die einzelnen Segmente die maximale Diagrammhöhe. Schließen Sie das Dialogfeld mit ⏎.

Abbildung 5.30 Das Diagramm mit 0 % Abstandsbreite auf maximale Höhe bringen

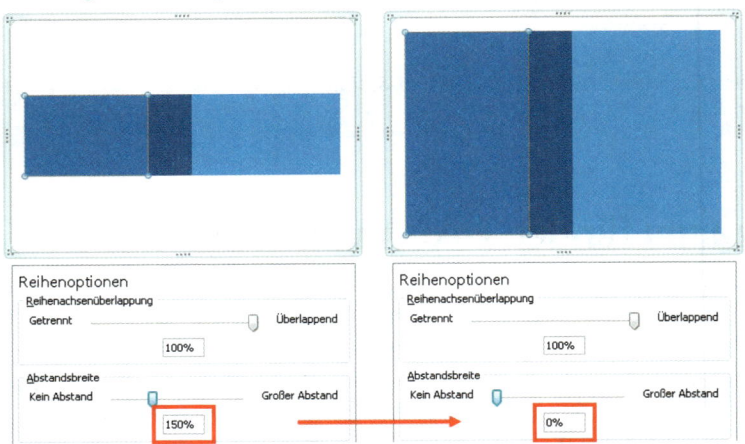

Als Ergebnis erhalten Sie ein vollflächig ausgefülltes Balkendiagramm, das sich über den gesamten Zeichnungsbereich des Diagramms erstreckt.

Das komplett gefüllte Diagramm finden Sie in der Datei *Kap_05_c_Fokus.xlsx* auf dem Arbeitsblatt *05 gefüllt*.

Exaktes Positionieren leicht gemacht

Als Nächstes steht die Ausrichtung des Fokusdiagramms an. Dabei ist das Fokusdiagramm so zu positionieren, dass seine Farbflächen exakt in der linken oberen Ecke des Zeichnungsbereichs des darunter liegenden Projektdiagramms (= das Diagramm mit den einzelnen Projektschritten) beginnen.

- Klicken Sie hierfür den Rahmen des Fokusdiagramms an und schieben Sie es über das Differenzdiagramm.

Die Positionierung mit der Maus ist unter Umständen sehr mühsam und zudem ungenau. Sie können beliebige Objekte in Excel aber auch pixelgenau positionieren. Klicken Sie mit gedrückter Taste [Strg] auf den Rahmen des Fokusdiagramms. Dadurch machen Sie das Diagramm zu einem grafischen Objekt – erkennbar an den kreisrunden Anfassern an den vier Ecken des Objekts. Jetzt können Sie das Diagramm pixelgenau mit den Pfeiltasten positionieren. Einfach perfekt.

Konzentration auf das Wesentliche: Einen dynamischen Fokus verwenden

Abbildung 5.31 Das Fokusdiagramm wird exakt an den Kanten des Projektdiagramms ausgerichtet

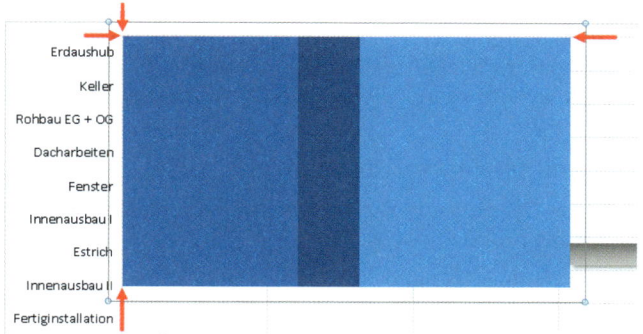

Im nächsten Schritt sind die Größen der beiden Diagramme aufeinander abzustimmen. Auch hier könnte mit der Maus agiert und das Fokusdiagramm auf die ungefähre Größe des Differenzdiagramms gezogen werden.

> Einfacher und vor allem viel genauer funktioniert die Größenanpassung über die beiden Eingabefelder *Höhe* und *Breite* auf der Registerkarte *Diagrammtools/Format*. Klicken Sie in das jeweilige Eingabefeld und verändern Sie die Größe über die Drehfelder, bis das Fokusdiagramm den kompletten Zeichnungsbereich des Differenzdiagramms überdeckt.

- Passen Sie die Höhe auf *9 cm* und die Breite auf *20,2 cm* an.

Abbildung 5.32 Größenanpassung des Fokusdiagramms über die Eingabefelder für Höhe und Breite

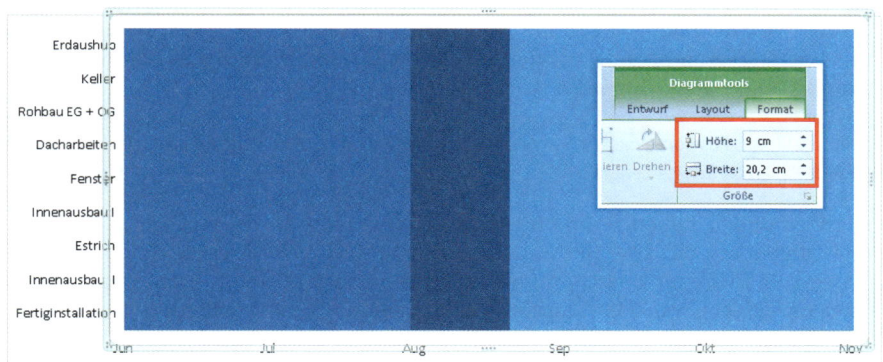

Das komplett gefüllte und fertig positionierte Diagramm finden Sie in der Datei *Kap_05_c_Fokus.xlsx* auf dem Arbeitsblatt *07 gestreckt*.

155

Die Hilfsflächen verschwinden lassen

Als Fokusrahmen soll nur das zweite Segment angezeigt werden. Die Segmente *1* und *3* benötigen Sie zur genauen Positionierung aber weiterhin – sie dürfen deshalb nicht gelöscht werden. Da sie nicht sichtbar sein sollen, stellen Sie ihre Füllfarbe auf *Transparent* ein:

1. Klicken Sie auf das erste Segment des Fokusdiagramms.
2. Klicken Sie auf der Registerkarte *Diagrammtools/Format* auf die Schaltfläche *Fülleffekt* und wählen Sie den Eintrag *Keine Füllung*.
3. Verfahren Sie genauso mit dem dritten Segment.

Den Fokusrahmen hervorheben

Das Finale naht – mit folgenden Schritten wird das zweite Segment zum Fokusrahmen:

1. Klicken Sie auf das zweite Segment und öffnen Sie mit [Strg]+[1] das Dialogfeld *Datenreihen formatieren*.
2. In der Kategorie *Füllung* wählen Sie den Eintrag *Keine Füllung*.
3. In der Kategorie *Rahmenfarbe* wählen Sie die Option *Einfarbige Linie* und als *Farbe* die Standardfarbe *Dunkelrot*.
4. Stellen Sie in der Kategorie *Rahmenarten* die Breite auf 3,5 Pt. ein.
5. In der Kategorie *Schatten* wählen Sie unter den *Voreinstellungen* die erste Option in der Kategorie *Außen (Offset diagonal unten rechts)*.
6. Zum Abschluss der Diagrammbearbeitung klicken Sie auf den äußeren Rahmen des Fokusdiagramms und wählen im Dialogfeld *Diagrammbereich formatieren* bei *Rahmenfarbe* den Eintrag *Keine Linie*.

Der in Größe und Position dynamisch anpassbare Fokusrahmen ist in der Datei *Kap_05_c_Fokus.xlsx* auf dem Arbeitsblatt *08 Rahmen* enthalten.

Den Fokusrahmen haben Sie damit erfolgreich erzeugt und positioniert. Dass dieser Rahmen eigentlich ein komplettes Balkendiagramm ist, wird den meisten Betrachtern auf den ersten Blick ganz bestimmt nicht auffallen. Entscheidend an dieser Darstellung ist eben das Weglassen oder Ausblenden der vielen nicht benötigten Elemente. Hier gilt eindeutig: Weniger ist mehr.

Abbildung 5.33 Nur der Fokusrahmen bleibt vom zweiten Diagramm zu sehen

Die Hilfsdaten ausblenden

In den Spalten *K* bis *O* sind alle Werte untergebracht, die zur Steuerung des Fokusrahmens benötigt werden. Ihre Darstellung ist für eine Projektbeurteilung jedoch nicht notwendig. Sie sollen deshalb ausgeblendet werden.

Das Problem besteht allerdings darin, dass beide Diagramme auf diesem Bereich aufbauen und Daten aus ausgeblendeten Zellen in Diagrammen normalerweise nicht dargestellt werden.

Diagramme können auch auf ausgeblendeten Werten basieren:

1. Klicken Sie das Fokusdiagramm an und wählen Sie auf der Registerkarte *Diagrammtools/Entwurf* in der Gruppe *Daten* die Schaltfläche *Daten auswählen*.
2. Öffnen Sie über die Schaltfläche *Ausgeblendete und leere Zellen* das Dialogfeld *Ausgeblendete und leere Zelleneinstellungen*.
3. Aktivieren Sie das Kontrollkästchen *Daten in ausgeblendeten Zeilen und Spalten anzeigen* und schließen Sie dann beide Dialogfelder mit *OK*.
4. Wiederholen Sie den Vorgang mit dem darunter liegenden Differenzdiagramm.

Viele Anwender wissen nicht, dass es diese Einstellmöglichkeit gibt. Stattdessen färben sie die Schrift der Werte mit der Füllfarbe der dahinterliegenden Zellen. Weiße Schrift auf weißem Hintergrund lässt sich nun mal nicht erkennen. Diesen Workaround benötigen Sie jetzt allerdings nicht mehr.

Abbildung 5.34 Daten in ausgeblendeten Zeilen und Spalten anzeigen

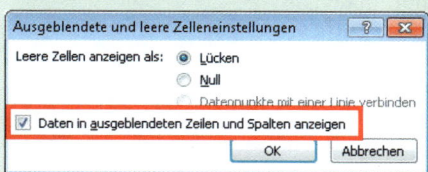

Blenden Sie abschließend die Spalten *K* bis *O* aus, indem Sie

- die Spaltenköpfe mit der Maus markieren,
- einen Rechtsklick auf einen der Spaltenköpfe ausführen und
- den Menübefehl *Ausblenden* auswählen.

Damit sind alle Bereiche ausgeblendet, die für die Projektbeurteilung nicht relevant sind. Die Diagramme sind aber trotzdem sichtbar.

> **WWW!** Das Ergebnis finden Sie in der Datei *Kap_05_c_Fokus.xlsx* auf dem Arbeitsblatt *09 Lösung*.

Abbildung 5.35 Die fertige Lösung liefert – neben den genauen Terminen in der Tabelle – einen schnellen Überblick durch das Gantt-Diagramm

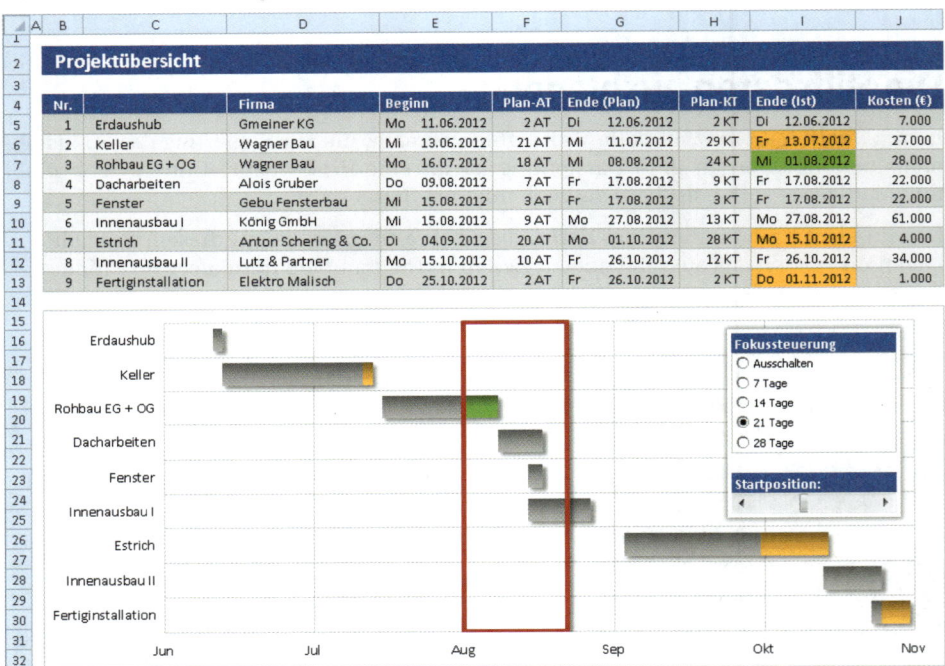

Mithilfe des so erstellten Diagramms können Sie in Besprechungen flexibel auf geänderte Zeiten reagieren, Verspätungen lokalisieren, den Fokus auf bestimmte Zeitabschnitte legen und damit Ihr Projekt professionell managen.

6

Flexibler als Gantt-Diagramme: Terminplanung mit Feiertagen und Projektabschnitten

Dynamisch und taggenau: Terminplanung übersichtlich darstellen	160
Termine bildhaft darstellen: Aus Datumswerten Projektbalken zaubern	167
Genial: Feiertage je nach Bundesland ermitteln und anzeigen	169
Prioritäten setzen: Wichtige Projektschritte in einer anderen Farbe darstellen	176
Eine Auswertung hinzufügen: Abrechenbare Tage ermitteln	179
Konzentration auf das Wesentliche: Unwichtiges vorübergehend ausblenden	180

Im vorhergehenden Kapitel haben Sie erfahren, wie Sie mithilfe eines Gantt-Diagramms Projektabläufe darstellen können. Aufgrund der unterschiedlichen Längen der einzelnen Monate ergaben sich jedoch leichte Abweichungen in der Diagrammdarstellung, die wir in diesem Kapitel beheben wollen.

In diesem Kapitel lernen Sie, wie Sie

- einen Projektablauf mittels bedingter Formatierung auf den Tag genau darstellen,
- zusätzlich Feiertage in Ihrer Planung berücksichtigen und
- die tatsächlich verbrauchte Arbeitszeit pro Projektschritt berechnen.

Diese Lösung eignet sich perfekt für die Vorplanung und für Projektpläne, die täglich auf den neuesten Stand gebracht werden müssen. Überzeugen Sie sich zudem davon, dass ein so erstellter Projektablauf auch noch gut aussehen kann.

Abbildung 6.1 Vorschau auf den fertigen Projektablauf

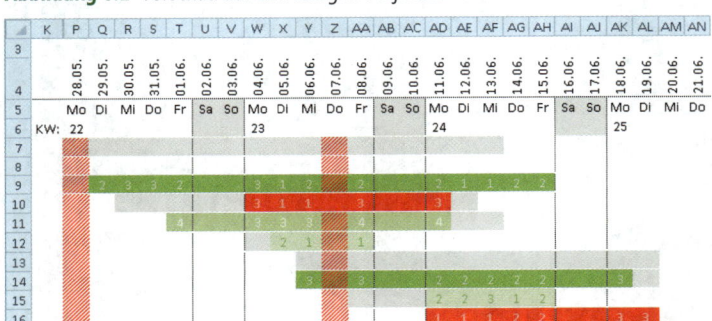

Dynamisch und taggenau: Terminplanung übersichtlich darstellen

Projekte starten zu den unterschiedlichsten Zeiten und variieren in ihrer Dauer. Eine intelligente Projektübersicht sollte sich deshalb den Besonderheiten flexibel anpassen und nur die Zeiträume darstellen, die tatsächlich beansprucht werden. Dazu gehört das automatische Berechnen des ersten und letzten Projekttags.

Das folgende Beispiel finden Sie in der Datei *Kap_06_Projektübersicht.xlsx*. Die einzelnen Projektphasen wurden für dieses Beispiel stark vereinfacht und stellen keinen typischen Verlauf eines Bauprojekts dar.

Im Beispiel soll ausgehend von den vorliegenden Terminen ein Projektplan entwickelt werden. Im normalen Projektgeschäft würden im Vorfeld wahrscheinlich nur die geplanten Start- und Endtermine in den Spalten *D* und *F* bekannt sein. Die tatsächlichen Termine in den Spalten *H* und *I* würden erst im Laufe des Projekts hinzukommen. Zur Vereinfachung werden diese Daten im Beispiel aber bereits mit angegeben.

Dynamisch und taggenau: Terminplanung übersichtlich darstellen

Abbildung 6.2 Aus den Terminspalten sollen die Projektbalken entstehen

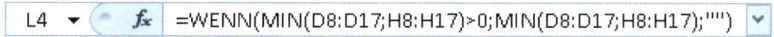

Datumswerte nur innerhalb der Projektdauer anzeigen

Der Projektplan soll rechts neben der vorgegebenen Tabelle im Bereich der Spalten *L* bis *AP* aufgebaut werden. Durch diese 31 Spalten kann ein kompletter Monat abgebildet werden. Wie das geht? Ganz einfach, die Lösung erfolgt in zwei Schritten.

> Verwenden Sie zum Nachvollziehen der folgenden Schritte in der Datei *Kap_06_Projektübersicht.xlsx* das Arbeitsblatt *01 Daten*.

Werte per Formel ermitteln

1. Ermitteln Sie in der Zelle *L4* den ersten Tag des Projekts mit der Formel
   `=WENN(MIN(D8:D17;H8:H17)>0;MIN(D8:D17;H8:H17);"")`

   Die Formel prüft mit MIN(D8:D17;H8:H17)>0, welches eingegebene Datum das kleinste Datum ist. Dieses Datum wird von der WENN-Funktion in die Zelle *L4* geschrieben. Ist kein Datum vorhanden, kann das Minimum nicht größer *0* sein. In diesem Fall wird »nichts« (dargestellt durch zwei Anführungszeichen) eingetragen.

   Die Spalte *H* mit den tatsächlichen Startterminen muss mit einbezogen werden, weil theoretisch ein Projektschritt auch einmal vor dem frühesten geplanten Starttermin beginnen könnte. Das Projekt würde dann früher als geplant beginnen.

   Abbildung 6.3 Formel zur Ermittlung des Starttermins

   | L4 ▼ | *fx* | =WENN(MIN(D8:D17;H8:H17)>0;MIN(D8:D17;H8:H17);"") |

2. Die Folgetage in den Zellen rechts von *L4* werden ebenfalls mit einer Formel ermittelt. Allerdings soll nur dann ein weiterer Tag angezeigt werden, wenn der Tag noch innerhalb des Projektzeitraums liegt.

   Tragen Sie in Zelle *M4* die folgende Formel ein:
   `=WENN(UND(L4>=MIN($D$8:$D$17;$H$8:$H$17);`
   `L4<MAX($F$8:$F$17;$I$8:$I$17)) ;L4+1;"")`

   Die Formel prüft, ob das Datum in Zelle *L4* größer als das kleinste Datum aus den Spalten *D* und *H* ist.

- Durch die UND-Funktion wird gleichzeitig geprüft, ob das Datum in Zelle *L4* kleiner ist als das größte Datum aus den Spalten *F* und *I*, in denen die Endtermine stehen.

- Wenn beides zutrifft, steht in der Zelle *L4* ein Datum, das größer als der kleinste Starttermin, aber noch kleiner als der größte Endtermin ist. Ist dies der Fall, wird in *M4* das Datum aus *L4* um einen Tag erhöht.

Abbildung 6.4 Formel zur Ermittlung der Projekttage nach dem Starttermin

3. Kopieren Sie die Formel der Zelle *M4* in die Zellen *N4* bis *AP4*.

   Klicken Sie hierzu auf die Zelle *M4*. Bewegen Sie die Maus über das schwarze Ausfüllkästchen an der rechten unteren Ecke der Zelle. Ziehen Sie mit gedrückter linker Maustaste bis zur Spalte *AP*.

Abbildung 6.5 Zellen durch Ziehen mit der Maus nach rechts kopieren

Damit haben Sie für 31 Tage die Datumswerte ermittelt. Bei einem länger andauernden Projekt ziehen Sie die Formel ganz einfach wie beschrieben so weit nach rechts, bis Sie alle voraussichtlich benötigten Projekttage erfasst haben.

Werte optisch aufpeppen

Damit die ermittelten Zahlen in den Zellen *L4* bis *AP4* das zugehörige Datum hochkant anzeigen, formatieren Sie die Zellen wie folgt:

1. Markieren Sie die Zellen *L4:AP4*.
2. Rufen Sie mit [Strg]+[1] das Dialogfeld *Zellen formatieren* auf.
3. Wählen Sie auf der Registerkarte *Zahlen* die Kategorie *Benutzerdefiniert*.
4. Tragen Sie im Feld *Typ* das Zahlenformat TT.MM. ein.

Abbildung 6.6 Im Dialogfeld *Zellen formatieren* die Textausrichtung bestimmen

5. Klicken Sie auf die Registerkarte *Ausrichtung*. Tragen Sie im Bereich *Ausrichtung* den Wert 90 Grad ein.

6. Schließen Sie das Dialogfeld mit *OK*.

7. Klicken Sie auf der Registerkarte *Start* in der Gruppe *Zellen* im Menü der Schaltfläche *Format* auf *Spaltenbreite*, geben Sie den Wert 3 ein und schließen Sie das kleine Dialogfeld mit *OK*.

Abbildung 6.7 Spaltenbreite anpassen

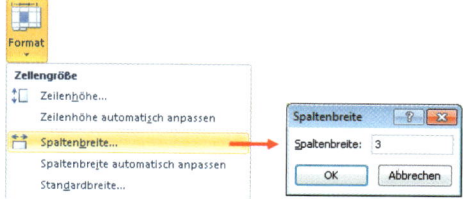

Das Ergebnis kann sich sehen lassen: Die Datumswerte stehen hochkant in den Zellen und nehmen weniger Platz in Anspruch. Außerdem hört die Angabe des Datums in der Zelle *AN4* bereits auf, da die Datumswerte in den Zellen *AO4* und *AP4* außerhalb des Projektzeitraums liegen.

> Sie finden das Ergebnis in der Datei *Kap_06_Projektübersicht.xlsx* auf dem Arbeitsblatt *02 Datum*. Verwenden Sie dieses Arbeitsblatt zum Nachvollziehen der nächsten Schritte.

Praktisch: Zum Datum den Wochentag sehen

Die zu den Datumswerten gehörenden Wochentage können Sie mit wenigen Schritten in Zeile 5 anzeigen lassen:

1. Klicken Sie auf die Zelle *L5*, tragen Sie die Formel =L4 ein.

2. Rufen Sie mit [Strg]+[1] das Dialogfeld *Zellen formatieren* auf, klicken Sie auf der Registerkarte *Zahlen* auf die Kategorie *Benutzerdefiniert*, tragen Sie im Feld *Typ* das Zahlenformat TTT ein und schließen Sie das Dialogfeld mit *OK*.

3. Kopieren Sie die Formel von *L5* bis nach *AP5* (vgl. Abbildung 6.5).

Dadurch stehen unter allen Datumswerten die zugehörigen Wochentage. In den Zellen *AO5* und *AP5* stehen keine Wochentage, weil in den darüber liegender Zellen keine Datumswerte mehr eingetragen wurden – die Dynamik funktioniert.

Endlich: Kalenderwoche fehlerfrei nach DIN ermitteln

Liefertermine werden oftmals durch die Angabe der Kalenderwoche festgelegt. Ob die Spedition das zu liefernde Gut am Montag oder erst am Donnerstag zustellt, ist dann weniger relevant, wenn das Liefergut erst in der darauffolgenden Woche im Projektablauf gebraucht wird. Wichtig ist oftmals ein Eintreffen des Lieferguts auf der Baustelle bis spätestens Freitag, damit es am Montag nahtlos weitergehen kann. Dafür benötigen Sie die Angabe der Kalenderwoche.

Die Ermittlung der Kalenderwoche nach DIN ist mit der in Excel 2010 geänderten Funktion KALENDERWOCHE ohne Umwege möglich.

1. Tragen Sie in Zelle *L6* folgende Formel ein:
   `=WENN(ISTZAHL(L4);WENN(WOCHENTAG(L4;11)=1; KALENDERWOCHE(L4;21);"");"")`
2. Kopieren Sie die Formel nach rechts bis zur Zelle *AP6*.

3. Richten Sie zum Schluss die Zellen *L6* bis *AP6* zentriert aus.

Abbildung 6.8 Formel zur Ermittlung der Kalenderwoche

| L6 | ▼ | *fx* | =WENN(ISTZAHL(L4);WENN(WOCHENTAG(L4;11)=1;KALENDERWOCHE(L4;21);"");"") |

Die Funktionsweise der Formel im Detail:

- Innerhalb der ersten WENN-Funktion prüft die Formel, ob in der Zelle *L4* eine Zahl (im Beispiel ein Datumswert) vorhanden ist: `WENN(ISTZAHL(L4)`.

- Die Kalenderwoche soll nur einmal pro Woche angezeigt werden. Idealerweise sollte sie unter dem jeweiligen Wochenanfang, dem Montag, stehen. Deshalb wird in der zweiten WENN-Funktion überprüft, ob der Wochentag in *L4* ein Montag ist: `WENN(WOCHENTAG(L4;11)=1`.

> Die Funktion WOCHENTAG benötigt zur Berechnung des korrekten Wochentags die beiden Argumente *fortlaufende_Zahl* und *Rückgabetyp*.
> - Als *fortlaufende_Zahl* geben Sie das auszuwertende Datum an.
> - Mit dem Argument *Rückgabetyp* bestimmen Sie, welche Zahl von *1* bis *7* den einzelnen Wochentagen zugeordnet wird. Der Rückgabetyp *11* definiert die Zahlen nach dem deutschen System von *1* (Montag) bis *7* (Sonntag).

- Trifft auch diese Bedingung zu, so soll die Kalenderwoche zum Datumswert in Zelle *L4* ausgegeben werden. Zu beachten ist hierbei, dass innerhalb der Funktion KALENDERWOCHE als zweites Argument *21* angegeben wird. *21* bewirkt, dass die Kalenderwoche nach dem deutschen System ermittelt wird: `KALENDERWOCHE(L4;21)`.

- Trifft eine der Bedingungen nicht zu, soll nichts angezeigt werden: `"");"")`.

Bei Bedarf können Sie in Zelle *K6* die Zeichen KW: eintragen, damit auch Ihre Kollegen wissen, welchen Wert Sie unterhalb der Wochentage berechnet haben.

Ein Jahr hat entweder 52 oder 53 Kalenderwochen (KW). Bei der Nummerierung dieser Kalenderwochen gibt es je nach Nationalität verschiedene Variationen.

Die für Deutschland gültige Regelung richtet sich nach der DIN 1355-1/ISO 8601.

Sie besagt, dass die erste Kalenderwoche des Jahres die Woche ist,

- die mindestens vier Tage des neuen Jahres enthält, bzw.
- die Woche, in der der 4. Januar auftaucht, bzw.
- die Woche, die den ersten Donnerstag des Jahres enthält.

In den USA beispielsweise wird hingegen diejenige Woche zur Kalenderwoche 1, die den 1. Januar enthält.

Bis Excel 2007 konnten Sie die »deutsche« Kalenderwoche nur mit einer relativ komplexen Formel ermitteln:

=KÜRZEN((A1-WOCHENTAG(A1;2)-DATUM(JAHR(A1+4-WOCHENTAG(A1;2))
;1;-10))/7)

Ab Excel 2010 steht hierfür die neue Funktion KALENDERWOCHE zur Verfügung. Sie liefert durch Angabe des Rückgabetyps *21* die nach der DIN/ISO richtige Kalenderwoche: =KALENDERWOCHE(A1;21).

Die Datumswerte mit Angabe von Wochentag und Kalenderwoche können Sie in der Datei *Kap_06_Projektübersicht.xlsx* auf dem Arbeitsblatt *04 Kalenderwoche.* überprüfen.

Einfacher als gedacht: Wochenenden farbig hervorheben

Wochenenden stellen häufig eine Herausforderung in der Projektplanung dar. Zum einen dürfen sie in der Regel nicht als Arbeitszeit berücksichtigt werden. Zum anderen sollten sie farblich im Projektplan gekennzeichnet sein, damit sie auf einen Blick erkennbar sind. Beauftragen Sie Excel, diese Farbmarkierungen, wie sie in Abbildung 6.9 zu sehen sind, für Sie zu setzen.

Abbildung 6.9 Die Wochenenden sollen farbig hervorgehoben werden

Teil I: Wochenenden im Datumsbereich markieren

1. Markieren Sie den Zellbereich *L5:AP6* (in diesen Zellen stehen die Wochentage und die Kalenderwochen).

2. Klicken Sie auf der Registerkarte *Start* in der Gruppe *Formatvorlagen* auf die Schaltfläche *Bedingte Formatierung* und wählen Sie den Befehl *Neue Regel*.

3. Wählen Sie im folgenden Dialogfeld den Eintrag *Formel zur Ermittlung der zu formatierenden Zellen verwenden.*

4. Im Eingabefeld darunter tragen Sie folgende Formel ein:
   =UND(L$4>0;WOCHENTAG(L$4;11)=6)

   Diese Formel prüft zum einen, ob der Wert in Zelle *L4* größer *0* und damit ein Datum ist. Zum anderen wird geprüft, ob der Wochentag des Datums in Zelle *L4* der sechste Wochentag (Samstag) ist. Ist dies der Fall, soll die Formatierung geändert werden.

> In Microsoft Excel werden Datumsangaben als fortlaufende Zahlen gespeichert, sodass sie in Berechnungen verwendet werden können. Standardmäßig ist der 1. Januar 1900 die fortlaufende Zahl 1. Hinter dem 12. Juli 2012 steht die fortlaufende Zahl 41.102, da dieser Tag der 41.102te Tag in der Zeitrechnung von Excel ist. Ein Datumswert ist dementsprechend eine formatierte fortlaufende Zahl und dadurch standardmäßig größer als *0*.

5. Klicken Sie auf die Schaltfläche *Formatieren* und wählen Sie auf der Registerkarte *Ausfüllen* den zweiten Grauwert von oben aus.

6. Wechseln Sie nun zur Registerkarte *Rahmen*, wählen Sie links die erste gepunktete Linienart und klicken Sie anschließend auf die Schaltfläche zur Übertragung der Einstellung auf den »linken« Zellrahmen.

7. Klicken Sie auf *OK* und schließen Sie auch das Dialogfeld *Neue Formatierungsregel* mit *OK*.

8. Wiederholen Sie die Schritte 2 bis 7 mit zwei kleinen Abweichungen:

   ■ Bei Schritt 4 tragen Sie statt der *6* die *7* in die Formel ein. Damit wird geprüft, ob der Wochentag ein Sonntag ist.

   ■ Bei Schritt 6 übernehmen Sie den gepunkteten Rahmen für den »rechten« Zellenrand.

Wenn Sie alle Schritte durchgeführt haben, werden die Wochenenden grau unterlegt und mit einer gepunkteten Linie links (am Samstag) und rechts (am Sonntag) abgegrenzt.

Abbildung 6.10 Einstellungen für die bedingte Formatierung, wenn der Wochentag ein Samstag ist

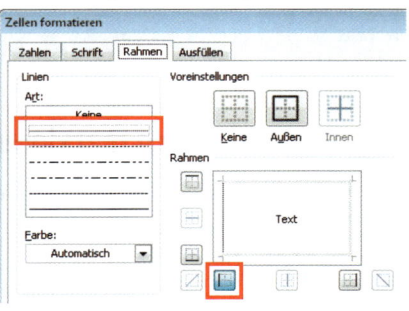

Teil II: Wochenenden im späteren Gantt-Bereich kennzeichnen

Zur einfachen Abgrenzung der Wochenendtage im Gantt-Bereich ist die Fortführung der gestrichelten Linie ideal geeignet. Dadurch bleibt eine einheitliche und zugleich schlichte Optik erhalten. Führen Sie hierfür folgende Schritte aus:

1. Markieren Sie den Zellbereich *L7:AP17* (in diesen Zellen werden später die Gantt-Balken angezeigt).

2. Wiederholen Sie die Schritte 2 bis 4 und 6 bis 8 aus dem vorangegangenen Teil I. Überspringen Sie den fünften Schritt, da eine Graufärbung im Zellbereich *L7:AP17* nicht benötigt wird.

Damit sind nun auch im Bereich unterhalb der Datumswerte die Wochenenden eindeutig erkennbar und auf einen Blick von den normalen Werktagen zu unterscheiden.

Abbildung 6.11 Die Tabelle mit den deutlich erkennbaren Wochenenden

	K	L	M	N	O	P	Q	R	S	T	U	V	W	X	Y	Z	AA	AB	AC	AD
3																				
4		24.05.	25.05.	26.05.	27.05.	28.05.	29.05.	30.05.	31.05.	01.06.	02.06.	03.06.	04.06.	05.06.	06.06.	07.06.	08.06.	09.06.	10.06.	11.06.
5		Do	Fr	Sa	So	Mo	Di	Mi	Do	Fr	Sa	So	Mo	Di	Mi	Do	Fr	Sa	So	Mo
6	KW:					22							23							24
7																				
8																				
9																				
10																				

> Die einzelnen Schritte bis hierher sind in der Datei *Kap_06_Projektübersicht.xlsx* auf dem Arbeitsblatt *06 Wochenenden total* umgesetzt.

Die Vorbereitung Ihrer Projekttabelle haben Sie damit abgeschlossen. Im nächsten Schritt geht es um das visuelle Darstellen Ihrer Termindaten. Schließlich sollen die Projektbeteiligten sofort erkennen, wann welcher Projektschritt geplant ist.

Termine bildhaft darstellen: Aus Datumswerten Projektbalken zaubern

Eine visuelle Darstellung macht es leichter, den Überblick zu behalten. Anstatt mühselig einzelne Datumswerte aus einer Tabelle herauszulesen, kann der Projektablauf mithilfe einer grafischen Übersicht viel einfacher nachvollzogen werden. Außerdem ist dadurch sehr leicht erkennbar, ob sich Projektschritte zeitlich überlagern oder vielleicht sogar in der falschen Reihenfolge beginnen.

Die voraussichtliche Dauer einzelner Projektschritte darstellen

Im ersten Schritt sollen die geplanten Termindaten für die einzelnen Projektschritte im Bereich *L7:AP17* dargestellt werden. Dazu ist für jeden Tag eine einzelne Zelle einzufärben. Automatisieren können Sie das Ganze mithilfe der bedingten Formatierung. Führen Sie dafür folgende Schritte aus:

1. Markieren Sie den Zellbereich *L7:AP17*. (Wundern Sie sich nicht, dass Sie hier bereits in Zeile *7* beginnen sollen. Die momentan noch leere Zeile *7* wird im Verlauf des Kapitels mit projektrelevanten Daten befüllt.)

2. Wählen Sie die Befehlsfolge *Start/Formatvorlagen/Bedingte Formatierung/Neue Regel/Formel zur Ermittlung der zu formatierenden Zellen verwenden*.

3. Tragen Sie im Feld *Regelbeschreibung bearbeiten* die Formel
   =UND(ISTZAHL($D7);L$4>=$D7;L$4<=$F7) ein.

4. Klicken Sie auf die Schaltfläche *Formatieren* und verwenden Sie folgende Einstellungen:

   - als Ausfüllfarbe den zweiten Grauwert von oben
   - als Rahmenlinie oben und unten eine weiße Linie
   - als Schriftfarbe den dunkelsten Grauwert in der ersten Farbspalte

   Die Schriftfarbe wird später zur Darstellung von abrechenbaren Tagen benötigt und kann an dieser Stelle gleich mit angelegt werden.

5. Schließen Sie alle Dialogfelder mit *OK*.

Als Ergebnis werden alle Zellen markiert, deren zugehöriges Datum aus der Zeile *4* innerhalb der geplanten Start- und Endtermine (Spalten *D* und *F*) liegt.

Abbildung 6.12 Formatierungseinstellungen der bedingten Formatierung zum Darstellen der Projektschritte

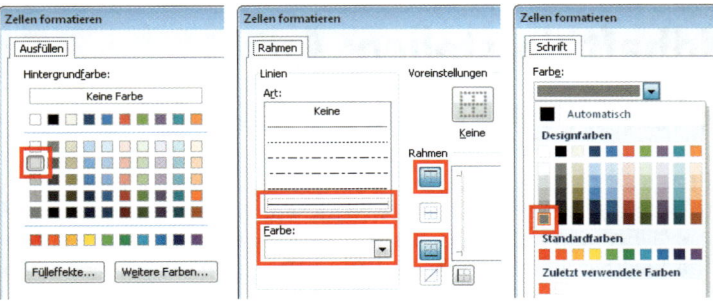

Übereinanderstehende Projektbalken sind bei gleicher Balkenfarbe fast nicht auseinanderzuhalten. Oftmals werden deshalb zwischen den Projektbalken horizontale Freiräume durch zusätzliche Leerzeilen eingefügt. Dies hat jedoch zur Folge, dass beim Formatieren des Balkenbereichs die zusätzlichen Leerzeilen nicht mit markiert sein dürfen, da sie sonst auch eine Farbe erhalten könnten.

Zum Vermeiden dieser Leerzeilen erzeugen Sie die weißen Abgrenzungslinien oben und unten mittels bedingter Formatierung. Die Abgrenzungslinien erleichtern in der fertigen Projektübersicht das Auseinanderhalten übereinanderliegender Projektschritte genauso wie leere Zwischenzeilen, verändern aber nicht den Zellbereich.

Die mit bedingter Formatierung erstellten Projektbalken finden Sie in der Datei *Kap_06_Projektübersicht.xlsx* auf dem Arbeitsblatt *07 Projektbalken*.

Genial: Feiertage je nach Bundesland ermitteln und anzeigen

Ausnahmen von der Regel gibt es wohl in jedem Projekt. Dabei spielen nicht nur die Wochenenden eine Rolle. Arbeitsfreie Tage und Feiertage sind ebenso zu berücksichtigen. Allerdings ist das nicht ganz einfach, weil in den einzelnen Bundesländern unterschiedliche Feiertagsregelungen gelten. Die Lösung hierfür liefert eine Übersichtstabelle, in der alle Feiertage aufgeführt sind. Der komplette Zugriff darauf läuft in folgenden Schritten ab:

1. Auswahl des Bundeslands durch den Anwender
2. Ermittlung des Bundeslandkürzels
3. Zugriff auf die richtige Spalte in der Feiertagstabelle

Abbildung 6.13 Zugriff auf die Feiertagstabelle mithilfe einer Dropdownliste

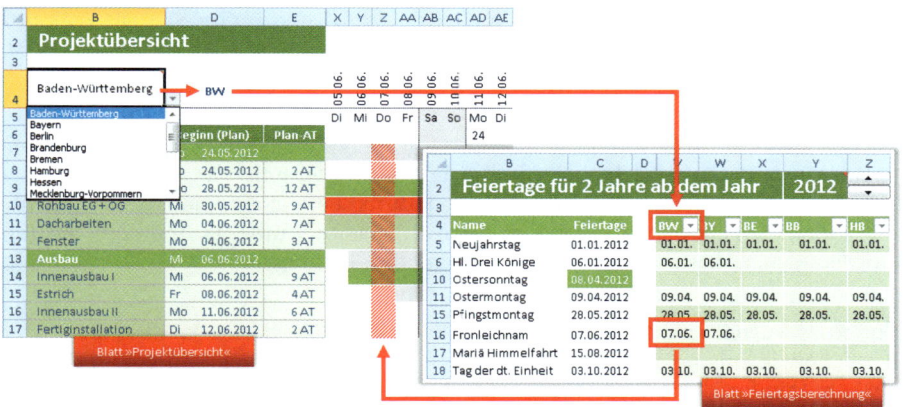

4. Vergleich, ob der jeweilige Projekttag ein Feiertag ist
5. Markierung des Projekttags als Feiertag

Eine Tabelle mit den wichtigsten bundesdeutschen Feiertagen finden Sie in der Datei *Kap_06_Projektübersicht.xlsx* auf dem Arbeitsblatt *Feiertagsberechnung*.

So funktioniert die Feiertagstabelle

Ausgangspunkt für viele Feiertage ist der Ostersonntag, der ranghöchste Feiertag im Kirchenjahr. Der Ostersonntag ist der Sonntag nach dem Frühlingsvollmond, der nach dem Gregorianischen Kalender auf einen Tag zwischen dem 21. März und dem 19. April fällt.

Zur Berechnung des Ostersonntagdatums kursieren im Internet diverse Formeln. Eine davon ist die Formel =DM((TAG(MINUTE(Y2/38)/2+55)&".4."&Y2)/7;)*7-6, die im vorliegenden Beispiel zur Berechnung des Datums des Ostersonntags lediglich die Angabe des gewünschten Jahres in der Zelle *Y2* benötigt.

Ausgehend vom ermittelten Datum in Zelle *C10* (für das Jahr 2012 fällt der Ostersonntag auf den 08.04.) können in der Feiertagstabelle weitere Feiertage durch bloße Addition oder Subtraktion von Differenztagen ermittelt werden. Der zugehörige Karfreitag liegt beispielsweise immer zwei Tage vor dem Ostersonntag und fällt damit im Jahr 2012 auf den 06.04. Die meisten kirchlichen Feiertage werden auf diese Weise berechnet.

Es gibt allerdings auch Feiertage, die immer am gleichen Datum stattfinden. Der erste Weihnachtsfeiertag fällt beispielsweise immer auf den 25.12. und der weltliche Feiertag zum Tag der deutschen Einheit immer auf den 03.10. Diese Feiertage können ohne Bezug zum Ostersonntag ermittelt werden.

Auf dem Arbeitsblatt *Feiertagsberechnung* sind in den ausgeblendeten Spalten *E* bis *T* den einzelnen Bundesländern die unterschiedlichen Feiertage zugeordnet. Sollte bei einem Bundesland ein Feiertag hinzukommen oder wegfallen, kann einfach ein x hinzugefügt oder gelöscht werden. Die Spalten *V* bis *AK* sind für die spätere Verwendung im Projektplan relevant. In diesen Spalten wird das Datum des jeweiligen Feiertags angezeigt, wenn in den Spalten *E* bis *T* beim entsprechenden Bundesland ein x eingetragen ist.

Der Zellbereich *V4* bis *AK44* wurde über die Befehlsfolge *Start/Formatvorlagen/Als Tabelle formatieren* und der Auswahl einer *Tabellenformatvorlage* in eine intelligente Tabelle umgewandelt. Der Zellbereich ist dadurch bereits automatisch eingefärbt und mit Autofiltern ausgestattet. Zum späteren Ansteuern wurde der intelligenten Tabelle auf der Registerkarte *Tabellentools/Entwurf* der Tabellenname *tblFeiertage* zugewiesen.

Der große Vorteil einer intelligenten Tabelle besteht hier darin, dass auf die einzelnen Bereiche wie beispielsweise die *Kopfzeile* oder auch die *Daten* in den einzelnen Spalten sehr komfortabel zugegriffen werden kann.

Abbildung 6.14 Definition des Tabellennamens auf der Registerkarte *Tabellentools/Entwurf*

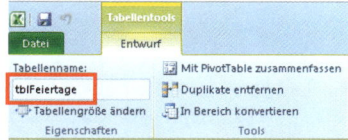

In der fertigen Lösung soll das gewünschte Bundesland komfortabel über ein Listenfeld auswählbar sein. Auf Basis der getroffenen Auswahl soll anschließend mithilfe des jeweiligen Länderkürzels auf die richtige Spalte in der Tabelle *tblFeiertage* zugegriffen werden. Hierfür wurden auf dem Arbeitsblatt *Feiertagsberechnung* zwei *Bereichsnamen* definiert.

In Spalte *AM* wurden die einzelnen Bundesländer markiert und im *Namenfeld* der Name *Bundesland* eingetragen. Anschließend wurde dem Zellbereich mit den Bundesländern und den dazugehörenden Abkürzungen der Name *Ländertabelle* zugewiesen.

Abbildung 6.15 Bereichsnamen auf dem Arbeitsblatt *Feiertagsberechnung*

Feiertage nach Bundesland im Projektplan anzeigen

Je nach Bundesland sollen in der Projektübersicht die jeweiligen Feiertage angezeigt werden. Voraussetzung hierfür ist natürlich die Auswahl eines Bundeslands.

Keine Fehler mehr beim Eintippen: Komfortable Auswahl des Bundeslands per Dropdownliste

Wer möchte schon Bundesländer wie Baden-Württemberg in voller Länge von Hand eingeben müssen? Da sind Tippfehler wie Baden-Würtemberg schon vorprogrammiert. Für die korrekte Zuordnung der Feiertage ist die korrekte Schreibweise jedoch unerlässlich.

Die Lösung: Eine komfortable Auswahlliste, aus der die Anwender per Klick das richtige Bundesland auswählen können.

Wenn Sie die folgenden Schritte selbst durchführen möchten, verwenden Sie in der Datei *Kap_06_Projektübersicht.xlsx* das Arbeitsblatt *07 Projektbalken*.

Eine solche Auswahlliste erstellen Sie mit den folgenden Schritten:

1. Klicken Sie auf die Zelle *B4*.

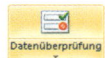
2. Wählen Sie die Befehlsfolge *Daten/Datentools/Datenüberprüfung/Datenüberprüfung* und wählen Sie im Feld *Zulassen* den Eintrag *Liste*.

3. Geben Sie im Feld *Quelle* ein Gleichheitszeichen, gefolgt vom Bereichsnamen Bundesland an. Damit greifen Sie auf den gleichnamigen Zellbereich aus dem Blatt *Feiertagsberechnung* zu.

4. Klicken Sie auf *OK*.

5. Richten Sie den Zellinhalt *vertikal zentriert* aus.

Abbildung 6.16 Mithilfe der Datenüberprüfung wird eine Auswahlliste erstellt

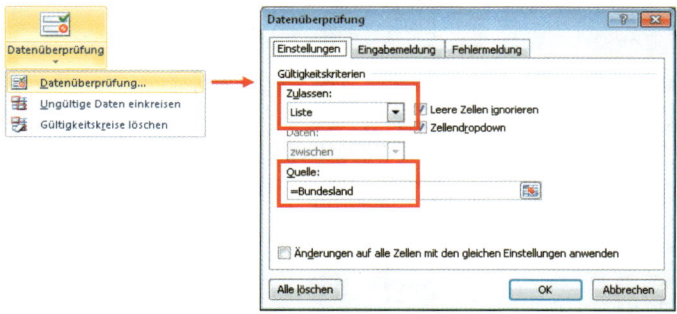

Neben dem reinen Bedienkomfort hat eine solche Auswahlliste vor allem den Vorteil, dass nur noch zulässige Werte in die Zelle eingetragen werden können und Fehleingaben dadurch verhindert werden.

Die Zelle mit der Ecke: Hinweise zur Bedienung

Ein Zellkommentar kann für Kollegen sehr hilfreich sein, vor allem wenn sie die Projektübersicht zum ersten Mal bedienen. Mit einem Zellkommentar können Sie genau angeben, was in/mit der Zelle passieren soll.

1. Klicken Sie auf die Zelle *B4* und wählen Sie *Überprüfen/Kommentare/Neuer Kommentar*.

2. Überschreiben Sie den vorgeschlagenen Text mit dem Hinweis Wählen Sie bitte das gewünschte Bundesland aus.

3. Markieren Sie das Wort *Bundesland* und formatieren Sie es *fett*.

4. Klicken Sie mit der rechten Maustaste auf den Rahmen des Kommentars und wählen Sie den Befehl *Kommentar formatieren*.

5. Im Dialogfeld *Kommentar formatieren* können Sie nun auf der Registerkarte *Farben und Linien* unter *Ausfüllen* eine Farbe für den Füllbereich wählen.

Mit einem SVERWEIS die richtige Länderspalte ermitteln

Das Länderkürzel des in der Zelle *B4* ausgewählten Bundeslands ermitteln Sie in Zelle *D4*. Verwenden Sie dafür die Formel =SVERWEIS(B4;Ländertabelle;2;FALSCH).

- Die Formel vergleicht dabei den ausgewählten Wert aus der Zelle B4 (z.B. Baden-Württemberg) mit den Werten der ersten Spalte aus der *Ländertabelle*,

- gibt anschließend das zugehörige Kürzel aus der zweiten Spalte der *Ländertabelle* zurück und

- sorgt mit dem Argument *FALSCH* dafür, dass nur bei exakter Übereinstimmung des Ländernamens ein Kürzel zurückgegeben wird.

Weisen Sie der Zelle *D4* nach der Formeleingabe noch die Schriftfarbe *Weiß* zu, damit das jeweilige Kürzel nicht angezeigt wird.

Die Feiertage farbig hervorheben

Zum Hervorheben der Feiertage erweitern Sie die Regel für die bedingte Formatierung so, dass nur diejenigen Feiertage angezeigt werden, die im jeweils ausgewählten Bundesland gültig sind.

Beim Aufbau dieser Lösung verwenden Sie die Funktionen ISTZAHL, VERGLEICH und INDIREKT.

Mit drei Funktionen prüfen, ob ein Datum auf einen Feiertag fällt

1. Markieren Sie den Zellbereich *L7:AP17*.

2. Wählen Sie die Befehlsfolge *Start/Formatvorlagen/Bedingte Formatierung/Neue Regel/Formel zur Ermittlung der zu formatierenden Zellen verwenden*.

3. Tragen Sie im Feld *Regelbeschreibung bearbeiten* nachstehende Formel ein:

    =ISTZAHL(VERGLEICH(L$4;INDIREKT("tblFeiertage["&$D$4&"]");0))

Abbildung 6.17 Formel der bedingten Formatierung zum Darstellen der Feiertage

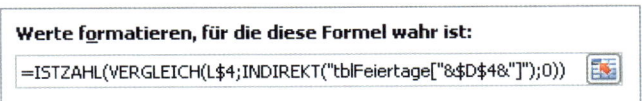

Abbildung 6.18 zeigt, wie die Formel im Einzelnen funktioniert:

Abbildung 6.18 Mit drei Funktionen das Datum auf Feiertage prüfen

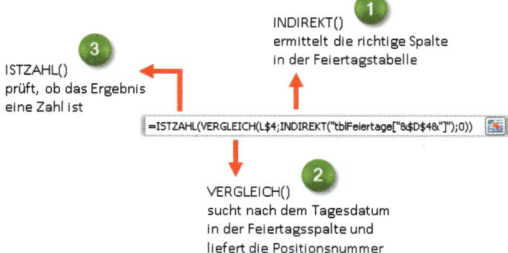

Daten flexibel kombinieren: Zellbezüge mit INDIREKT zusammenstellen

Der Trick bei der vorliegenden Formel besteht darin, dass mithilfe der Funktion INDIREKT in der Feiertagstabelle die Spalte mit dem zuvor per Listenfeld in *B4* ausgewählten Bundesland gefunden wird.

Die Funktion INDIREKT setzt dabei die in Anführungszeichen stehenden Textwerte mit dem Wert aus der Zelle *D4* zusammen. Steht in der Zelle *D4* beispielsweise das Kürzel *BW* für Baden-Württemberg, so ermittelt die Funktion INDIREKT aus den Bestandteilen

- "tblFeiertage[" (inklusive der öffnenden eckigen Klammer),
- $D$4 und
- "]" (die schließende eckige Klammer)

den Bezug tblFeiertage[BW] und greift damit auf die Spalte mit den Feiertagsdaten aus Baden-Württemberg zu.

Mit VERGLEICH prüfen, ob ein Datumswert vorliegt

Die umgebende Funktion *VERGLEICH(Suchkriterium; Suchmatrix; Vergleichstyp)* sucht nach dem Datum aus der Zelle *L4* in der Spalte tblFeiertage[BW]. Die Spaltenangabe tblFeiertage[BW] haben Sie gerade mit INDIREKT() ermittelt. Die Angabe des *Vergleichstyps 0* sorgt dafür, dass exakt nach dem angegebenen Datum gesucht wird.

Wird das Datum gefunden, gibt VERGLEICH() die Position des Datums innerhalb der Spalte als Zahl zurück. Diese Zahl ist automatisch größer null, da ein gefundenes Datum mindestens an Position 1 der Suchspalte stehen würde.

Wird das Datum nicht gefunden, gibt VERGLEICH() einen Fehler #NV zurück. In diesem Fall hilft Ihnen die nächste Funktion ISTZAHL().

Mit ISTZAHL ermitteln, ob in der Zelle ein Datum (also eine Zahl) steht

Ermittelt die Funktion VERGLEICH() eine Zahl, liefert ISTZAHL() den Wert *WAHR*, andernfalls den Wert *FALSCH*. Damit haben Sie die Bedingung für die bedingte Formatierung definiert.

Eine Formatierung, die die Feiertage besonders hervorhebt

Da eine bedingte Formatierung nur dann angezeigt wird, wenn die zugrunde liegende Bedingung zutrifft (die Formel den Wert *WAHR* liefert), kann nun die gewünschte Darstellung für die Feiertage ausgewählt werden:

1. Klicken Sie im noch geöffneten Dialogfeld *Formatierungsregel bearbeiten* auf die Schaltfläche *Formatieren*.
2. Stellen Sie auf der Registerkarte *Ausfüllen* das gewünschte Muster ein.

Abbildung 6.19 Formatierungseinstellungen zum Darstellen der Feiertage

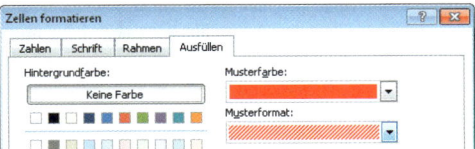

3. Schließen Sie alle Dialogfelder mit *OK*.

Die bedingte Formatierung zeigt bei der Auswahl des Landes Baden-Württemberg an, dass am 28.05.2012 und am 07.06.2012 ein Feiertag in der Planung zu berücksichtigen ist (beide Tage sind entsprechend gemustert). Wird die Landesauswahl in der Zelle *B4* beispielsweise auf *Berlin* umgestellt, so fällt der 07.06.2012 als Feiertag weg, da Fronleichnam in Berlin kein Feiertag ist.

Gleichzeitig verkürzt sich die Dauer der Projektschritte in den Zeilen *9* bis *11* um jeweils einen Tag. Dieser Automatismus wird durch die im Beispiel bereits eingebauten Formeln in Spalte *F* verursacht. Die Berechnung des geplanten Endtermins in Zelle *F8* mit der Formel

=ARBEITSTAG(D8;E8-1;INDIREKT("tblFeiertage["&$D$4&"]"))

nimmt bereits Bezug auf die Feiertagstabelle. Dadurch verkürzt oder verlängert sich bei einem Feiertag automatisch der einzuplanende Zeitrahmen. Der graue Balken wird kürzer oder länger.

Abbildung 6.20 Formel zur Berechnung der Endtermine unter Berücksichtigung der Feiertage

Feiertag vor Werktag: Die Farben umstellen

Das nachträgliche Hinzufügen der bedingten Formatierung für die Feiertage führt dazu, dass die zuvor erstellte bedingte Formatierung mit den grauen Projektbalken an den Feiertagen überschrieben wird. Die grauen Projektbalken – sie stehen für die ursprünglich geplanten Zeiten – sollen jedoch, wie in Abbildung 6.21 zu sehen, durch die farbige Feiertagsschraffur durchscheinen.

Abbildung 6.21 Im rechten Bild sind die grauen Projektbalken hinter der Feiertagsschraffur zu erkennen

Stellen Sie deshalb die Reihenfolge der Regeln innerhalb der bedingten Formatierung wie folgt um:

1. Wählen Sie die Befehlsfolge *Start/Formatvorlagen/Bedingte Formatierung/Regeln verwalten*.
2. Klicken Sie auf die Regel mit dem farbigen Muster zum Darstellen der Feiertage.
3. Klicken Sie rechts oben im Dialogfeld ein Mal auf den Pfeil nach unten.

Durch das Umstellen wird in der bedingten Formatierung erst die graue Balkenfüllung und anschließend die rote Feiertagsschraffur angewandt. Die geplanten Projekttage scheinen deshalb von hinten durch die Feiertage hindurch.

Abbildung 6.22 Die Feiertagsregel rutscht durch die Umstellung der Reihenfolge an die zweite Position

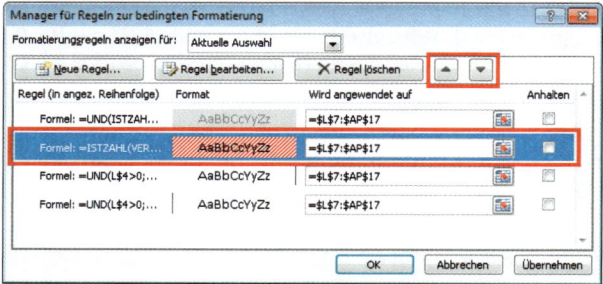

Das fertige Beispiel inklusive bedingter Formatierung für die Feiertage finden Sie in der Datei *Kap_06_Projektübersicht.xlsx* auf dem Blatt *09 Feiertage umgestellt*.

Dank der Anzeige der landesspezifischen Feiertage sind Sie ab sofort in der Lage, die Besonderheiten der einzelnen Bundesländer bereits in Ihrer Planung zu berücksichtigen. Als Projektmanager können Sie damit Terminprobleme bereits im Voraus erkennen, rechtzeitig gegensteuern – und sich über einen freien Feiertag freuen.

Prioritäten setzen: Wichtige Projektschritte in einer anderen Farbe darstellen

Nicht alle Projektschritte sind gleich wichtig. Bestimmte Projektschritte, die Basis für den Fortgang des Projekts sind, bedürfen der besonderen Beachtung. Solche wichtigen Projektschritte sollen daher mittels eines Prioritätensystems farblich unterschiedlich

gekennzeichnet werden. Gleichzeitig sollen neben den geplanten Terminen auch noch die tatsächlichen Termine berücksichtigt werden. Auch hierfür verwenden Sie die Werkzeuge der bedingten Formatierung.

> Neben der Priorisierung von Projektschritten können Sie bei Bedarf Projektschritte farblich auch zu sinnvollen Gruppen zusammenfassen. Den einzelnen Projektschritten weisen Sie in einem solchen Fall keine Prioritätennummer zu. Vielmehr tragen Sie beim jeweiligen Projektschritt den Namen der Gruppe ein, zu der der jeweilige Schritt gehört. So würden sich beispielsweise in einem Schulungsprojekt die einzelnen Schritte in die Gruppen »Konzeption«, »Umsetzung« und »Kontrolle« einteilen und je nach Gruppe andersfarbig anzeigen lassen.

Die Erfassung eines Prioritätenmerkmals erfolgt in einer eigenen Spalte:

- Tippen Sie in *G6* die Bezeichnung Prio ein.
- Geben Sie anschließend in den darunter liegenden Zellen für die einzelnen Projektschritte eine Zahl von 1 bis 4 ein. *1* steht dabei für die höchste Priorität (sehr wichtig), *4* für die niedrigste Priorität (weniger wichtig).

Die erforderliche bedingte Formatierung definieren Sie folgendermaßen:

1. Markieren Sie den Zellbereich *L7:AP17*.
2. Wählen Sie die Befehlsfolge *Start/Formatvorlagen/Bedingte Formatierung/Neue Regel/Formel zur Ermittlung der zu formatierenden Zellen verwenden*.
3. Tragen Sie im Feld *Regelbeschreibung bearbeiten* nachstehende Formel ein:

=UND(ISTZAHL($H7);L$4>=$H7;L$4<=$I7;$G7=1)

Im Gegensatz zu der Formel für die grauen Planungsbalken wird hier zusätzlich noch mit dem Eintrag $G7=1 überprüft, ob in der Zelle *G7* die Priorität *1* angegeben wurde. Ist dies der Fall, wird die bedingte Formatierung angewandt.

4. Klicken Sie auf die Schaltfläche *Formatieren* und stellen Sie als Füllfarbe für die wichtigste Priorität ein dunkles Rot und als Schriftfarbe ein etwas helleres Rot ein.
5. Schließen Sie das Dialogfeld mit *OK*.

Abbildung 6.23 Die wichtigsten Projektschritte werden durch die bedingte Formatierung in Rot dargestellt

Für die Projektschritte, denen Sie die Prioritätsstufen 2 bis 4 zugewiesen haben, erstellen Sie eine abgestufte bedingte Formatierung in Grün. Verfahren Sie dazu wie folgt:

- Wiederholen Sie die Schritte 2 bis 5 der obigen Anleitung drei Mal:
    - Erhöhen Sie dabei die Angabe der Priorität von *1* auf *2*, dann auf *3* und schließlich auf *4*.
    - Für die Prioritäten *2* bis *4* können Sie heller werdende Grüntöne verwenden, sodass Priorität *2* einen dunkleren Grünton und Priorität *4* einen helleren Grünton aufweist.
    - Für die Schrift verwenden Sie jeweils einen entgegengesetzten Farbton: Bei dunkelgrüner Füllung eine hellgrüne Schriftfarbe, bei hellgrüner Füllung eine dunkelgrüne Schriftfarbe.

Abbildung 6.24 Projektschritte der Prioritäten 2 bis 4 erhalten grün abgestufte Formatierungen

Nach Abschluss der bedingten Formatierung können Sie sich über die Befehlsfolge *Start/Formatvorlagen/Bedingte Formatierung/Regeln verwalten* mit dem *Manager für Regeln zur bedingten Formatierung* einen Überblick über Ihre bedingten Formate verschaffen. Dabei kann die bedingte Formatierung sowohl für die *Aktuelle Auswahl* (begrenzt durch die markierten Zellen) als auch für *Dieses Arbeitsblatt* angezeigt werden.

Abbildung 6.25 Manager für Regeln zur bedingten Formatierung

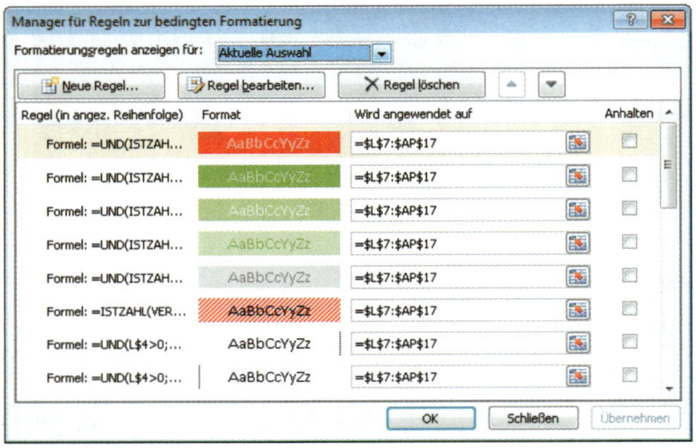

Eine Auswertung hinzufügen: Abrechenbare Tage ermitteln

Die bedingte Formatierung zur Darstellung der unterschiedlichen Prioritäten finden Sie in der Datei *Kap_06_Projektübersicht.xlsx* auf dem Blatt *10 Prioritäten*.

Eine Auswertung hinzufügen: Abrechenbare Tage ermitteln

Nach Abschluss eines Projekts wollen Sie noch wissen, wie viele Mitarbeiter in den einzelnen Projektschritten involviert waren. Insbesondere zur taggenauen Abrechnung der Personalkosten ist eine direkte Erfassung im Projektplan durchaus sinnvoll und nützlich.

Mitarbeitereinsatz direkt in die Projektbalken eintragen

Zum Erfassen der benötigten Manntage tragen Sie am jeweiligen Tag im jeweiligen Projektschritt die »beanspruchte« Personenzahl ein. Auch Halbtageswerte (beispielsweise weil ein Mitarbeiter in der Mittagspause zu einem anderen Projekt beordert wurde) können hierbei durch Eingabe von 0,5-Werten berücksichtigt werden.

Manntage für Projektschritte und Projektphasen summieren

Das Zusammenzählen der einzelnen Werte sowohl tageweise als auch pro Projektschritt erledigt die Summenfunktion für Sie.

- Geben Sie in Zelle *J6* die Zeichen MT als Abkürzung für Manntage ein.

Ein Manntag ist ein Zeitmaß zur Abschätzung des Personalaufwands und wird in der Regel mit acht Stunden angegeben. Werden in einem Projekt für einen Projektschritt beispielsweise an drei Tagen jeweils fünf Mitarbeiter benötigt, so beträgt der Aufwand für diesen Projektschritt 15 Manntage. Auf Basis der jeweiligen Personalkosten kann so der Aufwand bereits im Voraus abgeschätzt werden.

1. Markieren Sie die Zelle *J8* (Zeile *Erdaushub*).
2. Klicken Sie auf der Registerkarte *Start* in der Gruppe *Bearbeiten* auf die Schaltfläche *AutoSumme* und markieren Sie den Zellbereich *L8:AP8*. Beenden Sie die Formeleingabe mit ↵.
3. Kopieren Sie die Formel durch Ziehen am Ausfüllkästchen der Zelle *J8* mit gedrückter linker Maustaste nach unten bis zur Zelle *J17*.

4. Klicken Sie abschließend auf die eingeblendete Schaltfläche *Auto-Ausfülloptionen* und wählen Sie den Befehl *Ohne Formatierung ausfüllen*.

5. Löschen Sie die Formel aus der dunkleren Zelle *J13*.

Damit sind die Manntage für jeden Projektschritt ermittelt.

Die Manntage für die beiden Projektphasen *Rohbau* und *Ausbau* ermitteln Sie im nächsten Schritt, wenn Sie die Einzelschritte zu Projektphasen zusammenfassen.

Bei Bedarf können Sie in den Zellen *L19:AP19* auch noch die Manntage für jeden einzelnen Projekttag ermitteln. Sie wissen dann, wie viele Mitarbeiter an den jeweiligen Tagen im Einsatz sind. Dadurch können Sie sehr leicht feststellen, ob Sie an bestimmten Tagen vielleicht sogar mehr Personen eingeplant haben, als tatsächlich verfügbar sind.

Konzentration auf das Wesentliche: Unwichtiges vorübergehend ausblenden

Umfangreiche Projekte können in ihrer Darstellung schnell in die Breite und/oder Höhe wachsen und unübersichtlich werden. In solch einem Fall ist es sinnvoll, einzelne Bereiche vorübergehend auszublenden. Dies kann sowohl vertikal geschehen (Zusammenfassung einzelner Projektschritte) als auch horizontal (Ein- und Ausblenden der genauen Datumswerte).

Die Einzelschritte zu Projektphasen zusammenfassen

Die Zusammenfassung der einzelnen Projektschritte zu Abschnitten oder Projektphasen erleichtert die Übersicht. So können Sie beispielsweise bei einem Bauprojekt die Abschnitte »Planung«, »Genehmigung«, »Rohbau« und »Ausbau« definieren. Die Abschnitte beinhalten dann die jeweils zugehörigen Projektschritte. Zur Darstellung der einzelnen Abschnitte sind im Beispiel die Zeilen *7* und *13* vorgesehen.

1. Geben Sie als Bezeichnung für die Projektphasen in *B7* **Rohbau** und in *B13* **Ausbau** ein.

2. In Zelle *D7* ermitteln Sie den frühesten geplanten Starttermin mit der Formel =MIN(D8:D12).

3. Den planmäßig spätesten Endtermin berechnen Sie in Zelle *F7* mit der Formel =MAX(F8:F12).

4. Berechnen Sie in Zelle *H7* den frühesten tatsächlichen Starttermin. Verwenden Sie dafür die Formel =MIN(H8:H12).

5. In Zelle *I7* können Sie den letzten tatsächlichen Endtermin des Abschnitts mit der Formel =MAX(I8:I12) ermitteln.

6. Addieren Sie in Zelle *J7* die ermittelten Manntage der einzelnen Projektschritte mit der Formel =SUMME(J8:J12).
7. Wenden Sie die Schritte 2 bis 6 analog auf Zeile *13* an und ermitteln Sie auch hier die benötigten Werte.

Abbildung 6.26 Projektabschnitte mit frühesten und spätesten Termindaten aus den einzelnen Projektschritten

Schon erledigt: Die bedingte Formatierung auf die Projektphasen erweitern

Die Projektphasen waren beim Erstellen der unterschiedlichen bedingten Formatierungen noch nicht vorhanden. Trotzdem sind nach Eingabe der einzelnen Funktionen in den Zeilen *7* und *13* und den daraus resultierenden Terminen die dazugehörenden Projektbalken sofort sichtbar. Dies liegt daran, dass die bedingte Formatierung von Anfang an die Zeile *7* bereits mit eingeschlossen hat. Zeile *13* wurde innerhalb der Projektschritte ebenfalls mitformatiert. Eine weitere Anpassung der bedingten Formatierung ist deshalb nicht notwendig. Alles passt perfekt.

> Das nachträgliche Erweitern von Zellbezügen in der bedingten Formatierung ist zwar prinzipiell möglich. Allerdings kann dies ziemlich aufwendig sein, wenn viele Formate überarbeitet werden müssen.
>
> Empfehlenswert ist deshalb, von Anfang an ein oder zwei zusätzliche Zeilen oben und unten in die bedingte Formatierung mit einzubeziehen. Damit sind nachträgliche Erweiterungen wie in unserem Fall durch den Abschnitt *Rohbau* problemlos machbar. Müssen mittendrin Zeilen eingefügt werden, ist das ebenfalls möglich. In der Endfassung der jeweiligen Projektplanung können überschüssige Zeilen dann einfach wieder gelöscht werden.

Auf den Kopf gestellt: Gruppierung einmal andersherum

In einer Projektübersicht sind nicht immer alle zur Verfügung stehenden Informationen relevant. Oft genügt es für einen ersten Überblick, wenn nur die Hauptpunkte sichtbar sind.

Im letzten Schritt sollen deshalb die einzelnen Projektschritte ein- oder ausgeblendet werden, sodass nur noch die übergeordneten Projektabschnitte/-phasen sichtbar sind. Auch die detaillierten Datumswerte sollen nur bei Bedarf angezeigt werden.

> Zum Nachvollziehen der folgenden Schritte verwenden Sie in der Datei *Kap_06_Projektübersicht.xlsx* das Arbeitsblatt *12 Abschnitte*.

Die zum Abschnitt *Rohbau* gehörenden Projektschritte stehen direkt unterhalb des Abschnitts *Rohbau*. Eine Gruppierung dieser Projektschritte erstellen Sie wie folgt:

1. Markieren die Zeilen *8* bis *12*.

2. Klicken Sie auf *Daten/Gliederung/Gruppieren/Gruppieren*.

Abbildung 6.27 Schaltflächen auf der Registerkarte *Daten* zum Erstellen und Entfernen einer Gruppierung

Standardmäßig fasst Excel die Zeilen nun zusammen. Der Gliederungskopf wird allerdings der nächsten Zeile (*Ausbau*) zugeordnet. Wünschenswert wäre aber das Zuordnen des Gliederungskopfs zu der darüber stehenden Zeile mit dem richtigen Projektabschnitt (*Rohbau*). Bevor Sie die korrekte Gruppierung erstellen, sollten Sie allerdings erst die »falsche« Gruppierung durch Wahl der Befehlsfolge *Daten/Gliederung/Gruppierung aufheben/Gruppierung aufheben* entfernen.

Abbildung 6.28 Der Gliederungskopf wurde standardmäßig der nachfolgenden Zeile *Ausbau* zugeordnet

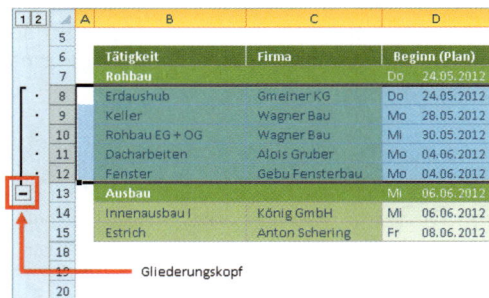

Die Gruppierungsrichtung umkehren

So erstellen Sie die Gruppierung mit der richtigen Ausrichtung:

1. Klicken Sie auf der Registerkarte *Daten* in der Gruppe *Gliederung* auf das »Startprogramm für Dialogfelder« (das ist der kleine Pfeil in der rechten unteren Ecke der Befehlsgruppe).

2. Deaktivieren Sie die beiden Kontrollkästchen *Hauptzeilen unter Detaildaten* und *Hauptspalten rechts von Detaildaten*.

3. Markieren Sie die Zeilen *8* bis *12* erneut und wählen Sie die Befehlsfolge *Daten/Gliederung/Gruppieren/Gruppieren*.
4. Markieren Sie jetzt die Zeilen *14* bis *17* und führen Sie die Gruppierung erneut durch.
5. Zum Abschluss fassen Sie noch die Spalten mit der Firma und den ursprünglich geplanten Terminen zusammen. Markieren Sie hierfür die Spalten *C* bis *F* und klicken Sie auf die Befehlsfolge *Daten/Gliederung/Gruppieren/Gruppieren*.

Abbildung 6.29 Aufruf der Gruppierungseinstellungen über das sogenannte Startprogramm für Dialogfelder

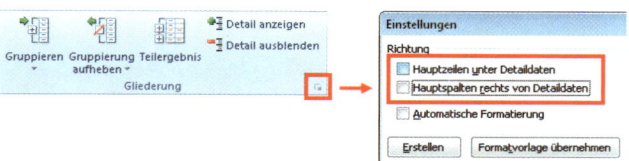

Über die Gliederungsköpfe können Sie Ihre Projektübersicht den jeweiligen Bedürfnissen anpassen und die gegliederten Bereiche bei Bedarf vor dem Ausdrucken ausblenden. Schnelle Übersichten sind damit genauso realisierbar wie detailliert aufgeschlüsselte Projektpläne mit allen bekannten Informationen.

Abbildung 6.30 Die Projektübersicht mit Gliederungssymbolen

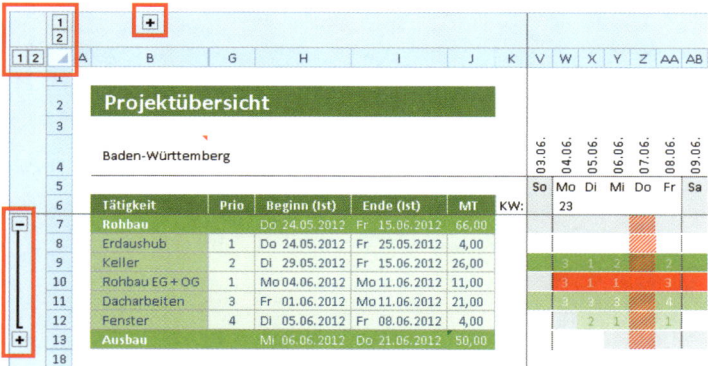

Mit dem fertigen Projektplan können Sie jederzeit Terminänderungen bildhaft darstellen. Die tatsächlich benötigten Zeiten sind auf einen Blick erkennbar. Die Einbindung der Feiertage auf Bundeslandebene erlaubt Ihnen die Planung mit den unterschiedlichsten Feiertagsregelungen. Besonders einfach können Sie auch die tatsächlich benötigten Manntage der einzelnen Projektschritte ablesen. Ein großer Vorteil, wenn es um die spätere Abrechnung des jeweiligen Projekts geht.

7

Komplett dynamisch: Intelligente Diagramme, die nur ausgewählte Daten zeigen

Mit Steuerelementen Standorte und Auswertungszeiträume auswählen	187
Große Datenmengen meistern: Umsatzzahlen mehrerer Jahre auswerten	193
Minimal- und Maximalwerte automatisch in unterschiedlichen Farben anzeigen	203
Dynamische Auswahl der Standorte, die im Säulendiagramm angezeigt werden	206

plett dynamisch: Intelligente Diagramme, die nur ausgewählte Daten zeigen

mfangreiche Zahlenwerke sind leichter zu verstehen, wenn sie grafisch aufbereitet werden. Allerdings werden die dafür genutzten Diagramme meist statisch erstellt. Doch wie lässt sich beispielsweise die Anzahl der Monate nach Bedarf ändern? Oder wie lassen sich im Diagramm – so wie in Abbildung 7.1 gezeigt – bestimmte Standorte in unterschiedlichen Farben anzeigen? Oder wie kann die Anzeige der Daten nur auf einen bestimmten Zeitraum eingeschränkt werden? Und wie können solche Auswahlmöglichkeiten auch von wenig erfahrenen Anwendern wahrgenommen werden?

Abbildung 7.1 Unterschiedliche Säulenfarben trotz gleicher Datenbasis durch dynamische Auswahlmöglichkeiten inklusive automatischer Farbzuweisung für Minimal- und Maximalwerte

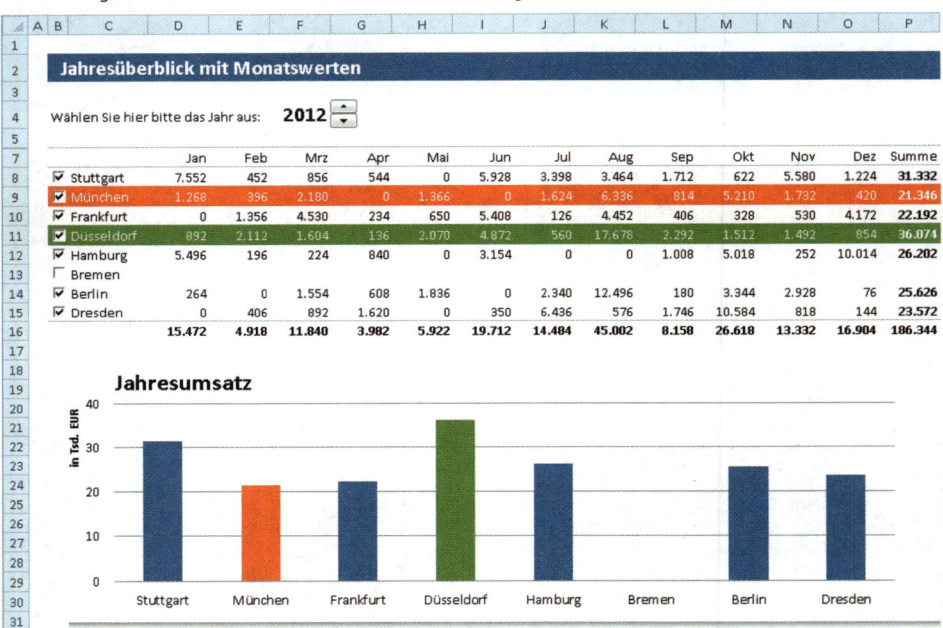

Die Lösung bringen interaktive Steuerelemente, die im Zentrum dieses Kapitels stehen und die Sie ohne jegliche Programmierkenntnisse einbauen können. Diese Steuerelemente kombinieren Sie mit benutzerdefinierten Regeln für die bedingte Formatierung und einem speziell angepassten Säulendiagramm.

In diesem Kapitel lernen Sie, wie Sie

- mit Steuerelementen die gewünschten Werte an- oder abwählen,
- dank strukturierter Verweise mühelos auf große Datenbestände zugreifen,
- mit automatisierten Zellfarben Best- und Worst-Case-Betrachtungen machen,
- ein Säulendiagramm dazu bringen, die Farbe zu wechseln, und
- im Säulendiagramm nicht erwünschte Segmente einfach wieder ausblenden.

Mit Steuerelementen Standorte und Auswertungszeiträume auswählen

Wie in Abbildung 7.1 zu sehen ist, sollen in der fertigen Lösung je nach Status des jeweiligen Kontrollkästchens die Werte des zugehörigen Standorts in die Auswertung mit einbezogen werden – oder eben auch nicht.

> Zum Nachvollziehen des Beispiels verwenden Sie das Arbeitsblatt *01 Grundgerüst* in der Beispieldatei *Kap_07_a_Top_und_Flop.xlsx*.
> - Das Blatt hat bereits eine eingezogene Überschrift in Zeile *2*,
> - in Zeile *4* stehen die Nummern der einzelnen Monate und
> - in Zeile *5* befinden sich die Monatsnamen und eine Überschrift für die Summenspalte.
> - Die Breite der Spalte *A* ist auf *2,14* (= 20 Pixel) eingestellt, die Höhe der Zeile *1* ist mit *15* ebenfalls auf 20 Pixel festgelegt. Damit ergibt sich ein gleichmäßiger Abstand zu den Zeilen- und Spaltenköpfen.
> - Außerdem sind in Spalte *C* bereits die Städtenamen der auszuwertenden Standorte aufgeführt.
> - Die Zahlenwerte der jeweiligen Standorte finden Sie auf dem Blatt *Datenbasis*. Hier sind 1.000 Datensätze mit den Verkäufen der Jahre 2008 bis 2012 aufgeführt. Die Sortierung der Daten spielt dabei keine Rolle, da später nur die Zahlen aus der Datenbasis herausgefiltert werden, die mit genau definierten Kriterien übereinstimmen.

Flexible Auswahl von Daten per Kontrollkästchen: Unerwünschte Standorte komfortabel ausblenden

Das Diagramm soll sich dynamisch ändern und nur die Säulen für die ausgewählten Standorte anzeigen. Die Auswahl der Standorte erledigen Sie über Kontrollkästchen und bestimmen so, ob ein Standort in der Gesamtberechnung und damit im späteren Diagramm berücksichtigt wird oder nicht.

Abbildung 7.2 Der deaktivierte Standort *München* wird im Diagramm nicht als Säule dargestellt

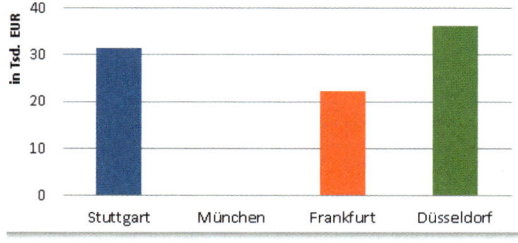

Mit Kontrollkästchen können Sie selbstverständlich auch Abteilungen oder Produkte, einzelne Kostenstellen oder Lieferanten auswählen.

Das Kontrollkästchen anlegen und positionieren

Zum leichteren Positionieren der Kontrollkästchen, die direkt vor dem jeweiligen Standort stehen sollen, verringern Sie zunächst einmal die Breite der Spalte *B* auf *2,14* (= 20 Pixel).

1. Klicken Sie dazu mit der rechten Maustaste auf den Spaltenkopf *B*.
2. Wählen Sie im Kontextmenü den Eintrag *Spaltenbreite*.
3. Tragen Sie den Wert 2,14 ein.
4. Schließen Sie das Dialogfeld mit ⏎.

Dann fügen Sie die Kontrollkästchen ein:

1. Klicken Sie unter *Entwicklertools/Steuerelemente/Einfügen/Formularsteuerelemente* auf das Symbol *Kontrollkästchen*.
2. Ziehen Sie das Kontrollkästchenobjekt an einer beliebigen Stelle auf.

> Wird die Registerkarte *Entwicklertools* nicht angezeigt, verfahren Sie wie in Kapitel 5 beschrieben, um sie einzublenden.

Abbildung 7.3 Das Kontrollkästchen in der Gruppe der Formularsteuerelemente auswählen

3. Klicken Sie das eingefügte Kontrollkästchen in der linken oberen Ecke des Markierungsrahmens an und ziehen Sie ihn mit gedrückter Taste [Alt] in die linke obere Ecke der Zelle *B6*. Die Taste [Alt] sorgt dafür, dass sich das Kontrollkästchen an den darunter liegenden Zellrändern ausrichtet.

Abbildung 7.4 Positionierung des Kontrollkästchens auf der Zelle *B6* mit gedrückter Taste [Alt]

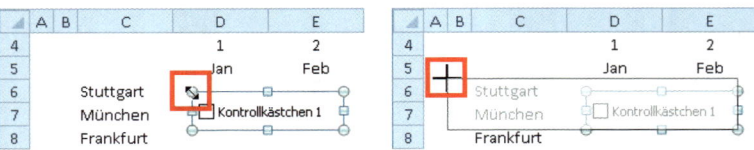

4. Verfahren Sie genauso mit der unteren rechten Ecke des Markierungsrahmens. Ziehen Sie sie mit gedrückter [Alt]-Taste auf die untere rechte Ecke der Zelle *C6*.

Damit haben Sie das Kontrollkästchen direkt vor und über dem ersten Standort positioniert.

Abbildung 7.5 Fertig positioniertes Kontrollkästchen über der Zelle mit dem Eintrag *Stuttgart*

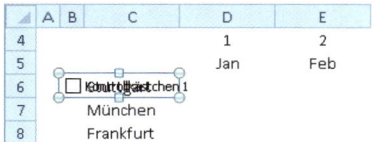

Die Kontrollkästchen mit den Standortnamen »beschriften«

Problematisch ist, dass die Bezeichnung *Kontrollkästchen 1* über dem Standortnamen *Stuttgart* steht. Diese Bezeichnung soll entfernt werden.

Gehen Sie hierzu wie folgt vor:

1. Klicken Sie mit der rechten Maustaste auf das eingefügte Kontrollkästchensteuerelement.
2. Wählen Sie im Kontextmenü den Eintrag *Text bearbeiten*.
3. Löschen Sie den Text *Kontrollkästchen 1* mit `Entf`.
4. Klicken Sie auf eine beliebige Zelle. Damit aktivieren Sie das Kontrollkästchen.

Abbildung 7.6 Das fertige Kontrollkästchen ohne eigenen Text lässt den darunter liegenden Text durchscheinen

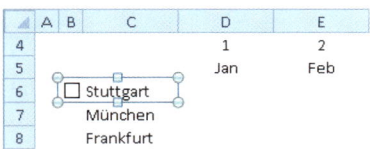

Da Sie das Kontrollkästchen über dem gesamten Bereich der Zellen *B6* und *C6* positioniert haben, reicht nun ein Klick auf den Standortnamen *Stuttgart*, um das Kontrollkästchen ein- oder auszuschalten.

Einmal für alle: Die Eigenschaften des Kontrollkästchens festlegen

Bevor Sie das Kontrollkästchen für die weiteren Standorte kopieren, empfiehlt es sich, gleich noch weitere Eigenschaften festzulegen. Sie ersparen sich dadurch das separate Festlegen der Eigenschaften bei jedem weiteren Kontrollkästchen.

1. Klicken Sie erneut mit der rechten Maustaste auf das eingefügte Kontrollkästchensteuerelement und wählen Sie den Befehl *Steuerelement formatieren*.
2. Wählen Sie im Dialogfeld *Steuerelement formatieren* auf der Registerkarte *Steuerung* für eine moderne Optik die Option *3D-Schattierung*.
3. Anschließend legen Sie die Zelle fest, die den Status des Kontrollkästchens (aktiviert oder deaktiviert) zeigt. Klicken Sie hierfür in das Feld *Zellverknüpfung* und anschließend auf die Zelle *Q6*, die daraufhin als absolute Zellposition im Dialogfeld eingetragen wird.
4. Schließen Sie das Dialogfeld mit `↵`.

Abbildung 7.7 Die Eigenschaften des ersten Kontrollkästchens festlegen

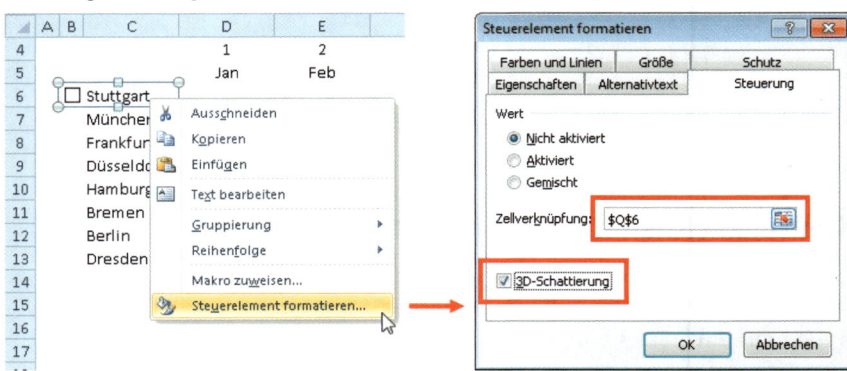

Nachdem Sie das Kontrollkästchen durch Klick auf eine beliebige Zelle funktionsfähig gemacht haben, wird der Status *WAHR* für *Aktiviert* und *FALSCH* für *Deaktiviert* in der Zelle *Q6* angezeigt. Das erste Kontrollkästchen wäre damit fertig und kann als Kopiervorlage für die anderen Standorte verwendet werden.

Zeit sparen: Das Kontrollkästchen für die anderen Standorte kopieren und einfügen

Das fertige Kontrollkästchen kopieren Sie wie folgt:

1. Klicken Sie mit der rechten Maustaste auf das Kontrollkästchen und wählen Sie den Befehl *Kopieren*.

2. Fügen Sie mit [Strg]+[V] eine Kopie des Kontrollkästchens ein. Es hat die gleichen Eigenschaften wie das Original.

3. Positionieren Sie das neue Kontrollkästchen durch Ziehen mit gedrückter [Alt]-Taste über dem nächsten Standort.

4. Wiederholen Sie die Schritte 2 und 3 für die restlichen Standorte.

Falls Sie geübt im Umgang mit Maus und Tastatur sind, können Sie das Kontrollkästchen auch kopieren, indem Sie es durch Ziehen mit gedrückten Tasten [Strg]+[Alt] an die jeweils neue Position kopieren. [Strg] sorgt beim Ziehen mit der Maus dafür, dass das Kontrollkästchen kopiert wird, während [Alt] für die Ausrichtung an den Zellrändern sorgt.

Ein Klick auf eines der Kontrollkästchen führt jetzt allerdings dazu, dass alle Kontrollkästchen ihren Status ändern. Die Kontrollkästchen reagieren wie Zwillinge. Das liegt daran, dass alle Kontrollkästchen die gleiche Verknüpfung auf Zelle *Q6* haben. Jedes Kontrollkästchen steht jedoch für einen anderen Standort und soll selbstständig agieren können. Damit das funktioniert, passen Sie die Zellverknüpfungen an.

Die Standorte einzeln anklickbar machen: Die Zellverknüpfung anpassen

Die Kontrollkästchen reagieren alle gleich, weil sie die Eigenschaften des ersten Kontrollkästchens geerbt haben.

> Zum Nachvollziehen der folgenden Arbeitsschritte verwenden Sie in der Datei *Kap_07_a_Top_und_Flop.xlsx* das Arbeitsblatt *02 Kontrollkästchen*.

Zum separaten »An- und Ausklicken« der Standorte legen Sie für jedes Kontrollkästchen eine eigene Zellverknüpfung fest. Dazu müssen Sie jedoch nicht jedes Mal aufwendig die Eigenschaften abändern. Es geht auch einfacher:

1. Klicken Sie mit der rechten Maustaste auf das zweite Kontrollkästchen.
2. Ändern Sie die in der Bearbeitungsleiste angezeigte Zellverknüpfung von $Q$6 in $Q$7.
3. Verfahren Sie analog mit den anderen Kontrollkästchen und verändern Sie die Zellverknüpfung jeweils entsprechend.

Abbildung 7.8 Anpassung der Zellverknüpfung und Ausblick auf die geänderten Verknüpfungen

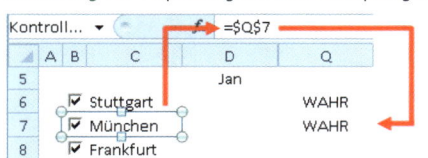

Durch die beschriebene Vorgehensweise ersparen Sie sich bei jedem Kontrollkästchen das mühsame und aufwendige Öffnen des Eigenschaftendialogfeldes. Die notwendigen Anpassungen haben Sie damit im Handumdrehen erledigt.

Komfortabel und fehlerfrei: Jahresauswahl per Drehfeld

Damit auch wenig versierte Benutzer mit der Steuerung der fertigen Lösung zurechtkommen, soll nach Möglichkeit auf manuelle Eingaben verzichtet werden. Verwenden Sie deshalb zur Auswahl des Jahres ein Drehfeld-Steuerelement.

Ein Drehfeld hat zudem den Vorteil, dass Sie eine Ober- und eine Untergrenze angeben können. Damit unterbinden Sie außerdem die Eingabe eines unzulässigen Jahres.

Erstellen und positionieren Sie das Drehfeld wie folgt:

1. Fügen Sie vor Zeile *4* zwei neue Zeilen ein.
2. Geben Sie in Zelle *B4* den Text Wählen Sie hier bitte das Jahr aus: ein.
3. Vergrößern Sie den Schriftgrad in Zelle *F4* auf *16 pt* und formatieren Sie die Zelle *fett*. Diese Zelle wird die ausgewählte Jahreszahl aufnehmen.
4. Erstellen Sie über *Entwicklertools/Steuerelemente/Einfügen/Formularsteuerelemente* ein Drehfeld. Positionieren Sie das Drehfeld mit gedrückter [Alt]-Taste über der Zelle *G4*.
5. Auf der jetzt angezeigten Registerkarte *Zeichentools/Format* ändern Sie in der Gruppe *Größe* im Feld *Breite* den Wert in 0,7 cm und im Feld *Höhe* in 0,74 cm.
6. Klicken Sie mit der rechten Maustaste auf das Drehfeld und wählen Sie den Befehl *Steuerelement formatieren*.
7. Legen Sie als *Minimalwert* den Wert 2008, als *Maximalwert* den Wert 2012 und als *Zellverknüpfung* die Zelle *F4* fest. Die Gestaltungsoption *3D-Schattierung* sollte aktiviert sein.
8. Deaktivieren Sie auf der Registerkarte *Eigenschaften* das Kontrollkästchen *Objekt drucken*, damit das Drehfeld nicht mit ausgedruckt werden kann.
9. Schließen Sie das Dialogfeld mit [↵].

Abbildung 7.9 Die Eigenschaften des Drehfeldes zur Jahresauswahl

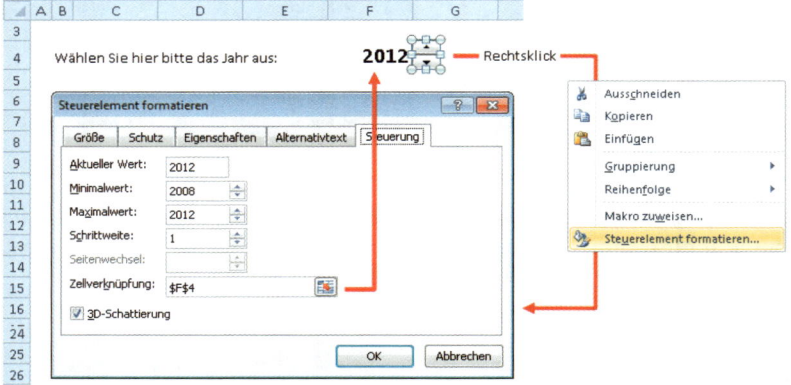

Bei jedem Klick auf das Drehfeld ändert sich nun die Jahreszahl in der Zelle *F4*, wobei die möglichen Jahreszahlen durch die Minimal- und Maximalwerte des Drehfeldes begrenzt sind.

Die Voraussetzungen zur Ermittlung der Umsatzzahlen sind damit geschaffen:

- Die Standorte in Spalte *C* können durch Kontrollkästchen aus- oder abgewählt werden.
- In den Zeilen *6* und *7* stehen die Angaben zu den zwölf Monaten eines Jahres.
- Das auszuwertende Jahr wird über das Drehfeld gesteuert.

Ausgehend von diesen drei Merkmalen (Standort, Monat und Jahr) können Sie nun die passenden Datensätze aus der umfangreichen Datenbasis ermitteln und anschließend zu einer Summe addieren. Sie erhalten damit beispielsweise die Summe aller Verkäufe am Standort *Stuttgart* im Monat 7 des Jahres *2012*. Wie das funktioniert, erfahren Sie im nächsten Abschnitt.

Große Datenmengen meistern: Umsatzzahlen mehrerer Jahre auswerten

Beim Auswerten großer Datenmengen ist die Aufgabenstellung oftmals die gleiche: Auf Basis einer sehr großen Menge an Daten sollen genau diejenigen Daten herausgefischt werden, auf die bestimmte Bedingungen zutreffen. Sind die passenden Daten ermittelt, sollen sie gezählt, addiert oder auf sonstige Weise zusammengestellt werden. Im vorliegenden Beispiel sind für die einzelnen Standorte die Umsätze der einzelnen Monate in einem bestimmten Jahr zu berechnen.

Abbildung 7.10 Aus Hunderten von Datensätzen werden die passenden Umsatzzahlen addiert

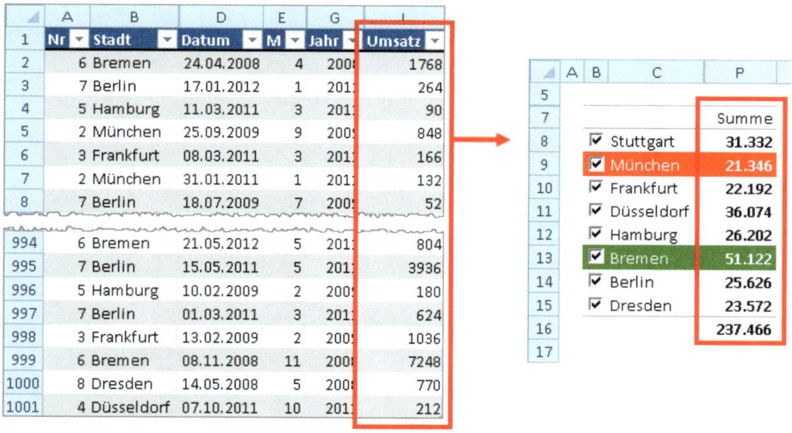

In Zelle *D8* soll der Umsatz des Standorts *Stuttgart* im Monat *Januar* des in Zelle *F4* angezeigten *Jahres* ermittelt werden. Die Berechnung wird demzufolge drei Bedingungen enthalten. Sie soll allerdings nur durchgeführt werden, wenn das Kontrollkästchen vor *Stuttgart* aktiviert wurde. Ist dies der Fall, steht in *Q8* der Wert *WAHR*. Wird der Standort nicht per Kontrollkästchen ausgewählt, soll die Berechnung nicht durchgeführt werden.

Das Datenmaterial für dieses Beispiel finden Sie in der Datei *Kap_07_a_Top_und_Flop.xlsx* im Arbeitsblatt *Datenbasis* in der Tabelle *tblDaten*. Zur Durchführung der folgenden Schritte verwenden Sie das Arbeitsblatt *03 Jahres-Drehfeld*.

Berechnung für den ausgewählten Standort durchführen

Zur Abfrage der Standortauswahl verwenden Sie die Funktion WENN:

Beginnen Sie in der Zelle *D8* die Formeleingabe mit: =WENN($Q8=WAHR; – damit wird geprüft, ob das Kontrollkästchen des Standorts aktiviert wurde. Durch das Dollarzeichen vor der Spaltenangabe *Q* stellen Sie sicher, dass beim AutoAusfüllen der Formel nach rechts der Bezug immer in der Spalte *Q* bleibt. Nur die Zeilennummern erhöhen sich beim Herunterziehen der Formel für die verschiedenen Standorte.

Trifft die in der WENN-Funktion aufgestellte Bedingung zu (der Standort ist aktiviert), geht es nach der Eingabe eines Semikolons mit dem zweiten Argument der WENN-Funktion weiter. Ist der Standort deaktiviert, geht es mit dem dritten Argument der WENN-Funktion weiter. Doch dazu später mehr.

Summen nur bilden, wenn mehrere Bedingungen erfüllt sind

Mit der Funktion SUMMEWENN können Sie Additionen durchführen, wenn ein bestimmtes Kriterium erfüllt ist. Sind jedoch mehrere Kriterien einzuhalten, kann SUMMEWENN nicht weiterhelfen. Im vorliegenden Beispiel sind jedoch gleich drei Kriterien zu erfüllen, bevor eine Summe ermittelt werden soll. Hier kommt die Funktion SUMMEWENNS zum Einsatz.

1. Tippen Sie die Buchstaben **sum** ein und wählen Sie in der eingeblendeten IntelliSense-Liste den Eintrag *SUMMEWENNS* aus.

Abbildung 7.11 Auswahl der SUMMEWENNS-Funktion in der IntelliSense-Liste

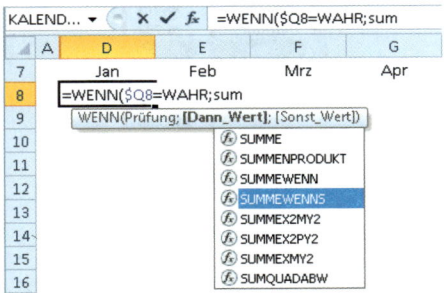

2. Übernehmen Sie den ausgewählten Eintrag mit ⭾.

> Mit ↵ würden Sie die Formeleingabe abschließen und einen Fehler erzeugen, da die Formel noch nicht vollständig ist. Übernehmen Sie deshalb Einträge aus IntelliSense-Listen immer mit ⭾ oder per Doppelklick.

In Abbildung 7.12 sehen Sie die übernommene Funktion SUMMEWENNS. Die darunter stehende QuickInfo zeigt, welche Argumente benötigt werden.

Abbildung 7.12 SUMMEWENNS mit zugehöriger QuickInfo

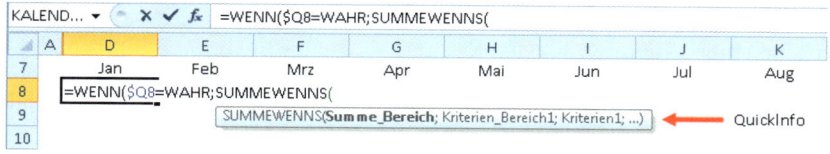

Neu seit Excel 2007: Die Funktion SUMMEWENNS

Mit SUMMEWENNS addieren Sie alle Zahlen in *Summe_Bereich*, die in den Bereichen *Kriterien_Bereich1*, *Kriterien_Bereich2* usw. mit den angegebenen Suchkriterien *Kriterien1*, *Kriterien2* usw. übereinstimmen (entnommen aus Microsoft Excel, Formeln & Funktionen, Das Maxibuch, erschienen bei Microsoft Press).

Im Gegensatz zur Funktion SUMMEWENN ist SUMMEWENNS nicht auf die Angabe eines Kriteriums beschränkt. SUMMEWENNS kann vielmehr auch mit mehreren Kriterien umgehen. Dabei werden aus einem festgelegten *Summe_Bereich* alle Zahlen aufaddiert, wenn in den zugehörigen *Kriterien_Bereichen* bestimmte *Kriterien* übereinstimmen.

Ein weiterer Unterschied zur altbekannten Funktion SUMMEWENN: Das Argument *Summe_Bereich* ist nicht mehr optional und muss zwingend angegeben werden.

Auch die Position des Arguments hat sich verschoben: In SUMMEWENN steht *Summe_Bereich* an dritter Stelle, in SUMMEWENNS steht es an Position eins.

Die Anzahl der Zeilen und Spalten des Arguments *Summe_Bereich* muss absolut identisch sein mit der Anzahl der Zeilen und Spalten der Argumente des Typs *Kriterien_Bereich*. Aus diesem Grund kann im Beispiel die Abfrage nach der Standortauswahl nicht als weiteres Kriterium in die Funktion SUMMEWENNS integriert werden. Stattdessen erfolgt diese Auswahl außerhalb der Funktion mit einer eigenständigen WENN-Funktion.

Geben Sie im nächsten Schritt als erstes Argument der jetzt offenen Funktion SUMMEWENNS den Bereich an, der zum Bilden der Summe dienen soll. Im Beispiel ist dies die Umsatzspalte in der Tabelle *tblDaten* auf dem Arbeitsblatt *Datenbasis*.

3. Tippen Sie die Buchstaben tbl ein. Excel zeigt daraufhin den in der Arbeitsmappe vorhandenen Tabellennamen *tblDaten* in der IntelliSense-Liste, den Sie ebenfalls mit ⇆ übernehmen können.

Abbildung 7.13 Auswahl der Tabelle *tblDaten* in der IntelliSense-Liste

Excel weiß nun, mit welcher Tabelle Sie arbeiten möchten, und hält zusätzliche Informationen zur ausgewählten Tabelle bereit.

4. Nach Eingabe einer öffnenden eckigen Klammer [, die Sie auf einer deutschen Tastatur über die Tastenkombination [AltGr]+[8] erzeugen, stellt Excel unter anderem alle in der Tabelle *tblDaten* vorhandenen Spalten in einer Auswahlliste zur Verfügung.

5. Wählen Sie den Eintrag *Umsatz* und übernehmen Sie ihn ebenfalls mit [↹]. Alternativ dazu können Sie auch auf den Eintrag doppelklicken.

Abbildung 7.14 Auswahl der Spalte *Umsatz* in der Tabelle *tblDaten* mithilfe der IntelliSense-Liste

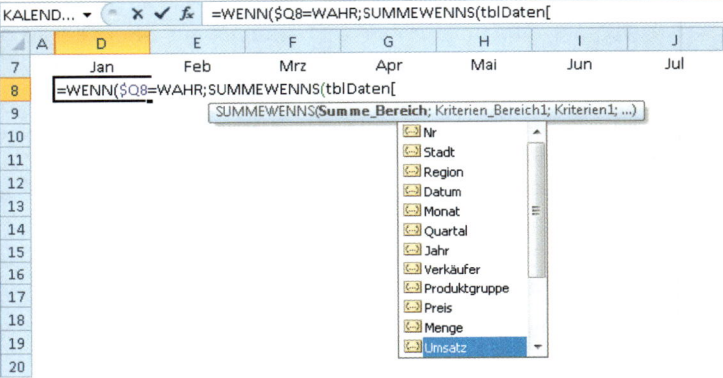

6. Fügen Sie mit der Tastenkombination [AltGr]+[9] eine schließende eckige Klammer] ein. Damit haben Sie die Angabe der Spalte *Umsatz* aus der Tabelle *tblDaten* durch einen sogenannten qualifizierten strukturierten Verweis abgeschlossen. Nach Eingabe eines Semikolons geht es weiter mit dem nächsten Argument.

Abbildung 7.15 Die Angabe des Arguments *Summe_Bereich* durch einen qualifizierten strukturierten Verweis

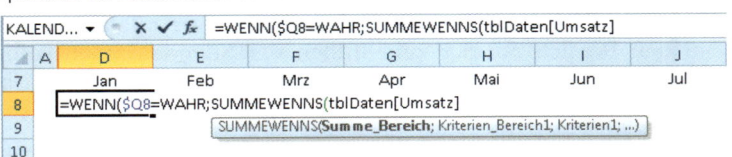

7. Innerhalb der Tabelle *tblDaten* soll in der Spalte *Stadt* nach dem Standort in Zelle *C8* gesucht werden. *Kriterien_Bereich1* bezeichnet dabei das Argument für den Suchbereich.

Verfahren Sie wie in den Schritten 3 bis 6 gezeigt und wählen Sie dabei die Spalte *Stadt* aus.

Schließen Sie die Eingabe des Kriterienbereichs mit]; ab und geben Sie anschließend das in diesem Bereich gesuchte Kriterium ein.

Abbildung 7.16 Der erste Kriterienbereich wird durch einen qualifizierten strukturierten Verweis angegeben

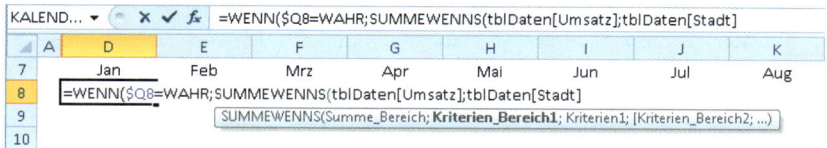

8. Tippen Sie die Zelladresse C8 in die Formel ein. Ein direktes Anklicken der Zelle ist nicht möglich, da über der Zelle das zugehörige Kontrollkästchen (ohne Text) positioniert wurde. Drücken Sie direkt im Anschluss dreimal [F4], damit der Spaltenbezug *C* fixiert wird. Dadurch kann die erstellte Formel problemlos durch Auto-Ausfüllen auf die daneben liegenden Zellen übertragen werden. Das Ergebnis Ihrer Eingabe sehen Sie in Abbildung 7.17.

Verfahren Sie bei der Angabe der weiteren Bedingungen genauso wie bei der Auswahl des Standorts.

Abbildung 7.17 Die Standortauswahl wird durch ein der Spaltenangabe vorangestelltes Dollarzeichen fixiert

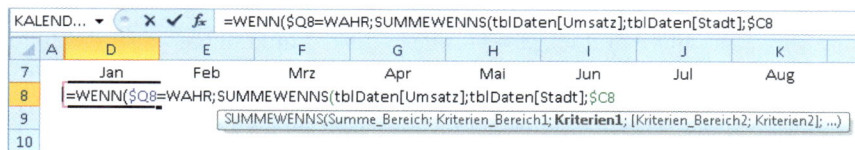

9. Geben Sie für *Kriterien_Bereich2* den strukturierten Verweis tblDaten[Jahr] und für *Kriterien2* den absoluten Zellbezug $F$4 an.
10. Für *Kriterien_Bereich3* verwenden Sie den strukturierten Verweis tblDaten[Monat] und für *Kriterien3* den Zellbezug D6 (= Angabe der Monatsnummer).

> Die Angabe des Monats als Ziffer ist notwendig, weil in der Datenbasis bei den einzelnen Verkaufspositionen lediglich eine Zahl für den Monat geliefert wird. Nach dem ausgeschriebenen Monatsnamen, beispielsweise Januar, könnte in der Datenbasis nicht gesucht werden.

11. Nach Eingabe des Zellbezugs D6 fixieren Sie dessen Zeilennummer *6* durch zweimaliges Drücken von [F4], damit auch dieser Bezug problemlos durch AutoAusfüllen auf die daneben liegenden Zellen übertragen werden kann.
12. Damit haben Sie alle benötigten Argumente der Funktion SUMMEWENNS angegeben und können die Funktion mit einer schließenden runden Klammer) abschließen.

Abbildung 7.18 Die vollständige SUMMEWENNS-Funktion mit qualifizierten strukturierten Verweisen

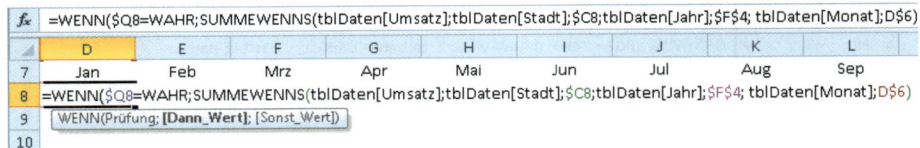

Die WENN-Funktion abschließen

Nach der vollständigen Eingabe der SUMMEWENNS-Funktion (inklusive der schließenden Klammer nach D$6) springt die QuickInfo automatisch wieder auf die umgebende WENN-Funktion zurück.

Erinnern Sie sich noch an die Aussage vom Anfang dieses Abschnitts? Sie lautete: »Ist der Standort deaktiviert, geht es mit dem dritten Argument der WENN-Funktion weiter.« Beenden Sie die Eingabe der Formel wie folgt:

1. Geben Sie ein Semikolon ein, damit Sie zur Eingabe des letzten Arguments der WENN-Funktion gelangen.

2. Der *Sonst_Wert* gibt den Rückgabewert der WENN-Funktion an, wenn in Zelle *Q8* der Wert nicht WAHR ist (dies ist der Fall, wenn das Kontrollkästchen für Stuttgart deaktiviert wird). Tippen Sie hier zwei aufeinanderfolgende Anführungszeichen "" ein. Durch die beiden Anführungszeichen wird nichts in die Zelle eingetragen, wenn der Standort deaktiviert ist.

3. Nach der Eingabe der schließenden runden Klammer) bestätigen Sie die Formeleingabe mit ⏎.

Die vollständige Formel lautet:

=WENN($Q8=WAHR;SUMMEWENNS(tblDaten[Umsatz];tblDaten[Stadt];$C8; tblDaten[Jahr];$F$4;tblDaten[Monat];D$6);"")

Abbildung 7.19 Die vollständige Formel zur Berechnung des Umsatzes

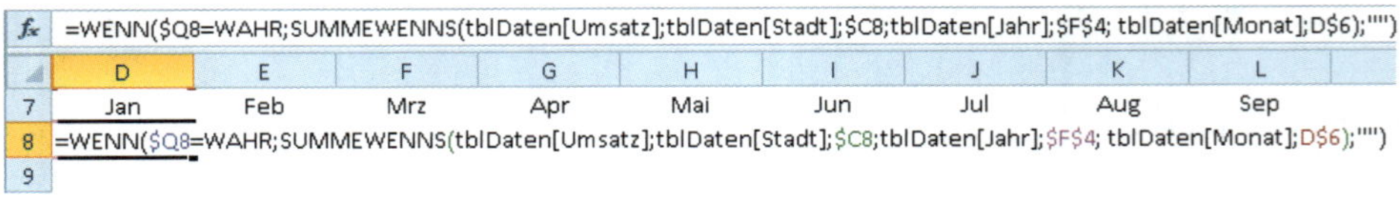

Mithilfe der eingegebenen Formel wird aus der Tabelle *tblDaten* die Summe aus der Spalte *Umsatz* ermittelt, wenn

- durch das Aktivieren des Kontrollkästchens vor *Stuttgart* in der Zelle *Q8* der Wert *WAHR* steht,
- in der Spalte *Stadt* der Standortname aus der Zelle *C8* gefunden wird,
- in der Spalte *Jahr* das Jahr aus Zelle *F4* vorkommt und
- in der Spalte *Monat* der Monat aus Zelle *D6* auftaucht.

Auf den ersten Blick erscheint die Formel sehr lang und dadurch vielleicht etwas unübersichtlich. Auf den zweiten Blick offenbart sie jedoch sehr schnell, auf welche Elemente sie zurückgreift. In Tabelle 7.1 sehen Sie einen Vergleich der alten A1-Schreibweise mit der neuen Schreibweise mittels strukturierter Verweise.

Tabelle 7.1 Argumente der Funktion SUMMEWENNS

Argument	Alt: A1-Schreibweise	Neu: Strukturierter Verweis
Summe_Bereich	Datenbasis!L2:L1000	tblDaten[Umsatz]
Kriterien_Bereich1	Datenbasis!B2:B1000	tblDaten[Stadt]
Kriterien_Bereich2	Datenbasis!G2:G1000	tblDaten[Jahr]
Kriterien_Bereich3	Datenbasis!E2:E1000	tblDaten[Monat]

Ein strukturierter Verweis gibt unmittelbar die komplette Datenherkunft preis. Es ist sofort erkennbar, aus welcher Tabelle und aus welcher Tabellenspalte die Daten stammen. Die alte A1-Schreibweise zeigt hingegen auf den ersten Blick lediglich, auf welchem Arbeitsblatt die Daten stehen.

Viele Wege führen nach Rom und die Angabe der einzelnen Kriterien könnte auch durch Bereichsnamen erfolgen, die vorher mithilfe des Befehls *Formeln/Definierte Namen/Namen definieren* festgelegt werden.

Tabelle 7.2 Zellbereiche mit sinnvollen Bereichsnamen

Zellbereich	Bereichsname
F4	Jahr
D6:O6	Monat
C8:C15	Standort
Q8:Q15	Aktiviert

Die komplette Formel in Zelle *D8* würde in diesem Fall wie folgt lauten:
=WENN(Aktiviert=WAHR;SUMMEWENNS(tblDaten[Umsatz];tblDaten[Stadt]; Standort; tblDaten[Jahr];Jahr;tblDaten[Monat];Monat);"")

Wenn Ihnen die Arbeitsweise mit Bereichsnamen besser gefällt, können Sie das Beispiel auch mit dieser Formel fortführen.

Die fertige Formel finden Sie in der Datei *Kap_07_a_Top_und_Flop.xlsx* auf dem Arbeitsblatt *04 strukturierter Verweis*. Arbeiten Sie mit Ihrer eigenen Lösung oder diesem Arbeitsblatt weiter, wenn Sie die Schritte des nächsten Abschnitts nachvollziehen möchten.

Strukturierte Verweise lassen sich nicht kopieren – oder etwa doch?

Nach erfolgreicher Eingabe der relativ langen Formel sehen Sie in der Zelle *D8* das Ergebnis des Standorts *Stuttgart* im Monat *Januar* des ausgewählten *Jahres*. Voraussetzung: Das Kontrollkästchen vor *Stuttgart* ist aktiviert.

Die Berechnung soll im nächsten Schritt nach rechts kopiert werden, damit auch die restlichen Monate für den Standort Stuttgart ausgewertet werden:

1. Klicken Sie auf die Zelle *D8*.
2. Zeigen Sie auf das Ausfüllkästchen rechts unten in der Zelle, wie in Abbildung 7.20 zu sehen, und ziehen Sie dann mit gedrückter linker Maustaste nach rechts.

Abbildung 7.20 Die Formel mit den strukturierten Verweisen nach rechts kopieren: So geht's nicht

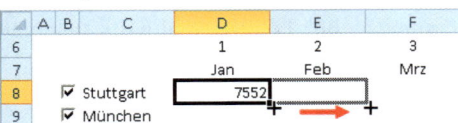

Als Ergebnis erhalten Sie im Monat Februar den Wert *0*. Was ist passiert?

Das Problem: Strukturierte Verweise wandern

Der Vergleich der Formeln in den Zellen *D8* und *E8* zeigt die Ursache:

Abbildung 7.21 Die Argumente der Funktion SUMMEWENNS haben sich verändert

Beim Kopieren haben sich die strukturierten Verweise angepasst. Der jeweilige Spaltenbezug wurde innerhalb der Tabelle *tblDaten* um eine Spalte nach rechts verschoben – aus der Spaltenangabe *Umsatz* wurde die Spaltenangabe *Nr*, aus *Stadt* wurde *Region* und so weiter.

Strukturierte Verweise können nicht wie normale Zellbezüge durch *$* fixiert werden. Es gibt jedoch eine andere Lösung für das Problem.

Die Lösung: Eingaben in markierte Bereiche übernehmen

Normalerweise geben Sie eine Formel in eine Zelle ein und übernehmen die Formel mit ⏎. Sie können eine Formel aber auch in mehrere Zellen gleichzeitig eingeben. Gehen Sie hierzu wie folgt vor:

1. Markieren Sie den Bereich von *D8* bis *O15*. Dies ist der gesamte Bereich, in dem die Berechnungen durchgeführt werden sollen.

2. Drücken Sie F2, um erneut in den Bearbeitungsmodus der Zelle *D8* zu gelangen. Die fertige Formel steht hier schon zur Verfügung. Alternativ zu F2 können Sie auch in die Bearbeitungsleiste klicken.

3. Halten Sie die Strg-Taste gedrückt, während Sie die ↵-Taste drücken.

Mit dieser Vorgehensweise übernehmen Sie die Formel aus *D8* in den gesamten markierten Bereich. Die strukturierten Verweise werden dabei nicht verändert, gleichzeitig passen sich aber die relativen Zellbezüge den neuen Zellen an.

Abbildung 7.22 Bereits vorhandene Formel in den markierten Bereich übernehmen

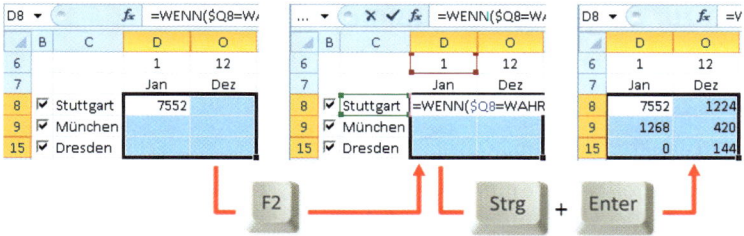

Tabelle 7.3 Die beiden Eingabemöglichkeiten im Vergleich

Taste(nkombination)	Ergebnis
↵	Übernimmt die Eingabe in die aktive Zelle.
Strg + ↵	Übernimmt die Eingabe in den markierten Bereich.

Die Tastenkombination Strg+↵ funktioniert bei allen Eingaben, die Sie in mehrere Zellen gleichzeitig vornehmen möchten. Die Vorgehensweise ist dabei immer die gleiche:

1. Markieren Sie den gewünschten Bereich.
2. Tippen Sie die gewünschte Information – Zahl, Formel, Text etc. – ein.
3. Beenden Sie die Eingabe mit Strg+↵.

Diese Tastenkombination ist einfach und überaus effizient. Vor allem aber erspart sie Ihnen das mühevolle Kopieren einzelner Zellen. Wichtig ist dabei, dass Sie nach dem Markieren des gewünschten Bereichs nicht noch einmal auf eine Zelle klicken, da Sie sonst die Markierung wieder auflösen.

Summenformeln intelligent eingeben

Nachdem Sie die Formeln mit den strukturierten Verweisen erfolgreich in den gewünschten Zellbereich übernommen haben, geht es jetzt an die Zusammenfassung der Werte. Die Summe des jeweiligen Standorts darf dabei – genauso wie die Monatswerte – nur dann angezeigt werden, wenn der Standort per Kontrollkästchen ausgewählt wurde. Die Summen ermitteln Sie in Spalte *P* durch folgende Schritte:

Das passende Tabellenblatt für diesen Arbeitsschritt ist in der Datei *Kap_07_a_Top_und_Flop.xlsx* das Arbeitsblatt *05 kopierte Formeln*.

1. Markieren Sie den Zellbereich *P8:P15*.
2. Geben Sie direkt nach dem Markieren die Formel `=WENN(Q8=WAHR;SUMME(D8:O8);"")` ein.
3. Drücken Sie die Tastenkombination [Strg]+[↵].

Wenn Sie nun den Status eines Standorts durch einen Klick auf das zugehörige Kontrollkästchen ändern, werden sowohl die passenden Monatswerte als auch die jeweilige Standortsumme komplett angezeigt oder komplett ausgeblendet.

Die Zaubertasten zur Eingabe einer Summe

Ermitteln Sie die Monatssummen mit gerade einmal zwei Schritten:

1. Markieren Sie den Zellbereich *D16:P16*.
2. Drücken Sie die Tastenkombination [⇧]+[Alt]+[0].

Die Tastenkombination erstellt eine Summenfunktion und arbeitet genauso wie die Schaltfläche für die automatische Summierung auf der Registerkarte *Start*.

Optik für die Zahlen verbessern: Das richtige Zellformat

Zum Bewerten der jeweiligen Standortzahlen sind Nachkommastellen aufgrund der Ergebnisdimensionen in der Regel nicht relevant. Weisen Sie deshalb allen vorhandenen Zahlen das passende Zahlenformat zu:

1. Markieren Sie die Zellen *D8:P16*.
2. Rufen Sie mit der Tastenkombination [Strg]+[1] das Dialogfeld zum Formatieren von Zellen auf.
3. Wählen Sie auf der Registerkarte *Zahlen* die Kategorie *Zahl*.
4. Stellen Sie die *Dezimalstellen* auf *0*.
5. Aktivieren Sie die Option *1000er-Trennzeichen verwenden*, wie in Abbildung 7.23 zu sehen.
6. Schließen Sie das Dialogfeld mit [↵].

Abbildung 7.23 Das richtige Zahlenformat für den Überblick in umfangreichen Auswertungen

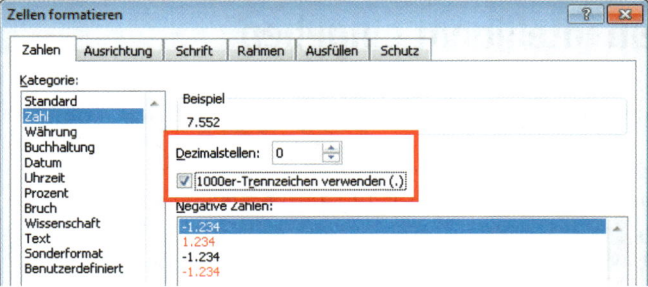

Minimal- und Maximalwerte automatisch in unterschiedlichen Farben anzeigen

7. Markieren Sie mit gedrückter Taste [Strg] die Zellbereiche *P8:P16* und *D16:P16* und formatieren Sie diese Bereiche *fett*.

8. Zum besseren Überblick rücken Sie die Zahlen noch ein wenig näher zusammen. Markieren Sie dazu die Spaltenköpfe *D:P*, klicken Sie mit der rechten Maustaste auf die Markierung und wählen Sie im Kontextmenü den Befehl *Spaltenbreite*. Im gleichnamigen Dialogfeld tragen Sie die Spaltenbreite 8 ein und schließen es dann mit [↵].

Damit haben Sie das Grundgerüst der Standortzahlen erstellt und können die Zahlen je nach Bedarf ein- oder ausblenden. Ändern Sie über das Drehfeld das auszuwertende Jahr, werden alle Zahlen neu berechnet.

Minimal- und Maximalwerte automatisch in unterschiedlichen Farben anzeigen

Zur einfacheren Analyse der vielen Zahlen sollen im nächsten Schritt sowohl der beste als auch der schlechteste Standort farblich hervorgehoben werden. Für den besten Standort wird dabei *Grün*, für den schlechtesten Standort *Rot* als Markierungsfarbe eingestellt. Abbildung 7.24 zeigt eine Vorschau auf das Ergebnis (die Spalten *L* bis *O* sind auf dem Bild ausgeblendet).

Verwenden Sie zum Nachvollziehen der nächsten Schritte in der Übungsdatei *Kap_07_a_Top_und_Flop.xlsx* das Arbeitsblatt *06 Summen*.

Abbildung 7.24 Der beste Standort wird grün, der schlechteste Standort rot eingefärbt

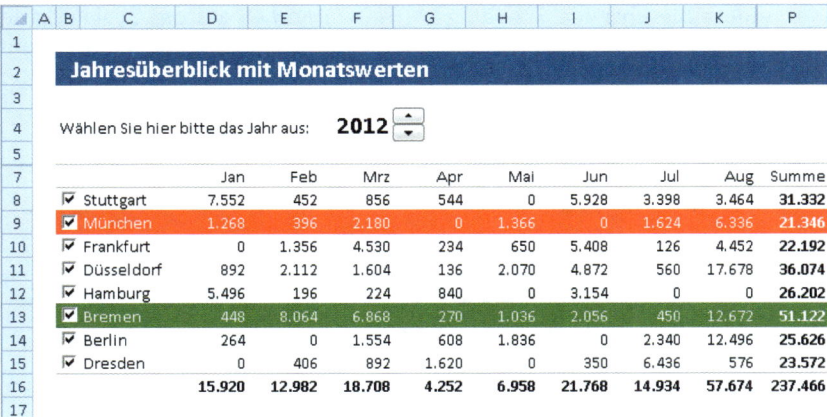

Extremwerte farbig hervorheben

Die Anpassung der Zellfüllung mit den gewünschten Farben übernimmt in Excel die *bedingte Formatierung*:

1. Markieren Sie den Zellbereich *B8:P15*. Da die Zelle *B8* vom ersten Kontrollkästchen überdeckt wird, kann die Markierung nur von *P8* oder *P15* ausgehend mit der Maus nach links aufgezogen werden.

> Zellen sind unter Umständen nicht direkt anklickbar, wenn sie von Objekten wie z.B. einem Kontrollkästchen, einem Zeichnungselement oder einem Bild überdeckt werden. In diesem Fall hilft Ihnen die Taste F5 weiter.
>
> Rufen Sie mit F5 das Dialogfeld *Gehe zu* auf und geben Sie im Feld *Verweis* den zu markierenden Bereich in der Form *B8:P15* ein. Nach einem Klick auf *OK* ist der genannte Bereich automatisch markiert.
>
> Besonders hilfreich ist die Taste F5 auch beim Markieren umfangreicher Tabellenbereiche, bei denen große Bereiche überscrollt werden müssen. Durch die Eingabe der Start- und Endzelle können Sie auf das Scrollen komplett verzichten.

2. Öffnen Sie über *Start/Formatvorlagen/Bedingte Formatierung/Neue Regel* das Dialogfeld *Neue Formatierungsregel*.
3. Wählen Sie den Eintrag *Formel zur Ermittlung der zu formatierenden Zellen verwenden*.
4. Im darunter stehenden Eingabefeld tragen Sie die Formel =$P8=MAX($P$8:$P$15) ein. Mit dieser Formel prüfen Sie, ob der Summenwert des jeweiligen Standorts dem Maximalwert aller Standorte entspricht. Ist dies der Fall, sollen alle zum Standort gehörenden Zellen grün markiert werden.
5. Klicken Sie auf die Schaltfläche *Formatieren* und wählen Sie auf der Registerkarte *Ausfüllen* die gewünschte Füllfarbe aus. Sie können aber auch jede andere Farbe definieren, indem Sie über die Schaltfläche *Weitere Farben* auf der Registerkarte *Benutzerdefiniert* beispielsweise einen RGB-Wert eintragen. Verwenden Sie für ein sattes Grün die RGB-Werte 102, 153 und 0.

Abbildung 7.25 Nahezu jede Farbe kann über die RGB-Werte eingestellt werden

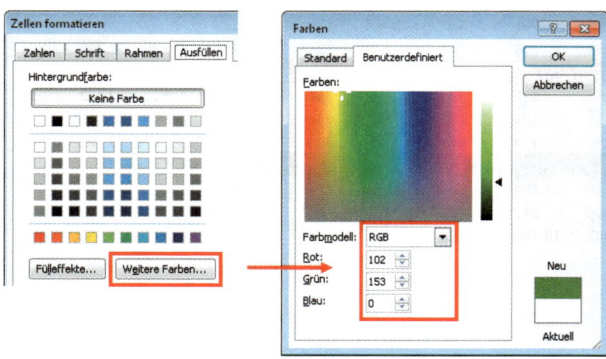

Minimal- und Maximalwerte automatisch in unterschiedlichen Farben anzeigen

6. Auf der Registerkarte *Schrift* stellen Sie die Schriftfarbe *Weiß* ein.

7. Schließen Sie alle offenen Dialogfelder mit *OK*. Als Ergebnis wird der Standort mit dem höchsten Summenwert sofort grün eingefärbt. Die bedingte Formatierung funktioniert perfekt.

8. Zur Hervorhebung des schlechtesten Standorts wiederholen Sie bei gleichbleibender Markierung *B8:P15* die Schritte 2 bis 7, ersetzen jedoch in Schritt 4 die Funktion MAX durch die Funktion MIN und geben in Schritt 5 die RGB-Werte 204, 51 und 0 ein.

Abbildung 7.26 Die bedingten Formatierungen zur Darstellung der Ausreißer

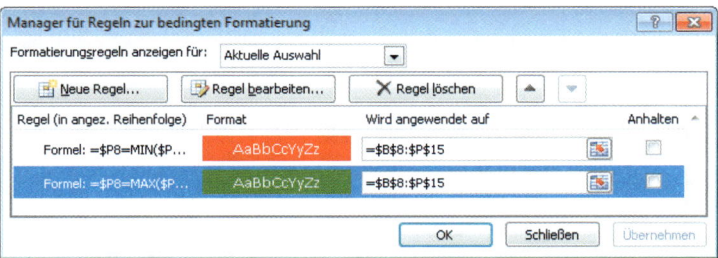

Zur perfekten Optik fehlen jetzt noch die Abtrennungen der Monate und der Summenzeile von den Standortdaten:

1. Markieren Sie den Zellbereich *B7:P7*.

2. Drücken Sie die Tastenkombination [Strg]+[1].

3. Stellen Sie auf der Registerkarte *Rahmen* eine dünne graue Rahmenlinie oben und unten ein. Gehen Sie dabei in der Reihenfolge vor, die mit (1) bis (5) in Abbildung 7.27 dargestellt ist.

Abbildung 7.27 Es muss nicht immer Schwarz sein: Rahmenlinien dezent einstellen

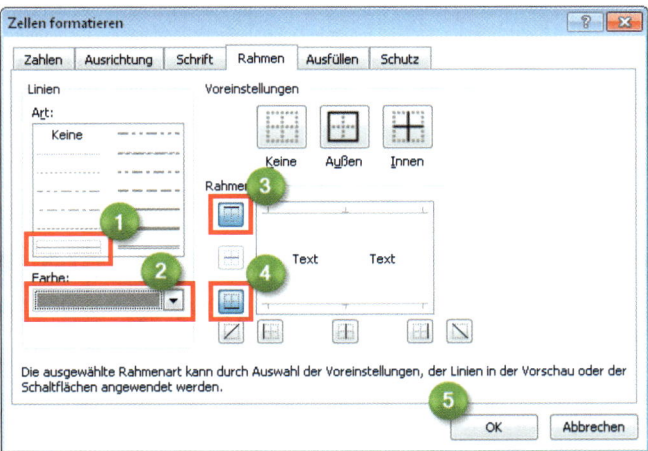

4. Markieren Sie den Zellbereich *B16:P16* und stellen Sie hier eine dünne graue Rahmenlinie oben ein.

5. Klicken Sie mit der rechten Maustaste auf den Zeilenkopf mit der Nummer *6* und wählen Sie im Kontextmenü den Befehl *Ausblenden*. Verfahren Sie genauso mit der Spalte *Q*.

Das Ergebnis Ihrer Arbeit kann sich sehen lassen: Der beste Standort wird grün, der schlechteste rot eingefärbt. Ändern Sie per Drehfeld die Jahreszahl, wandern die Farben automatisch auf die neuen Extremwerte. Selbst beim Deaktivieren einzelner Standorte über die Kontrollkästchen passt sich die Formatierung zielgenau den angezeigten Ergebnissen an.

Abbildung 7.28 Die Extremwerte sind klar erkennbar, deaktivierte Standorte werden nicht berücksichtigt

Jahresüberblick mit Monatswerten

Wählen Sie hier bitte das Jahr aus: **2012**

	Jan	Feb	Mrz	Apr	Mai	Jun	Jul	Aug	Summe
☑ Stuttgart	7.552	452	856	544	0	5.928	3.398	3.464	**31.332**
☑ München	1.268	396	2.180	0	1.366	0	1.624	6.336	**21.346**
☐ Frankfurt									
☑ Düsseldorf	892	2.112	1.604	136	2.070	4.872	560	17.678	**36.074**
☐ Hamburg									
☐ Bremen									
☑ Berlin	264	0	1.554	608	1.836	0	2.340	12.496	**25.626**
☑ Dresden	0	406	892	1.620	0	350	6.436	576	**23.572**
	9.976	**3.366**	**7.086**	**2.908**	**5.272**	**11.150**	**14.358**	**40.550**	**137.950**

WWW

Das in Abbildung 7.28 gezeigte Ergebnis finden Sie in der Datei *Kap_07_a_Top_und_Flop.xlsx* auf dem Arbeitsblatt *07 Top und Flop*.

Noch leichter lassen sich die Jahreswerte mittels eines Säulendiagramms vergleichen. Idealerweise sollten sich die Farben der Säulen ebenso automatisch den geänderten Vorgaben anpassen, wie das bei den Zellfarben gerade passiert ist. Wie das geht, erfahren Sie im nächsten Abschnitt.

Dynamische Auswahl der Standorte, die im Säulendiagramm angezeigt werden

Jahresergebnisse einzelner Standorte, Mengenabsätze in mehreren Regionen, verkaufte Stückzahlen in verschiedenen Ländern – all diese Zahlen lassen sich am einfachsten in einem Säulendiagramm miteinander vergleichen. Liegen die einzelnen Werte

Dynamische Auswahl der Standorte, die im Säulendiagramm angezeigt werden

jedoch dicht beieinander, sind die Säulen fast gleich hoch und unter Umständen nur schwer auseinanderzuhalten.

Spitzenreiter und schlechtester Wert sollten aber auf jeden Fall sofort erkennbar und deshalb unterschiedlich eingefärbt sein.

Selbstverständlich können auch bei einem herkömmlichen Säulendiagramm die einzelnen Säulen von Hand umgefärbt werden. Sollten sich jedoch die zugrunde liegenden Daten ändern, würde die manuell eingestellte Farbe an Ort und Stelle bleiben.

Abbildung 7.29 zeigt das sehr anschaulich: Durch den Wechsel des Jahres von 2011 auf 2012 verändert sich München vom besten zum schlechtesten Standort – bleibt aber trotzdem grün, da die Säule manuell eingefärbt wurde. Hamburg hingegen hat sich von seinem schlechten Ergebnis im Jahr 2011 erholt, wird aber im Diagramm zu 2012 trotzdem noch rot dargestellt, obwohl es mittlerweile im Mittelfeld liegt. Die Säule für den 2012-Spitzenreiter Düsseldorf bleibt ebenfalls (wie im Vorjahr) blau, müsste aber grün sein.

Abbildung 7.29 Manuell eingefärbte Säulen passen sich bei geänderten Daten nicht automatisch an

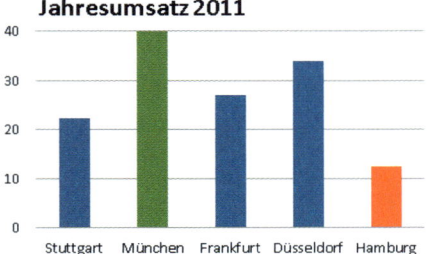
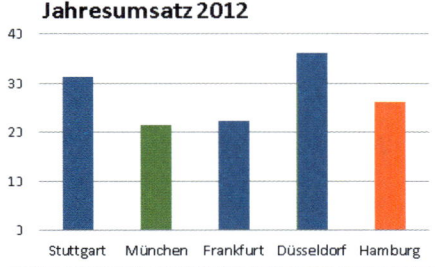

Die Lösung für das Problem erhalten Sie durch ein gestapeltes Säulendiagramm, dessen Säulen aus jeweils drei unterschiedlichen Segmenten bestehen. Dabei wird im vorliegenden Beispiel für jeden Standort ermittelt, ob er das beste, das schlechteste oder eines der dazwischenliegenden Ergebnisse erzielt hat. Aus jedem dieser Werte wird im Anschluss ein Segment der gestapelten Säule gebildet.

> Die folgende Berechnung der benötigten Werte können Sie in der Datei *Kap_07_b_Dynamisches_Diagramm.xlsx* im Arbeitsblatt *01 Top und Flop* vornehmen.

Mit drei Datenreihen für Diagrammdynamik sorgen

Legen Sie zuerst in Spalte *R* eine Spalte mit den Standortnamen an. Wie bei der Übertragung der strukturierten Verweise weiter vorn in diesem Kapitel hilft Ihnen auch hier die Tastenkombination [Strg]+[↵] bei der Eingabe der Formel in unterschiedliche Zellen:

1. Geben Sie in Zelle *R7* die Überschrift Standort ein.
2. Markieren Sie den Bereich von *R8* bis *R15* und klicken Sie danach nicht erneut auf eine Zelle.
3. Geben Sie direkt die Formel =C8 ein.
4. Schließen Sie Ihre Eingabe mit [Strg]+[↵] ab.

Die an dieser Stelle wiederholten Standortnamen erleichtern Ihnen einerseits die Zuordnung der noch folgenden Werte, andererseits benötigen Sie diese Spalte bei der Erstellung des dynamischen Diagramms für die Achsenbeschriftung.

Mit MAX sofort den besten Standort finden

Als bester Standort gilt im Beispiel derjenige, der im Kreise der aktivierten Standorte den größten Umsatz im gewählten Jahr erzielt hat. Excel stellt Ihnen hierfür die Funktion MAX zur Verfügung: Ermitteln Sie den besten Standort in vier Schritten:

1. In *S7* tragen Sie die Überschrift Max ein.
2. Markieren Sie den Bereich von *S8* bis *S15* und klicken Sie danach nicht erneut auf eine Zelle.
3. Geben Sie die Formel =WENN(P8=MAX($P$8:$P$15);P8;0) ein.
4. Schließen Sie Ihre Eingabe mit [Strg]+[↵] ab.

Abbildung 7.30 Die Zelleingabe im Bereich *S8:S15* vor und nach der Bestätigung mit [Strg]+[↵]

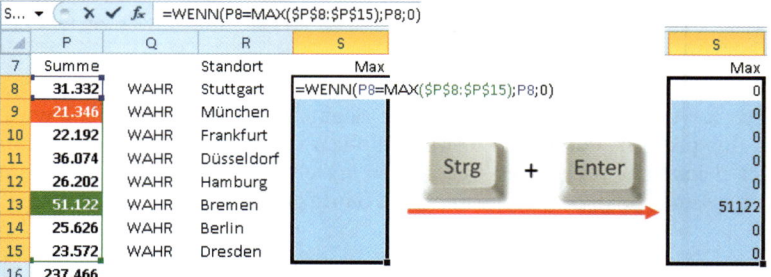

Die Formel in *S8* prüft mit der Bedingung P8=MAX($P$8:$P$15), ob der Summenwert in *P8* gleich dem Maximum aller Summenwerte ist. Ist dies der Fall, gibt die Formel diesen Maximalwert zurück, andernfalls eine Null. Da der Zellbezug auf *P8* ein relativer Bezug ist, passt er sich in den Zellen *S9:S15* automatisch an. *S13* liefert den gesuchten Maximalwert.

Mit MIN den schlechtesten Standort kennzeichnen

Ermitteln Sie den schlechtesten Standort mithilfe der Funktion MIN in der Spalte *T*. Verfahren Sie dabei analog der Vorgehensweise beim Ermitteln des Maximalwerts. Tragen Sie als Überschrift jedoch Min und als Formel =WENN(P8=MIN($P$8:$P$15);P8;0) ein. Übernehmen Sie die Formel mit [Strg]+[↵] in den Zellbereich *T8:T15*.

Dynamische Auswahl der Standorte, die im Säulendiagramm angezeigt werden

Würde die Summenformel in Spalte *P* bei einem deaktivierten Standort den Wert *0* (null) liefern, käme bei mehreren deaktivierten Standorten in der Summenspalte mehrfach eine *0* vor. Die Berechnung eines Minimums wäre dadurch nicht mehr möglich – das Minimum würde schlicht auf alle deaktivierten Standorte mit dem Wert »null« fallen. Aus diesem Grund wird in der Summenspalte bei einem deaktivierten Standort »nichts« in Form von zwei Anführungszeichen zurückgegeben. Dieses »nichts« wird im Gegensatz zu »null« nicht in der weiteren Berechnung berücksichtigt.

Die Werte der »normalen« Standorte berechnen

Alle Standorte, die weder der beste noch der schlechteste Standort sind, haben bislang den Wert *0* in den MAX- und MIN-Spalten erhalten. Für diese Standorte ermitteln Sie die Werte wie folgt:

1. In *U7* tragen Sie die Überschrift Normal ein.
2. Markieren Sie den Bereich von *U8* bis *U15* und klicken Sie danach nicht erneut auf eine Zelle.
3. Geben Sie direkt die Formel =WENN(UND(Q8=WAHR;S8+T8=0);P8;0) ein.
4. Schließen Sie Ihre Eingabe mit [Strg]+[↵] ab.

Sollte sowohl in der Maximal- als auch in der Minimalspalte eine Null stehen, gibt die Formel den Summenwert des Standorts zurück, andernfalls liefert die Formel eine *0* (Null).

Damit haben Sie für jeden aktivierten Standort einen Wert ermittelt:

- entweder einen Maximalwert, wenn es sich um den besten Standort handelt,
- einen Minimalwert, wenn der zugehörige Standort der schlechteste ist, oder
- einen Normalwert, wenn der Standort weder Top noch Flop ist.

Abbildung 7.31 Deaktivierte Standorte werden nicht in die Auswertung mit einbezogen

Optische Täuschung dank unsichtbarer Flächen

Das Zahlenwerk zum Erstellen eines gestapelten Diagramms haben Sie damit erstellt. Als Nächstes folgen das Diagramm und dessen Anpassung.

> Sollten Sie auf vorbereitete Zahlen zurückgreifen wollen, verwenden Sie in der Datei *Kap_07_b_Dynamisches_Diagramm.xlsx* das Arbeitsblatt *02 Max-Min-Normal*.

Unwichtiges einfach verschwinden lassen

Als Ergebnis soll pro Standort nur eine durchgängig eingefärbte Säule angezeigt werden. Für jeden Standort gibt es aber drei Werte: Max, Min und Normal. Der Trick besteht nun darin, dass nur einer dieser drei Werte größer ist als null. Wird aus den drei Werten eine gestapelte Säule erstellt, werden zwei Segmente unsichtbar, da ihr Datenwert null beträgt. Nur das Segment mit dem Wert größer null wird sichtbar bleiben. Optisch entsteht dadurch eine durchgängig eingefärbte Säule.

Abbildung 7.32 Die gestapelte Säule zeigt bei zwei Segmenten mit Nullwerten nur noch ein Segment an

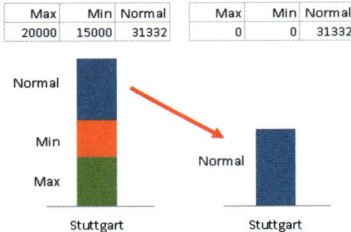

Das Täuschungsdiagramm erstellen

Führen Sie folgende Schritte durch, um aus den ermittelten Zahlen das richtige Diagramm zu erstellen:

1. Aktivieren Sie mit den Kontrollkästchen alle Standorte.
2. Markieren Sie den Bereich *R7:U15* und wählen Sie die Befehlsfolge *Einfügen/Diagramme/Säule/Gestapelte Säulen*.

Abbildung 7.33 Den richtigen Diagrammtyp auswählen, damit die Säulenfarben wandern können

3. Lassen Sie die Namen der jeweiligen Datenreihen anzeigen, indem Sie den Mauszeiger über die Säulen der einzelnen Standorte bewegen. Bei München erfahren Sie so, dass das angezeigte Segment der Säule aus der Datenreihe *Min* kommt.

Abbildung 7.34 Die zugrunde liegenden Datenreihen werden angezeigt, wenn der Mauszeiger über der jeweiligen Reihe steht

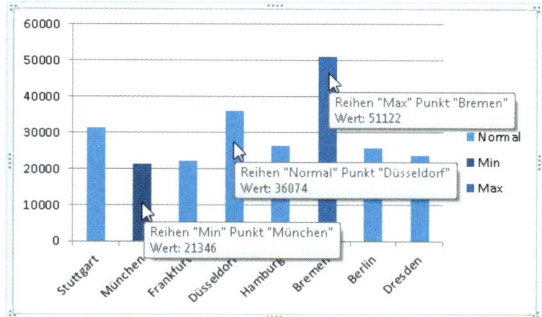

4. Klicken Sie ein Mal (!) auf das sichtbare Segment von München, um die Datenreihe *Min* auszuwählen. Die zugrunde liegenden Daten der ganzen Reihe werden daraufhin umrahmt (*T8:T15*). Auf der Registerkarte *Diagrammtools/Layout* wird der Reihenname *Min* angezeigt.

Wird eine Datenreihe (z.B. *Min*) mit etwas zeitlichem Abstand zweimal hintereinander angeklickt, wird nicht die komplette Datenreihe selbst, sondern der jeweilige Datenpunkt (z.B. *München*) ausgewählt. Eine Änderung der Formatierung wirkt sich dann nur auf den Datenpunkt und nicht auf die ganze Datenreihe aus. Die Auswirkungen des einfachen (1) oder zweifachen (2) Klicks sehen Sie in Abbildung 7.35.

Abbildung 7.35 Lieber nur einmal klicken: Die Datenreihe und nicht den Datenpunkt auswählen

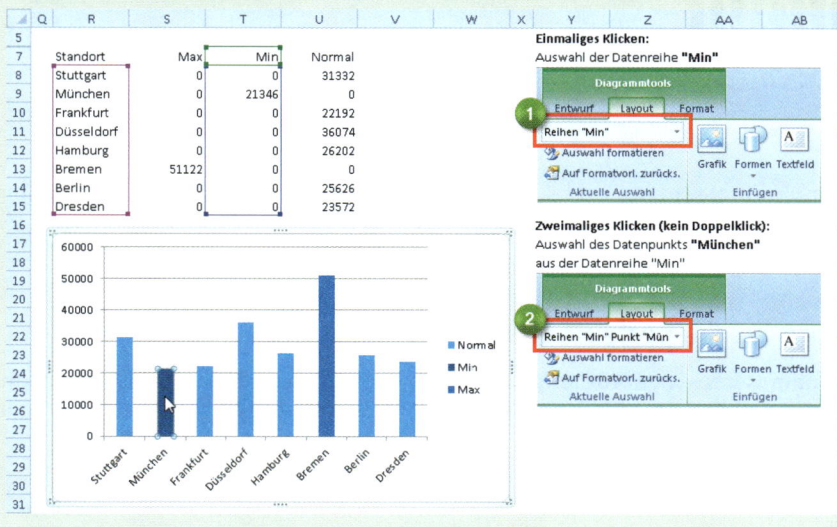

211

5. Wählen Sie über *Diagrammtools/Format/Formenarten/Fülleffekt* den Rotton (RGB-Wert *204*, *51*, *0*) aus, den Sie vorher schon einmal bei der bedingten Formatierung verwendet haben.

Abbildung 7.36 Die zuletzt verwendeten Farben haben die vorherigen Einstellungen gespeichert

6. Nach einem einfachen Klick auf das sichtbare *Max*-Segment des Standorts Bremen formatieren Sie dieses im ebenfalls schon einmal verwendeten Grünton (RGB-Wert *102*, *53*, *0*).

7. Zur Formatierung der »normalen« Werte klicken Sie einmal auf eine Säule der anderen Standorte. Die dadurch ausgewählte Datenreihe *Normal* formatieren Sie im dunklen Blau der Überschrift.

Abbildung 7.37 Die Verwendung der gleichen Farben bewirkt den durchgängigen Look der Lösung

 Das farblich überarbeitete Diagramm finden Sie in der Datei *Kap_07_b_Dynamisches_Diagramm.xlsx* auf dem Arbeitsblatt *03 dynamisches Diagramm*.

Feintuning für die perfekte Optik

Das Diagramm wechselt auf Knopfdruck bereits die Farben und einzelne Standortsäulen lassen sich schon ausblenden. Anordnung und einzelne Elemente können aber noch optimiert werden.

Das Diagramm mit der Alt-Taste exakt positionieren

- Verschieben Sie den gesamten Diagrammbereich mit gedrückter Taste [Alt] so, dass die linke obere Ecke des Diagramms in der Zelle *B18* beginnt.
- Zum Vergrößern des Diagramms ziehen Sie die linke untere Ecke des Diagrammbereichs bei gedrückter Taste [Alt] bis zur Zelle *P33*.

Damit haben Sie das Diagramm in der richtigen Größe perfekt unter den Monatsdaten positioniert.

Überflüssige Diagrammelemente entfernen

- Klicken Sie auf die *Legende* und drücken Sie [Entf].

Die Diagrammachsen anpassen

- Führen Sie einen Doppelklick auf die *horizontale Primärachse* aus und wählen Sie in den *Achsenoptionen* bei *Hauptstrichtyp* den Eintrag *Keine*. Dadurch entfallen die kleinen Trennstriche zwischen den Namen der Standorte.

Abbildung 7.38 Unterteilungen der horizontalen Achse werden nicht benötigt

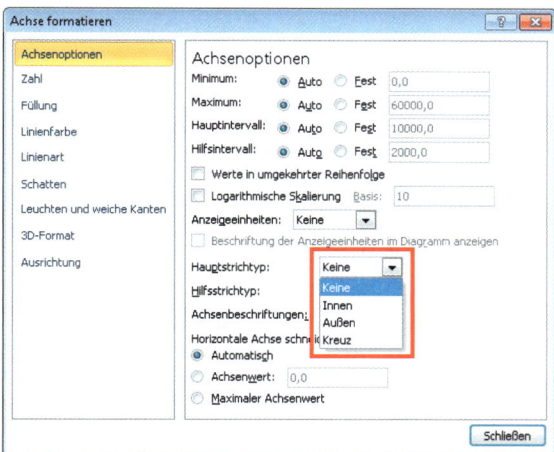

1. Stellen Sie auf der Registerkarte *Start* die Schriftgröße der horizontalen Achse auf *11 pt* ein und gleichen Sie die Schriftgröße der vertikalen Achse ebenso an.
2. Die vertikale Achsenlinie wird nicht benötigt. Nach einem Doppelklick auf die *vertikale Primärachse* wählen Sie in der Kategorie *Linienfarbe* die Option *Keine Linie*.

Spannend wird es noch mal bei den Maßeinheiten der vertikalen Achse. Ist in einem Jahr der größte Umsatz beispielsweise 100.000 Euro und liegt der Spitzenreiter eines anderen Jahres lediglich bei 40.000 Euro, würde die vertikale Achse – bei gleicher Höhe des Diagramms – einmal bis 100.000, das andere Mal nur bis 40.000 reichen. Bei augenscheinlich gleicher Säulenhöhe lägen ganz andere Werte zugrunde. Die Säulenhöhen wären dadurch beim Umschalten zwischen verschiedenen Jahren nur bedingt vergleichbar.

3. Die *Achsenoptionen* der Vertikalachse werden deshalb beim *Maximum* auf 60.000 fixiert, das *Hauptintervall* auf 10.000 eingestellt.

Abbildung 7.39 Die vertikale Achse erhält feste Werte und eine neue Anzeigeeinheit

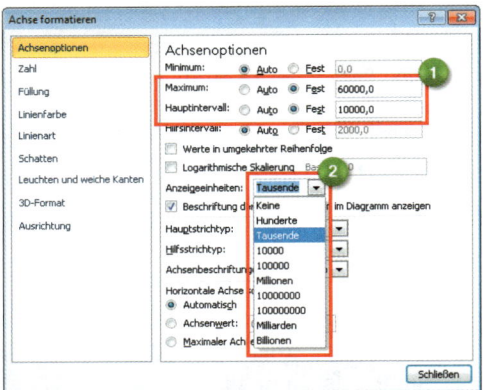

Zur weiteren Reduktion des Diagramms eignet sich die Darstellung der vertikalen Achsenwerte in Tausendern.

4. Wählen Sie, wie in Abbildung 7.39 zu sehen, in der Dropdownliste *Anzeigeeinheiten* den Eintrag *Tausende*.

5. Klicken Sie nun das gerade hinzugefügte Element im Diagramm an und überschreiben Sie den vorgegebenen Eintrag mit `in Tsd. EUR`.

 Die Liste der *Anzeigeeinheiten* lässt sich im Dialogfeld auch direkt überschreiben. Der eingegebene Wert wird jedoch nicht in das Diagramm übertragen. Wählen Sie deshalb das Element neben der Vertikalachse aus und überschreiben Sie den Eintrag manuell.

Dem Diagramm einen Namen geben

1. Fügen Sie über die Schaltfläche *Diagrammtools/Layout/Beschriftungen/Diagrammtitel* einen Diagrammtitel hinzu und überschreiben Sie ihn mit `Jahresumsatz`.

Abbildung 7.40 Den Diagrammtitel über dem Diagramm positionieren

2. Ziehen Sie den Diagrammtitel bei gedrückter Taste ⇧ nach links auf Höhe des Hauptgitternetzes.

Abbildung 7.41 Ausrichtung des Diagrammtitels als imaginäre Verlängerung der Vertikalachse

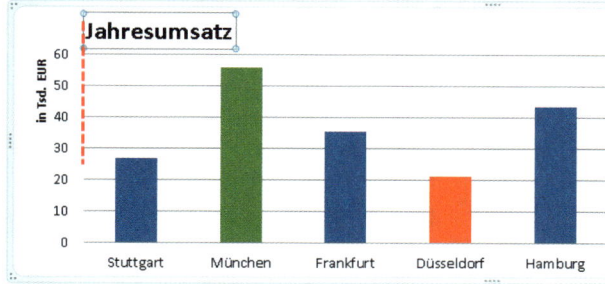

Die Taste ⇧ bewirkt während des Verschiebens, dass ausgewählte Elemente nur noch orthogonal (horizontal oder vertikal) verschoben werden können. Ein diagonales Verrutschen wird durch ⇧ ausgeschlossen.

3. Zum Abschluss entfernen Sie über *Diagrammtools/Format/Formenarten/Formkontur/Kein Rahmen* den Rahmen um das Diagramm, damit es optisch auf dem Arbeitsblatt schwebt.
4. Stellen Sie die Schriftfarbe der Spalten *Q:U* auf *Weiß*.

Den gesamten Bereich durch einen Schatten abheben

Wertetabelle und Diagramm stehen übereinander und werden oben durch die Überschrift begrenzt. Als Abgrenzung nach unten empfiehlt sich ein feiner Schattenverlauf über die gesamte Breite der Daten und des Diagramms:

1. Wählen Sie über *Einfügen/Illustrationen/Formen* die Zeichenform *Rechteck*, halten Sie Alt gedrückt und ziehen Sie das Rechteck über den Zellbereich *B34:P34*.
2. Entfernen Sie die Umrandung über *Zeichentools/Format/Formenarten/Formkontur/Kein Rahmen*.
3. Drücken Sie Strg+1 und wählen Sie als *Füllung* einen *Farbverlauf*.

Klicken Sie zum Einstellen eines Farbverlaufs auf die einzelnen Dropdownpfeile und bestimmen Sie anschließend Farbe und Helligkeit. Einen angenehmen Effekt erzielen Sie, wenn Sie wie in Abbildung 7.42 gezeigt als ersten *Farbverlaufstopp* (1) eine etwas dunklere Farbe und für den zweiten *Farbverlaufstopp* (2) die gleiche Farbe in einer etwas helleren Ausführung auswählen. Für den dritten *Farbverlaufstopp* (3) wird *Weiß* eingestellt. Damit erreichen Sie einen weichen Verlauf bis zur Farbe Weiß ohne harte Übergänge.

4. Stellen Sie auf der Registerkarte *Zeichentools/Format* in der Gruppe *Größe* die *Formenhöhe* des Rechtecks auf 0,2 cm ein.

Abbildung 7.42 Ein Rechteck mit Farbverlauf zur Simulation eines Schattens

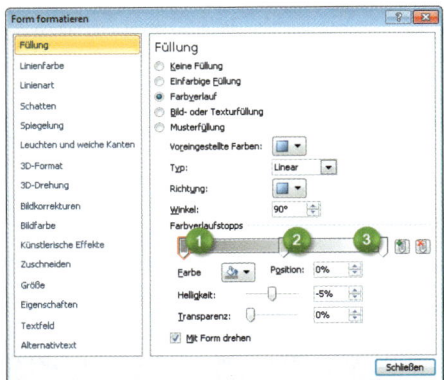

Das dynamische Diagramm fügt sich mit diesen Einstellungen perfekt unter der Wertetabelle auf dem Arbeitsblatt ein. Mithilfe der Kontrollkästchen können die Standortsäulen komfortabel ein- und ausgeblendet werden.

Das komplett aufbereitete Diagramm finden Sie in der Datei *Kap_07_b_Dynamisches_Diagramm.xlsx* auf dem Arbeitsblatt *04 Ergebnis*.

Abbildung 7.43 Das fertige Diagramm mit angepasster Anzeigeeinheit und ausgerichtetem Titel

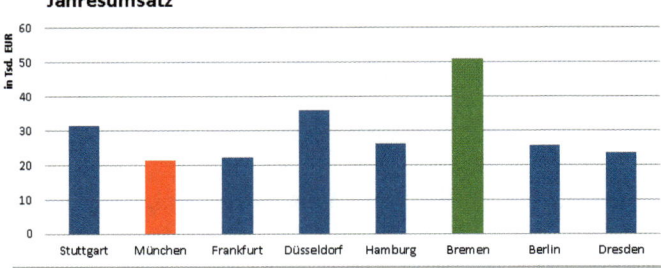

Mit diesem dynamischen Diagramm sind Sie für Teamsitzungen und Abteilungsbesprechungen bestens gerüstet. Stellen Sie damit Standorte, Regionen, Produkte, Verkaufsmitarbeiter, Lagerflächen oder andere Sachverhalte ins richtige Licht. Schalten Sie die Elemente aus, die Sie nicht bewerten oder nicht mit anderen Elementen vergleichen wollen. Sie bleiben auf jeden Fall flexibel und haben stets Zugriff auf die aktuellen Zahlen aus der Datenbasis.

Diagramme noch kompakter machen: Dynamik und perfekte Optik kombinieren

Mit Funktionen ans Ziel: Die Daten für den dynamischen Auftritt vorbereiten	218
Unschöne Lücken im Diagramm mit BEREICH.VERSCHIEBEN vermeiden	223
Übersichtlicher und sicherer: Die fertige Lösung ohne Hilfsspalten anzeigen	233

Im vorangegangenen Kapitel konnten Sie lesen, wie Sie ein Säulendiagramm erstellen, das den Säulen mit Minimal- und Maximalwerten automatisch andere Farben zuweist. Mehr noch: Im Diagramm werden nur die zuvor ausgewählten Standorte dargestellt. Allerdings hat diese Lösung ein Manko: Werden einzelne Standorte per Kontrollkästchen deaktiviert, verschwinden im Diagramm nur die dazugehörenden Säulen, nicht jedoch deren Achsenbeschriftung. Dadurch entstehen Lücken im Diagramm.

Erfahren Sie in diesem Kapitel, wie Sie solche unschönen Lücken vermeiden, indem Sie Ihre Daten in die richtige Reihenfolge bringen.

Lernen Sie dabei unter anderem die Leistungsfähigkeit der Funktion BEREICH.VERSCHIEBEN kennen, die dafür sorgt, dass Ihre Diagramme nicht nur dynamisch sind, sondern auch optisch ansprechend. Die Diagramme zeigen dann nur noch die Daten, die Sie ausgewählt haben – Lücken können Sie getrost vergessen.

Abbildung 8.1 Deaktivierte Standorte erzeugen unschöne Lücken – »komplette« Diagramme sehen besser aus

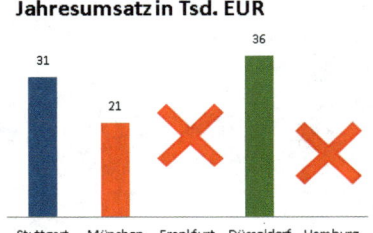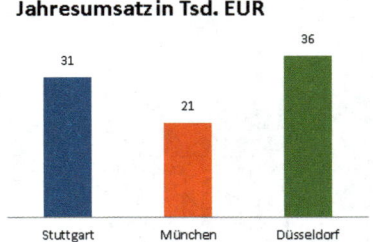

Mit Funktionen ans Ziel: Die Daten für den dynamischen Auftritt vorbereiten

Ausgangsbasis eines jeden Diagramms sind die zugrunde liegenden Werte. Soll, wie im vorliegenden Beispiel, ein Standort nicht betrachtet werden, muss der jeweilige Standort aus der Datenquelle des Diagramms »entfernt« werden. Komplett löschen dürfen Sie die Daten des jeweiligen Standorts allerdings nicht – bei der nächsten Auswertung wollen Sie den Standort vielleicht wieder in die Auswertung mit einbeziehen. Der Trick liegt dementsprechend in der richtigen Aufbereitung der Quelldaten, aus denen das Diagramm entsteht.

 Verwenden Sie zum Nachvollziehen der folgenden Schritte in der Datei *Kap_08_a_Datenbasis.xlsx* das Arbeitsblatt *01 Wertetabelle*.

Mit WENN die aktivierten Standorte herausfinden

Das Diagramm soll die ausgewählten Standorte in einer Reihe hintereinander darstellen. Dafür wird als Datenquelle eine lückenlose Liste der ausgewählten Standorte benötigt. Ermitteln Sie im ersten Schritt, welche Niederlassungen aktiviert sind.

1. Tragen Sie in Zelle *W7* die Bezeichnung `Nr.` ein.
2. Tragen Sie in den Zellen *W8:W15* die Werte 1 bis 8 ein.
3. Tragen Sie in Zelle *X7* das Wort `Aktiv` ein.
4. Markieren Sie den Bereich *X8:X15* (und klicken Sie danach nicht mehr).
5. Geben Sie die Formel `=WENN(Q8=WAHR;W8;"")` ein.
6. Drücken Sie die Tastenkombination [Strg]+[↵].

Damit haben Sie eine Liste mit den Nummern der ausgewählten Standorte erzeugt. Bei den deaktivierten Standorten wird durch die beiden Anführungszeichen in *Sonst_Wert* der WENN-Funktion »nichts« eingetragen. Im nächsten Schritt erfahren Sie, warum eine *0* an dieser Stelle verkehrt wäre.

Abbildung 8.2 In der neuen *Aktiv*-Liste erhalten deaktivierte Standorte keine Nummer

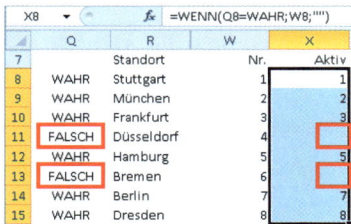

Mit KKLEINSTE eine lückenlose Standortliste erstellen

Für ein »durchgehendes« Diagramm mit direkt nebeneinander stehenden Säulen benötigen Sie zusammenhängende Daten. Nachdem Sie die verfügbaren Standortnummern ermittelt haben, erstellen Sie aus den verfügbaren Nummern eine lückenlose Reihe:

1. Tragen Sie in Zelle *Y7* die Bezeichnung `In Reihe` ein.
2. Markieren Sie den Bereich *Y8:Y15* (Achtung: Nicht mehr klicken!).
3. Geben Sie die Formel `=WENNFEHLER(KKLEINSTE($X$8:$X$15;W8);"")` ein.
4. Beenden Sie die Eingabe mit [Strg]+[↵].

Abbildung 8.3 Mit KKLEINSTE ganz einfach eine lückenlose Reihe erstellen

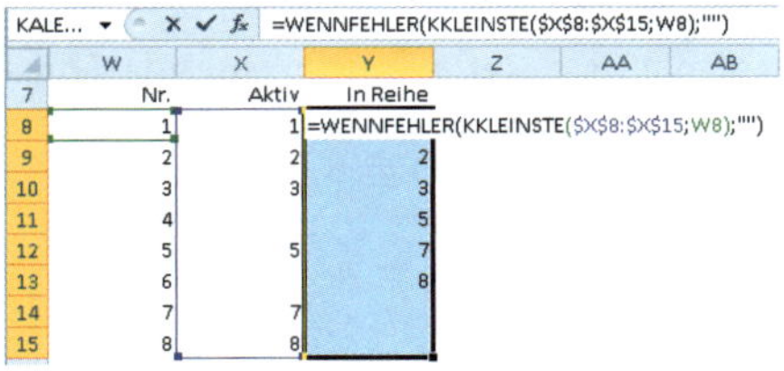

Die Funktionsweise der Formel:

KKLEINSTE ermittelt aus einem angegebenen Zellbereich den *k*-kleinsten Wert. Der Zellbereich wird mit dem absoluten Bezug *$X$8:$X$15* fixiert, der *k*-Wert aus der Spalte *W* abgeleitet. Damit kann die Formel problemlos auch auf die darunter liegenden Zellen übernommen werden. Als Ergebnis erhalten Sie in Spalte *Y* eine aufsteigende Liste der verfügbaren Nummern aus der *Aktiv*-Spalte.

> Hätten Sie im vorhergehenden Schritt den *Sonst*-Wert der WENN-Funktion mit 0 (null) angegeben, wäre in der *Aktiv*-Spalte bei den beiden deaktivierten Standorten Düsseldorf und Bremen jeweils *0* zurückgegeben worden. Die Auswertung mit KKLEINSTE in Spalte *Y* würde dementsprechend mit den beiden kleinsten *0*-Werten beginnen, obwohl diese nicht berücksichtigt werden sollen.

Abbildung 8.4 zeigt, wie in Zelle *Y12* der fünftkleinste Wert innerhalb der *Aktiv*-Spalte gesucht wird. Als Ergebnis liefert die Formel den Wert *7*.

Abbildung 8.4 Mit KKLEINSTE den fünftkleinsten Wert der *Aktiv*-Spalte ermitteln

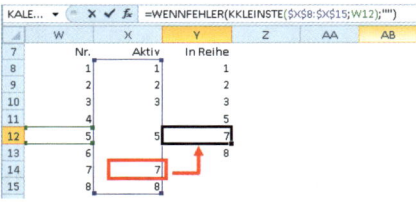

Im Beispiel sind die beiden Standorte Düsseldorf und Bremen deaktiviert. In der *Aktiv*-Spalte stehen deshalb, wie in Abbildung 8.5 zu sehen, lediglich sechs Werte. Die Suche nach dem siebtkleinsten Wert in Zelle *Y14* verursacht konsequenterweise einen Fehler. Die umschließende Funktion WENNFEHLER erkennt jedoch diesen Fehler und übergibt »nichts« in Form der beiden Anführungszeichen. Dadurch bleibt *Y14* leer. Gleiches passiert in *Y15*.

Abbildung 8.5 Mit WENNFEHLER werden Fehler wirksam unterdrückt

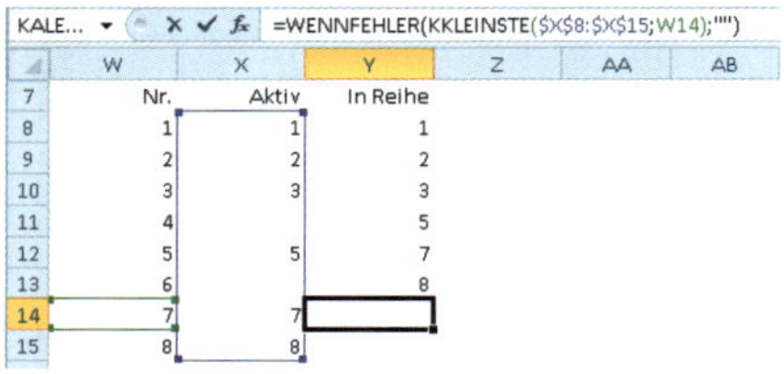

Mit INDEX die passenden Standorte ermitteln

Mit den eben beschriebenen Anweisungen haben Sie die Nummern der aktivierten Standorte untereinander in eine lückenlose Liste geschrieben. Ausgehend von dieser aufsteigenden Nummernfolge in Spalte *Y* benötigen Sie für das Diagramm die Standortbezeichnungen und die dazugehörigen Maximal-, Minimal- und Normalwerte.

Ermitteln Sie die Standorte wie folgt:

1. Tragen Sie in Zelle *Z7* die Überschrift Standort ein.
2. Tragen Sie in Zelle *Z8* die Formel =INDEX(R$8:R$15;$Y8;1) ein. Fixieren Sie bei der Angabe des Zellbereichs *R$8:R$15* die Zeilenangabe mit einem Dollarzeichen. Beim Zellbezug *$Y8* fixieren Sie die Spaltenangabe.
3. Beenden Sie die Eingabe mit ⏎.
4. Kopieren Sie die Formel in die Zellen *Z9:Z15*.

Mit der Funktion INDEX ermitteln Sie einen Wert aufgrund seiner Position innerhalb eines Zellbereichs. Im Beispiel liefert die Funktion INDEX den Namen des Standorts, dessen Position innerhalb des Zellbereichs *R8:R15* mit dem in der Spalte *Y* aufgeführten Wert übereinstimmt. Abbildung 8.6 zeigt, wie in *Z12* der Standort *Berlin* ermittelt wird, der an siebter Stelle der Standortliste steht.

Kann INDEX aufgrund fehlender Angaben (*Y14* und *Y15* sind leer) keinen Wert ermitteln, wird der Fehler *#WERT!* angezeigt.

Abbildung 8.6 Ermittlung eines Standorts aufgrund seiner Position innerhalb der Standortliste

Die per Kontrollkästchen aktivierten Standorte haben Sie damit in eine fortlaufende Reihenfolge gebracht. Ermitteln Sie im nächsten Schritt die passenden Maximal-, Minimal- und Normalwerte.

Mit INDEX die passenden Werte für die Standorte zuordnen

Bei der Standortermittlung wurden die Zellbezüge bereits passend fixiert und damit für ein Kopieren der Formeln vorbereitet.

1. Tragen Sie neben *Standort* die Überschriften Max, Min und Normal ein.
2. Markieren Sie den Zellbereich *Z8:Z15*.
3. Kopieren Sie die darin enthaltenen Formeln nach rechts.

Praktischerweise hat die in der *Standort*-Spalte verwendete Formel beim Kopieren ihre Bezüge angepasst und verweist auf die Spalten *S*, *T* bzw. *U*. In diesen Spalten stehen die bereits ermittelten Maximal-, Minimal- und Normalwerte. Durch die Angabe der Positionsnummer wird auch hier automatisch bei jedem Standort der richtige Wert herangezogen.

Abbildung 8.7 Die Standortergebnisse werden nur für die aktivierten Standorte angezeigt

KALE… =INDEX(U$8:U$15;$Y12;1)

	U	W	X	Y	Z	AA	AB	AC
7	Normal	Nr.	Aktiv	In Reihe	Standort	Max	Min	Normal
8	0	1	1	1	Stuttgart	31332	0	0
9	0	2	2	2	München	0	21346	0
10	22192	3	3	3	Frankfurt	0	0	22192
11		4		5	Hamburg	0	0	26202
12	26202	5	5	7	Berlin	0	0	25626
13		6		8	Dresden	0	0	23572
14	25626	7	7		#WERT!	#WERT!	#WERT!	#WERT!
15	23572	8	8		#WERT!	#WERT!	#WERT!	#WERT!

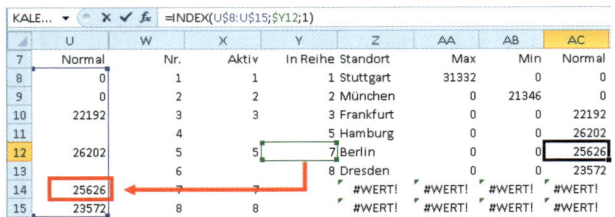

Die Summen zur Säulenbeschriftung heranziehen

Jetzt ist es bald geschafft. Für die Beschriftung der Diagrammsäulen mit den jeweiligen Werten werden nun nur noch die passenden Standortergebnisse benötigt. Verwenden Sie hierzu die bereits ermittelten Summen und greifen Sie mit der Funktion INDEX auch hier die richtigen Zahlen heraus:

1. Geben Sie in Zelle *AD7* die Überschrift Summe ein.
2. Tragen Sie in Zelle *AD8* die Formel `=INDEX($P$8:$P$15;$Y8;1)` ein.
3. Übernehmen Sie die Formel mit [↵].
4. Kopieren Sie die Formel in die Zellen *Z9:Z15*.

Die ermittelten Summen reagieren genauso wie die ermittelten Max-, Min- und Normalwerte: Nur wenn eine Positionsangabe in der Spalte *Y* vorhanden ist, wird der passende Wert übernommen. In Abbildung 8.8 sehen Sie, wie aufgrund der Positionsangabe in Spalte *Y* der passende Wert für *Berlin* (mit der Position *7*) aus der Summenspalte *P* ermittelt wird.

Abbildung 8.8 Mit INDEX die Summen aus dem Wertebereich heranziehen

KALE… =INDEX($P$8:$P$15;$Y12;1)

	P	Y	Z	AA	AB	AC	AD
7	Summe	In Reihe	Standort	Max	Min	Normal	Summe
8	31.332	1	Stuttgart	31332	0	0	31332
9	21.346	2	München	0	21346	0	21346
10	22.192	3	Frankfurt	0	0	22192	22192
11		5	Hamburg	0	0	26202	26202
12	26.202	7	Berlin	0	0	25626	25626
13		8	Dresden	0	0	23572	23572
14	25.626		#WERT!	#WERT!	#WERT!	#WERT!	#WERT!
15	23.572		#WERT!	#WERT!	#WERT!	#WERT!	#WERT!

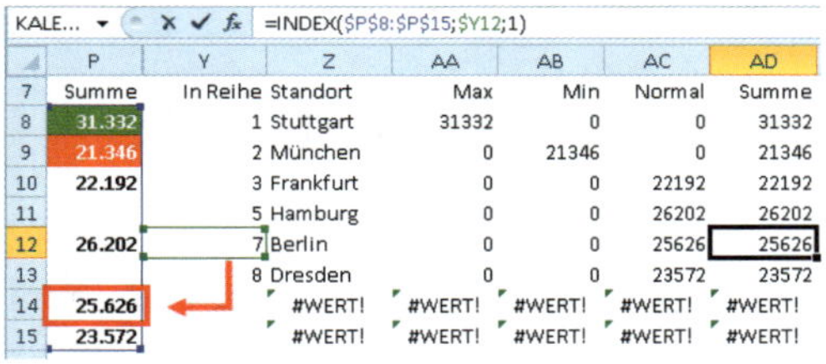

Die Datenbeschaffung für das Diagramm haben Sie damit erfolgreich abgeschlossen. Die Standortbezeichnungen werden genauso wie die dazugehörigen Werte angezeigt, wenn ein Standort per Kontrollkästchen ausgewählt ist – und ausgeblendet, wenn ein Standort deaktiviert ist.

Das Ergebnis finden Sie in der Datei *Kap_08_a_Datenbasis.xlsx* auf dem Arbeitsblatt *02 Diagrammdaten*.

Erzeugen Sie mit diesen Daten ein gestapeltes Säulendiagramm, stehen die ausgewählten Standorte in einer Reihe. Allerdings verursachen die beiden deaktivierten Standorte momentan noch zwei unerwünschte Lücken am Ende des Diagramms. In Abbildung 8.9 sehen Sie, dass zudem die Summenwerte auf die Max-, Min- und Normalwerte daraufgesetzt werden.

Abbildung 8.9 Das Diagramm mit Standortlücken und doppelter Säulenhöhe

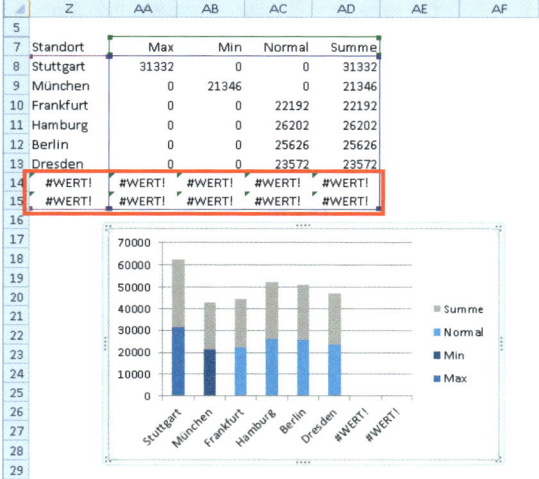

Durch die Angabe des gesamten Bereichs *Z8:AD15* wird auch für die »fehlerhaften« Daten im Diagramm ein Platz reserviert – mangels korrekter Zahlen allerdings ohne Säulen. Idealerweise sollte sich Ihr Diagramm aber nur auf die »fehlerfreien« Daten beziehen. Diese Daten sind allerdings je nach Standortauswahl jedes Mal anders. Lesen Sie im nächsten Abschnitt, wie Sie Ihr Diagramm so anpassen, dass es sich den veränderten Gegebenheiten selbstständig anpasst.

Unschöne Lücken im Diagramm mit BEREICH.VERSCHIEBEN vermeiden

Ein Diagramm basiert üblicherweise auf einem fest vorgegebenen Datenbereich. Sind dort auswertbare Zahlen vorhanden, entsteht daraus beispielsweise eine Säule, ein Balken, eine Linie etc. Damit Ihr Diagramm nur noch auf »fehlerfreie« Daten zugreift, definieren Sie einen flexiblen Datenbereich, der nur noch fehlerfreie Daten enthält.

Die Daten für das Diagramm ganz nach Bedarf flexibel herausgreifen

Üblicherweise verwenden Sie *Namen*, um Zellbereiche nicht über ihre Zelladresse, sondern über selbst definierte Bezeichnungen (*Namen*) anzusprechen. *Namen* können aber auch Formeln beinhalten, die flexible Bereiche definieren. Im Beispiel sind von acht möglichen Standorten sechs ausgewählt. Den jeweiligen Spaltenbereich mit diesen sechs gültigen Einträgen können Sie über BEREICH.VERSCHIEBEN ermitteln.

> Die folgenden Schritte können Sie in der Datei *Kap_08_b_ohne_Namen.xlsx* auf dem Arbeitsblatt *03 Namen* umsetzen (das Blatt *03 Namen* ist eine exakte Kopie des Arbeitsblatts *02 Diagrammdaten* und erhält im Folgenden diverse Bereichsnamen).

Mit BEREICH.VERSCHIEBEN die Standorte für die Achsenbeschriftung dynamisch zusammensetzen

Legen Sie einen neuen Namen mit einer Formel an:

1. Rufen Sie über *Formeln/Definierte Namen/Namens-Manager* den Namens-Manager auf.
2. Klicken Sie auf die Schaltfläche *Neu*.
3. Geben Sie im Feld *Name* Beschriftung ein.
4. Tragen Sie im Feld *Bezieht sich auf* die Formel
   =BEREICH.VERSCHIEBEN('03 Namen'!$Z$7;1;0;ZÄHLENWENN('03 Namen'!$Z$8:$Z$15;
   "<>#WERT!");1)
   ein (beachten Sie jeweils das Leerzeichen beim Namen des Arbeitsblatts).

> Beim Eingeben des Bezugs kann es schnell zu Tippfehlern kommen. Zur einfacheren Korrektur wechseln Sie im Feld *Bezieht sich auf* mit [F2] in den Bearbeitungsmodus. Dadurch können Sie die Einfügemarke mit [←] und [→] frei in der Formel bewegen. Ohne [F2] werden beim Drücken der Pfeiltasten weitere Zellbezüge zur Formel hinzugefügt.

5. Schließen Sie das Dialogfeld mit [↵].

Als Ergebnis erhalten Sie den Namen *Beschriftung* mit Ihrer Formel als *Bezug*.

Abbildung 8.10 Der Namens-Manager zeigt Namen und Formeln übersichtlich an

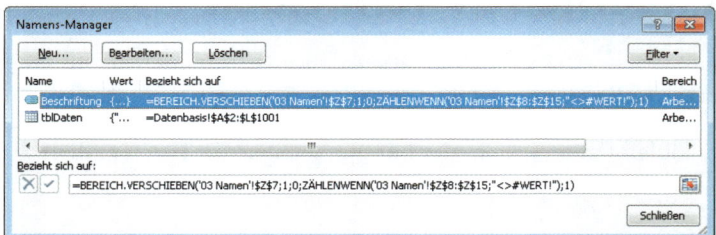

Der Arbeitsblattname *03 Namen* muss in Hochkommas »'« gesetzt werden, damit er als zusammenhängend erkannt wird. Wenn Sie keine Leerzeichen bei der Benennung Ihrer Arbeitsblätter verwenden, können Sie auf diese Hochkommas verzichten. Der Name *03_Namen* – hier mit einem Unterstrich verbunden – kann beispielsweise ohne Hochkommas angegeben werden.

Wie funktioniert BEREICH.VERSCHIEBEN?

Die hinterlegte Funktion verfolgt ein relativ einfaches, aber sehr wirkungsvolles Prinzip, das Sie in Abbildung 8.11 nachvollziehen können.

Abbildung 8.11 Die Funktion BEREICH.VERSCHIEBEN im Überblick

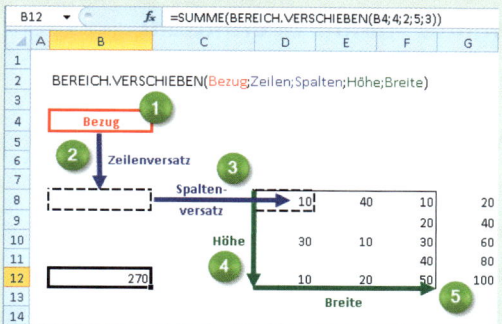

BEREICH.VERSCHIEBEN gibt den Zellbereich an, der ausgehend von einer *Bezugszelle* (1) um die angegebene Anzahl an *Zeilen* (2) und *Spalten* (3) verschoben ist und eine neue *Höhe* (4) und *Breite* (5) hat.

In Abbildung 8.11 wird damit der Bereich *D8:F12* aufgespannt. Die umschließende Summenfunktion bildet aus diesem Bereich die Summe in Zelle *B12*.

Abbildung 8.12 zeigt den Formelaufbau zur Auswahl der Standorte:

Der definierte Name *Beschriftung* geht von der Bezugszelle *Z7* (1) aus um eine Zeile (2) nach unten, bleibt durch den (3) Spaltenversatz *0* in der gleichen Spalte und landet somit in Zelle *Z8*. Von hier aus wird ein neuer Bereich aufgespannt.

Die Bereichshöhe (4) wird durch die Funktion ZÄHLENWENN ermittelt. Da alle Zellen im Bereich *Z8:Z15* gezählt werden, die ungleich *#WERT!* sind, ergibt sich im Beispiel eine Höhe von sechs Zeilen.

Die Bereichsbreite (5) beträgt *1* Spalte.

Der definierte Name *Beschriftung* verweist dadurch nur noch auf die sechs ausgewählten und hintereinander stehenden Standorte im Zellbereich *Z8:Z13*.

Sind weniger Standorte per Kontrollkästchen ausgewählt, gibt es automatisch mehr Zellen mit *#WERT!* Sind hingegen alle Standorte aktiviert, gibt es keine Zellen mit *#WERT!* Der zurückgegebene Bereich passt sich somit dynamisch den ausgewählten Standorten an.

Abbildung 8.12 Mit BEREICH.VERSCHIEBEN ermitteln Sie die richtigen Standortdaten

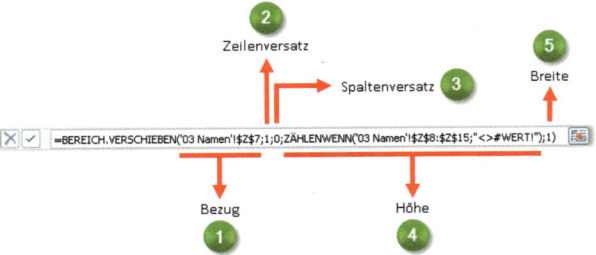

Diagrammwerte nur für ausgewählte Standorte ermitteln

An die verfügbaren Diagrammwerte kommen Sie auf die gleiche Weise wie an die Achsenbeschriftung.

1. Öffnen Sie das Dialogfeld *Namens-Manager* über *Formeln/Definierte Namen*.
2. Markieren Sie die Formel *Beschriftung* und kopieren Sie sie mit [Strg]+[C].
3. Klicken Sie auf die Schaltfläche *Neu*.
4. Geben Sie im Feld *Name* `Datenreihe1` ein.
5. Klicken Sie in das Feld *Bezieht sich auf* und entfernen Sie eventuell vorhandene Einträge.
6. Fügen Sie die kopierte Formel mit [Strg]+[V] ein.
7. Ändern Sie den Spaltenversatz von *0* in *1*.
8. Schließen Sie das Dialogfeld mit [↵].

   Durch die Änderung des Spaltenversatzes auf *1* liefert der Name *Datenreihe1* im vorliegenden Beispiel den Zellbereich *AA8:AA13*. Aus diesem Bereich werden im Diagramm die Segmente für die Maximalwerte gebildet.

Abbildung 8.13 Die unterschiedlichen Namen mit verschiedenen Angaben zum Spaltenversatz

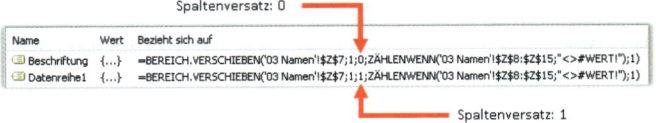

9. Wiederholen Sie die Schritte 3 bis 8 und legen Sie für die Minimal-, Normal- und Summenwerte die Namen *Datenreihe2*, *Datenreihe3* und *Datenreihe4* fest. Erhöhen Sie dabei den Spaltenversatz jeweils um 1.

Mit den so angelegten Namen können Sie dem Diagramm genau mitteilen, auf welche Daten es zugreifen soll. ZÄHLENWENN ermittelt dabei zuverlässig, wie viele Zellen einen gültigen Eintrag besitzen. BEREICH.VERSCHIEBEN macht daraus in Verbindung mit dem jeweiligen Spaltenversatz einen gültigen Zellbereich.

Abbildung 8.14 Der zu ermittelnde Zellbereich liegt bei jeder Datenreihe eine Spalte weiter rechts

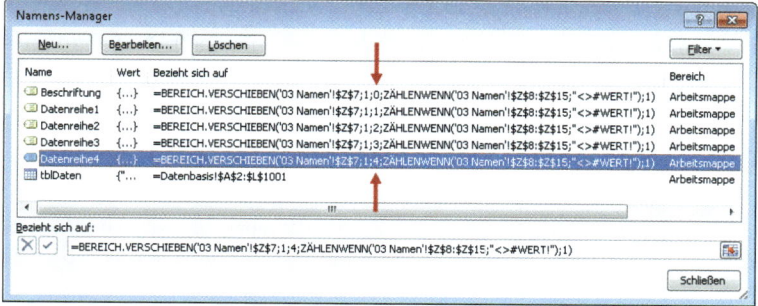

Vielleicht möchten Sie später einmal wissen, welche Bereiche konkret über die eingegebenen Formeln ermittelt werden. Sie können das sehr leicht kontrollieren.

Wählen Sie im *Namens-Manager* einen Namen, beispielsweise *Datenreihe4*, und klicken Sie erneut in das Feld *Bezieht sich auf*. Auf dem Arbeitsblatt werden daraufhin automatisch die durch den Bezug ermittelten Zellen von den »wandernden Ameisen« umkreist.

Abbildung 8.15 Die »Ameisen wandern« um den über *Datenreihe4* ermittelten Bereich

Die fertige Lösung mit den Formelnamen finden Sie in der Datei *Kap_08_c_mit_Namen.xlsx* auf dem Arbeitsblatt *03 Namen*. Mit diesem Blatt können Sie zur Umsetzung der folgenden Schritte weitermachen.

Mit Namen das Diagramm erstellen

Mit den Bereichsnamen haben Sie die anpassungsfähige Grundlage für das Diagramm geschaffen. Mit den folgenden Schritten erstellen Sie das Diagramm und weisen ihm die Bereichsnamen als Datenbasis zu.

1. Klicken Sie auf eine leere Zelle, deren umliegende Zellen ebenfalls leer sind (beispielsweise die Zelle *W17*).
2. Fügen Sie über *Einfügen/Diagramme/Säule/2D-Säule/Gestapelte Säulen* ein gestapeltes Säulendiagramm ein. Das Ergebnis ist ein komplett leerer Diagrammbereich, da Excel dem Diagramm aufgrund der leeren Zellen keine Werte zuordnen kann.

Verwenden Sie nun die flexiblen Namen als Datenquelle:

3. Klicken Sie auf der Registerkarte *Diagrammtools/Entwurf* in der Gruppe *Daten* auf die Schaltfläche *Daten auswählen*. Das damit aufgerufene Dialogfeld *Datenquelle auswählen* ist ebenfalls leer, da bislang keine Daten vorliegen.

4. Verwenden Sie die Schaltfläche *Hinzufügen*, um das Dialogfeld *Datenreihe bearbeiten* anzuzeigen.

5. Zur Angabe des *Reihennamens* klicken Sie auf die Zelle *AA7* (*Max*).

6. Im Feld *Reihenwerte* geben Sie die Formel =´03 Namen´!Datenreihe1 ein. Die Formel setzt sich aus dem vollständigen Namen des Arbeitsblatts und dem Bereichsnamen *Datenreihe1* zusammen.

Abbildung 8.16 Die flexible Angabe der Datenreihe für den Maximalwert

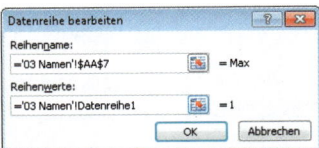

7. Schließen Sie das Dialogfeld mit ↵.

8. Wiederholen Sie die Schritte 4 bis 7 und fügen Sie für die Min-, Normal- und Summenwerte die entsprechenden Verweise ein.

Lassen Sie nun durch den flexiblen Bereichsnamen die passende Achsenbeschriftung erzeugen:

1. Klicken Sie auf der rechten Seite des Dialogfeldes *Datenquelle auswählen* unter *Horizontale Achsenbeschriftungen (Rubrik)* auf die Schaltfläche *Bearbeiten*.

2. Geben Sie im Feld *Achsenbeschriftungsbereich* die Formel =´03 Namen´!Beschriftung ein

Abbildung 8.17 Die Achsenbeschriftung wird durch den flexiblen Bereichsnamen *Beschriftung* erzeugt

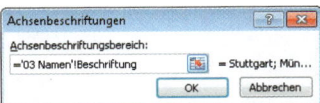

3. Schließend Sie das Dialogfeld mit ↵.

Abbildung 8.18 Nach Eingabe der Datenreihen und Achsenbeschriftungen stehen alle Daten zur Verfügung

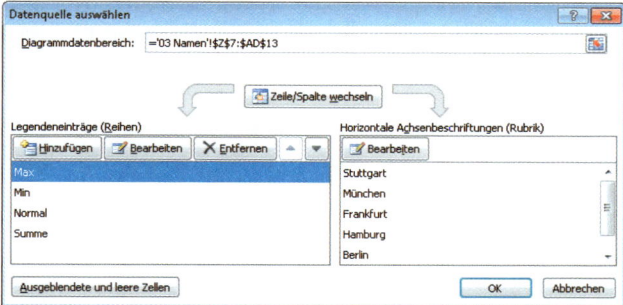

4. Schließen Sie das Dialogfeld *Datenquelle auswählen* durch Klicken auf *OK*.

Bei der Eingabe der Reihenwerte genügt es nicht, den reinen Bereichsnamen wie beispielsweise *Datenreihe1* einzugeben. Excel benötigt an dieser Stelle zwingend die zusätzliche Angabe des Blattnamens (im Beispiel '03 Namen'!). Alternativ kann auch der Dateiname angegeben werden. Die bloße Angabe des Bereichsnamens führt zu einer Fehlermeldung.

Wenn Sie eine bereits definierte Reihe erneut bearbeiten, sehen Sie, dass Excel den Blattnamen durch den Dateinamen ersetzt.

Abbildung 8.19 Der Blattname wurde von Excel durch den Dateinamen ersetzt

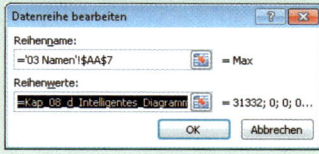

Abbildung 8.20 Das Diagramm basiert nur noch auf den ausgewählten Standorten

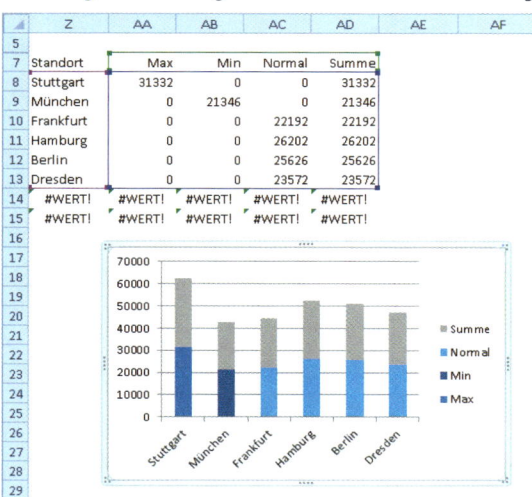

Abbildung 8.20 zeigt, dass das Diagramm durch die flexiblen Bereichsnamen nur noch auf die zulässigen Werte zugreift. Das Diagramm reagiert damit dynamisch auf die Auswahl der Standorte per Kontrollkästchen. Deaktivierte Standorte werden im Diagramm nicht mehr angezeigt. Die ursprünglich vorkommenden unschönen Lücken sind verschwunden.

Die Summenwerte werden jedoch als graue Segmente angezeigt. Die Segmente verdoppeln die jeweilige Säulenhöhe und dürfen im Diagramm nicht sichtbar sein. Benötigt werden sie aber trotzdem – in anderer Form für die Datenbeschriftung der Säulen.

Das Diagramm mit den Formelbezügen finden Sie in der Datei *Kap_08_d_Diagramm.xlsx* auf dem Arbeitsblatt *03 Namen*. Die folgende Datenbeschriftung können Sie auf diesem Arbeitsblatt einbauen.

Trickreiche Datenbeschriftung mit einem Liniendiagramm

Wandeln Sie den Diagrammtyp der grauen Summensegmente in vier Schritten vom Säulen- in ein Liniendiagramm um. Abbildung 8.21 zeigt die Vorgehensweise:

1. Wählen Sie die Datenreihe *Summe* durch Klick auf ein Summensegment aus.
2. Klicken Sie auf der Registerkarte *Diagrammtools/Entwurf* in der Gruppe *Typ* auf die Schaltfläche *Diagrammtyp ändern*.
3. Wählen Sie im Dialogfeld *Diagrammtyp ändern* den Diagrammtyp *Linie*.
4. Klicken Sie auf das Symbol für das erste Liniendiagramm.

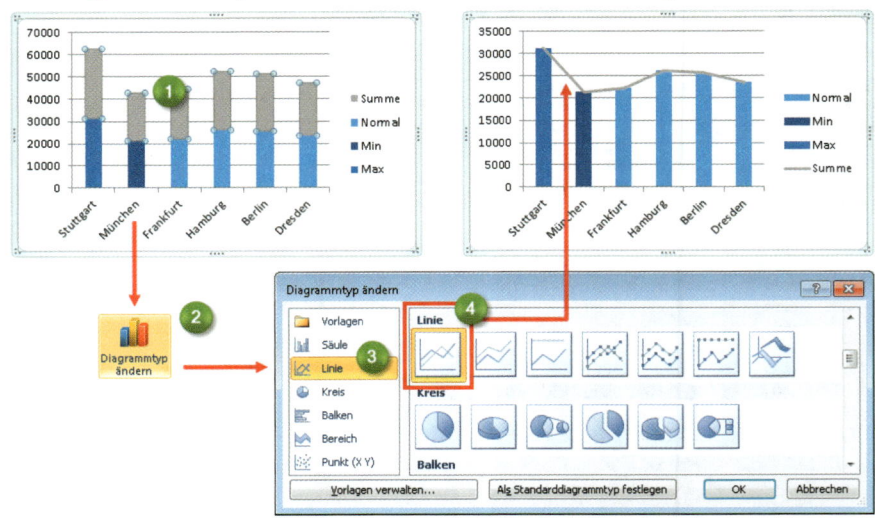

Abbildung 8.21 Die Anzeige der Summenwerte vom Säulen- in ein Liniendiagramm umwandeln

Clever eingestellt: Exakte Werte statt ungefährer Vertikalachse

Der Zahlenwert einer Säule kann nicht immer exakt von der links am Diagramm stehenden Vertikalachse abgelesen werden. Vor allem bei Säulen, die sich im Diagramm weiter rechts befinden, ist eine Zuordnung nicht einfach. Besser wäre eine eindeutige Beschriftung der einzelnen Säulen.

Zur zahlenmäßigen Anzeige der Summenwerte fügen Sie dem Liniendiagramm die passenden Datenbeschriftungen hinzu:

1. Klicken Sie mit der rechten Maustaste auf die Linie und wählen Sie im Kontextmenü den Eintrag *Datenbeschriftungen hinzufügen*.

2. Klicken Sie auf eine der Datenbeschriftungen (Summenwerte) und öffnen Sie mit `Strg`+`1` das Dialogfeld *Datenbeschriftungen formatieren*.

3. Wählen Sie in der Rubrik *Beschriftungsoptionen* unter *Beschriftungsposition* die Option *Über*.

4. Klicken Sie auf die Rubrik *Zahl* und geben Sie – wie in Abbildung 8.22 gezeigt – in der Kategorie *Benutzerdefiniert* den neuen *Formatcode* `#.##0.;-#.##0.` ein. Der Punkt (1) hinter der Null bewirkt die Rundung der Zahl auf volle Tausend. Übernehmen Sie das Zahlenformat durch Klicken auf die Schaltfläche *Hinzufügen* (2).

Abbildung 8.22 Ein benutzerdefiniertes Zahlenformat rundet die Datenbeschriftungen auf volle Tausend

5. Lassen Sie das Dialogfeld geöffnet und klicken Sie erneut auf die Linie. Wählen Sie in der Rubrik *Linienfarbe* die Option *Keine Linie*.

6. Klicken Sie auf die horizontale Achse und wählen Sie in der Rubrik *Achsenoptionen* in der Dropdownliste *Hauptstrichtyp* den Eintrag *Keine*.

7. Schließen Sie das Dialogfeld mit `↵`.

8. Löschen Sie die Legende. Entfernen Sie auch die vertikale Achse, die durch die Datenbeschriftung überflüssig wurde, und das vertikale Hauptgitternetz.

Abbildung 8.23 zeigt rechts das fast fertige Diagramm inklusive der hinzugefügten Datenbeschriftung.

Abbildung 8.23 Die Summensegmente wurden zu Datenbeschriftungen des »unsichtbaren« Liniendiagramms

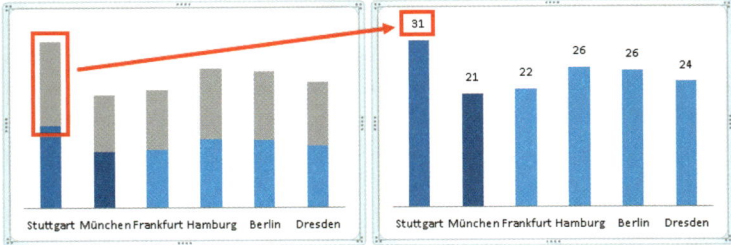

Das angepasste Diagramm finden Sie in der Datei *Kap_08_e_Diagramm_angepasst.xlsx* auf dem Arbeitsblatt *03 Namen*.

Der letzte Schliff: Farben, Größen und Titel definieren

Mit wenigen Handgriffen lässt sich die Darstellung des Diagramms nun noch perfektionieren.

1. Passen Sie das Diagramm – wie in Kapitel 7 beschrieben – farblich an.
2. Vergrößern und positionieren Sie das Diagramm mit gedrückter Taste [Alt].

Abbildung 8.24 Das Diagramm ohne Lücken: Deaktivierte Standorte werden nicht mehr angezeigt

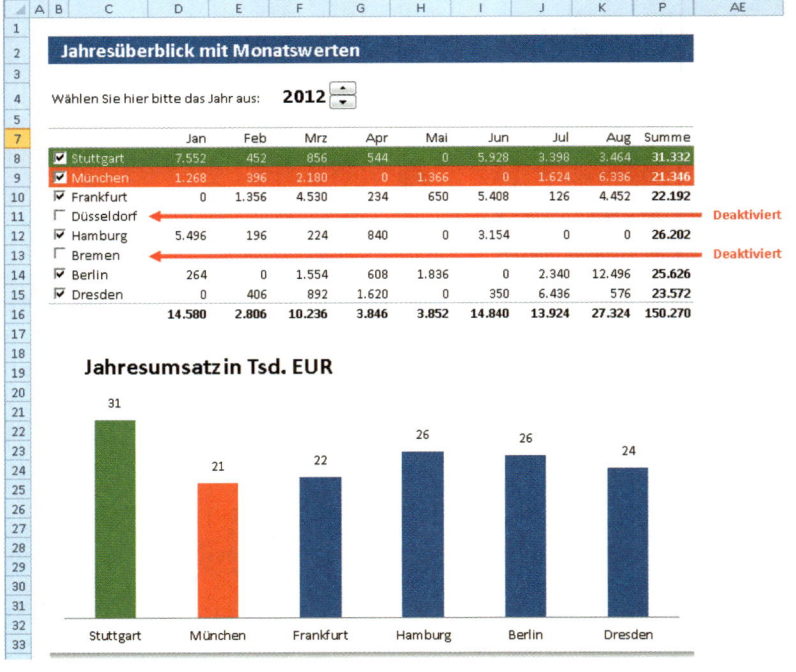

3. Zur Darstellung der Maßeinheit fügen Sie den Diagrammtitel *Jahresumsatz in Tsd. EUR* hinzu.
4. Korrigieren Sie die Schriftgrößen der horizontalen Achse und der Datenbeschriftung in *11 pt*.

Durch eine feste Skalierung der vertikalen Achse können Sie die Höhe der einzelnen Säulen in verschiedenen Jahren auch bei unterschiedlichen Maximalergebnissen miteinander vergleichen.

Wenn Sie die vertikale Achse bereits gelöscht haben, blenden Sie sie über *Diagrammtools/Layout/Achsen/Achsen/Vertikale Primärachse/Standardachse anzeigen* wieder ein. Nehmen Sie die Skalierungsanpassungen wie in Abbildung 7.39 vor und löschen Sie danach die vertikale Achse wieder.

Die feste Skalierung mit fixiertem Maximalwert bleibt für das Diagramm – trotz anschließend gelöschter vertikaler Achse – auch weiterhin erhalten.

Das fertige Diagramm finden Sie in der Datei *Kap_08_f_Diagramm_skaliert.xlsx* auf dem Arbeitsblatt *03 Namen*.

Übersichtlicher und sicherer: Die fertige Lösung ohne Hilfsspalten anzeigen

Für die Präsentation der fertigen Lösung in einer Team- oder Vorstandssitzung ist die Darstellung der Wertetabelle mit dem darunter stehenden Diagramm völlig ausreichend. Die Diagrammdaten in den Spalten *Q* bis *AD* sind zwar für die Diagrammerstellung notwendig, am Bildschirm und im Ausdruck aber nicht sonderlich hilfreich. Zudem könnten Anwender durch Eingaben in diesem Bereich das Diagramm zerstören. Schützen Sie Ihre Arbeit und lassen Sie die Hilfsspalten deshalb »verschwinden«.

Eine schnelle Lösung mit weißer Farbe und Druckbereich

Die meisten Anwender verwenden in solch einem Fall schlicht die Schriftfarbe *Weiß* für die Spalten *Q* bis *AD*, damit die Zellinhalte »unsichtbar« werden. Im Falle eines Ausdrucks werden die Spalten aufgrund ihres Inhalts aber trotzdem mitgedruckt – auch wenn auf dem Papier nichts zu sehen ist (weiße Schrift auf weißem Grund).

Legen Sie einen *Druckbereich* fest, damit nur noch der gewünschte Bereich ausgedruckt werden kann:

1. Markieren Sie den Zellbereich *B2:P34*.
2. Wählen Sie *Seitenlayout/Seite einrichten/Druckbereich/Druckbereich festlegen*.

Abbildung 8.25 Auswahl des Befehls *Druckbereich festlegen* zum Eingrenzen des zu druckenden Bereichs

Problematisch bleibt, dass nach wie vor auf die Spalten *Q* bis *AD* zugegriffen werden kann. Ein Anwender kann den Bereich markieren und die Einträge löschen. Das Diagramm verschwindet dadurch genauso wie die Wertetabelle. Besser ist in so einem Fall der folgende Lösungsansatz.

Die clevere Lösung mit ausgeblendeten Spalten

Im Idealfall werden die unerwünschten Spalten gar nicht mehr angezeigt. Zum Ausblenden der Spalten benötigen Sie lediglich drei Schritte:

1. Markieren Sie die Spalten *Q* bis *AD*.
2. Klicken Sie mit der rechten Maustaste auf eine der Spalten.
3. Wählen Sie im Kontextmenü den Befehl *Ausblenden*.

Die Hilfsspalten werden nun nicht mehr angezeigt. Auf Spalte *P* folgt direkt Spalte *AE*. Allerdings ist dadurch auch das Diagramm verschwunden! Holen Sie es trotz der ausgeblendeten Datenspalten wieder zurück:

4. Klicken Sie mit der rechten Maustaste auf den *Diagrammbereich* des ausgeblendeten Diagramms.
5. Wählen Sie den Eintrag *Daten auswählen*.
6. Klicken Sie im Dialogfeld *Datenquelle auswählen* auf die Schaltfläche *Ausgeblendete und leere Zellen*.
7. Aktivieren Sie das Kontrollkästchen *Daten in ausgeblendeten Zeilen und Spalten anzeigen*.
8. Schließen Sie das Dialogfeld mit ⏎.
9. Klicken Sie zum Schließen des Dialogfeldes *Datenquelle auswählen* auf *OK*.

Abbildung 8.26 Das Diagramm wird trotz ausgeblendeter Datenspalten aufgebaut

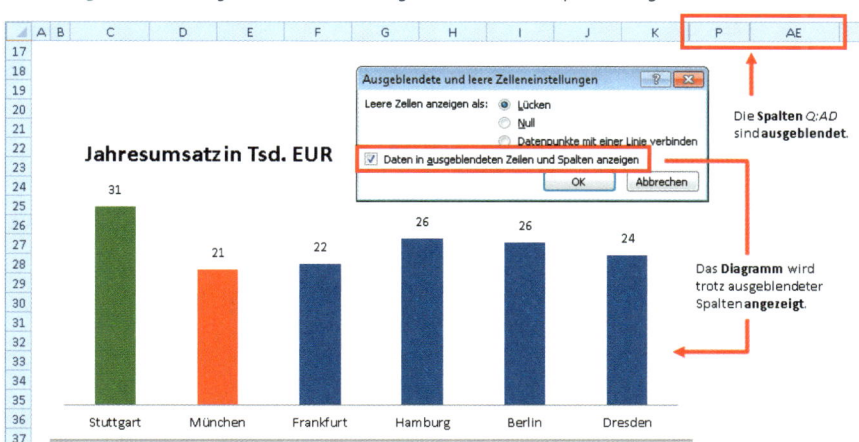

Die Lösung mit ausgeblendeten Spalten und trotzdem sichtbarem Diagramm finden Sie in der Datei *Kap_08_g_Spalten_ausgeblendet.xlsx* auf dem Arbeitsblatt *03 Namen*.

Sie vermeiden durch diese Technik das versehentliche Löschen notwendiger Zellbereiche durch Kollegen, die mit Ihrer Datei arbeiten. Auch das Überschreiben der Formeln durch feste Werte wird wirkungsvoll unterbunden. Sollte jedoch ein Anwender die Spalten erneut einblenden, sind natürlich wieder alle Änderungen möglich.

9

Perfekt für Entscheider: Ein Management-Dashboard mit PivotCharts steuern

Einfacher als gedacht: Daten und Diagramme mit Pivot aufbereiten	239
Mit der Mehrfenstertechnik den Überblick bewahren	252
Alles auf einen Blick: Die Diagramme zusammenführen	255
Dynamik pur: Mit Datenschnitten Pivot-Tabellen komfortabel filtern	260

Wenn Sie als Inhaber eines kleinen Ladens wissen möchten, wie Ihr Geschäft läuft, reicht Ihnen unter Umständen schon ein Blick in Ihre Kasse. Die einzelnen Verkäufe haben Sie vielleicht zum Großteil noch im Kopf.

Wollen Sie jedoch für eine überregionale Firma die Unternehmensentwicklung beurteilen, sind erst einmal umfangreiche Datenmengen auszuwerten. Zudem interessiert Sie wahrscheinlich nicht nur der Gesamtumsatz. Spannend ist beispielsweise auch die Aufteilung des Umsatzes nach Produktgruppen, die Beschwerdequote einzelner Regionen oder auch der Verkaufserfolg einzelner Mitarbeiter bei ausgewählten Produkten.

Abbildung 9.1 Das Unternehmen im Blick mithilfe von PivotCharts in einem Management-Dashboard

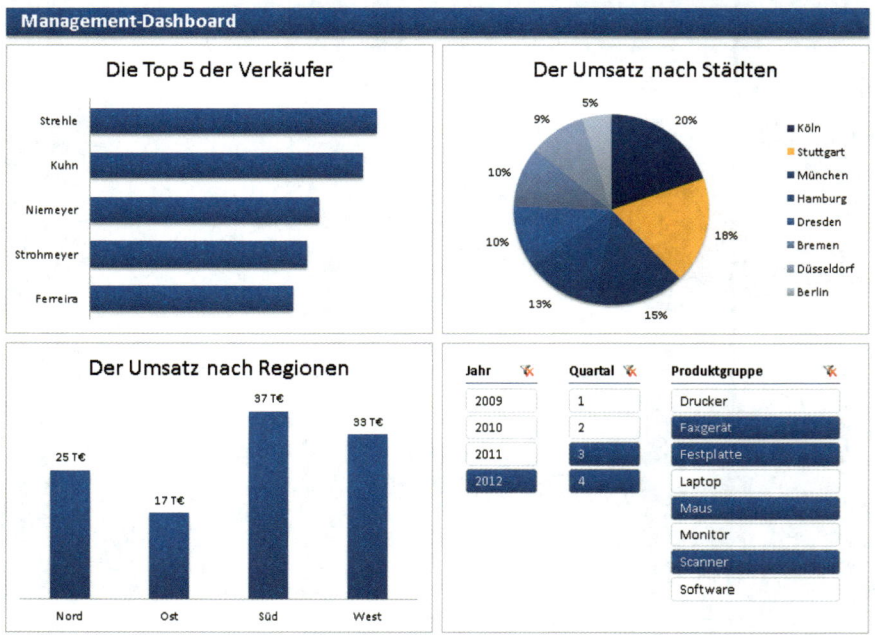

Voraussetzung für alle Auswertungen ist natürlich, dass Ihre Daten auch die notwendigen Informationen liefern. Mit einer reinen Produktliste lassen sich noch keine Umsätze berechnen und ohne einen Regionaleintrag in Ihren Buchungen lässt sich kein Regionalvergleich durchführen. Das vorbereitete Beispiel enthält insgesamt 3.000 Einzelbuchungen mit den unterschiedlichsten Eintragungen.

Sie erfahren in diesem Kapitel, wie Sie mit Pivot-Tabellen derartig große Datenmengen bewältigen, wie Sie Ihre Auswertungen mit PivotCharts in wenigen Minuten optisch aufbereiten und Ihre Darstellungen perfekt aufbauen. Lernen Sie außerdem die Technik kennen, mit der Sie in Zukunft Ihre Auswertungen in Sekundenschnelle Ihren Bedürfnissen anpassen.

Einfacher als gedacht: Daten und Diagramme mit Pivot aufbereiten

Mit einer Pivot-Tabelle können Sie sequenzielle Daten (beispielsweise aus einer Liste) neu anordnen und in Beziehung zueinander stellen. Einfacher und schneller sind umfangreiche Datenmengen nicht auszuwerten.

> Haben Sie Lust, das Beispiel nachzubauen? Den Einstieg dazu finden Sie in der Datei *Kap_09_a_Datenliste.xlsx* auf dem Arbeitsblatt *01 Datenliste*.

Ein Beispiel: Die besten Verkäufer mit Pivot ermitteln

Die insgesamt 3.000 Verkaufsvorgänge aus vier Jahren beinhalten unter anderem auch die Namen der Verkäufer. Für das erste *PivotChart* soll mithilfe einer Pivot-Tabelle ermittelt werden, wer zu den besten fünf Verkäufern gehört. Im weiteren Verlauf des Beispiels erfahren Sie, wie Sie diese Rangliste in Sekundenschnelle für einzelne Produktgruppen, bestimmte Jahre oder auch einzelne Quartale neu berechnen.

Vorher an nachher denken: Als Datenbasis eine intelligente Tabelle verwenden

Bevor Sie loslegen, sollten Sie aus dem Datenbereich mit den einzelnen Verkaufsbuchungen eine intelligente Tabelle machen. Bei Veränderungen und Ergänzungen Ihrer Daten können Sie damit Ihre Pivot-Tabelle ganz einfach aktualisieren. Am Ende des Kapitels wird dieser Punkt nochmals relevant.

Den Datenbereich wandeln Sie mit folgenden Schritten in eine Tabelle um:

1. Klicken Sie auf eine beliebige Zelle innerhalb des Datenbereichs *A1:A3001*.
2. Wählen Sie anschließend auf der Registerkarte *Start* in der Gruppe *Formatvorlagen* den Befehl *Als Tabelle formatieren* und wählen Sie ein Tabellenformat (beispielsweise *Mittel 17*).
3. Bestätigen Sie den Datenbereich von *A1:K3001* mit *OK*.
4. Geben Sie der Tabelle auf der Registerkarte *Tabellentools/Entwurf* in der Gruppe *Eigenschaften* im Feld *Tabellenname* den Namen `tblDatenbasis`.

Abbildung 9.2 In vier Schritten vom Zellbereich zur benannten Tabelle

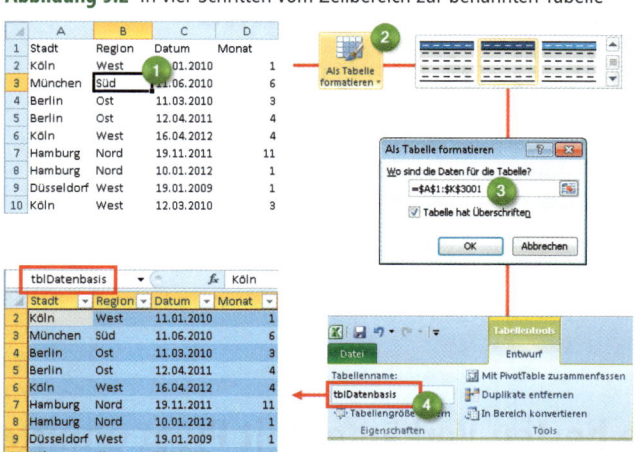

Die Pivot-Tabelle erstellen

Nach der kleinen Vorarbeit geht es jetzt an die eigentliche Auswertung. Zuerst sollen die Umsätze der einzelnen Verkäufer berechnet und im Anschluss daran die fünf besten Verkäufer ermittelt werden. Die dafür benötigte Pivot-Tabelle erstellen Sie in wenigen Schritten.

Wenn Sie die folgenden Schritte nachvollziehen möchten, können Sie hierfür die fertige Tabelle *tblDatenbasis* in der Datei *Kap_09_b_PivotCharts.xlsx* auf dem Arbeitsblatt *02 Daten* verwenden.

1. Klicken Sie in die Tabelle *tblDatenbasis* und anschließend auf der Registerkarte *Tabellentools/Entwurf* in der Gruppe *Tools* auf die Schaltfläche *Mit PivotTable zusammenfassen*.

2. Im Dialogfeld *PivotTable erstellen* ist der Name der Tabelle *tblDatenbasis* bereits eingetragen und auch die Option *Neues Arbeitsblatt* ist schon aktiviert. Durch diese Option wird die Pivot-Tabelle automatisch auf einem neuen Arbeitsblatt angelegt. Das ist sinnvoll, da das Arbeitsblatt mit der Datenbasis nicht verändert und noch andere Pivot-Tabellen erstellt werden sollen. Schließen Sie das Dialogfeld mit *OK*.

Abbildung 9.3 Das Dialogfeld *PivotTable erstellen* kann ohne Änderungen mit *OK* bestätigt werden

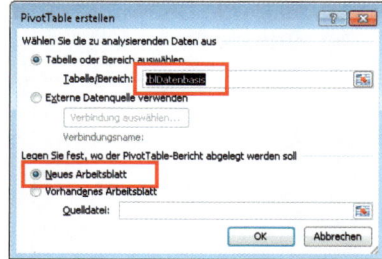

Daraufhin wird die PivotTable erstellt und die zur Verfügung stehenden Felder werden im Aufgabenbereich *PivotTable-Feldliste* angezeigt, wie in Abbildung 9.4 zu sehen ist.

Abbildung 9.4 Das Arbeitsblatt mit der leeren Pivot-Tabelle und dem Aufgabenbereich *PivotTable-Feldliste*

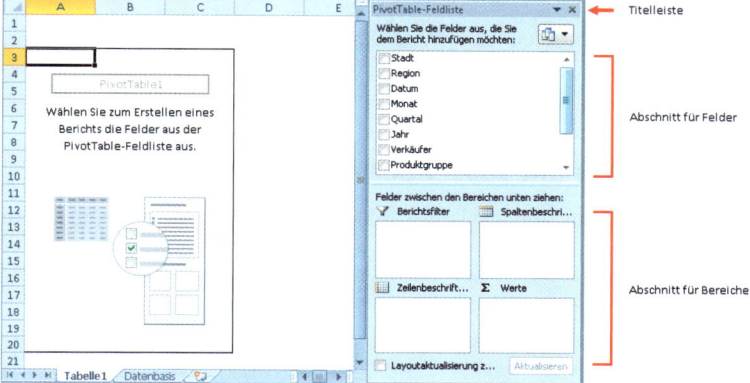

3. Ziehen Sie das Feld *Verkäufer* aus der *Feldliste* nach unten in den Bereich *Zeilenbeschriftungen* und das Feld *Umsatz* in den Bereich *Werte*.

Das gewünschte Ergebnis mit der fertigen Pivot-Tabelle (links) und den gefüllten Bereichen (rechts) sehen Sie in Abbildung 9.5.

Abbildung 9.5 Die Felder im Abschnitt für Bereiche (rechts) bestimmen die Struktur der Pivot-Tabelle (links)

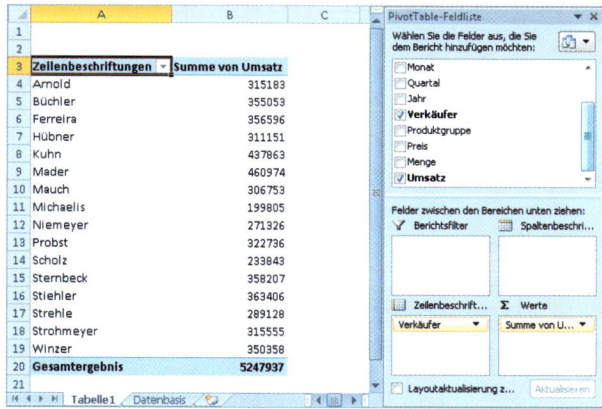

Unter Umständen wird die *PivotTable-Feldliste* als frei verschiebbarer Aufgabenbereich auf Ihrem Arbeitsblatt angezeigt. Dadurch können darunter liegende Zellen überdeckt werden. Den Aufgabenbereich können Sie in so einem Fall ganz leicht an der rechten Seite des Excel-Fensters verankern: Klicken Sie auf die Titelleiste des Aufgabenbereichs und schieben Sie ihn mit gedrückter linker Maustaste so weit nach rechts, bis er am rechten Fensterrand einrastet. Auf die gleiche Weise kann er bei Bedarf wieder vom Fensterrand gelöst werden.

Die Pivot-Tabelle informativer machen

Die Pivot-Tabelle liefert in diesem Zustand die Umsätze aller Verkäufer. Für die spätere Darstellung der Top 5 sind die Daten allerdings noch weiter zu verdichten. Zudem sollen die Zahlen besser lesbar werden.

Verwenden Sie bei Bedarf in der Datei *Kap_09_b_PivotCharts.xlsx* das Arbeitsblatt *03 Pivot-Tabelle* zum Nachvollziehen der folgenden Schritte.

Berechnungsergebnisse mit Tausenderpunkt darstellen

Erleichtern Sie sich das Lesen der großen Zahlen, indem Sie die einzelnen Ziffern in Dreiergruppen zusammenfassen. Verwenden Sie hierfür das *1000er-Trennzeichen*. Genauso wie bei »normalen« Zellen können dazu auch bei Zellen in Pivot-Tabellen Zahlenformate definiert werden.

1. Klicken Sie mit der rechten Maustaste auf eine der berechneten Ergebniszellen in Spalte *B* innerhalb der Pivot-Tabelle.
2. Wählen Sie im Kontextmenü den Befehl *Zahlenformat*.
3. Stellen Sie im Dialogfeld *Zellen formatieren* in der Kategorie *Zahl* die *Dezimalstellen* auf 0.
4. Aktivieren Sie wie in Abbildung 9.6 zu sehen das Kontrollkästchen *1000er-Trennzeichen verwenden (.)*.

Verwenden Sie ein Zahlenformat auch dann, wenn Sie im späteren PivotChart mit den Zahlen als Datenbeschriftungen arbeiten möchten. Deren Formatierung basiert auf dem Zahlenformat der Werte in der Pivot-Tabelle.

Abbildung 9.6 Auch in Pivot-Tabellen können Zahlenformate definiert werden

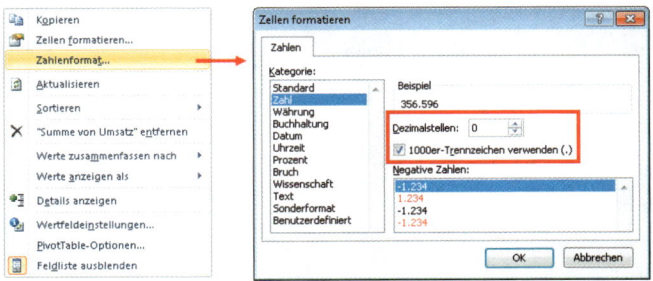

Das Kontextmenü enthält neben dem Befehl *Zahlenformat* auch noch den Befehl *Zellen formatieren*. Bei Auswahl dieses Befehls definieren Sie allerdings nur das Format der Zelle, die gerade ausgewählt ist und nicht das Zahlenformat aller Ergebniszellen. Der Befehl *Zellen formatieren* kommt beispielsweise dann zum Einsatz, wenn eine einzelne oder mehrere Zellen besonders hervorgehoben und mit einer anderen Füllfarbe versehen werden sollen.

Nur die besten fünf Verkäufer für das Diagramm auswerten

Noch sind alle sechzehn Verkäufer in der Pivot-Tabelle enthalten. Für das spätere Diagramm werden jedoch nur die besten fünf benötigt. Es sind also noch weitere Anpassungen notwendig, um das gewünschte Ergebnis zu erhalten.

1. Klicken Sie mit der rechten Maustaste auf eine Zelle der Pivot-Tabelle in Spalte *A* und wählen Sie im Kontextmenü *Filter/Top 10*.

2. Geben Sie im Dialogfeld *Top-10-Filter* als Anzahl für die obersten Elemente 5 ein und schließen Sie es mit *OK*.

Abbildung 9.7 Es muss nicht immer die Top 10 sein, auch andere Hitlisten sind möglich

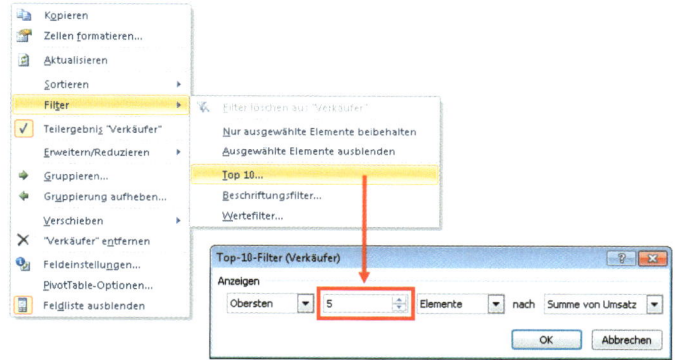

Die Reihenfolge macht's: Die Top 5 in der richtigen Reihenfolge anzeigen

Zum Abschluss sind die fünf verbliebenen Verkäufer entsprechend ihren Umsatzerfolgen absteigend zu sortieren, damit der beste Verkäufer auch auf Platz 1 der Bestenliste auftaucht.

- Klicken Sie mit der rechten Maustaste wieder auf eine der Ergebniszellen in Spalte *B* und wählen Sie im Kontextmenü die Befehlsfolge *Sortieren/Nach Größe sortieren (absteigend)*. Das war's schon. Abbildung 9.8 zeigt das Ergebnis.

Abbildung 9.8 Die Pivot-Tabelle ist reduziert auf fünf Einträge und absteigend sortiert

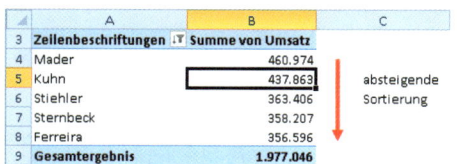

Die auf fünf Elemente reduzierte und nach Umsatz absteigend sortierte Pivot-Tabelle finden Sie in der Datei *Kap_09_b_PivotCharts.xlsx* auf dem Arbeitsblatt *04 Pivot-Tabelle optimiert*.

Die fertige Pivot-Tabelle reduziert die Datenflut von 3.000 Datensätzen auf ein paar wenige Summenwerte – auf genau diejenigen, aus denen das Diagramm entstehen soll. Außerdem sind die fünf besten Verkäufer schon in der richtigen Reihenfolge sortiert. Im nächsten Schritt erstellen Sie aus diesen komprimierten Daten ein Balkendiagramm. Und das ist einfacher, als Sie bislang vielleicht gedacht haben.

Das Ergebnis mit einem PivotChart optisch darstellen

Nach all den Vorarbeiten zum Berechnen der Werte ist das Erstellen des passenden Diagramms geradezu ein Kinderspiel. Sie benötigen dafür nur wenige Mausklicks.

1. Markieren Sie eine beliebige Zelle innerhalb der Pivot-Tabelle.
2. Klicken Sie auf der Registerkarte *PivotTable-Tools/Optionen* in der Gruppe *Tools* auf *PivotChart*.
3. Wählen Sie im Dialogfeld *Diagramm einfügen* auf der linken Seite als Diagrammtyp *Balken* und klicken Sie auf das Symbol für *gruppierte Balken*.
4. Schließen Sie das Dialogfeld mit *OK*.

Als Ergebnis erhalten Sie das in Abbildung 9.9 gezeigte Balkendiagramm mit den fünf besten Verkäufern, das allerdings noch Optimierungspotenzial hat.

Abbildung 9.9 Mit wenigen Mausklicks von der Pivot-Tabelle zum PivotChart

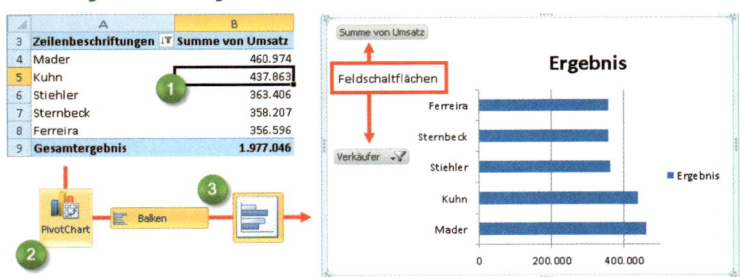

Reduktion auf das Wesentliche: Überflüssige PivotChart-Elemente ausblenden

Zur sauberen Darstellung des Diagramms entfernen Sie alle Elemente, die für das spätere Dashboard nicht mehr benötigt werden. Passen Sie außerdem die Balkenhöhe an. Entfernen Sie als Erstes die Feldschaltflächen im Diagramm.

1. Klicken Sie hierzu auf der Registerkarte *PivotChart-Tools/Analyse* in der Gruppe *Einblenden/Ausblenden* auf den unteren Bereich der Schaltfläche *Feldschaltflächen* und wählen Sie, wie in Abbildung 9.11 gezeigt, den Befehl *Alle ausblenden*.

Abbildung 9.10 Die Feldschaltflächen werden zum Schutz vor ungewollten Änderungen ausgeblendet

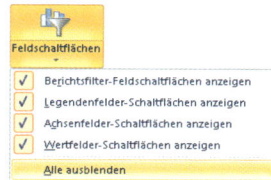

Mit den Feldschaltflächen können Sie direkt im Diagramm auswählen, welcher Filter beispielsweise auf Ihre Daten angewendet oder wie die Daten im Diagramm sortiert werden sollen. Die Feldschaltflächen wirken sich aber auch direkt auf die Pivot-Tabelle aus. Blenden Sie deshalb die Feldschaltflächen aus, damit im späteren Dashboard ungewollte Veränderungen vermieden werden.

2. Klicken Sie nun nacheinander auf die horizontale Primärachse, das vertikale Hauptgitternetz und die Legende und löschen Sie sie jeweils mit ⎄Entf⎄.

3. Klicken Sie mit der rechten Maustaste auf die vertikale Achse (mit den Verkäufernamen), wählen Sie im Kontextmenü den Eintrag *Achse formatieren* und stellen Sie in den *Achsenoptionen* den *Hauptstrichtyp* auf *Keine*. Dieser Vorgang ist in Kapitel 7 im Abschnitt »Feintuning für die perfekte Optik« ausführlich beschrieben. Lassen Sie das Dialogfeld geöffnet.

4. Ändern Sie den Diagrammtitel in Die Top 5 der Verkäufer und formatieren Sie ihn *nicht fett*.

Bei Diagrammen ist die Reduktion auf die absolut notwendigen Elemente generell zu bevorzugen. Alles, was nicht unbedingt benötigt wird, sollte gelöscht werden. Sie erreichen damit, dass der Betrachter nicht durch überflüssige Elemente abgelenkt wird. Positiver Nebeneffekt: Aufgeräumte Diagramme sehen in der Regel deutlich professioneller und ansprechender aus als Standarddiagramme mit vielen unnötigen Elementen. Auch wenn das nachträgliche Anpassen von Diagrammen umständlich erscheint; es lohnt sich auf jeden Fall.

Nie mehr die Zahlen umsortieren: Die »falsche« Reihenfolge der Balken korrigieren

Die Pivot-Tabelle zeigt die Verkäufer absteigend sortiert an. Im PivotChart steht der beste Verkäufer allerdings noch an letzter Stelle. Viele Anwender sortieren in so einem Fall einfach die Pivot-Tabelle um und verändern damit allerdings auch die Reihenfolge der Einträge in der Pivot-Tabelle.

Anstatt die Pivot-Tabelle umzusortieren, gehen Sie wie folgt vor:

- Klicken Sie auf einen der Verkäufernamen und aktivieren Sie im noch offenen Dialogfeld *Achse formatieren* in der Rubrik *Achsenoptionen* das Kontrollkästchen *Kategorien in umgekehrter Reihenfolge*. Damit ist das Reihenfolgeproblem gelöst.

Abbildung 9.11 Die Achsenoptionen bestimmen die Reihenfolge der Balken

Da Sie gerade bei den Balken sind, können Sie gleich noch dafür sorgen, dass die Balken etwas dicker und dadurch kräftiger erscheinen. Nach einem Klick auf einen der Balken wechselt das geöffnete Dialogfeld automatisch zu *Datenreihen formatieren*. Stellen Sie in der Rubrik *Reihenoptionen* die *Abstandsbreite* auf 75% und schließen Sie das Dialogfeld.

In der Datei *Kap_09_b_PivotCharts.xlsx* sind die stärkeren Balken auf dem Arbeitsblatt *06 Verkäufer* zu sehen.

Im Beispiel wird unterstellt, dass bei der Darstellung der besten Verkäufer deren Umsatzzahlen nicht angezeigt werden sollen. Es soll nur deren Rangfolge visualisiert werden. Auf die Anzeige von Datenbeschriftungen kann deshalb genauso verzichtet werden wie auf die Anzeige einer horizontalen Größenachse.

Es kann aber durchaus auch einmal sinnvoll sein, die horizontale Primärachse anzeigen zu lassen. Durch das Darstellen der *Kategorien in umgekehrter Reihenfolge* würde die horizontale Primärachse jedoch nach oben rutschen und über den Balken angezeigt werden (siehe linkes Diagramm in Abbildung 9.12). Diesen »Fehler« können Sie innerhalb der *Achsenoptionen* der »vertikalen« Achse durch Auswahl der Option *Horizontale Achse schneidet bei größter Rubrik* korrigieren. Die Achse wird dadurch bei der »letzten« Rubrik angezeigt. Das Ergebnis sehen Sie im rechten Diagramm der Abbildung 9.12.

Abbildung 9.12 Mit der richtigen Option können Sie die Größenachse von oben nach unten setzen

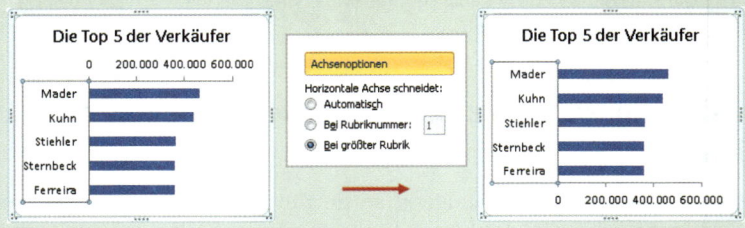

Mit den gleichen Daten weitere Pivot-Berechnungen durchführen

Nachdem Sie das erste PivotChart erfolgreich erstellt haben, sollten Sie sich gleich an die beiden nächsten Diagramme wagen. Ausgangsbasis sind erneut die Daten in der Tabelle *tblDatenbasis*, aus denen jeweils wieder eine Pivot-Tabelle und das zugehörige PivotChart abgeleitet werden.

Wer bekommt welches Stück vom Umsatzkuchen? Niederlassungen nach Umsatz anzeigen

Verfahren Sie genauso wie bei der Ermittlung der besten fünf Verkäufer und erzeugen Sie zur Berechnung der einzelnen Niederlassungsumsätze eine Pivot-Tabelle.

1. Klicken Sie auf dem Arbeitsblatt *02 Daten* in die Tabelle *tblDatenbasis*.
2. Klicken Sie auf der Registerkarte *Einfügen* in der Gruppe *Tabellen* auf die Schaltfläche *PivotTable*.
3. Bestätigen Sie das Dialogfeld *PivotTable erstellen* mit *OK*.
4. Ziehen Sie das Feld *Stadt* aus der *Feldliste* in den Bereich *Zeilenbeschriftungen* und das Feld *Umsatz* in den Bereich *Werte*.
5. Klicken Sie mit der rechten Maustaste auf die berechneten Umsatzzahlen, wählen Sie den Kontextmenübefehl *Zahlenformat* und stellen Sie im Dialogfeld *Zahlen formatieren* in der Kategorie *Zahl* die Anzahl der Dezimalstellen auf *0*.
6. Aktivieren Sie das Kontrollkästchen für das Tausendertrennzeichen und schließen Sie das Dialogfeld mit *OK*.
7. Klicken Sie mit der rechten Maustaste auf eine der Wertzellen und wählen Sie im Kontextmenü den Befehl *Sortieren/Nach Größe sortieren (absteigend)*.

Als Ergebnis erhalten Sie die in Abbildung 9.13 gezeigte Pivot-Tabelle mit den nach Umsatz absteigend sortierten Niederlassungen.

Abbildung 9.13 Die Pivot-Tabelle mit den absteigend sortierten Umsätzen der Niederlassungen

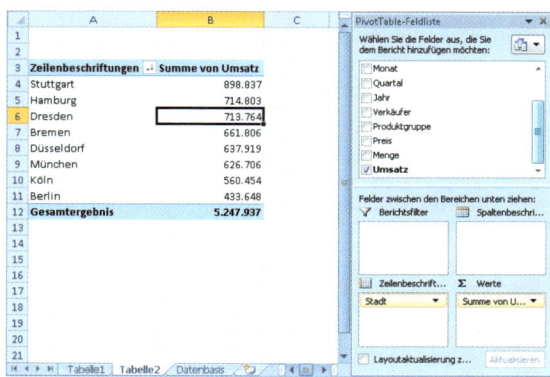

Für die übersichtliche Darstellung der acht Niederlassungen bietet sich ein Kreisdiagramm an. Der Anteil der jeweiligen Niederlassung am Gesamtumsatz kann dann leicht abgelesen werden. Erstellen Sie das benötigte Diagramm als PivotChart und verwenden Sie dafür die soeben erstellte Pivot-Tabelle. Für die gesamte Diagrammerstellung benötigen Sie insgesamt fünf und für die Diagrammoptimierung weitere vier Schritte:

1. Nachdem Sie eine Zelle der Pivot-Tabelle markiert haben, klicken Sie auf der Registerkarte *PivotTable-Tools/Optionen* in der Gruppe *Tools* auf die Schaltfläche *PivotChart*.
2. Wählen Sie im Dialogfeld *Diagramm einfügen* den Diagrammtyp *Kreis*.
3. Mit einem Doppelklick auf das Symbol *Kreis* erstellen Sie das PivotChart.
4. Zum Löschen der Feldschaltflächen im Diagramm klicken Sie auf der Registerkarte *PivotChart-Tools/Analyse* in der Gruppe *Einblenden/Ausblenden* auf den unteren Bereich der Schaltfläche *Feldschaltflächen* und wählen *Alle ausblenden*.
5. Geben Sie als Diagrammtitel die Überschrift Der Umsatz nach Städten ein und formatieren Sie ihn wie bei den Verkäuferbalken *nicht fett*.

Abbildung 9.14 Die Pivot-Tabelle mit dem dazugehörigen, aber noch nicht ganz fertigen PivotChart

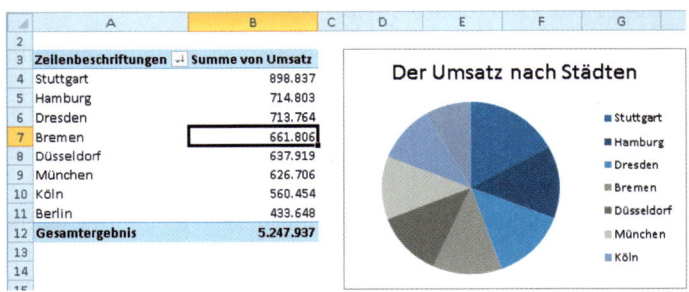

Anders als bei der Darstellung der Verkäufer soll bei den Niederlassungen die prozentuale Verteilung im Diagramm beziffert werden. Nutzen Sie dafür die passenden Datenbeschriftungen.

1. Nach einem Klick mit der rechten Maustaste auf eines der Kreissegmente wählen Sie im Kontextmenü den Befehl *Datenbeschriftungen hinzufügen*.
2. Klicken Sie auf eine der nun sichtbaren Datenbeschriftungen und drücken Sie die Tastenkombination [Strg]+[1].
3. Im Dialogfeld *Datenbeschriftungen formatieren* deaktivieren Sie bei den *Beschriftungsoptionen* das Kontrollkästchen *Wert* und aktivieren das Kontrollkästchen *Prozentsatz*.
4. Wählen Sie abschließend als *Beschriftungsposition* die Option *Ende außerhalb* und schließen Sie das Dialogfeld mit *Schließen*.

Einfacher als gedacht: Daten und Diagramme mit Pivot aufbereiten

Abbildung 9.15 Die Datenbeschriftung von absoluten auf prozentuale Werte umstellen

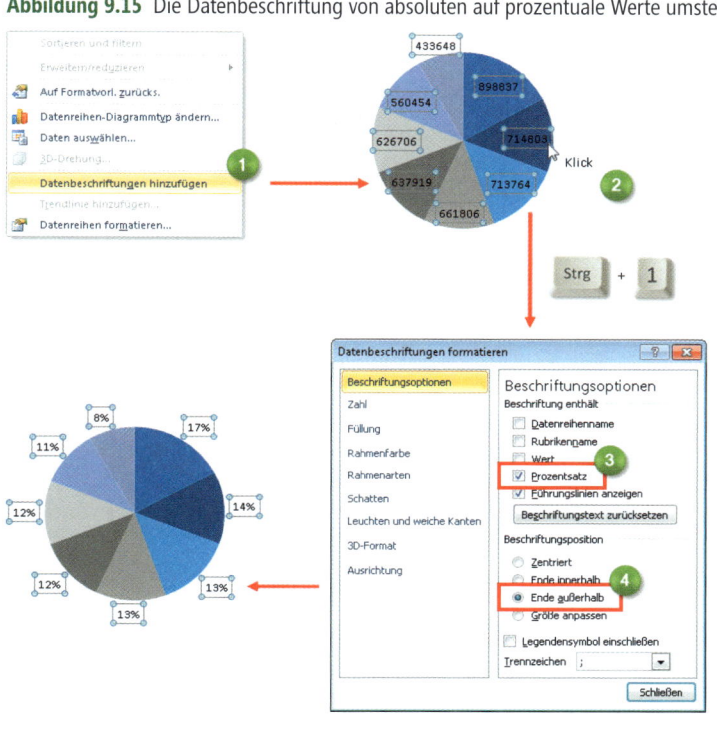

Das Kreisdiagramm mit den außen angeordneten Prozentwerten finden Sie in der Datei *Kap_09_b_Pivot-Charts.xlsx* auf dem Arbeitsblatt *07 Städte*.

Welche Region ist die beste? Mit einem Säulendiagramm den Spitzenreiter erkennen

Mit den vorangegangenen Diagrammen haben Sie bereits zwei der insgesamt drei benötigten Diagramme für das Management-Dashboard erstellt. Neben einer Übersicht für die Topverkäufer und die einzelnen Städte benötigen Sie jetzt noch eine Übersicht über die einzelnen Regionen. Nach den beiden letzten Diagrammen ist das benötigte PivotChart wahrscheinlich schon fast Routine für Sie.

Die Vorgehensweise ändert sich nur bei der Auswahl des Diagrammtyps: Wählen Sie für die Regionalumsätze ein Säulendiagramm. Außerdem ist im Beispiel keine absteigende Sortierung erforderlich, die Anzeige von Nord nach West ist ausreichend.

Die Regionalumsätze sind im Beispiel siebenstellig. Für die Bewertung der einzelnen Regionen sind auf volle Tausend Euro gerundete Beträge jedoch völlig ausreichend. Formatieren Sie die Zahlen so, dass sie in vollen Tausendern erscheinen.

1. Klicken Sie mit der rechten Maustaste auf eine Zahl innerhalb der Pivot-Tabelle.
2. Wählen Sie im Kontextmenü den Befehl *Zahlenformat*.
3. Klicken Sie im Dialogfeld *Zellen formatieren* auf die Kategorie *Benutzerdefiniert*.
4. Tragen Sie bei *Typ* das benutzerdefinierte Zahlenformat #.##0. ˽"T€" ein (beachten Sie das Leerzeichen nach dem zweiten Punkt, das hier durch ˽ gekennzeichnet ist).
5. Schließen Sie das Dialogfeld mit ⏎.

In Abbildung 9.16 sehen Sie das Säulendiagramm mit den Tausenderwerten.

So funktionieren die Formatcodes

- Der erste Punkt (.) im Formatcode dient als Tausendertrennzeichen und stellt große Zahlen in Dreiergruppen dar.
- Da nach dem zweiten Punkt kein weiterer Platzhalter mehr auftaucht, führt der zweite Punkt (.) am Ende des Formatcodes dazu, dass eine große Zahl (>999) um drei Stellen gekürzt wird. Zahlen bis 999 werden als *0* dargestellt.
- Die Raute (#) sorgt dafür, dass an deren Stelle nur dann Ziffern erscheinen, wenn diese Ziffern auch tatsächlich vorhanden sind.
- Die Null (0) stellt hingegen einen festen Platzhalter für Ziffern dar. An ihrer Stelle wird immer eine Ziffer stehen, notfalls eben eine Null.

Theoretisch wäre anstelle von #.##0. ˽"T€" beispielsweise auch 0,0.. ˽"Mio." möglich gewesen (wobei ˽ lediglich zur eindeutigen Kennzeichnung des einzugebenden Leerzeichens steht). Damit würde die Zahl *1250000* als *1,3 Mio.* dargestellt werden. Im weiteren Verlauf dieses Kapitels werden allerdings noch clevere Filter eingebaut, sodass das Regionalergebnis in Bezug auf eine bestimmte Produktgruppe z.B. bei *30800* liegen könnte. In diesem Fall würde das Millionenformat *0,0 Mio.* anzeigen und wäre damit zu ungenau.

Abbildung 9.16 Die Formatierung der Pivot-Werte verändert die Darstellung der Datenbeschriftungen

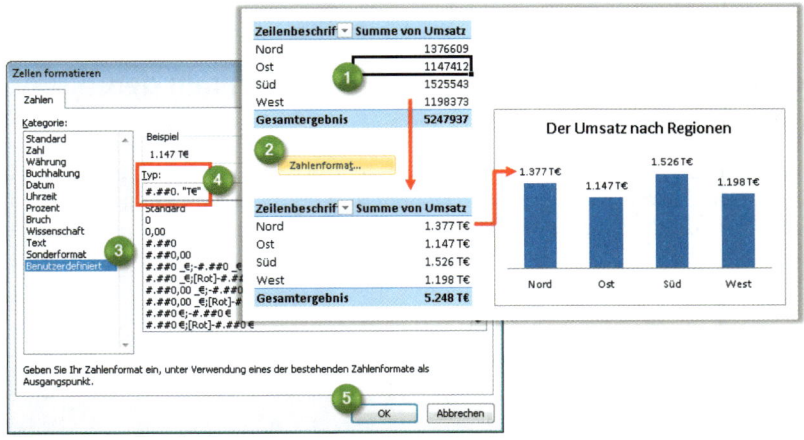

Das fertige PivotChart inklusive der Pivot-Tabelle für die Regionen finden Sie in der Datei *Kap_09_b_Pivot-Charts.xlsx* auf dem Arbeitsblatt *08 Regionen*.

Für Ordnung sorgen: Tabellenblätter sinnvoll umsortieren

Normalerweise fügt Excel neue Arbeitsblätter rechts neben den bereits vorhandenen Arbeitsblättern ein. Beim Erstellen von Pivot-Tabellen hingegen werden die neuen »Pivot-Arbeitsblätter« links neben dem Ausgangsblatt mit der jeweiligen Pivot-Datenbasis eingefügt.

> Ein Beispiel für die ungewohnte Anordnung der Arbeitsblätter finden Sie in der Datei *Kap_09_c_Arbeitsblätter_unsortiert.xlsx*.

Haben Sie die in diesem Kapitel gezeigte intelligente Tabelle, die Pivot-Tabellen und PivotCharts alle selbst nachgebaut? Dann sieht Ihre Arbeitsmappe wahrscheinlich so aus wie die in Abbildung 9.17.

Abbildung 9.17 Arbeitsblätter mit Pivot-Tabellen werden links neben dem jeweiligen Ausgangsblatt erstellt

Sortieren Sie die Arbeitsblätter um, damit das Ausgangsblatt mit den Daten links vor den Pivot-Arbeitsblättern steht.

Klicken Sie dazu, wie in Abbildung 9.18 zu sehen, am unteren Rand des Excel-Fensters auf das Arbeitsblattregister *01 Daten* und ziehen Sie es mit gedrückter linker Maustaste vor das Arbeitsblatt *Tabelle1*.

Abbildung 9.18 Mit gedrückter linker Maustaste ein Arbeitsblatt verschieben

Die Arbeitsblattbezeichnungen *Tabelle1*, *Tabelle2* etc. sind bei der Suche nach bestimmten Inhalten nicht sehr hilfreich. Geben Sie den Arbeitsblättern deshalb sinnvolle Namen, damit Sie wissen, welcher Inhalt sich auf den jeweiligen Arbeitsblättern befindet.

1. Doppelklicken Sie auf das betreffende Arbeitsblattregister.
2. Überschreiben Sie den vorgegebenen Namen.
3. Beenden Sie Ihre Eingabe mit ⏎.

Abbildung 9.19 Nach einem Doppelklick kann der Arbeitsblattname geändert werden

> **www** Die sortierten und umbenannten Arbeitsblattregister finden Sie in der Datei *Kap_09_d_Arbeitsblätter_sortiert.xlsx*.

Mit der Mehrfenstertechnik den Überblick bewahren

Bei der Entscheidungsfindung wird selten nur ein Sachverhalt isoliert betrachtet. Normalerweise werden verschiedene Faktoren und Szenarien herangezogen, auf deren Basis dann eine Entscheidung getroffen wird.

Ein Beispiel: Bei der Festlegung, ob ein Produkt weiterhin produziert werden soll, wäre es beispielsweise sinnvoll, neben den reinen Absatzzahlen auch den Rohertrag pro Stück zu berücksichtigen. So kann ein Produkt mit einem Absatzvolumen von 100.000 Stück pro Jahr und einem Rohertrag von 5,00 Euro pro Stück beispielsweise für das Unternehmen besser sein als ein zweites Produkt, bei dem ein Absatzvolumen von 200.000 Stück pro Jahr und ein Rohertrag von 2,00 Euro pro Stück gemessen wird. Hier würde eine reine Stückzahlbetrachtung nach dem Motto »Viel bringt viel« dem Unternehmen einen geringeren Gewinn verschaffen. Damit mehrere Faktoren und Szenarien gleichzeitig betrachtet werden können, ist es nahezu unerlässlich, diese so zu platzieren, dass sie für den Entscheider auf einen Blick erfassbar sind. Dies lösen Sie mit der Mehrfenstertechnik.

Erfahren Sie im folgenden Abschnitt, wie Sie mit dieser Technik die Entscheidungsfindung deutlich erleichtern.

Das spätere Druck- und Präsentationsformat im Blick behalten

Bisher stehen die in diesem Kapitel bereits erstellten PivotCharts jeweils auf einem separaten Arbeitsblatt. Für einen schnellen Überblick ist diese Anordnung ungeeignet. Daher sollen nun alle PivotCharts auf einem Arbeitsblatt angeordnet werden. Bevor Sie nun alle Diagramme für die nächste Vorstandssitzung auf ein Arbeitsblatt zusammenkopieren (jedes in einem eigenen »Fenster«), sollten Sie jedoch festlegen, wie Sie mit der Übersicht arbeiten wollen:

- Welche Diagramme werden für die Entscheidungsfindung benötigt?
- Welche dieser Diagramme sollten gleichzeitig betrachtet werden können?
- Sollen für die Entscheidungsfindung die Diagramme interaktiv veränderbar sein, um verschiedene Szenarien durchzuspielen?

- Besteht die Möglichkeit, die Ergebnisse über Bildschirm oder Beamer zu präsentieren oder sollen einzelne Diagrammzusammenstellungen gedruckt und verteilt werden?
- Gibt es Vorgaben zum Corporate Design, die berücksichtigt werden müssen?

Je nachdem, wie Ihre Antworten ausfallen, sollten Sie das Übersichtsblatt aufbauen. Wenn Sie die Möglichkeit haben, die Ergebnisse am Beamer zu betrachten, können Sie eine eher breite Darstellung im Querformat wählen. Sollen die Diagramme zwingend auf A4-Papier im Hochformat gedruckt werden, teilen Sie das Arbeitsblatt anders auf. Welchen großen Einfluss die Wahl der Ausrichtung auf die Größe der dargestellten Diagramme hat, zeigt Abbildung 9.20.

Abbildung 9.20 Schematische Aufteilung eines Arbeitsblatts im Quer- und Hochformat

Breitbild auch beim Druck? Die Seitenausrichtung anpassen

Excel-Arbeitsblätter sind standardmäßig im Hochformat ausgerichtet. Bevor Sie mit dem Aufbau des Übersichtsblatts beginnen, sollten Sie deshalb festlegen, in welchem Format Sie die Darstellung der Diagramme benötigen, und die Seitenausrichtung entsprechend anpassen.

> Verwenden Sie zum Nachvollziehen der folgenden Schritte in der Datei *Kap_09_e_Dashboard.xlsx* das Arbeitsblatt *05 leeres Blatt*.

Stellen Sie das Seitenformat von Hoch- auf Querformat um, indem Sie auf der Registerkarte *Seitenlayout* in der Gruppe *Seite einrichten* auf *Ausrichtung/Querformat* klicken.

Abbildung 9.21 Die Seitenausrichtung sollte als Erstes festgelegt werden

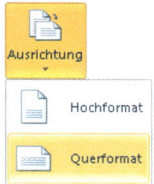

Passen Sie an dieser Stelle gleich noch die Seitenränder an, damit das spätere Dashboard perfekt auf eine Seite passt.

1. Rufen Sie über *Seitenlayout/Seite einrichten/Seitenränder/Benutzerdefinierte Seitenränder* das Dialogfeld *Seite einrichten* auf.
2. Korrigieren Sie auf der Registerkarte *Seitenränder* die Seitenränder *Oben* und *Unten* auf jeweils 1,5 cm.
3. Aktivieren Sie zum Zentrieren der Seite die Kontrollkästchen *Horizontal* und *Vertikal*.
4. Schließen Sie das Dialogfeld mit *OK*.

Nachdem Ausrichtung und Seitenränder festgelegt sind, geht es im nächsten Schritt um die grundsätzliche Aufteilung des Dashboards. Wo soll welches Diagramm stehen? Welche Informationen sollen angezeigt werden?

Ordnung muss sein: Bereiche für Überschriften, Daten und Visualisierungen festlegen

Am einfachsten erledigen Sie diesen Schritt – mit einem Blatt Papier!

Im Beispiel sollen die drei bereits erstellten PivotCharts gemeinsam auf dem Dashboard dargestellt werden. Außerdem wäre eine Steuerzentrale wünschenswert, über die die Auswertungen auch noch im Nachhinein angepasst werden können. Zur Abrundung fehlt dann nur noch eine Überschrift, die dem Ganzen einen eindeutigen Titel gibt.

Machen Sie sich bei Ihren Dashboards *vorher* Gedanken, wie das Ergebnis *nachher* aussehen soll. Eine skizzenhafte Darstellung wie in Abbildung 9.22 verschafft Ihnen einen ersten Überblick und hilft Ihnen, das Dashboard auf die wesentlichen Elemente zu reduzieren.

Abbildung 9.22 Die Dashboard-Skizze als Grundlage für die Umsetzung in Excel

Nachdem die grundsätzliche Aufteilung des Dashboards damit feststeht, passen Sie die Spaltenbreiten und Zeilenhöhen für ein optimales Ergebnis an.

1. Die Spalten *A* und *M* erhalten eine Spaltenbreite von jeweils *2,14 (20 Pixel)*.
2. Für Zeile *1* wählen Sie die Zeilenhöhe *15,00 (20 Pixel)*.

    Durch diese beiden Festlegungen erhalten die Überschrift und die beiden linken Diagramme den jeweils gleichen Abstand zum Spalten- bzw. Zeilenkopf.

3. Legen Sie für Spalte *G* die Spaltenbreite *0,83 (10 Pixel)* fest.
4. Legen Sie für die Zeilen *3* und *19* die Zeilenhöhe *7,5 (10 Pixel)* fest.

    Die letzten beiden Einstellungen bewirken den jeweils gleichen Abstand von 10 Pixeln zwischen den einzelnen Bereichen.

Das fertige Dashboard-Grundgerüst mit den richtigen Einstellungen der Seitenränder, Zeilenhöhen und Spaltenbreiten finden Sie in der Datei *Kap_09_e_Dashboard.xlsx* auf dem Arbeitsblatt *06 Aufteilung*. Die Überschrifts- und Dashboard-Bereiche sind grau markiert.

Alles auf einen Blick: Die Diagramme zusammenführen

Nachdem Sie in den letzten Abschnitten die benötigten Diagramme erstellt und die grundsätzliche Aufteilung des Dashboards festgelegt haben, können Sie im nächsten Schritt die einzelnen Elemente zusammenführen.

Die Diagramme auf das Dashboard kopieren

Zunächst fügen Sie Kopien der verschiedenen PivotCharts auf dem Dashboard-Gerüst ein.

1. Markieren Sie auf dem Arbeitsblatt *02 Verkäufer* das PivotChart und kopieren Sie es mit der Tastenkombination [Strg]+[C].
2. Wechseln Sie zum Arbeitsblatt *06 Aufteilung* und fügen Sie es dort mit [Strg]+[V] ein.

Markieren Sie vor dem Einfügen des Diagramms auf dem Zielblatt die Zelle, in der die linke obere Ecke des Diagramms liegen soll (im Beispiel ist dies die Zelle *B4*), und drücken Sie erst dann die Tastenkombination [Strg]+[V]. Das Diagramm wird daraufhin mit der linken oberen Ecke exakt nach Wunsch positioniert.

3. Verschieben Sie die rechte untere Ecke des Diagramms so, dass das Diagramm exakt auf die graue Fläche passt. Halten Sie dazu die Taste [Alt] gedrückt, während Sie die rechte untere Ecke des Diagramms mit gedrückter Maustaste ziehen.

Abbildung 9.23 Die gedrückte [Alt]-Taste positioniert den Diagrammbereich beim Ziehen an den darunter liegenden Zellrändern

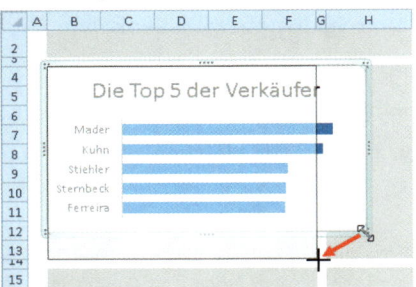

4. Kopieren und positionieren Sie die PivotCharts für die Städte und Regionen auf die gleiche Weise an den dafür vorgesehenen Stellen.

Erleichtern Sie sich auch hier die Positionierung und verwenden Sie beim Einfügen die Zelle *H4* für die Städte und die Zelle *B20* für die Regionen.

Abbildung 9.24 Alle PivotCharts sind übersichtlich auf einem Arbeitsblatt dargestellt

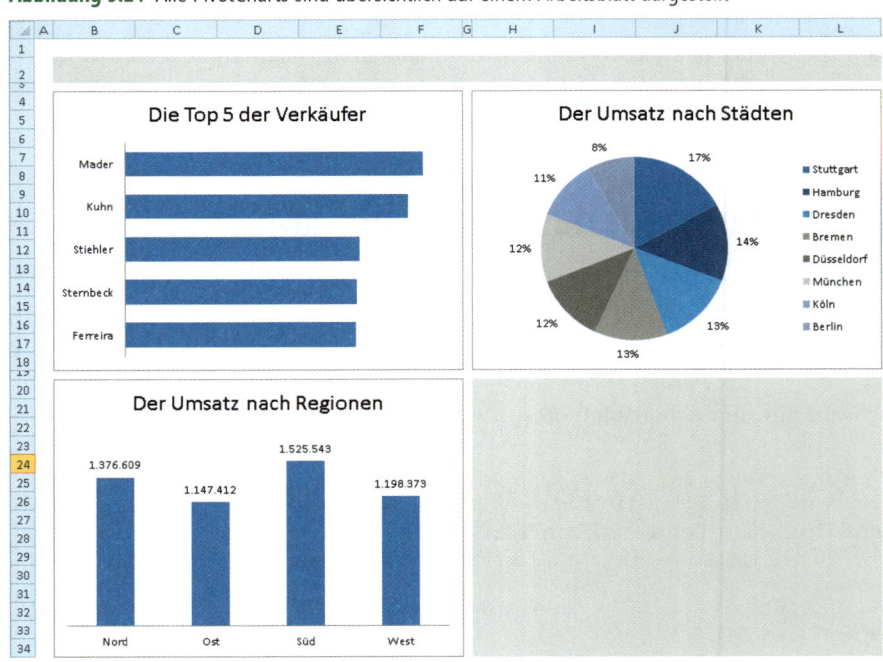

> Die in Abbildung 9.24 gezeigten PivotCharts finden Sie in der Datei *Kap_09_e_Dashboard.xlsx* auf dem Arbeitsblatt *07 Zusammenstellung*.

Dem endgültigen Dashboard sind Sie jetzt schon ein großes Stück näher gekommen. Die Diagramme sind übersichtlich angeordnet und auf einen Blick abzulesen. Das Hin- und Herschalten zwischen den Arbeitsblättern gehört damit der Vergangenheit an. Als Nächstes erhalten die Diagramme einen frischen und einheitlichen Look.

Mit Diagrammformatvorlagen zur einheitlichen Optik nach Corporate Design

Sobald Sie ein PivotChart ausgewählt haben, werden die *PivotChart-Tools* eingeblendet. Diese vier kontextbezogenen Registerkarten stellen alle Befehle zur Verfügung, die Sie zum Anpassen und Bearbeiten der PivotCharts benötigen.

Auf der Registerkarte *PivotChart-Tools/Entwurf* finden Sie vordefinierte *Diagrammformatvorlagen*. Diese fassen verschiedenste Einstellungen wie z.B. Diagrammfarbe, Rahmenlinien, Farbverläufe, Schatten etc. zu einer Formatvorlage zusammen. Mit nur einem Klick können Sie diese Formatvorlagen auf das ausgewählte Diagramm übertragen.

Weisen Sie den PivotCharts eine einheitliche *Diagrammformatvorlage* zu.

Wählen Sie die PivotCharts der Reihe nach aus und weisen Sie ihnen jeweils die *Formatvorlage 20* zu.

Abbildung 9.25 Die Diagrammformatvorlagen stellen Farb- und Formzusammenstellungen zur Verfügung

> Die Farben der Diagrammformatvorlagen leiten sich direkt aus dem Office-Design der jeweiligen Arbeitsmappe ab. Wenn Sie auf der Registerkarte *Seitenlayout* das Design über den Befehl *Designs* oder die Farben über den Befehl *Farben* verändern, ändern sich auch die Farben der Diagrammformatvorlagen.
>
> Sollte Ihr Unternehmen sich für eine andere Firmenfarbe entscheiden, müssen diese nur noch im Design hinterlegt werden. Diagramme und Tabellen werden dann automatisch angepasst.

Beim Kopieren in eine andere Arbeitsmappe orientiert sich das Diagramm am Design der Zielmappe. Dadurch verändern sich unter Umständen auch die Farben und Effekte (die ebenfalls im Design gespeichert werden). Abbildung 9.26 zeigt die Auswirkungen unterschiedlicher Designs auf das Balkendiagramm im Beispiel.

Abbildung 9.26 Das Balkendiagramm in den Designs *Larissa*, *Ananke* und *Hyperion*

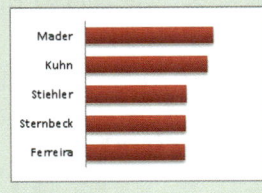
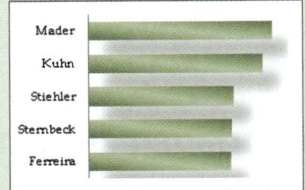
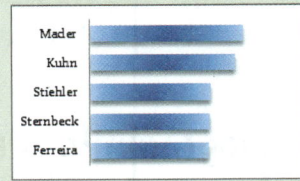

Die Optik der Diagramme noch verbessern

Durch das Zuweisen der *Formatvorlage 20* haben die Diagramme nicht nur den gleichen Farbverlauf erhalten. Auch die Überschriften wurden wieder *fett* formatiert, da die Formatvorlage auch das Aussehen der Überschrift beeinflusst. Einige Anpassungen sind deshalb noch von Hand vorzunehmen.

- Die Überschriften sollen *nicht fett* formatiert werden.
- Die Diagrammrahmenlinien sollen grau statt schwarz sein.
- Vorhandene Diagrammachsen sind ebenfalls in Grau zu formatieren.

1. Markieren Sie nacheinander die drei Diagrammüberschriften und formatieren Sie sie erneut *nicht fett*.
2. Klicken Sie auf den Rand des Balkendiagramms und drücken Sie [Strg]+[1].
3. Wählen Sie im Dialogfeld *Diagrammbereich formatieren* in der Rubrik *Rahmenfarbe* die Option *Einfarbige Linie* und stellen Sie die Farbe *Grau-50 %, Akzent 4* ein. Lassen Sie das Dialogfeld geöffnet.
4. Wiederholen Sie Schritt 3 bei den beiden anderen Diagrammen.
5. Klicken Sie im Balkendiagramm auf eine Rubrikenbezeichnung, um die Diagrammachse auszuwählen.
6. Wählen Sie im Dialogfeld als *Linienfarbe* ebenfalls *Grau-50 %, Akzent 4*.
7. Wiederholen Sie die Schritte 5 und 6 zur Anpassung der Diagrammachse im Säulendiagramm.
8. Schließen Sie das Dialogfeld mit [↵].

Alles auf einen Blick: Die Diagramme zusammenführen

Beim nachträglichen Zuweisen einer Formatvorlage werden möglicherweise auch Elemente angepasst, die bereits vorab mühevoll von Hand formatiert wurden. Im Beispiel war dies bei der Überschrift der Fall. Die erneute Zuweisung einer Formatvorlage kann dadurch erhebliche Mehrarbeit verursachen.

Umgehen Sie dieses Problem, indem Sie bei der Auswahl einer Diagrammformatvorlage diese nicht mit der linken, sondern mit der rechten Maustaste anklicken und im Kontextmenü den Eintrag *Übernehmen und Formatierung beibehalten* wählen. Alle manuell vorgenommenen manuellen Formatierungen bleiben dadurch erhalten.

Probieren Sie den Trick mit dem Rechtsklick auch bei anderen Formatvorlagen aus – es lohnt sich.

Abbildung 9.27 Formatvorlagen anwenden, ohne manuelle Formatierungen zurückzusetzen

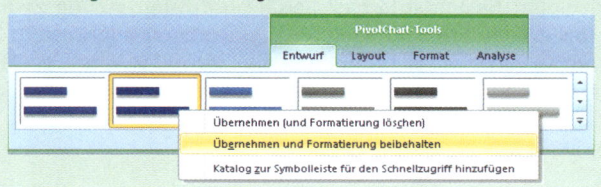

Zur besseren Unterscheidung einer einzelnen Stadt heben Sie diese im Kreisdiagramm durch eine besondere Farbe hervor.

1. Klicken Sie hierfür zweimal nacheinander (kein Doppelklick) in der *Legende* des Kreisdiagramms auf den Namen der Stadt Ihrer Wahl, beispielsweise *Stuttgart*.
2. Drücken Sie die Tastenkombination [Strg]+[1].
3. Stellen Sie als *Füllung* die einfarbige Füllung die Standardfarbe *Orange* ein.
4. Schließen Sie das Dialogfeld mit [↵].

Abbildung 9.28 Die ausgewählten Farben für die Linien und die hervorzuhebende Stadt

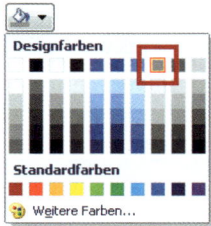 

Die aufbereiteten PivotCharts finden Sie in der Datei *Kap_09_e_Dashboard.xlsx* auf dem Arbeitsblatt *09 Aufbereitet*.

Sie haben gute Arbeit geleistet! Die Diagramme sehen modern und ansprechend aus und vermitteln einen guten Überblick. Die Diagramme verändern sich aber noch nicht, wenn Sie beispielsweise nur ein bestimmtes Jahr oder eine bestimmte Produktgruppe auswerten möchten. Für Dynamik sorgen Sie mit *Datenschnitten*, die im nächsten Abschnitt vorgestellt werden.

Dynamik pur: Mit Datenschnitten Pivot-Tabellen komfortabel filtern

Die Pivot-Tabellen zeigen bislang alle den Gesamtumsatz der Jahre 2009 bis 2012. Dynamisch wird das Ganze, wenn die Umsatzzahlen nach bestimmten Kriterien zusammengestellt werden können. Interessant könnten beispielsweise der Regionalumsatz innerhalb einer bestimmten Produktgruppe sein oder auch die Verkaufserfolge der einzelnen Mitarbeiter in bestimmten Jahren und Quartalen.

Mit dem in Abbildung 9.29 gezeigten Berichtsfilter ist solch eine Eingrenzung zwar machbar, allerdings ist nicht sofort erkennbar, nach welchen Quartalen des Jahres 2012 gefiltert wurde. Zum Umstellen des Filters muss zudem erst eine Dropdownliste geöffnet und ein Eintrag ausgewählt werden. Das ist nicht besonders komfortabel.

Abbildung 9.29 Die Berichtsfilter zeigen nicht alle ausgewählten Elemente an

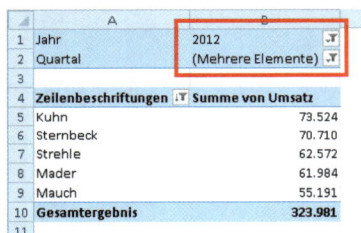

Datenschnitte vereinfachen den Umgang mit der Pivot-Tabelle

Viel einfacher wird das Filtern von Pivot-Tabellen mit den seit Excel 2010 verfügbaren *Datenschnitten*. Die vorhandenen Einträge zu einem Pivot-Feld werden in einem Datenschnitt in übersichtlicher Form angezeigt und lassen sich mit einem einfachen Klick auswählen. Die Auswahl mehrerer Einträge lässt sich realisieren, wenn beim Klicken innerhalb einer Feldliste die Taste [Strg] gedrückt wird.

Abbildung 9.30 Die ausgewählten Einträge sind in den Datenschnitten deutlich erkennbar

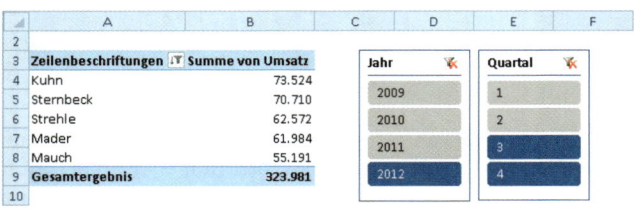

Drei Datenschnitte zum Filtern einbauen

Im Dashboard werden für die Auswertungen drei Auswahlmöglichkeiten benötigt, die das komfortable Filtern nach *Jahren*, *Quartalen* und *Produktgruppen* ermöglichen sollen. Fügen Sie diese Auswahlmöglichkeiten dem Arbeitsblatt *02 Verkäufer* hinzu.

1. Klicken Sie in die Pivot-Tabelle mit den besten fünf Verkäufern.
2. Klicken Sie auf der Registerkarte *PivotTable-Tools/Optionen* in der Gruppe *Sortieren und Filtern* auf den unteren Bereich der Schaltfläche *Datenschnitt einfügen* und wählen Sie den Befehl *Datenschnitt einfügen*.
3. Wählen Sie im Dialogfeld *Datenschnitt auswählen* die drei benötigten Felder aus.
4. Schließen Sie das Dialogfeld mit ⏎.

Abbildung 9.31 Mit wenigen Klicks sind die neuen Datenschnitte verfügbar

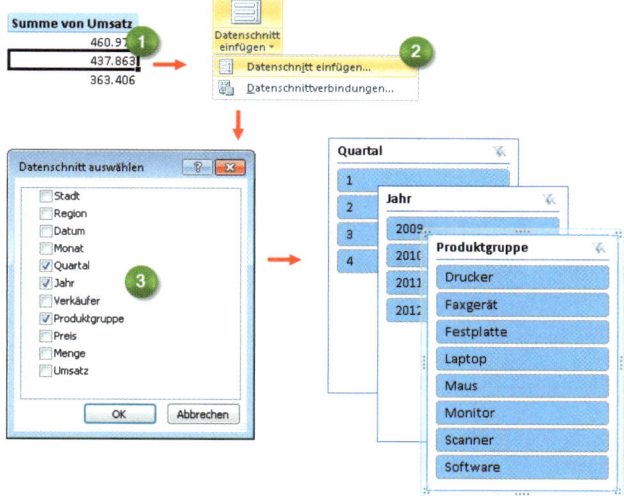

> Das Dialogfeld *Datenschnitt auswählen* stellt nicht nur die in der angeklickten Pivot-Tabelle verwendeten Felder zur Verfügung. Vielmehr sind alle Felder der ursprünglichen Datentabelle als Datenschnitte abrufbar. Somit lassen sich beliebige Filtermöglichkeiten zusammenstellen und auf die gewünschte Pivot-Tabelle anwenden.

Nachdem die Datenschnitte erstellt sind, müssen sie noch auf dem Dashboard positioniert werden. Auf der Skizze für das Dashboard wurde hierfür eine *Steuerzentrale* vorgesehen (vgl. Abbildung 9.22). In diesem Bereich sollen alle Werkzeuge stehen, mit denen sich die Diagramme interaktiv verändern lassen.

Die Datenschnitte auf das Dashboard kopieren

Die PivotCharts sind aus den Pivot-Tabellen hervorgegangen. Die Pivot-Tabellen lassen sich ihrerseits durch die Datenschnitte beeinflussen. Verwenden Sie deshalb zur Steuerung der PivotCharts die soeben erstellten Datenschnitte.

1. Markieren Sie die drei Datenschnitte. Halten Sie hierzu die Taste ⇧ gedrückt und klicken Sie nacheinander in die jeweilige Titelleiste.
2. Drücken Sie zum Kopieren der Datenschnitte die Tastenkombination Strg+C.
3. Wechseln Sie zum Arbeitsblatt mit den aufbereiteten Diagrammen und fügen Sie die Datenschnitte mit Strg+V ein.
4. Löschen Sie die ursprünglichen Datenschnitte auf dem Blatt *02 Verkäufer*.

In der Datei *Kap_09_f_Datenschnitt.xlsx* sind die Datenschnitte bereits auf dem Arbeitsblatt *05 Steuerzentrale* eingefügt.

Der Ordnung halber: Die Steuerzentrale aufräumen

Für die spätere Bedienung sollen alle Elemente übersichtlich platziert werden. Ordnen Sie die Datenschnitte deshalb so an, dass sie separat auswähl- und anklickbar sind.

1. Legen Sie die Größen entweder grob mit der Maus oder exakt mit den in Abbildung 9.32 gezeigten Werkzeugen fest.
2. Ordnen Sie die Datenschnitte in der Reihenfolge *Jahr, Quartal, Produktgruppe* an.
3. Richten Sie die einzelnen Elemente an der oberen Kante aus.

Abbildung 9.32 Die Werkzeuge der Registerkarte *Datenschnitttools/Optionen* helfen bei der Einrichtung und Positionierung der Datenschnitte

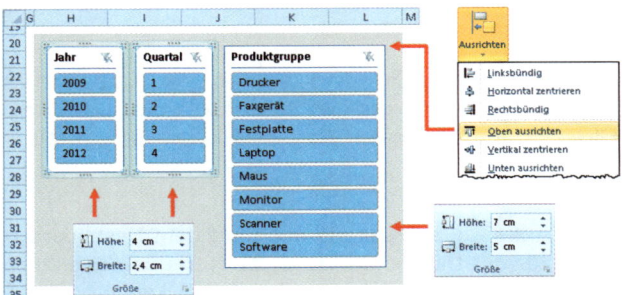

4. Markieren Sie den Zellbereich *H20:L34* und weisen Sie ihm eine weiße Füllung und einen hellgrauen Rahmen wie bei den Diagrammen zu.

> Die aufgeräumte Steuerzentrale finden Sie in der Datei *Kap_09_f_Datenschnitt.xlsx* auf dem Arbeitsblatt *06 Steuerzentrale optimiert* eingefügt.

Die Steuerzentrale ist damit fast komplett eingerichtet. Zum harmonischen Gesamteindruck sind jetzt nur noch die Datenschnitte an die Farben der Diagramme anzupassen.

Das Aussehen der Datenschnitte perfekt auf die Diagramme abstimmen

Die Darstellung der Datenschnittkästen wird genauso wie die Diagrammoptik über Formatvorlagen gesteuert. Abhängig vom Office-Design der jeweiligen Arbeitsmappe werden hier verschiedene Farbzusammenstellungen zur Auswahl angeboten.

Abbildung 9.33 Vordefinierte Datenschnitt-Formatvorlagen passen sich dem Office-Design an

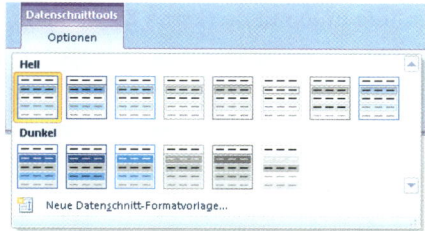

Neue Formatvorlage anlegen

Die Diagramme haben bereits ein einheitliches Erscheinungsbild. Damit sich nun auch die Steuerzentrale perfekt in das Dashboard integriert, soll eine eigene Formatvorlage mit den richtigen Farben für die Datenschnittkästen definiert werden.

1. Wählen Sie einen Datenschnitt aus.

2. Klicken Sie auf der Registerkarte *Datenschnitttools/Optionen* im Katalog der *Datenschnitt-Formatvorlagen* mit der rechten Maustaste auf die erste Datenschnitt-Formatvorlage und wählen Sie im Kontextmenü den Befehl *Duplizieren*.

Abbildung 9.34 Eine duplizierte Datenschnitt-Formatvorlage bringt Voreinstellungen mit und spart viele Einzelformatierungen

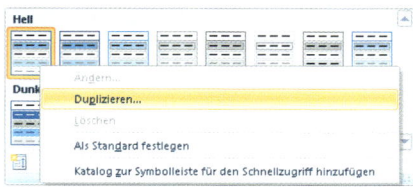

Viele Anwender erstellen bei der Definition eigener Formatvorlagen gänzlich neue Formatvorlagen, ohne auf die bereits vordefinierten zurückzugreifen. Durch das Duplizieren sind viele Einstellungen jedoch bereits erledigt und können oft ohne weitere Änderung übernommen werden. Der Aufwand zur Festlegung einer eigenen, angepassten Formatvorlage reduziert sich dadurch erheblich. Dies gilt übrigens nicht nur für die hier gezeigten Datenschnitt-Formatvorlagen, sondern beispielsweise auch für PivotTable-Formate etc.

3. Tragen Sie im Dialogfeld *Schnellformatvorlage für Datenschnitt ändern* den Namen `Management-Dashboard` ein und lassen Sie das Dialogfeld geöffnet.

Passen Sie die Formatvorlage den eigenen Wünschen an:

1. Formatieren Sie die einzelnen Datenschnittelemente, indem Sie sie zunächst im Listenfeld anklicken und anschließend über die Schaltfläche *Formatieren* das Dialogfeld *Datenschnittelement formatieren* aufrufen.

   Formatieren Sie die Elemente wie folgt:

   - Der *gesamte Datenschnitt* wird ohne Rahmen formatiert.
   - Die *Überschrift* erhält eine dünne Rahmenlinie unten in der Farbe *Dunkelblau, Akzent 2*.
   - Das *ausgewählte Element mit Daten* wird mit der Farbe *Dunkelblau, Akzent 2* ausgefüllt und bekommt die Schriftfarbe *Weiß*.

Abbildung 9.35 Alle Datenschnittelemente sind einzeln formatierbar und können individuell angepasst werden

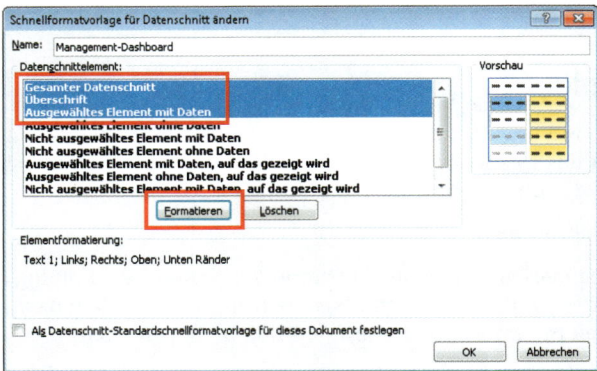

2. Schließen Sie alle offenen Dialogfelder mit *OK*.

Die gerade definierte Formatvorlage können Sie nun den drei Datenschnitten zuweisen. Wählen Sie hierzu die Kästen nacheinander aus und klicken Sie jeweils auf die Formatvorlage *Management-Dashboard*.

Abbildung 9.36 Mit einer benutzerdefinierten Formatvorlage erhalten die Datenschnitte den perfekten Look

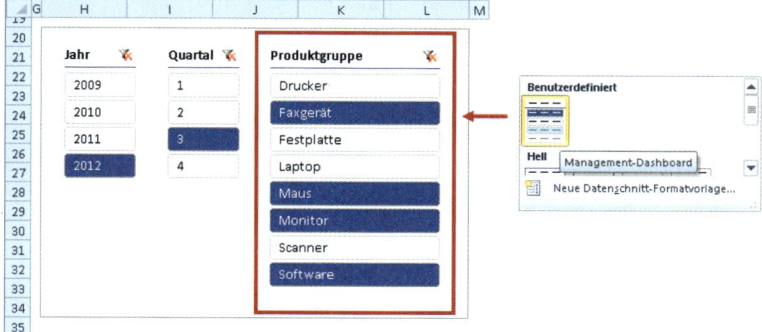

Außer den gezeigten vollflächigen Farbfüllungen können einem Datenschnitt auch Farbverläufe als *Fülleffekt* zugewiesen werden. Zur genauen Farbwertermittlung können Sie sich des kostenlosen Freewareprogramms *Pixie* bedienen, das Sie über www.nattyware.com herunterladen können. Nach dem Programmstart können Sie den Mauszeiger einfach auf die gewünschte Farbfläche bewegen und Pixie liefert Ihnen den zugehörigen RGB-Wert.

Pixie liefert beispielsweise beim Säulendiagramm für den unteren Blauton den RGB-Wert (0,58,140) und für den oberen Blauton den RGB-Wert (0,79,189). Stellen Sie diese beiden Farbwerte als Fülleffekt für Ihren Datenschnitt ein, wenn Sie eine perfekte und einheitliche Darstellung wünschen.

Abbildung 9.37 Mit den Farbwerten aus Pixie lassen sich exakte Farbverläufe definieren

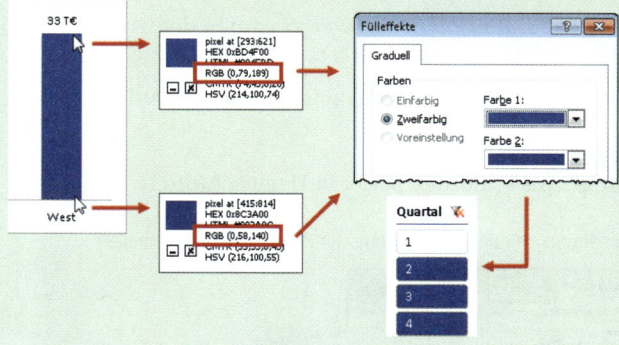

Ein Beispiel für einen Farbverlauf im *Datenschnittelement* finden Sie in der Datei *Kap_09_h_Datenschnitt_Farbverlauf.xlsx* auf dem Arbeitsblatt *05 Farbverlauf*.

Zum Abschluss der optischen Anpassungen fehlt jetzt nur noch die passende Überschrift:

1. Fügen Sie hierfür bei gedrückter [Alt]-Taste ein Rechteck passgenau über dem Zellbereich *B2:L2* ein.

2. Wählen Sie auf der Registerkarte *Zeichentools/Format* im Katalog *Formenarten* die Formenart *Moderater Effekt – Dunkelblau, Akzent 2* aus.

3. Formatieren Sie den Text *fett*.

4. Tragen Sie Management-Dashboard als Überschrift ein.

> Das Dashboard mit den angepassten Datenschnitt-Formatvorlagen finden Sie in der Datei *Kap_09_f_Datenschnitt.xlsx* auf dem Arbeitsblatt *07 Datenschnitt-Formatvorlage*.

Mit PivotTable-Verbindungen die Diagramme interaktiv und synchron steuern

Ein wichtiger Aspekt des Dashboards fehlt noch. Bislang reagiert nur das PivotChart mit den Verkäufern auf Änderungen in den Datenschnitten. Wenn Sie beispielsweise im Datenschnitt *Quartal* einen oder mehrere Einträge anklicken, verändert sich nur das Diagramm mit den Verkäufern, die Diagramme für die Städte und Regionen bleiben jedoch unverändert. Innerhalb des Dashboards sollen aber alle Diagramme sofort auf geänderte Vorgaben reagieren. Ansonsten würden die Diagramme unterschiedliche Daten repräsentieren.

1. Wählen Sie einen Datenschnitt aus.

2. Klicken Sie auf der Registerkarte *Datenschnitttools/Optionen* in der Gruppe *Datenschnitt* auf die Schaltfläche *PivotTable-Verbindungen*.

3. Aktivieren Sie die Kontrollkästchen bei allen angezeigten Pivot-Tabellen.

4. Schließen Sie das Dialogfeld mit ⏎.

5. Wiederholen Sie die Schritte 2 bis 4 mit den anderen Datenschnitten.

Abbildung 9.38 PivotTable-Verbindungen verbinden die Datenschnitte mit den Pivot-Tabellen

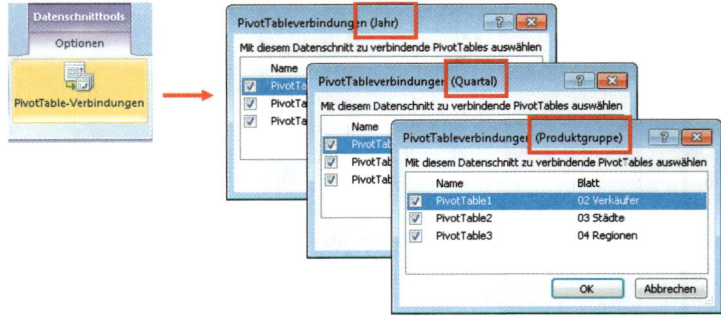

Mit dieser letzten Aktion haben Sie die PivotCharts zu einem richtigen Dashboard verbunden. Sobald ein Filter verändert wird, reagieren alle Diagramme sofort und passen sich den neuen (gefilterten) Daten an. So können Abhängigkeiten schnell erkannt und Veränderungen gut analysiert werden. Das Dashboard liefert jetzt alles auf einen Blick: Die Ergebnisse in Form der Diagramme und auch die gewählte Datengrundlage in Form der sichtbaren Datenschnitte. Einfach perfekt!

Das interaktive Dashboard finden Sie in der Datei *Kap_09_g_Datenschnitt_verbinden.xlsx* auf dem Arbeitsblatt *05 Verbindungen*.

Zu Beginn dieses Kapitels haben Sie den Zellbereich mit den auszuwertenden Daten in eine intelligente Tabelle mit dem Namen *tblDatenbasis* umgewandelt. Neu hinzukommende Daten können Sie dadurch ganz einfach als neue Zeile in der Tabelle *tblDatenbasis* eintragen. Die neuen Zeilen werden automatisch richtig formatiert und der Tabelle zugeordnet.

Zur Aktualisierung Ihrer Pivot-Tabelle reicht anschließend ein Klick auf die Schaltfläche *Aktualisieren*. Die Pivot-Tabelle prüft, ob sich die Datenquelle *tblDatenbasis* verändert oder erweitert hat und bezieht diese Daten in die Auswertung mit ein. Eine neue Zuordnung der erweiterten Datenquelle ist nicht notwendig.

10

Profitechnik: Kennzahlen auf einer Landkarte dynamisch darstellen

Die Daten für einen Standort bequem auswählen: Der Datenschnitt macht's	271
Die Landkarte zum Darstellen der Daten aufbauen	274
Interaktiv und kompakt: Standortkennzahlen übersichtlich darstellen	282

Regionale Daten wie beispielsweise die Umsätze pro Standort, der Kundenzuwachs pro Verkaufsbezirk oder die Anzahl der Filialen pro Bundesland lassen sich mit Excel leicht ermitteln und verwalten. Perfekt wird es, wenn solche Daten auf einer Landkarte dargestellt werden. Damit ist die sofortige und zweifelsfreie Zuordnung der Informationen zum jeweiligen Gebiet möglich. Abbildung 10.1 zeigt eine solche Lösung. Sie besteht aus drei Elementen:

- Links befindet sich eine *Landkarte* (1), die als Präsentationsfläche für die Daten dient.

- Rechts oben sehen Sie die *Steuerzentrale* (2), in der interaktiv mit nur zwei Mausklicks der anzuzeigende Standort und der Zeitraum festgelegt werden können.

  Hier im Beispiel wurden »Berlin« und das Jahr »2012« gewählt. Infolgedessen wird Berlin auf der Landkarte nicht nur hervorgehoben, zudem werden auch noch die Plan- und Istwerte dieses Standorts für das ausgewählte Jahr angezeigt.

- Rechts unten ist die *Infobox* (3) angeordnet, in der zusätzlich generelle Informationen zum selektierten Standort aufgelistet werden.

Abbildung 10.1 Plan-Ist-Vergleich

Die hier vorgestellte Technik lässt sich auch zum Darstellen von Fertigungsmengen oder Fehlerquoten in einer Produktionsstraße einsetzen. So könnten auf dem Ablaufplan der Produktion an den einzelnen Stationen die jeweiligen Fertigungs- und Ausschusszahlen angezeigt werden. Oder Sie stellen den Energieverbrauch in verschiedenen Gebäudeteilen dar. Ein Grundriss mit den passenden Daten verschafft allen Betrachtern einen schnellen Überblick.

> In der Beispieldatei *Kap_10_a_Datenbasis.xlsx* sind neben der *Datenbasis* auch die Zielvorgaben und Standortdetails auf dem Arbeitsblatt *Vorgaben* aufgeführt. Diese Informationen werden ebenfalls für die Landkartendarstellung benötigt. Starten Sie mit dem Arbeitsblatt *Berechnungen*, wenn Sie das Beispiel nachbauen möchten.

Die Daten für einen Standort bequem auswählen: Der Datenschnitt macht's

Wie Sie sich bereits in Kapitel 9 überzeugen konnten, ist der *Datenschnitt* ein optimales Mittel, um interaktiv und komfortabel gewünschte Daten blitzschnell anzuzeigen. Er ist deutlich flexibler und attraktiver als die herkömmlichen Formularsteuerelemente.

Grundlage eines Datenschnitts ist in Excel 2010 stets eine Pivot-Tabelle. Sie muss zunächst erstellt werden. Sie werden aber sehen, dass das kein Hexenwerk und fix erledigt ist.

Ruckzuck die passende Pivot-Tabelle aufbauen

Legen Sie aus den vorbereiteten Städtenamen eine Pivot-Tabelle an. Nutzen Sie dazu auch die in Abbildung 10.2 gezeigte Schrittfolge.

1. Klicken Sie in die Tabelle (1) mit den Städtenamen und wählen Sie *Einfügen/ Tabellen/PivotTable*.

2. Im Dialogfeld *PivotTable erstellen* wird automatisch der richtige Bereich – hier *tblStadt* – erkannt. Excel schlägt vor, die Pivot-Tabelle in einem neuen Arbeitsblatt zu erstellen. Ändern Sie das und sorgen Sie dafür, dass die Pivot-Tabelle auf dem Arbeitsblatt *Berechnungen* neben der Städteliste steht. Klicken Sie dazu die Option *Vorhandenes Arbeitsblatt* (2) an und dann auf Zelle *D2*.

3. Excel erzeugt eine leere Pivot-Tabelle. Aktivieren Sie in der *PivotTable-Feldliste* das Kontrollkästchen *Stadt* (3). Das Feld erscheint dadurch im Bereich *Zeilenbeschriftungen*. Schon ist die Pivot-Tabelle fertig, die als Basis für den Datenschnitt gebraucht wird.

Abbildung 10.2 Mit nur drei Schritten wird die Pivot-Tabelle erstellt

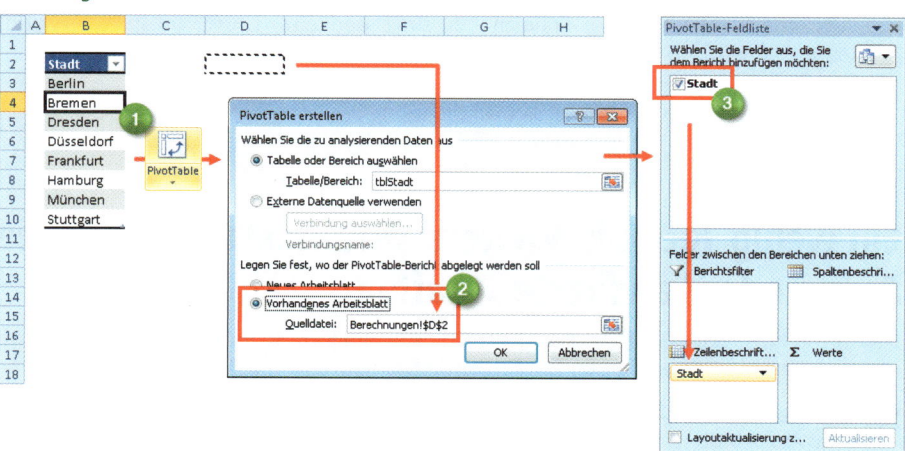

Die komfortable Auswahlmöglichkeit per Datenschnitt einbauen

Um einen bestimmten Standort leicht auswählen zu können, wird der Datenschnitt eingesetzt. Fügen Sie ihn unmittelbar neben der Pivot-Tabelle ein, damit Sie seine Auswirkungen auf die Tabelle direkt nachvollziehen können.

1. Klicken Sie in die Pivot-Tabelle und anschließend über *PivotTable-Tools/Optionen/Sortieren und Filtern* auf den oberen Bereich der Schaltfläche *Datenschnitt einfügen*.
2. Aktivieren Sie im Dialogfeld *Datenschnitt* das Kontrollkästchen *Stadt* und schließen Sie das Dialogfeld mit *OK*.
3. Optimieren Sie das Aussehen des Datenschnitts: Wählen Sie dazu auf der Registerkarte *Datenschnitttools/Optionen* in der Gruppe *Datenschnitt-Formatvorlagen* im Formatvorlagenkatalog die Vorlage *Datenschnittformat – Dunkel 2*. Stellen Sie auf derselben Registerkarte in der Gruppe *Schaltflächen* die Anzahl der *Spalten* auf 2.

> In Kapitel 9 können Sie den gesamten Vorgang zum Erstellen von Pivot-Tabellen und zum Einbauen eines Datenschnitts ausführlich nachlesen. Dort finden Sie weitere Möglichkeiten, wie Sie Datenschnitte individuell formatieren können.

Abbildung 10.3 Grundtabelle, Pivot-Tabelle und Datenschnitt sind mit wenigen Klicks erstellt

4. Klicken Sie nun auf eine Schaltfläche im Datenschnitt, um die Pivot-Tabelle auf den ausgewählten Standort zu reduzieren.

> Die Pivot-Tabelle und der formatierte Datenschnitt sind in der Datei *Kap_10_b_PivotTable_und_Datenschnitt.xlsx* zu finden.

Ein wenig Technik: Weitere Voraussetzungen für den Aufbau der Landkarte schaffen

Damit die Formeln zum Berechnen der Standortergebnisse auf die richtigen Informationen zugreifen können, bauen Sie folgende Elemente in Ihr Blatt ein:

- Geben Sie in *C15* die Formel =D3 ein, damit die ausgewählte Stadt in einer separaten Zelle außerhalb der Pivot-Tabelle steht. Selbst wenn im Datenschnitt mehrere Städte ausgewählt werden, steht in *C15* immer nur die erste aller ausgewählten Städte.

> Im Beispiel ist die Mehrfachauswahl von Standorten nicht vorgesehen. Wenn Sie mehrere Standorte nebeneinander vergleichen wollen, finden Sie in den Kapiteln 7 und 8 die dafür passende Vorgehensweise.

- Geben Sie direkt darunter in *C16* die Jahreszahl 2012 ein. Diesen Wert werden Sie später über ein Drehfeld ändern können. Zum Aufbau der benötigten Formeln reicht es jedoch völlig aus, mit dem Beispielwert zu arbeiten.

- Zum Berechnen der Planwerte geben Sie in *F16* die folgende Formel ein: =SVERWEIS(E16;vZielwerte;VERGLEICH(TEXT($C$16;0);tblZielwerte[#Kopfzeilen]); FALSCH). Kopieren Sie die Formel per Doppelklick auf das Ausfüllkästchen in der rechten unteren Ecke der Zelle *F16* nach unten.

  Die Funktion SVERWEIS sucht in der ersten Spalte der Tabelle *vZielwerte* nach dem Stadtnamen aus *E16*. Den erforderlichen Wert für das Argument *Spaltenindex* ermittelt die Funktion VERGLEICH.

  Abbildung 10.4 Die Funktionen SVERWEIS, VERGLEICH und TEXT liefern den gesuchten Planumsatz der ausgewählten Stadt in einem bestimmten Jahr

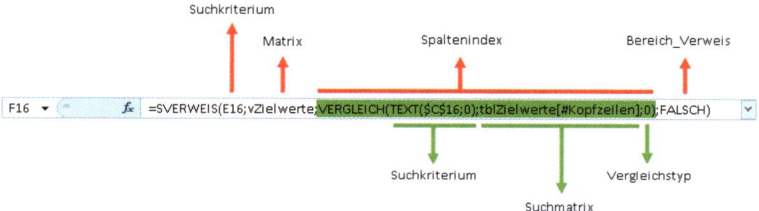

> Die Funktion VERGLEICH durchsucht die Überschriftenzeile der Tabelle *tblZielwerte* nach der Jahreszahl aus *C16*. Excel interpretiert Kopfzeileneinträge in intelligenten Tabellen allerdings grundsätzlich als »Text«. Deshalb muss der »Zahlenwert« aus *C16* erst mit der Funktion TEXT auch in einen Text umgewandelt werden. Das erledigen Sie mit der Funktion TEXT.

- Die tatsächlich erzielten Umsätze ermitteln Sie in *G16* mit der Formel =SUMMEWENNS(tblDaten[Umsatz];tblDaten[Stadt];E16;tblDaten[Jahr];$C$16), die Sie ebenfalls durch einen Doppelklick auf das Ausfüllkästchen nach unten kopieren können.

> Sie wollen den genauen Aufbau der Formel mit der Funktion SUMMEWENNS noch einmal nachvollziehen? Dann lohnt sich ein Blick in Kapitel 7 in den Abschnitt »Summen nur bilden, wenn mehrere Bedingungen erfüllt sind«.

> Wenn Sie Ihre Schritte bis hierher kontrollieren möchten, finden Sie die kompletten Formeln in der Datei *Kap_10_c_Formeln.xlsx* auf dem Arbeitsblatt *Berechnungen*.

Damit sind alle Werte berechnet, die für die Darstellung auf der Landkarte benötigt werden.

Die Landkarte zum Darstellen der Daten aufbauen

Erfahren Sie in diesem Abschnitt, wie Sie die Landkarte in Ihre Arbeitsmappe einbinden, die Standorte darauf positionieren und dafür sorgen, dass immer nur der mittels Datenschnitt ausgewählte Standort hervorgehoben wird.

Die Kartengrafik als Hintergrund platzieren

Damit die Standorte auf der Landkarte leicht zugeordnet werden können, müssen sie exakt platziert und mit den zugehörigen Städtenamen versehen werden. Beginnen Sie mit dem Einbau der Landkarte.

> Auf dem Arbeitsblatt *LandkartenEinzeln* sind die Landkarten in einzelnen Zellen platziert. Die Zellen *A1:H1* sind für die Aufnahme der Landkarten vorbereitet:
> - Ihre Zeilenhöhe beträgt *375*.
> - Die Spaltenbreite ist auf *52* eingestellt.
> - Für den komfortablen Zugriff wurden den Zellen die in Zeile *3* angezeigten Städtenamen als *Namen* zugewiesen (sie finden diese im Namenfeld links neben der Bearbeitungsleiste).

> Als Hintergrundgrafik verwenden Sie die Datei *Landkarte grau 01 hell.png*, die Sie im Downloadordner zu Kapitel 10 finden. Die Landkarte im PNG-Format wurde uns freundlicherweise von Tom Becker von *www.presentationload.de* zur Verfügung gestellt.

1. Klicken Sie im Arbeitsblatt *LandkartenEinzeln* auf die Zelle *A1* und anschließend auf *Einfügen/Illustrationen/Grafik*. Wählen Sie die Grafik *Landkarte grau 01 hell.png* und übernehmen Sie sie mit einem Klick auf *Einfügen*.

2. Stellen Sie die Höhe der Landkarte über *Bildtools/Format/Größe/Höhe* auf genau *13 cm* ein.

3. Um einen leicht plastischen Effekt hervorzurufen, wählen Sie die Befehlsfolge *Bildtools/Format/Bildformatvorlagen/Bildeffekte/Schatten* und dann die in Abbildung 10.5 gezeigte Schattenvariante *Offset unten*.

Abbildung 10.5 Ein dezenter Schatten verhilft der Landkarte zu einer leichten 3D-Optik

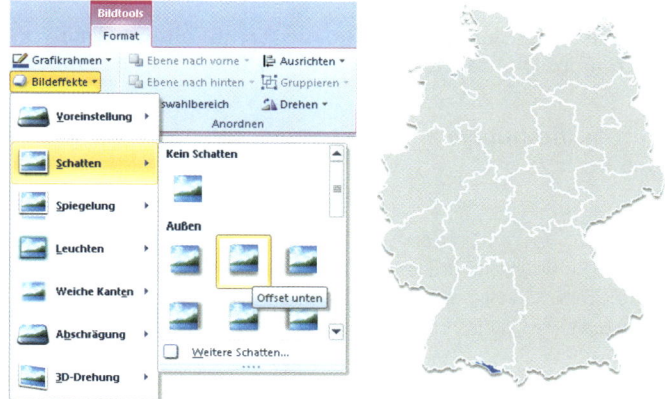

Damit Sie den Überblick über die eingefügten Grafiken und Formen behalten, schalten Sie über *Start/Bearbeiten/Suchen und Auswählen/Auswahlbereich* den Aufgabenbereich *Auswahl und Sichtbarkeit* ein.

Hier wird die eingefügte Deutschlandkarte als *Grafik 1* angezeigt. Das rechts davon stehende Augensymbol zeigt, dass die Grafik eingeblendet und somit sichtbar ist. Ein Klick auf das Symbol blendet die Grafik aus, ohne sie zu löschen. Ein erneuter Klick blendet die Karte wieder ein.

Damit Sie auch bei vielen eingefügten Elementen wissen, welche Grafik oder Form sich hinter dem jeweiligen Namen verbirgt, ändern Sie die Namen der Elemente. Klicken Sie hierfür zweimal hintereinander (kein Doppelklick) auf die Bezeichnung *Grafik 1* und überschreiben Sie sie – wie in Abbildung 10.6 gezeigt – mit dem treffenderen Namen `Deutschland`.

Abbildung 10.6 Nach dem Umbenennen kann die Grafik im Aufgabenbereich *Auswahl und Sichtbarkeit* eindeutig zugeordnet werden

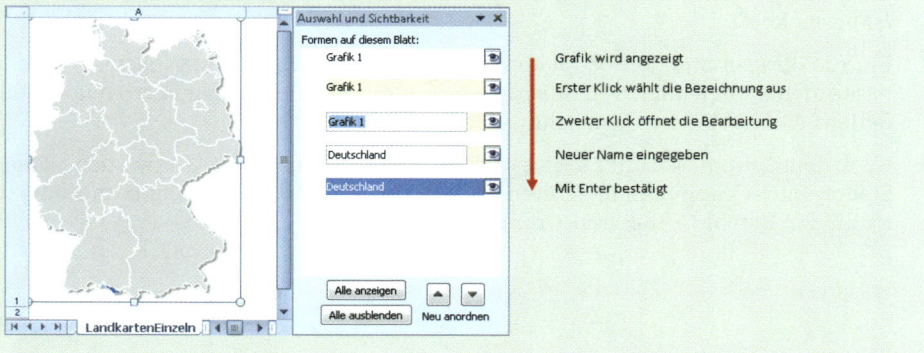

Bei Bedarf können Sie mit der Datei *Kap_10_d_Landkarte_Berlin.xlsx* weiterarbeiten. Sie finden die Landkarte auf dem Arbeitsblatt *LandkartenEinzeln*.

Die Standorte gut sichtbar präsentieren

Verwenden Sie zum Kennzeichnen der Standorte Kreise, die Sie mit einer Formatvorlage auf die richtige Optik trimmen. Die Bezeichnung der einzelnen Städte erzeugen Sie mithilfe von Textfeldern.

1. Zeichnen Sie über *Einfügen/Illustrationen/Formen/Standardformen/Ellipse* mit gedrückter ⇧-Taste einen Kreis.

Die meisten Formen erhalten durch Drücken der ⇧-Taste beim Zeichnen oder später bei der Größenänderung die gleiche Höhe und Breite. Wenn Sie also beim Zeichnen einer Ellipse die ⇧-Taste gedrückt halten, erzeugen Sie ohne Umwege einen Kreis. Ziehen Sie ein Rechteck auf, erhalten Sie mit der gleichen Technik ein Quadrat. Wichtig ist, dass Sie am Ende zuerst die Maustaste und erst dann die ⇧-Taste loslassen.

2. Stellen Sie Höhe und Breite des Kreises auf ca. 0,5 cm ein – im Beispiel wurden 0,46 cm verwendet. Über *Zeichentools/Format/Formenarten* weisen Sie dem Kreis anschließend eine der vordefinierten Formenarten zu.

Damit die einzelnen Standorte auf der Landkarte deutlich erkennbar sind, empfiehlt sich die Auswahl einer Formenartvariante mit deutlichem Kontrast zwischen Kreis und Landkarte. Wählen Sie im Katalog *Formenarten* beispielsweise *Intensiver Effekt – Dunkelblau, Akzent 2*.

3. Positionieren Sie den Kreis auf der Landkarte dort, wo Berlin liegt.
4. Erstellen Sie über *Einfügen/Text/Textfeld* ein Textfeld, in das Sie Berlin eintragen.
5. Stellen Sie den *Fülleffekt* des Textfeldes auf *Keine Füllung* und positionieren Sie das Textfeld in der Nähe des erzeugten Kreises für Berlin.
6. Vergeben Sie im Aufgabenbereich *Auswahl und Sichtbarkeit* eindeutige Namen für die beiden neuen Elemente (im Beispiel wurden die kugelähnlichen Kreise als Bullet bezeichnet).
7. Für die übrigen Standorte kopieren Sie die beiden Elemente und fügen sie an den passenden Stellen auf der Landkarte ein. Ändern Sie die Städtenamen in den Textfeldern und auch deren Bezeichnungen im Aufgabenbereich.
8. Nach dem Gruppieren aller Kreise und Textfelder geben Sie der Gruppe den Namen Städte. Zum Gruppieren markieren Sie alle Objekte und wählen dann im Kontextmenü den Befehl *Gruppieren/Gruppieren*.

Abbildung 10.7 Die benannten und gruppierten Elemente werden zur Gruppe *Städte* zusammengefasst

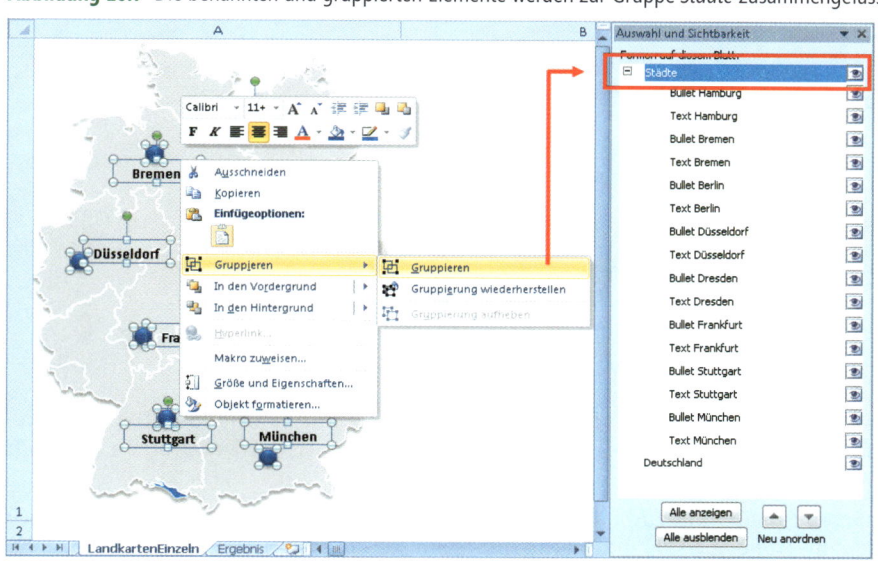

Halten Sie sich mit der Positionierung der einzelnen Standorte nicht zu lange auf. Bei der Arbeit mit der fertigen Standortanalyse wird niemand die Position einer einzelnen Stadt auf dem Bildschirm nachmessen. Die grundsätzliche geografische Einordnung reicht meist völlig aus.

Die Landkarte mit allen Städten finden Sie in der Datei *Kap_10_e_Städte.xlsx* auf dem Arbeitsblatt *LandkartenEinzeln*.

Eine attraktive Präsentationsfläche aufbauen

Wird mittels *Datenschnitt* ein Standort ausgewählt, soll er sich auf der Landkarte von den anderen Standorten deutlich unterscheiden. Hierfür benötigen Sie einen andersfarbigen Bullet-Kreis und einen etwas größeren Kreis drum herum.

Beachten Sie beim Nachvollziehen der folgenden Schritte auch die Vorgehensweise in Abbildung 10.8.

1. Zeichnen Sie einen neuen Kreis und formatieren Sie ihn mit einer halbtransparenten weißen Füllung.
2. Duplizieren Sie einen bereits vorhandenen Bullet-Kreis und färben Sie ihn *orange*.
3. Damit die Kreise exakt den gleichen Mittelpunkt haben, markieren Sie beide Kreise und zentrieren sie sowohl horizontal als auch vertikal.
4. Gruppieren Sie die Elemente und geben Sie der Gruppe einen eindeutigen Namen.

Abbildung 10.8 Die gruppierte Standorthervorhebung wird aus einem halbtransparenten Kreis und einem andersfarbigen Bullet gebildet

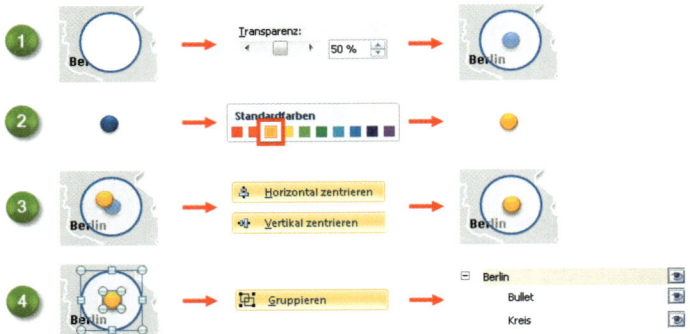

Für die Darstellung der Plan- und Istwerte je Standort und Jahr ist der Einbau weiterer Elemente erforderlich, in denen die Zahlen präsentiert werden. Nutzen Sie auch hierzu wieder Formen.

1. Zeichnen Sie ein *abgerundetes Rechteck* und legen Sie über *Zeichentools/Format/Größe* die *Höhe* auf *1,9 cm* und die *Breite* auf *3,2 cm* fest. Stellen Sie auf derselben Registerkarte die Farbe für den *Fülleffekt* auf *Weiß*.

2. Zeichnen Sie eine Linie mit einer Länge von *3,2 cm*.

3. Fügen Sie fünf Textfelder für die Beschriftung der Werte ein und formatieren Sie die Textfelder – mit Ausnahme des ersten – *rechtsbündig*.

> Wenn die Textfelder nicht exakt positioniert werden, überdecken sie möglicherweise die Ränder des abgerundeten Rechtecks. Stellen Sie deshalb den *Fülleffekt* bei den Textfeldern auf *Keine Füllung*. Überlappungen werden damit unsichtbar.

4. Tragen Sie in das erste Textfeld Berlin ein und in die anderen die Begriffe Plan:, Ist:, Planwert und Istwert.

5. Positionieren Sie die Elemente – wie im rechten Teil der Abbildung 10.9 zu sehen – und gruppieren Sie sie.

6. Schieben Sie die gesamte Gruppe zum Standort Berlin, sodass die bereits vorhandene Standortbeschriftung vollständig verdeckt wird.

Abbildung 10.9 Textfelder, Linie und Rechteck werden zu einer Präsentationsfläche für die Standortdaten

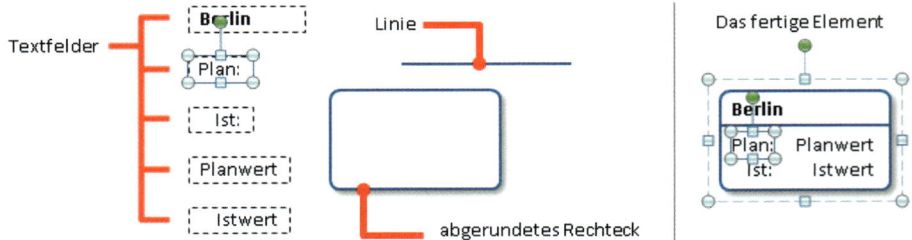

Die Textfelder mit den Standortergebnissen füllen

Die Standortwerte für Berlin haben Sie bereits auf dem Arbeitsblatt *Berechnungen* ermittelt. Zur Darstellung dieser Werte auf der Landkarte verknüpfen Sie die Textfelder nun mit den berechneten Plan- und Istwerten.

1. Wählen Sie das Textfeld für den Planwert aus. Klicken Sie hierfür zweimal hintereinander auf das Textfeld (mit dem ersten Klick wählen Sie die gesamte Gruppe aus, der zweite Klick aktiviert das in der Gruppe verankerte Textfeld).

2. Klicken Sie in die Bearbeitungsleiste. Geben Sie dort =Berechnungen!F16 ein und schließen Sie die Formel durch Drücken der Taste ↵ ab.

> Wenn Sie die Formel direkt als Text in das Textfeld eintippen, erscheint nur =Berechnungen!F16 als Text. Geben Sie hingegen die Formel in der Bearbeitungsleiste ein, wird in dem Textfeld der Wert aus der angegebenen Zelle angezeigt.

3. Wiederholen Sie den Vorgang mit dem Feld für den Istwert. Der Verweis lautet diesmal =Berechnungen!G16.

Abbildung 10.10 Einige Textfelder des Standorts beziehen ihre Daten aus dem Tabellenblatt *Berechnungen*

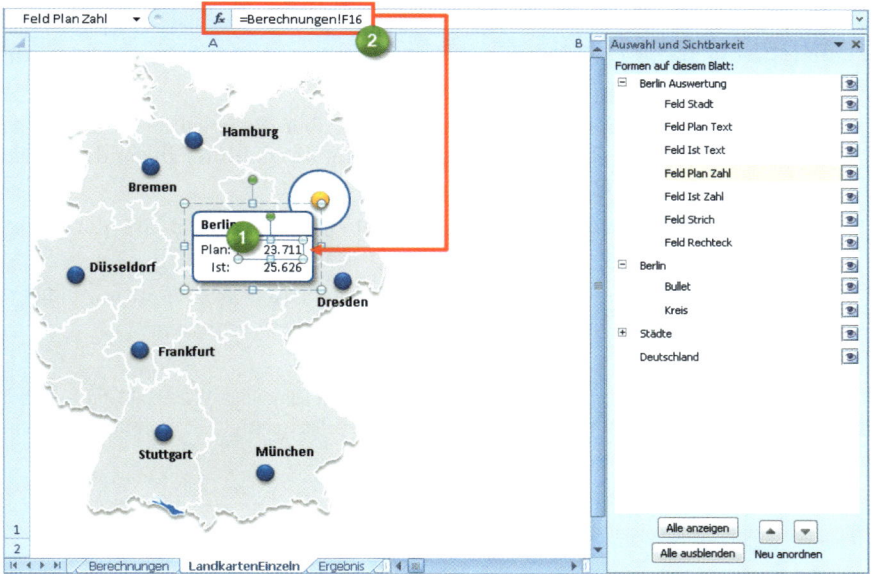

> Wechseln Sie zu der Datei *Kap_10_f_Standort_Berlin.xlsx*. Die verknüpften Textfelder für Berlin sind dort auf dem Arbeitsblatt *LandkartenEinzeln* zu finden.

Schnell ans Ziel: Kopieren – positionieren – fertig!

Für den ersten Standort *Berlin* sind alle Vorbereitungen getroffen:

- Die Landkarte mit den Städten ist erstellt.
- Der Standort selbst ist mit einem orangefarbenen Bullet hervorgehoben.
- Die korrekten Zahlen werden durch zwei Verknüpfungen in den vorbereiteten Textfeldern angezeigt.

Erstellen Sie für die restlichen sieben Standorte ebenfalls Landkarten mit hervorgehobenem Standort und angepassten Verknüpfungen.

1. Markieren Sie alle Elemente der Berliner Karte in Zelle *A1*.

> Am einfachsten können Sie Grafiken und Formen in Excel mit dem Aufgabenbereich *Auswahl und Sichtbarkeit* markieren.
>
> Klicken Sie auf eine beliebige Form im Aufgabenbereich und drücken Sie [Strg]+[A], um alle vorhandenen Formen zu markieren.
>
> Mehrere Formen können problemlos bei gedrückter Taste [Strg] mit einem Mausklick auf den Namen der Form ausgewählt werden. An dieser Stelle zahlt es sich aus, wenn alle Formen einen »sprechenden« Namen erhalten haben oder zu eindeutigen Gruppen zusammengefasst wurden.

2. Halten Sie die Tasten [Strg]+[Alt] gedrückt und kopieren Sie die Elemente durch Ziehen mit der Maus nach rechts in die Zellen *B1:H1*.

3. Schieben Sie die orangefarbenen Standortbullets über die jeweiligen Standorte (die Standortnamen sind in Zeile *3* aufgeführt). Ohne die dahinter liegende Landkarte wäre eine Positionierung nicht möglich.

4. Verschieben Sie die Präsentationsflächen mit den Werten, sodass der jeweilige Standortname überdeckt wird.

5. Passen Sie die Verknüpfungen für die Plan- und Istwerte an und verweisen Sie dabei auf die Zellen *F17:G23* auf dem Arbeitsblatt *Berechnungen*.

> In der Datei *Kap_10_g_Standorte_komplett.xlsx* sind alle Landkarten aufgeführt. Wie Abbildung 10.11 zeigt, wird die Auswahl bestimmter Formen zum Kinderspiel, wenn sie konsequent mit »sprechenden« Namen versehen wurden.

Abbildung 10.11 Bei korrekter Benennung sind die Formen im Aufgabenbereich *Auswahl und Sichtbarkeit* leicht zu unterscheiden

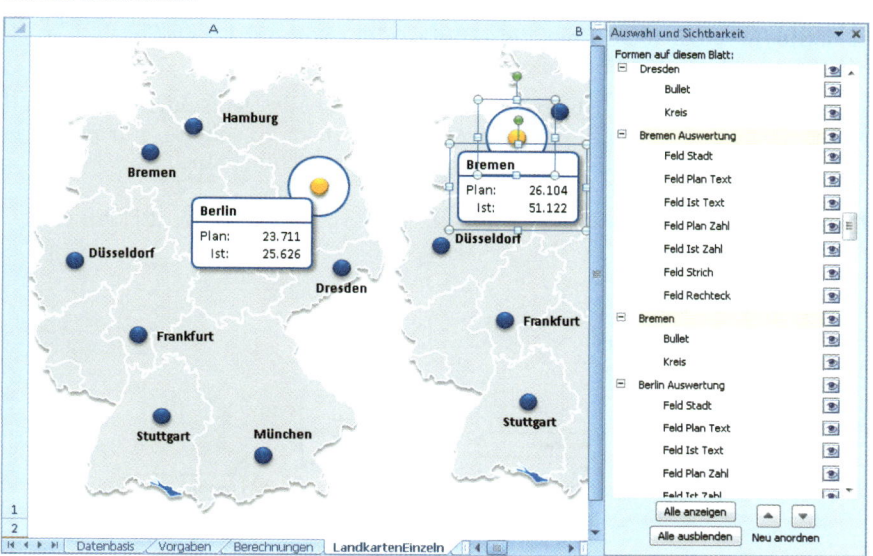

Wie in Abbildung 10.11 zu sehen, überdeckt die weiße Präsentationsfläche *Bremen Auswertung* teilweise die Standortkreise *Bremen*. Die Präsentationsfläche liegt dementsprechend eine Ebene vor den Kreisen.

Die Ebenenreihenfolge können Sie allerdings auch im Aufgabenbereich *Auswahl und Sichtbarkeit* erkennen. Die Gruppe *Bremen Auswertung* steht dort oberhalb und damit eine Ebene vor der Gruppe *Bremen*. Die Reihenfolge der Elemente im Auswahlbereich bestimmt deren Ebenenreihenfolge.

Die Ebenenreihenfolge können Sie über die beiden Pfeiltasten am unteren Ende des Aufgabenbereichs komfortabel ändern. Das geht schneller und vor allem eindeutiger als über das Kontextmenü des jeweiligen Elements.

Die Performance steigern und überflüssigen Ballast löschen

Alle Grafiken und Formen innerhalb einer Datei vergrößern das Dateivolumen. Bei sehr großen Dateien wird unter Umständen sogar die Geschwindigkeit beim Durchführen von Berechnungen beeinflusst. Eine Reduktion auf die wirklich notwendigen Elemente ist daher angebracht.

In der Lösung soll jeweils ein Standort – je nach Auswahl über den *Datenschnitt* – hervorgehoben und mit den passenden Zahlen angezeigt werden. Die dahinter liegende Deutschlandkarte bleibt in allen Fällen die gleiche. Die einmalige Anzeige der Deutschlandkarte auf dem Arbeitsblatt *Ergebnis* ist daher vollkommen ausreichend. Bei den einzelnen Standorten kann die dahinter liegende Deutschlandkarte inklusive der blauen Städte gelöscht werden.

1. Markieren Sie auf dem Arbeitsblatt *LandkartenEinzeln* eine Deutschlandkarte mit den zugehörigen Städten und kopieren Sie die Elemente mit [Strg]+[C].
2. Klicken Sie im Arbeitsblatt *Ergebnis* auf die Zelle *C5* und drücken Sie [Strg]+[V], um die Karte mit den Städten einzufügen.
3. Löschen Sie auf dem Arbeitsblatt *LandkartenEinzeln* alle Deutschlandkarten und alle blauen Standorte, sodass – wie in Abbildung 10.12 zu sehen – nur noch die jeweiligen Standorte mit ihren Zahlenbeschriftungen sichtbar sind.

Abbildung 10.12 Nach der Positionierung können die Landkarten gelöscht werden, übrig bleiben die einzelnen Standorte

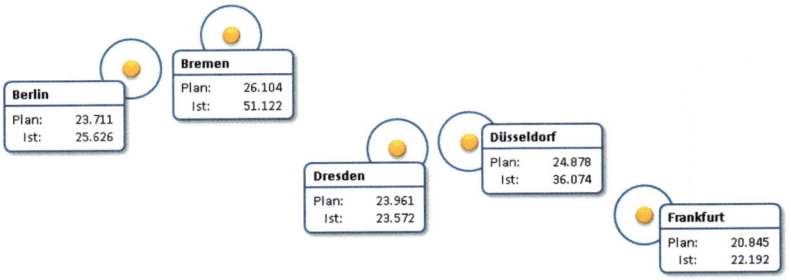

Auf dem Arbeitsblatt *Ergebnis* sind bereits alle Zeilenhöhen und Spaltenbreiten für das Beispiel optimiert. Außerdem sind einige Zellen in Bezug auf Schriftfarbe, Ausrichtung etc. vorformatiert. Weitere Anpassungen sind nicht notwendig.

Die Landkarte mit allen Städten ist nach den obigen Schritten nur noch einmal in der Datei vorhanden – auf dem *Ergebnis*-Blatt. Den aktuellen Stand finden Sie in der Datei *Kap_10_h_Standorte_ohne Ballast.xlsx*.

Interaktiv und kompakt: Standortkennzahlen übersichtlich darstellen

Die für den Plan-Ist-Vergleich benötigten Elemente haben Sie damit alle zusammen:

- die Landkarte mit allen Standorten,
- die einzelnen Standorte mit den richtigen Plan- und Istwerten und
- den Datenschnitt zur Auswahl eines Standorts.

Sorgen Sie im nächsten Schritt dafür, dass

- Standort- und Jahresauswahl auf dem Ergebnisblatt möglich sind,
- die Landkarte automatisch mit dem ausgewählten Standort angezeigt wird und
- weitere Details zum gewählten Standort in einer Infobox angezeigt werden.

Interaktion für Entscheider: Eine komfortabel zu bedienende Steuerzentrale einbauen

Übertragen Sie den Datenschnitt zur Beeinflussung der Pivot-Tabelle auf das *Ergebnis*-Blatt. Die Verbindung zur Pivot-Tabelle verliert er dadurch nicht.

1. Markieren Sie den Datenschnitt auf dem Arbeitsblatt *Berechnungen* und schneiden Sie ihn mit [Strg]+[X] aus.
2. Klicken Sie auf dem Arbeitsblatt *Ergebnis* auf die Zelle *E7* und fügen Sie den *Datenschnitt* mit der Tastenkombination [Strg]+[V] an dieser Stelle ein.
3. Vergrößern Sie den Datenschnitt mit der Maus bei gedrückter [Alt]-Taste bis zur Zelle *G13*.

Sie können die Funktionsfähigkeit sofort überprüfen: Sobald Sie eine Stadt im Datenschnitt anklicken, ändern sich die Pivot-Tabelle und auch die Auswertungszelle *C15* auf dem Blatt *Berechnungen*.

In die Zelle *C16* auf dem Arbeitsblatt *Berechnungen* wurde eine Jahreszahl fest eingetragen. Diese Jahreszahl soll ebenso wie der Datenschnitt über die Steuerzentrale leicht änderbar sein.

1. Fügen Sie über *Entwicklertools/Steuerelemente/Einfügen/Formularsteuerelemente/Drehfeld* ein *Drehfeld* ein und positionieren Sie es bei gedrückter [Alt]-Taste exakt über den Zellen *J11:J12*.
2. Klicken Sie mit der rechten Maustaste auf das Drehfeld und wählen Sie im Kontextmenü den Eintrag *Steuerelement formatieren*.
3. Legen Sie als Minimalwert 2008, als Maximalwert 2012 und als Zellverknüpfung die Zelle *J9* fest und bestätigen Sie mit *OK*.
4. Wechseln Sie zum Arbeitsblatt *Berechnungen* und geben Sie in der Zelle *C16* die Formel =Ergebnis!$J$9 ein.

Abbildung 10.13 zeigt, wie sich Änderungen in der Steuerzentrale auswirken. Die Auswahl einer Stadt im Datenschnitt (1) bewirkt eine Anpassung in der Pivot-Tabelle (2), deren Ergebnis in Zelle *C15* (3) wiederholt wird. Eine Änderung der Jahreszahl über das Drehfeld (4) bewirkt eine Änderung der Anzeige in der Steuerzentrale (5) und wird von Zelle *C16* (6) aufgenommen. Die Zellwerte werden bei der Berechnung der Plan- und Istwerte (7) berücksichtigt und fließen abschließend in die Präsentationsflächen (8) der einzelnen Standorte.

Abbildung 10.13 Mit Datenschnitt und Drehfeld werden Stadt- und Jahresauswahl gesteuert

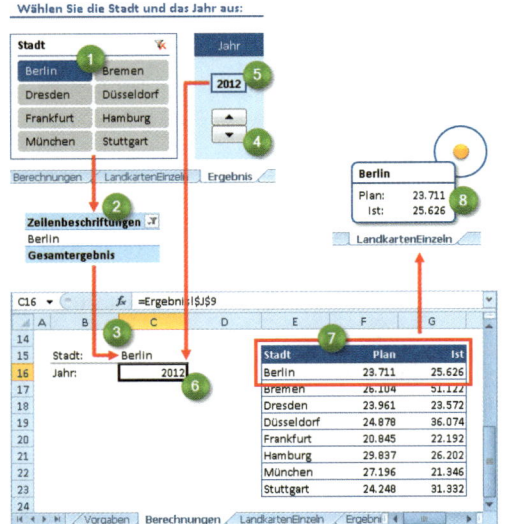

Damit das richtige Bild zum ausgewählten Standort kommt

Interaktiv wird das Beispiel erst, wenn sich nach einem Klick auf den *Datenschnitt* auf der Landkarte der ausgewählte Standort zeigt. Hierzu müssen die Standortgrafiken aus dem Blatt *LandkartenEinzeln* über die Landkarte gelegt werden. Realisieren Sie diesen Bildtransfer mit einer Grafik, die über einen Namen auf den Inhalt anderer Zellen zugreift.

1. Erzeugen Sie – wie in Abbildung 10.14 gezeigt – über *Formeln/Definierte Namen/Namens-Manager* einen neuen Namen (1) mit der Bezeichnung *Stadtauswahl* (2).

2. Geben Sie im Feld *Bezieht sich auf* (3) die Formel =INDIREKT(Berechnungen!$C$15) ein und schließen Sie beide Dialogfelder.

Abbildung 10.14 Über den Namens-Manager wird die Formel mit dem Namen verknüpft

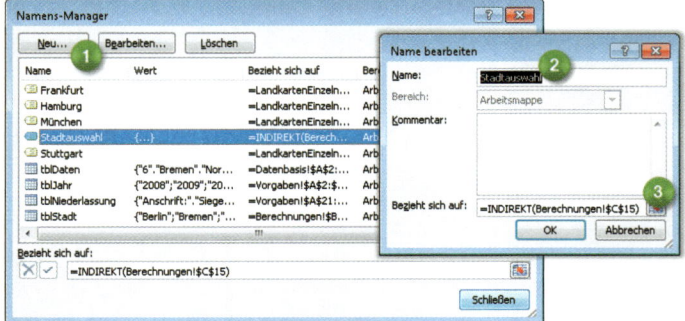

Interaktiv und kompakt: Standortkennzahlen übersichtlich darstellen

Auf dem Arbeitsblatt *Berechnungen* steht in der Zelle *C15* – je nach Auswahl im Datenschnitt – einer der Städtenamen. Den Zellen *A1:H1* auf dem Arbeitsblatt *LandkartenEinzeln* wurden die Städtenamen im Vorfeld bereits als Bereichsnamen zugewiesen.

Die Funktion INDIREKT wertet den in *C15* stehenden Begriff als Bezug aus und liefert damit den Verweis auf die Zelle, in der die zum Standort gehörenden Kreise und Zahlen stehen.

3. Wählen Sie auf dem Arbeitsblatt *Ergebnis* die Zelle *C5* aus. Fügen Sie dort über *Einfügen/Illustrationen/Grafik* eine beliebige Grafik ein. Damit Sie die Grafik später eindeutig identifizieren können, geben Sie ihr im *Namenfeld* links neben der Bearbeitungsleiste den Namen `Bildtransfer`.
4. Klicken Sie in die Bearbeitungsleiste, geben Sie `=Stadtauswahl` ein und bestätigen Sie Ihre Eingabe mit ⏎.

Abbildung 10.15 zeigt die eingefügte Grafik vor und nach der Zuweisung des Namens *Stadtauswahl*.

Abbildung 10.15 Die Grafik erhält auf Basis des Namens *Stadtauswahl* einen neuen Inhalt

Die Bildverknüpfung zeigt alles an, was zur verknüpften Zelle gehört. Dazu zählen nicht nur die Elemente innerhalb der Zelle, sondern auch die zur Zelle gehörenden *Gitternetzlinien*. Diese sollen jedoch nicht mit auf das Ergebnis übertragen werden.

Deaktivieren Sie deshalb für das Blatt *LandkartenEinzeln* auf der Registerkarte *Ansicht* in der Gruppe *Anzeigen* das Kontrollkästchen *Gitternetzlinien*. (In Kapitel 1 können Sie nachlesen, wie Sie das Ein- und Ausschalten der Gitternetzlinien mit nur einem Klick in die Symbolleiste für den Schnellzugriff erledigen.)

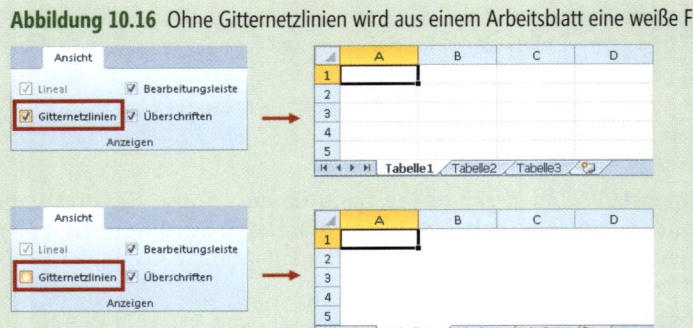

Abbildung 10.16 Ohne Gitternetzlinien wird aus einem Arbeitsblatt eine weiße Fläche

Achten Sie in diesem Zusammenhang auch darauf, dass die Zellen mit den Standortgrafiken keine Füllfarbe besitzen, da ansonsten auch die Zellfarbe mit übertragen wird.

Die Auswahl eines Standorts im Datenschnitt hat jetzt zur Folge, dass die über der Landkarte liegende Grafik die richtigen Standortkreise mit den passenden Werten anzeigt. Bei jeder Änderung im Datenschnitt wandert die Standortgrafik wie von Geisterhand über die Landkarte. Perfekt!

> Die mit dem Namen *Stadtauswahl* verknüpfte Grafik können Sie in der Datei *Kap_10_j_Bildverknüpfung.xlsx* auf dem Arbeitsblatt *Ergebnis* durch Anklicken des Datenschnitts aktualisieren.

Weitere Informationen in einer Infobox übersichtlich zusammenfassen

Sorgen Sie nun dafür, dass allgemeine Informationen zu den einzelnen Standorten angezeigt werden. Auf dem Arbeitsblatt *Vorgaben* finden Sie die Daten, die passend zum ausgewählten Standort eingeblendet werden können.

1. Klicken Sie auf dem Arbeitsblatt *Ergebnis* Zelle *F16* an. Geben Sie die Formel =″Niederlassung_″&Berechnungen!C15 ein (wobei _ hier lediglich zur eindeutigen Kennzeichnung des einzugebenden Leerzeichens steht).

2. Zum Ermitteln der Standortstraße verwenden Sie in Zelle *G18* die Formel =WVERWEIS(Berechnungen!$C$15;vNiederlassung;2;FALSCH).

    - Die Formel vergleicht den ausgewählten Wert aus der Zelle *Berechnungen!$C$15* (z.B. Berlin) mit den Werten der ersten Zeile des benannten Zellbereichs *vNiederlassung*,

    - gibt anschließend den passenden Eintrag aus der zweiten Zeile der Tabelle zurück und

    - sorgt mit dem Argument *FALSCH* dafür, dass nur bei einer exakten Übereinstimmung des Standortnamens ein Wert zurückgegeben wird.

3. Kopieren Sie die Formel nach unten in die Felder hinter den bereits vorhandenen Bezeichnern und passen Sie die Angabe des *Zeilenindex* – wie in Abbildung 10.17 zu sehen – an.

Abbildung 10.17 Mit WVERWEIS werden die benötigten Informationen zeilenweise ausgelesen

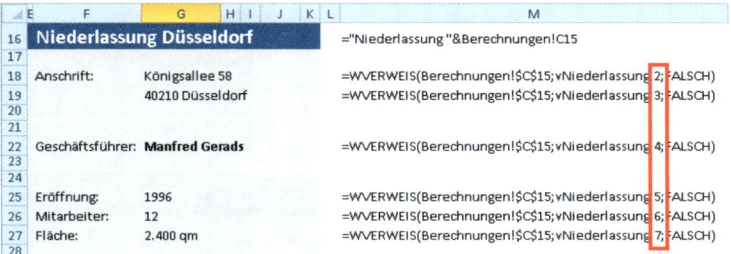

Fügen Sie zum Abschluss noch ein Rechteck ein und positionieren Sie es mithilfe der [Alt]-Taste über dem Zellbereich *B2:L30*. Mit den in Abbildung 10.18 gezeigten Einstellungen erzeugen Sie um das Rechteck einen Schattenrahmen, der alle Elemente umfasst.

Abbildung 10.18 Die Einstellungen für den Rahmen: dank weißer Formkontur ohne Füllfarbe einen Schatten erzeugen

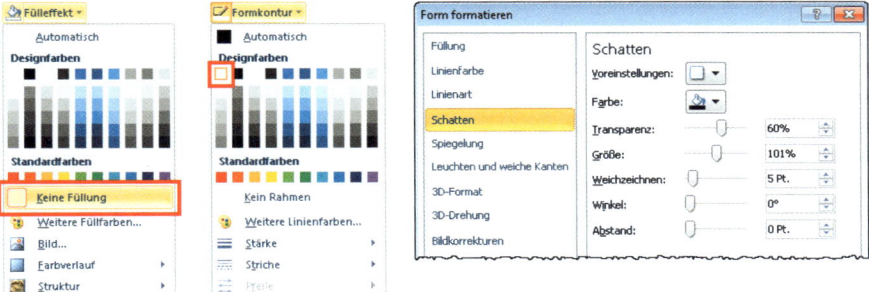

Ein vollflächig gefülltes Rechteck würde Teile des Ergebnisses überdecken. Selbst wenn Sie das Rechteck in den Hintergrund setzen, würde die Infobox nicht mehr sichtbar sein. Der Grund: Ein Zeichenelement kann nicht hinter eine Zelle gesetzt werden. Das Rechteck darf deshalb nicht vollflächig mit Weiß gefüllt sein. Ohne Füllung ist jedoch auch kein Schatten sichtbar.

Weisen Sie dem Rechteck deshalb eine weiße Formkontur zu. Diese Formkontur ist zwar nicht zu sehen, führt aber dazu, dass der Schatten angezeigt wird.

Die in Abbildung 10.19 gezeigte Lösung finden Sie in der Datei *Kap_10_k_Infobox.xlsx* auf dem Arbeitsblatt *Ergebnis*.

Abbildung 10.19 Mit einer Steuerzentrale die Landkarte verändern: Excel macht's möglich

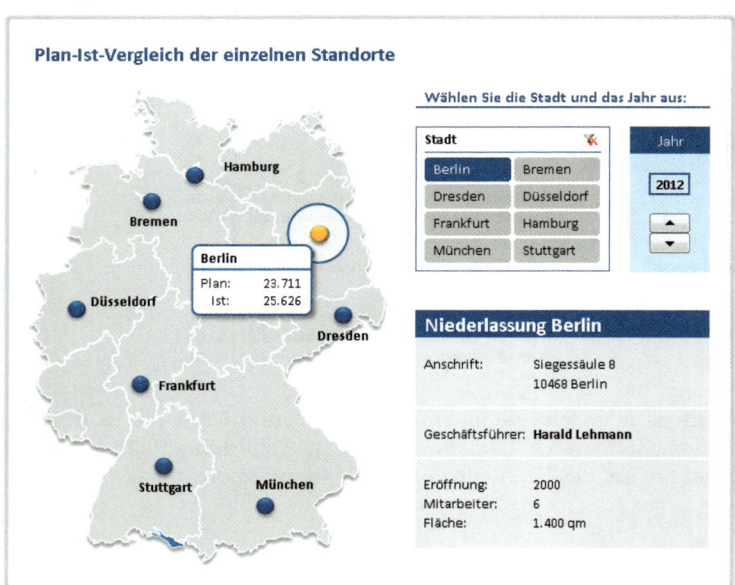

Stichwortverzeichnis

Stichwortverzeichnis

Symbole

& zum Verketten mehrerer Inhalte 69
3D-Wirkung 115
1000er-Trennzeichen 202
    in Pivot-Tabelle 242

A

A1-Schreibweise 199
Abstände *siehe* Tabellengestaltung
Achse
    Anzeigeeinheit 214
    Formatcode 104, 105
    formatieren 104, 136
    Optionen 104, 214
    Reihenfolge umkehren 136, 245
    Skalierung 233
    vertikal primär 104
Achsenbeschriftung, dynamische 224
Achsenoptionen
    Abstandsbreite 246
    horizontale Achse schneidet bei größter Rubrik 246
    Kategorien in umgekehrter Reihenfolge 245
Alternierende Zeilenfarbe mit bedingter Formatierung 27
Alt-Taste, Objekte am Gitternetz ausrichten 283, 287
Ampeln
    mit eigenen Schablonen 91
    mithilfe der bedingten Formatierung 76
Ampelschablone als PNG-Grafik 95
Arbeitsblatt
    Seitenausrichtung 253
    umbenennen 251
    umsortieren 251
Arbeitsmappenübersicht *siehe* Deckblatt
ARBEITSTAG-Funktion 131
ARBEITSTAG.INTL-Funktion 133
Arbeits- und Kalendertage 134
Aufgabenbereich Auswahl und Sichtbarkeit 109, 275, 280
Ausfüllkästchen 100
    ziehen mit Strg 103
Ausschneiden mit Strg+X 283
Auswahlliste mit Datenüberprüfung 172
Auto-Ausfülloptionen 132

B

Balkendiagramm 130, 136
    gestapeltes 130
Bedingte Formatierung 143, 204
    Aktuelle Auswahl 178
    Ampel anpassen 78
    Ampeln zuweisen 76
    Dieses Arbeitsblatt 178
    eigene Regel definieren 86
    erweitern 181
    Farbe festlegen 204
    Formel eingeben 204
    für abwechselnde Zeilenfarbe 27
    für Feiertage 173, 175
    für Prioritäten 178
    für Wochenendtage 165
    Grenzen für Ampeln 91
    Harvey Balls für Fortschrittsanzeige 86
    Manager für Regeln 144
    mit Ampelschablonen kombinieren 91
    mit WENN-Funktion 83, 85
    Rahmen einstellen 205
    Regel löschen 80
    Regel-Manager 176, 205
    Reihenfolge umstellen 176
    rotes Warnsymbol 83
    Trendsymbole nutzen 84
    vorgefertigte Regel anpassen 78
Benutzerdefiniert
    Datumsformat 133
    Zahlenformat 133, 134
Benutzerhilfe durch Zellkommentar 172
Berechnung mit mehreren Bedingungen 194
Bereichsnamen 83, 171
BEREICH.VERSCHIEBEN-Funktion 218, 224, 225
    Spaltenversatz 226
Berichtsfilter 260
Bewegliche Tachonadel 125
Bildtransfer 284
Budgetauslastung per Ampel zeigen 76
Bundesland auswählen 169

C

Cockpit
    Steuerelemente 120
    Tachografik einfügen 123
    Tachonadel 125
    zusätzliche Informationen einblenden 124

D

Dashboard 238
    einzelne Bereiche festlegen 254
    Skizze 254
Dateigröße verringern 281
Daten
    auf Landkarte darstellen 274
    ausgeblendete anzeigen 234
    auswählen 234
    Präsentationsfläche 270
    verketten 69

Stichwortverzeichnis

Datenauswahl
   per Drehfeld 120, 192
   per Kombinationsfeld 99
   per Kontrollkästchen 187, 193
Datenbereich
   als Tabelle formatieren 239
   verschieben 146
Datenbeschriftung
   formatieren 248
   hinzufügen 248
Datenpunkt auswählen 211
Datenreihe
   auswählen 211
   bearbeiten 229
   dynamische 228
   Füllung 212
   verschwinden lassen 140
Datenschnitt 260, 272
   anpassen und ausrichten 262
   einfügen 261
   formatieren 272
   Formatvorlage duplizieren 263
   Formatvorlage formatieren 264
   Formatvorlage zuweisen 264
   kopieren 262
   mit Pivot-Tabelle verbinden 266
Datenüberprüfung
   Liste 172
   Name als Quelle 172
Daten verknüpfen, Objekte mit Zellen 68, 69
Datum
   formatieren 133
   in Zahl umwandeln 138
DATUM-Funktion 165
Deckblatt 56
Diagramm
   Abstandsbreite von Balken 246
   Achsen anpassen 213
   anzeigen trotz ausgeblendeter Werte 157, 234
   auf Zelle positionieren 255
   ausgeblendete Werte 157
   aus Namen aufbauen 227
   aus Pivot-Tabelle erstellen 240
   ausrichten 139
   ausrichten mit Alt-Taste 140
   Balkenabstand ändern 154
   Balkendiagramm 136
   Daten ausblenden 113
   Daten auswählen 110, 228
   Datenbereich verschieben 146
   Datenbeschriftungen 231
   Datenbeschriftungen formatieren 231
   Datengrundlage 222
   Datenpunktauswahl 211
   Datenreihenauswahl 211
   eindeutig kennzeichnen im Aufgabenbereich 109
   Elemente löschen 104, 141, 213
   flexibler Datenbereich 223
   Fokusrahmen 153
   Formatvorlagen 257
   gestapeltes Säulendiagramm 99, 223
   Gitternetzlinien 137
   Hilfsdaten ausblenden 157
   im Aufgabenbereich umbenennen 109
   in vertrauter Form 119
   kopieren 255
   kopieren mit Strg 110
   Liniendiagramm 99
   Lücken 223
   Marker 99
   mit grafischen Elementen 123
   mit Maus ausrichten 140
   neue Daten zuweisen 110
   optimieren 104
   optische Täuschung 210
   optisch verbinden 111
   positionieren 107, 139, 213
   positionieren mit Alt-Taste 256
   positionieren mit Strg-Taste 111, 154
   Reihenfolge umkehren 136
   Reihenoptionen 154
   Rubrikenbeschriftung 153
   Säulen verbreitern 108
   Schrift anpassen 141
   Spitzenreiter erkennen 249
   Titel 214
   trotz ausgeblendeter Daten anzeigen 113
   Typ ändern 111
   verschieben 154
   verschieben mit Umschalt 108, 110
   Zeichnungsfläche 147
   Zellbereiche mit Daten ausblenden 157
   zusammenführen 255
Diagrammbereich 147
   an Zellen ausrichten 108
   positionieren mit Alt 108
Diagrammformatvorlagen 257
Diagrammmarker 110
Drehfeld
   einfügen 192
   Ober- und Untergrenze 191
Druckbereich festlegen 233
Druckformat 252
Dynamische Achsenbeschriftung 224
Dynamische Datenreihe 228
Dynamische Inhalte
   Objekt mit einer Zelle verknüpfen 68
   Objekt mit mehreren Zellen verknüpfen 69
Dynamische Jahresauswahl per Drehfeld 192, 283
Dynamischer Fokus 148
Dynamische Standortauswahl 186, 206
   per Datenschnitt 272
   per Kontrollkästchen 186
Dynamisches Säulendiagramm 206

E

Ebenenreihenfolge 281
Eckige Klammer 196
Einfügen mit Strg+V 282
Einfügeoptionen 80
Eingabe in mehrere Zellen zugleich mit
    Strg+Eingabe 80, 81, 83, 85
Einzelne Bereiche zu einer Einheit formen 117
Energieverbrauch 270
Entwicklertools-Registerkarte 101
    einblenden 149
Entwicklung
    mit farbigen Symbolen zeigen 84
    mit Trendsymbolen zeigen 84
Erfolgskontrolle mit Tachometer 119
Erfüllungsstand per Symbol zeigen 86
Excel-Vorlage
    anlegen und nutzen 47
    Pfad 47
Extremwerte hervorheben 204

F

Fall oder Fälle
    Beschriftung per Zahlenformat 40
Farben *siehe* Tabellengestaltung
Farbverlauf, Richtung 107
Farbverlaufstopps 106
Farbwert ermitteln 265
Fehleingaben
    verhindern 172
    vermeiden durch Steuerelemente 120
Fehlerquote 100, 270
    berechnen mit MITTELWERTWENN 102
    überwachen 82
Fehler, #WERT! 225
Feiertag
    anzeigen 169
    Datum suchen 174
    ermitteln 169
    hervorheben 173
    Ostersonntag 170
Feldliste
    lösen 241
    verankern 241
Feldschaltflächen 244
Fertigungsmenge 270
Fokus, dynamischer 148
Fokusrahmen
    Diagramm aufbauen 153
    Werte ermitteln 152
Form
    Ebenenreihenfolge ändern 281
    Formenart 276
    gruppieren 276
    halbtransparente Füllung 277
    im Auswahlbereich markieren 280
    mit Schatten anzeigen 287
Format
    bedingtes 143
    benutzerdefiniertes 143
    Datumsformat 133
    Zahlenformat 133, 202
Formatcodes 34
Formatierung, bedingte 143
Formatvorlage
    bestehende Formatierung beibehalten 259
    dem Diagramm zuweisen 257
Formel
    in Bereich übernehmen 201
    in Zelle übernehmen 200
Fortschrittsanzeige mit Harvey Balls 86
Funktionen
    ARBEITSTAG 131
    ARBEITSTAG.INTL 133
    BEREICH.VERSCHIEBEN 218, 224, 225
    DATUM 165
    INDEX 121, 221
    INDIREKT 102, 174, 284
    ISTZAHL 164, 174, 177
    JAHR 165
    KALENDERWOCHE 164
    KKLEINSTE 220
    KÜRZEN 165
    MAX 180, 204, 208
    MIN 146, 161, 179, 180, 205, 208
    MITTELWERTWENN 102
    ODER 83
    REST 28
    SUMME 181
    SUMMEWENN 194
    SUMMEWENNS 194, 273
    SVERWEIS 100, 173, 273
    TEXT 70, 273
    UND 93, 161, 166, 177
    VERGLEICH 174, 273
    verschachteln 102, 152
    WENN 83, 85, 152, 161, 164, 194, 198, 219
    WENNFEHLER 220
    WOCHENTAG 164, 165
    WVERWEIS 286
    ZÄHLENWENN 225
    ZEICHEN 71
    ZEILE 28
Funktionsauswahl mit IntelliSense 194

G

Gantt-Diagramm 130
    Abweichung darstellen 144
    dynamischer Fokus 148
    neuen Datenbereich zuweisen 146
    neue Werte hinzufügen 147

Gestapeltes Säulendiagramm 207, 210, 223
Gitternetz
    bei Größenänderungen mittels Alt-Taste nutzen 283, 287
    graduelle Linie 106
Gitternetzlinien 285
    am Bildschirm schnell aus- und einblenden 23
    oberste und unterste ausblenden 106
Gliedern von Text in einer SmartArt-Grafik 60
Gliederung
    Gliederungskopf 182
    mit Hyperlinks 64
Gliederungsfunktion in Excel nachbauen 29
Grafik
    auf anderem Arbeitsblatt anzeigen 284
    auf Zelle positionieren 282
    einfügen 274
    ein- und ausblenden 275
    finden im Aufgabenbereich 275
    Höhe anpassen 274
    mit Zelle verknüpfen 284
    Schatten zuweisen 274
    umbenennen 275
Größenänderung mit Alt-Taste 283, 287
Gruppierung 181
    Anordnung umdrehen 182

H

Harvey Balls für Fortschrittsanzeige 86
Hyperlink
    Anzeige ändern 65
    einfügen 64
    nachbearbeiten 65
    QuickInfo 65

I

INDEX-Funktion 121, 221
INDIREKT-Funktion 102, 174, 284
Infobox 270
Informationen
    in Infobox darstellen 270
    zusammenfassen 124
Inhalte, dynamische 68
IntelliSense
    Funktionsauswahl 194
    Spaltenauswahl 196
    Tabellenauswahl 195
Interaktive Eingabe
    Datenschnitt 283
    Drehfeld 283
Interaktive Steuerelemente 186
ISTZAHL-Funktion 164, 174, 177

J

Jahresauswahl, dynamische 192, 283
JAHR-Funktion 165

K

Kalenderwoche 164
    Berechnung 165
    Definition 165
    nach DIN 164
KALENDERWOCHE-Funktion 164
Kamera 73
KKLEINSTE-Funktion 220
Klammer, eckige 196
Kombinationsfeld 99, 101
    Einträge festlegen 101
Kontrollkästchen
    anlegen 188
    Beschriftung entfernen 189
    Eigenschaften anpassen 189
    einfügen 188, 190
    kopieren 190
    positionieren 188
    Zellverknüpfung 189
    Zellverknüpfung anpassen 191
Kopieren
    mit Strg 103
    mit Strg+C 282
    Objekte mit Strg-Taste 280
    ohne Formatierung 132
    Zellinhalte 132
Kostenauswertung mit Symbolen 51
KÜRZEN-Funktion 165

L

Lichteffekte 99
    einsetzen 114
Licht und Schatten 117
Liniendiagramm 99
    als Markerdiagramm nutzen 111
Linksbündig per Tastenkombination 63
Lückenlose Reihe erstellen 219

M

Managementcockpit 72
Management-Dashboard 238
Manager für Regeln zur bedingten Formatierung 176
Manntage 179
    Definition 179
    für Projektschritt ermitteln 179
    für Projekttag ermitteln 180
    halbe erfassen 179

Marker 99, 110
   Grafik auswählen 112
Markerdiagramm 111
Markieren
   mit F5 204
   mit Strg+A 280
   Tabellenbereiche 204
Maschine
   Auslastung 98
   Ausschuss 98
   Status 98
Maßeinheiten
   per Zahlenformat steuern 39
   zu Werten hinzufügen 31
MAX-Funktion 180, 204, 208
Mehrfachmarkierung mit Umschalt-Taste 61
Mehrfenstertechnik 252
Menüband anpassen 101
MIN-Funktion 146, 161, 179, 180, 205, 208
Minidiagramme *siehe* Sparklines
MITTELWERTWENN-Funktion 102
Monatsauswahl mit einem Kombinationsfeld 101

N

Namen 171, 224
Namens-Manager 224, 284
Nullwerte
   ausblenden 35
   hervorheben 37

O

Objekt
   markieren 94
   mit einer Zelle verknüpfen 68
   mit mehreren Zellen verknüpfen 69
ODER-Funktion 83
Office-Design 257
Optik
   Farbverlauf 141
   Schatten 142
   Tabellen, Gestaltungstipps 18
Optik-Tuning 133
Optionsfeld 149
Orthogonales Verschieben 215

P

Performance steigern 281
PivotChart
   Achse formatieren 245
   Balkenbreite verändern 246
   Balkendiagramm 244
   Datenbeschriftung 248

Elemente ausblenden 244
Elemente löschen 245
erstellen 244
Feldschaltflächen 244
filtern mit Feldschaltflächen 244
Kategorienreihenfolge umkehren 245
Kreisdiagramm 248
mit einem Datenschnitt steuern 266
Säulendiagramm 249
sortieren mit Feldschaltflächen 244
Zahlenformat für Datenbeschriftung 242
Pivot-Diagramm *siehe* PivotChart
Pivot-Tabelle
   Abschnitt für Bereiche 241
   Abschnitt für Felder 241
   aktualisieren 267
   auf neuem Arbeitsblatt anlegen 240
   Berichtsfilter 260
   einzelne Zellen formatieren 242
   erstellen 240, 271
   Feldliste 241, 271
   filtern mit Datenschnitt 260, 272
   nur die besten Ergebnisse anzeigen 243
   Optionen 272
   Reihenfolge ändern 243
   sortieren 243
   Top-10-Filter 243
   Wertebereich 241
   Zahlenformat 242
   Zahlenformat ändern 242
   Zeilenbeschriftungen 241
PivotTable *siehe* Pivot-Tabelle
Plan-Ist-Vergleich 72, 270
PNG-Dateien 112
Präsentationsformat 252
Primärachse
   horizontal 213
   vertikal 213
Prioritäten setzen 177
Projekt
   abrechnen 179
   Abweichung 142
   Abweichung darstellen 143
   Bereiche ausblenden 180
   Datum per Formel ermitteln 161
   Einzelschritte zusammenfassen 180
   Enddatum 131
   gruppieren 181
   Gruppierung umdrehen 182
   Kosten ermitteln 179
   Manntage erfassen 179
   Mitarbeitereinsatz 179
   Startdatum 131
   Starttermin 161
   Terminverschiebung 142
   Übersicht 130

Projektabschnitte 180
Projektdarstellung *siehe* Gantt-Diagramm 130
Projektdauer
    anzeigen 161
    automatisch berechnen 160
    darstellen 168
Projektphasen 180
    bedingt formatieren 181
Projektplan 160
    außerhalb liegende Datumswerte nicht anzeigen 163
    benötigte Tage anzeigen 161
    Wochentage anzeigen 163
Projektplanung
    Arbeitstage 134
    Arbeitstage ermitteln 131
    eingesparte Zeit darstellen 144
    Kalendertage 134
    Kalendertage ermitteln 132
    Termindifferenzen 146
    visualisieren 135
    Zeitüberziehung darstellen 144
Projektschritte zusammenfassen 177, 180
Projektübersicht intelligent erstellen 160

Q

Qualitätsbereiche 103
    gestapeltes Säulendiagramm 103
    im Thermometer darstellen 103
    mit Farben kennzeichnen 105
Qualitätsgrad durch Marker kennzeichnen 110
Qualitätskontrolle 98
Qualitätssicherung mit Warnsymbol 82

R

Rahmenlinien individuell zuweisen 20
Rahmen *siehe* Tabellengestaltung
Räumliche Tiefe durch Schatten erzeugen 116
Regionaldaten auswerten 270
REST-Funktion zum Ermitteln gerader Zeilennummern 28
Rubrikenachse 136

S

Säulendiagramm
    dynamisches 206
    gestapeltes 99, 207, 210, 223
    unsichtbare Segmente 210
Schatteneffekte 99
Slicer *siehe* Datenschnitt
SmartArt-Grafik
    anlegen und anpassen 58, 66

in Einzelteile auflösen 61, 67
Tasten zum Gliedern 60
Textbereich einblenden 60
Verwendungsmöglichkeiten 57
Soll-Ist-Vergleich 72
Sonderzeichen
    in Tabellen 48
    per Alt-Taste einfügen 30, 37
Spalten ausblenden 234
Sparklines
    anlegen 88
    anpassen 89
    Höchst- und Tiefstwerte markieren 89
Standort
    aktivieren 191
    auf Landkarte darstellen 276
    auswählen per Datenschnitt 271
    Auswahl mit Kombinationsfeld 121
    deaktivieren 191
    dynamisch anzeigen 284
    ermitteln mit INDEX 221
    hervorheben 203
    Kennzahlen darstellen 282
    mit Kreis kennzeichnen 276
Standortauswahl, dynamische 186, 206, 272
Statusanzeige
    anpassen 86
    mit Harvey Balls 86
    per Ampel 76
Statusberichte, bildhaft 98
Steuerelement
    Bildlaufleiste 150
    Drehfeld 120, 192, 283
    formatieren 101
    interaktive 186
    Kombinationsfeld 99, 101, 121
    Kontrollkästchen 187
    kopieren 150
    Maximalwert 151
    Minimalwert 151
    Optionsfeld 149
    positionieren mit Alt 101
    Schrittweite 151
    Seitenwechsel 151
    Zellverknüpfung 149
Steuerzentrale 270
Strg-Taste zum schnellen Kopieren 280
Strukturierter Verweis 196
    fixieren 200
    fixieren mit INDIREKT 102
    kopieren 200
    Spaltenangabe durch eckige Klammer 196
    variabel mit INDIREKT festlegen 102
SUMME-Funktion 181
    per Tastenkombination eingeben 202
Summen mit Pivot berechnen 241

Stichwortverzeichnis

SUMMEWENN-Funktion 194
SUMMEWENNS-Funktion 194, 273
   Kriterien_Bereich 195
   Summe_Bereich 195
SVERWEIS-Funktion 100, 173, 273
Symbole und Sonderzeichen leichter finden 52
Symbolleiste für den Schnellzugriff
   optimieren 23

T

Tabelle
   Datenbereich 239
   formatieren 239
   Namen festlegen 239
   qualifizierter strukturierter Verweis 196
Tabellenbereiche markieren 204
Tabellengestaltung
   Abstände und Einzüge 24
   Leseführung erleichtern 25
   mit benutzerdefinierten Zahlenformaten 28
   mit Sonderzeichen 48
   mit Zellenformatvorlagen 41
   Rahmenlinien 20
   Regeln 19
   Tipps 18
   Werkzeuge 19
Tacho 98
   als Grafik einfügen 123
   Nadel durch Kreisdiagramm darstellen 125
   Nadel feiner darstellen 128
Tasten und Tastenkombinationen
   Alt 101, 108, 190, 213, 283, 287
   Alt+0149 30
   Alt+0150 37
   Alt+0177 48, 50
   Alt+0188 48
   Alt+0190 48
   Alt+0216 48, 49
   AltGr+2 32
   AltGr+8 196
   AltGr+9 196
   beim Gliedern in SmartArt-Grafiken 60
   F2 201, 224
   F4 197
   F5 204
   F12 47
   Mehrfachmarkierung mit Umschalt 61
   Strg 27, 29, 103, 111, 190
   Strg+1 21, 30, 32, 33, 106, 133, 202
   Strg+A 21, 280
   Strg+Alt 110, 150, 190
   Strg beim Verschieben 95
   Strg+C 282
   Strg+Eingabe 80, 83, 201, 207, 208
   Strg+K 64

   Strg+L 63
   Strg+N 48
   Strg+T 26
   Strg+Umschalt 124
   Strg+V 282
   Strg+X 283
   Tab 194
   Umschalt 108, 215, 276, 280
   Umschalt+Alt+0 202
   Umschalt beim Verschieben 95
   Umschalt+Tab 60
Tausendertrennzeichen 202
   in Pivot-Tabelle 242
Terminplanung 160
Texte gliedern
   mit Aufzählungssymbolen 30
   per Zahlenformat 29
Texte und Zahlen in einer Zelle bündig anzeigen 39
Textfeld
   mit einer Zelle verknüpfen 68
   mit Formel 279
   mit mehreren Zellen verknüpfen 69
   mit Zelle verknüpfen 279
   mit Zellverknüpfung 124
TEXT-Funktion 70, 273
Thermometer 98
   Bereiche durch Farben kennzeichnen 105
   Bestandteile 99
   Datenauswahl mit Steuerelement 101
   Daten ermitteln 99
   in Bereiche aufteilen 103
   Marker einbauen 110
   Markergrafik einfügen 112
   Qualitätsschwelle anzeigen 104
   Säule und Werte positionieren 107
Toleranzbereich 103, 104
Toleranzwerte mit ± versehen 50
Top 10 243
Trend mit farbigen Symbolen zeigen 84

U

Überschrift in Rechteckform 118
Übersicht der verfügbaren Symbole und Sonderzeichen 52
Umsätze nach Größe sortiert anzeigen 246
Umschalt-Taste, Wirkung beim Zeichnen 276
UND-Funktion 93, 161, 166, 177
Unternehmenszahlen analysieren 98

V

VERGLEICH-Funktion 174, 273
Verketten von Daten aus mehreren Zellen 69
Verknüpfen mittels Kamera 73
Verkürzte Anzeige von langen Werten 38

Verschieben
 diagonal 215
 orthogonal 215
Vertikale Primärachse 104
Verweis, strukturierter 196, 200
Visualisieren *siehe* SmartArt-Grafik
Vorlagenpfad in Office 2010 47

W

Wartungsarbeiten, Statusanzeige mit Symbolen 86
Webdings, Übersicht der verfügbaren Symbole 52
WENNFEHLER-Funktion 220
WENN-Funktion 152, 161, 164, 194, 198, 219
 kombiniert mit ODER 83
 verschachteln 152
 verschachtelt 85
Werte
 beim Ziehen nicht verändern 103
 besser lesbar machen
  mit Maßeinheiten 31
 im Millionenbereich verkürzt anzeigen 38
 in verkürzter Form anzeigen 38
Wingdings, Übersicht der verfügbaren Symbole 52
Wochenende
 hervorheben 165
 Rahmen festlegen 166
WOCHENTAG-Funktion 164, 165
Wochentag zu einem Datum anzeigen 41
WVERWEIS-Funktion 286

X

XLSTART-Ordner
 Pfad 47

Z

Zahlenformat 202
 1000er-Trennzeichen 202
 Aufbau 33
 benutzerdefiniertes 28, 29, 30, 32, 133, 134, 249
 die eckigen Klammern nutzen 40
 Einsatzgebiete 33
 Formatcodes 34, 250
 für Maßeinheiten 32
 je nach Wert steuern 40
 mit Aufzählungssymbol 30
 mit Sonderzeichen 30, 37
 mit Wochentagsanzeige 41
 Platzhalter 250
 vier Abschnitte 34
 zum bündigen Anordnen von Text und Zahl 39
 zum Gliedern 29, 30
Zahlen vom rechten Rand wegrücken 25
ZÄHLENWENN-Funktion 225
Zeichenformen 99
ZEICHEN-Funktion 71
Zeichnen von Objekten mit der Umschalt-Taste 276
Zeichnungsfläche 147
ZEILE-Funktion für bedingte Formatierung 28
Zeilenfarbe automatisch alternierend
 mit bedingter Formatierung 27
Zeitachse 130
Zellbezug
 in Textfeld 279
 zusammenbauen 174
Zelle
 Aussehen je nach Wert ändern 143
 automatisch einfärben 204
 Inhalt in Grafik darstellen 284
 nicht anklickbar 204
 Randabstand 135
 Verweis mit INDIREKT 285
 Wert in Textfeld übertragen 124
Zellenformatvorlagen
 anpassen 43
 eigene erstellen 44
 in einer Excel-Vorlage ablegen 46
 in mehreren Mappen nutzen 46
 Verfügbarkeit 42
 Wirkungsweise 42
 zum Gestalten von Tabellen 27
Zellformatvorlagen *siehe* Zellenformatvorlagen
Zellkommentar 172
Zellverknüpfung
 für Drehfeld anpassen 192
 für Kontrollkästchen anpassen 189
 mit Bereichsnamen 122
Zellwert in Textfeld wiedergeben 279
Zielerreichungsgrad 125
Zielquote ermitteln mit SVERWEIS 99

Wissen aus erster Hand

Vier ausgewiesene Excel-Experten zeigen Ihnen umfassend und leicht verständlich, wie Sie Excel 2010 effizient in der Praxis einsetzen. Anhand der beiliegenden Beispieldateien können Sie Schritt für Schritt die wichtigsten Arbeitstechniken erlernen. Hilfreiche Übersichten erleichtern den Überblick und Profitipps helfen Ihnen, Zeit zu sparen. Außerdem finden Sie alles, was Sie wissen wollen, über die vielfältigen Verzeichnisse und Indizes im Buch sowie über die Suchfunktionalität im beiliegenden E-Book.

Autor	Schwenk et al.
Umfang	920 Seiten, 1 CD-ROM
Reihe	Das Handbuch
Preis	39,90 Euro [D]
ISBN	978-3-86645-142-1

http://www.microsoft-press.de

Microsoft Press-Titel erhalten Sie im Buchhandel.

Wissen aus erster Hand

Sie möchten bei der Arbeit mit Word 2010 Zeit sparen und Ihre Dokumente einheitlich gestalten? Formulare und Vorlagen sind die Lösung. Legen Sie Formulare mit komfortablen Kontrollkästchen und anderen coolen Steuerelementen an. Erstellen und verteilen Sie Vorlagen für Briefe, Management-Berichte oder QM-Handbücher. In diesem Buch erfahren Sie anhand von Beispielen, die aus der Praxis stammen, wie es geht. Überzeugen Sie sich davon, wie Sie mit der neuen Bausteine-Technik Ihre Dokumente nahezu automatisch verfassen.

Autor	Hahner, Wilke-Thissen
Umfang	272 Seiten
Reihe	Ideenbuch
Preis	19,90 Euro [D]
ISBN	978-3-86645-828-4

http://www.microsoft-press.de

Wissen aus erster Hand

Ein Bild sagt mehr als 1.000 Worte – noch mehr Wirkung haben Videos! Begeistern Sie Ihr Publikum mit den erweiterten Multimediafunktionen von PowerPoint 2010. Ob Messeauftritt, Präsentation beim Kunden, multimediale Produktvorstellung oder selbstablaufende Informationsvideos – dieses Buch zeigt Ihnen anhand zahlreicher Praxisbeispiele, wie Sie Ihre Präsentationen mit Bildern, Sound und Video deutlich aufwerten. Da alle Beispiele als Download verfügbar sind, können Sie diese sofort in Ihren Präsentationen einsetzen.

Autor	Ute Simon, Maria Hoeren
Umfang	304 Seiten
Reihe	Ideenbuch
Preis	19,90 Euro [D]
ISBN	978-3-86645-827-7

http://www.microsoft-press.de